北朝鮮経済論

北洋漁業經濟論

——樺太漁業のことども——

笹 本 駿 二 著

萬 里 閣

北朝鮮経済論

―― 経済低迷のメカニズム ――

梁　文　秀　著
ヤン　ムン　スウ

信山社

はしがき

　現在の朝鮮民主主義人民共和国（以下「北朝鮮」と略す）の経済苦境を否定する人は誰もいないだろう。何十万人か何百万人かはっきり分からないが、大規模の餓死が発生しており、工場の稼働率は極端に落ち込んでいる。経済が「動いている」のかどうかさえ疑わしいほどである。「経済困難」、「経済不振」、「経済低迷」、「経済危機」、「経済破綻」といった表現の違いがあるだけで、現在の北朝鮮経済の厳しい状況に異論を唱える人はいないようである。北朝鮮側でさえ公式に現在の経済の厳しい状況を認めている。

　一時期、北朝鮮の優れた経済業績が伝えられ、それは第三世界の国々が学ぶべき「模範的ケース」とされたこともあった。情報公開が厳しく制限されていた状況で、時々伝えられる断片的な情報をめぐって、北朝鮮の経済実績がどの程度なのか、本当に悪いのか、それともまだ大丈夫なのか、激しく論争したこともあった。ところが、もはやこうしたことは過去のことになってしまった。

　朝鮮半島の解放（1945年）、北朝鮮の建国（1948年）以降現在に至るまでの半世紀に、いったい何があったのか、現在の深刻な経済苦境はいったいどこから来たのか。北朝鮮経済はいったいどこに向かっているのか。北朝鮮の社会主義体制はいったい何であったのか。

　これらの問いに関しては先行研究でまだ解明されていないところが多い。少なくない研究者がこれらの問いに自分なりの答えを提示するために努力してきたが、北朝鮮経済研究は本当に遅いテンポで前進してきたといえるだろう。

　このような認識に基づいて、次のような研究課題を設定することにする。第1に、北朝鮮の経済低迷のメカニズムを解明することである。つまり、北朝鮮経済がなぜ、如何にして低迷するに至ったのかを考察することである。半世紀にわたる北朝鮮の経済開発総過程に対する、今日的観点での総括でもある。これがメインテーマである。第2に、第1の課題と深く関わっているが、北朝鮮社会主義経済の普遍性と特殊性、あるいは他の社会主義国との共通点と相違点を引き出すこ

とである。

　多くの研究がそうであるが、特に北朝鮮経済研究は、資料と方法の面での工夫が大事である。周知のとおりに、北朝鮮経済研究の最大の制約要因は経済統計・資料・情報の絶対的な不足である。ただ、断片的な資料であっても、それを丹念に積み重ね、さらに新しい資料の発掘に努力することによって、資料の制約に、完全ではないが、ある程度対処できると思われる。たとえば、北朝鮮から韓国へ「亡命」した人々とインタビューを行い、彼らの証言を資料として積極的に利用することにする。方法論的には、比較経済体制論と開発経済論の視点で北朝鮮の経済をとらえ、それを主に旧ソ連・中国と比較してみて（いわゆる「ヨコ」）、それに歴史的アプローチ（いわゆる「タテ」）を加え、この4つのアプローチの交差点に北朝鮮経済の正しい映像を結ばせることを試みる。

　こうした視点をもって次のような順で議論を進めたい。第1章は序論で、枠組みと視点、使われる資料について簡単に触れてから、北朝鮮経済に関する先行研究の特徴及び問題点を簡単に整理し、議論の出発点とする。第2章は、北朝鮮の経済実績、経済開発の初期条件、経済開発戦略についての概略である。まず、北朝鮮の経済実績を、長期的趨勢（成長率の長期的低下）と90年代の厳しい経済状況に分けて整理する。次いで金日成政権が過去から引き継いだ歴史的遺産ないし初期条件にはどのようなものがあったのか、金日成政権の経済開発戦略、つまり経済開発の目的と、その目的を実現するための手段・政策にはどのようなものがあったのかを概観する。

　第3章から第5章までは、「開発メカニズム」を扱うことにする。初期条件のもとで、開発戦略がどのように展開され、どのような政策がとられ、その結果どのような開発メカニズムが形成され、第2章でみた経済実績をもたらしたのかということである。特に北朝鮮の個々の経済開発戦略が、その有効性が低下するか、機能不全の状態に陥り、結局「経済開発メカニズム」が「経済低迷メカニズム」へ転化していく過程を重点的に考察する。

　第3章では、経済開発メカニズムをマクロの面から捉えることにする。北朝鮮の工業化の構造とメカニズムを、主に開発論的視点から検討する。北朝鮮工業化のいくつかの構造的特徴を整理してから、工業成長・低迷（ないし経済成長・低迷）

の問題を労働、資本といった生産要素との関連のもとで検討する。第4章では、経済開発メカニズムをミクロの面から捉えることにする。本格的な経済改革以前の時期の旧ソ連・東欧における企業との比較という視点を導入し、北朝鮮における企業の行動様式を整理する。主に比較経済体制論的視点からの接近である。第5章では、経済開発メカニズムを対外的側面から捉えることにする。対外貿易、無償援助・借款、外債と経済成長との関係、いいかえれば、北朝鮮の対外経済関係が経済開発にどのような影響を及ぼしたのか、対外部門が如何にして対内部門を制約したのかを検討する。

第6章では、きわめて制限的な「局面交替」の問題、つまり北朝鮮の制限的「改革」・開放政策の問題を検討する。まず、改革・開放とは何か、改革・開放はなぜ必要なのかといった問題を旧ソ連・東欧、中国の経験から整理する。次いで北朝鮮の制限的な改革・開放をめぐる動きの軌跡を跡付けてから、北朝鮮が本格的な改革に踏み切れなかった原因を明らかにする。

第7章は結論である。経済実績とほかの要因、すなわち初期条件、経済開発戦略、経済開発のメカニズム、きわめて制限的な局面交替政策との関係を論じることによって、議論をまとめることにする。

本書は、去年(1999年)11月に東京大学大学院経済学研究科に提出した博士学位請求論文をベースにしたものである。1冊の本にするためにはもう少し時間をかける必要を痛感しているが、それは後日にして出来る限りの見直しをして出版することにした。

多くの方々の助け、激励、指導がなかったら、博士論論および本書は完成できなかっただろう。なかでも恩師、東京大学の中兼和津次先生に心よりお礼申し上げる。先生には社会主義経済研究のイロハから、比較経済体制論、開発経済論、さらに研究者としての姿勢までいろいろと教えていただいた。また同大学の田島俊雄先生には、歴史的アプローチをはじめとする社会主義経済研究方法論についてつねにアドバイスと御指導をいただき、深く学恩を感じている。

そのほか、東京大学の奥田央先生、同末広昭先生、和田春樹先生(東京大学名誉教授)、青山学院大学の木村光彦先生、京都産業大学の後藤富士男先生、防衛研究所の室岡鉄夫先生、アジア経済研究所の小牧輝夫先生、外務省の岩本卓也氏、朝

鮮大学校の姜日天先生、朝鮮問題研究所の文浩一氏、朝鮮新報社の韓東賢記者、新潟産業大学の金元重先生、ソウル大学校の安秉直先生、同鄭英一先生、東国大学校の朴淳成先生、外交安保研究院の徐東晩先生、韓国開発研究院の曺東昊博士、同朴貞東博士、同朴進博士、産業研究院の李錫基首席研究員、三星経済研究所の金錬鉄博士、韓神大学校の李日栄教授、大統領秘書室の李鳳朝統一秘書官、統一部の尹鐘佑氏にはたいへんお世話になった。心から感謝申し上げる。

またこの本の出版を積極的に支援していただいた信山社の袖山貴氏にも感謝の意を表したい。

最後に、生活と勉強を陰ながら支えてくれた母・姜秀子、妻・許恵淑、一人娘・梁河璘に感謝する。

2000年3月

梁　文　秀

目 次

はしがき

第1章 序　論 …………………………………………………… 19

第1節　北朝鮮経済のとらえ方 ………………………………… 19
1　複眼的視点 (*19*)
2　開発総過程 (*20*)

第2節　北朝鮮経済に関する資料・情報 ……………………… 23
1　北朝鮮の経済統計・資料の状況 (*23*)
2　データとその使い方 (*24*)
　(1) マクロ経済関連データ (*24*)　　(2) 貿易関連データ (*27*)
　(3) データと統計分析 (*29*)
3　その他の資料・情報 (*30*)
　(1) 亡命者インタビュー (*30*)　　(2) 公式文献 (*32*)

第3節　北朝鮮経済に関する既存研究の特徴・問題点 ……… 32

第2章　経済実績、初期条件、開発戦略、 ………………… 37

第1節　経　済　実　績 ………………………………………… 37
1　経済成長の長期的趨勢 (*37*)
2　90年代の経済苦境 (*43*)
　(1) 食　糧　難 (*43*)　　(2) 工場の稼働率の落ち込み (*46*)
　(3) 「第2経済」の拡大 (*47*)

第2節　初　期　条　件 ………………………………………… 50
1　自然環境的要因 (*50*)
2　歴史・文化的要因 (*51*)
3　植民地期の経済的遺産と初期発展水準 (*53*)

(1) 初期発展水準と植民地期の工業化経験 (53)
   (2) 戦時経済の経験 (55)   (3) 歴史的産業構造 (55)
   (4) 南・北朝鮮の初期条件の違い (59)
   (5) 国土の分断と朝鮮戦争の影響 (61)
  4 政治的・国際的要因 (62)
   (1) 政治的要因 (62)   (2) 国際的要因 (66)
 第3節 経済開発戦略 ……………………………………………………67
  1 自力更生論 (68)
  2 精神的刺激論、大衆路線 (71)
   (1) 精神的刺激論、大衆路線 (71)
   (2) 北朝鮮の大衆路線と中国の大衆路線との比較 (73)
   (3) 大衆運動の目的・背景 (74)
  3 重工業優先発展論 (75)
  4 高蓄積・強蓄積 (77)
  5 中央集権的計画制度 (79)
   (1) 概 観 (79)   (2) 集権化の度合いと国際比較 (81)
   (3) 地方分権化と国際比較 (82)
   (4) 連合企業所と国際比較 (85)
 第4節 小 結 ……………………………………………………………88

第3章 工業化の構造……………………………………………………………99
 第1節 工業化の展開とその特徴 ……………………………………100
  1 工業化戦略 (100)
  2 工業化の展開と産業構造の変化 (101)
  3 外延的成長パターンと経済の効率性 (107)
   (1) 外延的成長パターン (107)   (2) 技術の立ち遅れ (108)
  4 重工業優先発展戦略とその成果 (110)
  5 工業化と農業成長との関係 (113)
 第2節 工業化と労働力 ………………………………………………117

1　雇用構造と雇用政策（*117*）
　　　2　労働力不足問題（*121*）
　　　3　大衆運動の展開（*125*）
　　　4　インセンティブ（*127*）
　第3節　工業化と資本蓄積 …………………………………………*132*
　　　1　資本蓄積における農・工業部門の役割（*132*）
　　　　（1）　工業部門の役割（*132*）
　　　　（2）　農業部門の役割：「社会主義原始蓄積論」と北朝鮮（*135*）
　　　2　強制貯蓄のメカニズム（*140*）
　　　3　蓄積と軍事支出（*145*）
　　　4　大規模な非生産的建設（*150*）
　第4節　小　　結…………………………………………………*150*

第4章　企業の行動様式 …………………………………………*157*

　第1節　バーゲニング・モデルと旧ソ連・東欧の企業 …………*158*
　第2節　北朝鮮の企業環境と企業長 ……………………………*166*
　　　1　企　業　環　境（*166*）
　　　2　企業長の行動と目的関数（*169*）
　第3節　北朝鮮の企業と生産、補給、財務管理 ………………*171*
　　　1　計画編成と企業（*171*）
　　　2　生産と企業（*174*）
　　　3　資材補給と企業（*176*）
　　　4　財務管理と企業（*182*）
　第4節　バーゲニング・モデルと北朝鮮の企業……………………*184*
　第5節　小　　結………………………………………………*189*

第5章　経済開発と対外経済関係 ………………………………*197*

　第1節　対外貿易の構造、成果 …………………………………*198*
　　　1　貿　易　政　策（*198*）

　　　　(1) 貿易政策の基調と貿易原則 (*198*)
　　　　(2) 貿易政策の展開 (*199*)
　　2 対外貿易の構造 (*201*)
　　　　(1) 貿易規模の推移 (*201*)　　(2) 地域別貿易構造 (*204*)
　　　　(3) 商品別貿易構造 (*205*)
　　3 対外貿易と比較優位 (*207*)
　　4 国際収支と対外負債 (*213*)
　　　　(1) 貿易収支 (*213*)　　(2) 経常・基礎収支と対外債務 (*215*)
　　　　(3) 累積債務問題 (*216*)
第2節　貿易、無償援助・借款、外債と経済開発 ……………*219*
　　1 「エンジン説」、「handmaiden説」のあてはめ (*220*)
　　　　(1) エンジン説、handmaiden説とは (*220*)
　　　　(2) 因果関係分析 (*222*)
　　2 貿易と経済成長 (*227*)
　　　　(1) 貿易依存度の推移 (*228*)　　(2) 国内需要充足と輸出 (*230*)
　　　　(3) 輸出主導発展の条件 (*231*)　　(4) 外国為替ギャップ (*232*)
　　　　(5) 集権システム、稼働率、貿易の連関 (*234*)
　　3 無償援助・借款、外債と経済成長 (*236*)
　　　　(1) 無償援助・借款導入の特徴 (*237*)
　　　　(2) 無償援助・借款のマクロ経済的効果 (*237*)
　　　　(3) 外債と経済成長 (*243*)
第3節　「自力更生」戦略とその成果：
　　　　　エネルギー自給政策を例に ……………………………244
　　1 エネルギー自給自足政策の成果、限界 (*245*)
　　　　(1) エネルギー部門への投資政策とその成果 (*245*)
　　　　(2) 石炭中心のエネルギー供給構造の構築と石炭生産の伸び悩み
　　　　　　 (*247*)
　　　　(3) 石油使用の増加とエネルギー輸入依存度の上昇 (*249*)
　　　　(4) 電力過多消費構造の形成 (*251*)

2　社会主義崩壊の影響：エネルギー輸入とマクロ経済との関係の視点（253）

　　　　(1)　社会主義崩壊のエネルギー面での衝撃（253）
　　　　(2)　エネルギー消費構造（254）
　　　　(3)　マクロ経済への影響（256）

　第4節　小　　結 …………………………………………………… 259

第6章　制限的な「改革」・開放政策 …………………… 269

　第1節　改革・開放の必要性：旧ソ連・東欧、中国の経験から
　　　　………………………………………………………………… 269

　第2節　北朝鮮における制限的な「経済改革」政策の展開 …… 271
　　1　1983年以前（272）
　　2　1984～85年（274）
　　3　1986～88年（277）
　　4　1989年以降（277）
　　　　(1)　「8・3人民消費品創造運動」と個人副業の奨励（278）
　　　　(2)　独立採算制の本格的な導入（282）　　(3)　貿易の分権化（283）
　　　　(4)　新しい分組管理制（284）

　第3節　北朝鮮における制限的な経済開放政策の展開 ………… 287
　　1　第1期：合弁事業（287）
　　2　第2期：羅津・先鋒自由貿易地帯（289）
　　3　外資誘致不振の原因（291）

　第4節　小　　結 …………………………………………………… 295

第7章　結　　論 ……………………………………………… 303

　　1　北朝鮮の経済低迷のメカニズム（303）
　　2　北朝鮮社会主義経済の普遍性・特殊性と経済低迷の原因（312）

附　録

　　A　北朝鮮の貿易関連統計 ……………………………………… 321

  B 北朝鮮の商品別RCA指数・貿易特化指数の計算結果 ……*328*
  C シムズ・テストによる北朝鮮の輸出入・GNPの因果関係
    分析………………………………………………………………*329*

参考文献（巻末）………………………………………………………*333*

図表一覧

第1章
表1-1　インタビュー亡命者のリスト ………………………………………… *31*
図1-1　開発総過程 …………………………………………………………… *21*

第2章
表2-1　北朝鮮の国民所得の公式統計：1946～1964年 …………………… *38*
表2-2　北朝鮮のGDP公式統計と各機関のGNP推定値 ………………… *39*
表2-3　北朝鮮の国民所得の長期成長趨勢 ………………………………… *40*
表2-4　旧ソ連と中国の国民所得の長期成長趨勢 ………………………… *42*
表2-5　北朝鮮の穀物、コメ生産量 ………………………………………… *44*
表2-6　北朝鮮の1995／96年度の食糧需給の推計 ………………………… *45*
表2-7　食糧配給状況：亡命者たちの経験 ………………………………… *45*
表2-8　北朝鮮の主要産業における工場の稼働率：1990年代 …………… *47*
表2-9　1990年代の北朝鮮の住民の公式賃金と非公式収入：亡命者たちの
　　　　経験 ………………………………………………………………… *49*
表2-10　植民地期朝鮮の国内純生産の産業別構成 ………………………… *53*
表2-11　植民地朝鮮の工業の重化学工業化 ………………………………… *58*
表2-12　解放直前の朝鮮南部・北部の生産活動の比較 …………………… *60*
表2-13　朝鮮戦争による生産力の破壊 ……………………………………… *62*
表2-14　北朝鮮の国民総生産の支出構成の推移 …………………………… *78*
表2-15　北朝鮮の蓄積と消費 ………………………………………………… *78*
図2-1　北朝鮮、旧ソ連、中国の経済成長率の長期趨勢 ………………… *43*
図2-2　朝鮮の産業別会社払込資本金の推移 ……………………………… *57*
図2-3　北朝鮮の計画管理機構 ……………………………………………… *79*

第3章
表3-1　北朝鮮の工業の長期成長趨勢 ……………………………………… *101*
表3-2　北朝鮮の農工業生産関連指標 ……………………………………… *102*
表3-3　北朝鮮の経済成長に対する工業の貢献度 ………………………… *104*
表3-4　北朝鮮の社会総生産額の部門別構成比の推移：1946～70年 …… *105*
表3-5　北朝鮮の国民総生産の産業別構成比の推移：1960～70年 ……… *106*
表3-6　北朝鮮の産業・雇用構造：1990年代 ……………………………… *106*
表3-7　北朝鮮のマクロ経済の産出、投入、生産性の推移 ……………… *108*
表3-8　北朝鮮の工業部門の国家基本建設投資 …………………………… *111*

表3－9	北朝鮮の工業総生産額での生産手段生産と消費財生産の比重	112
表3－10	北朝鮮の投資率、投資配分率と工業成長率の関係：回帰分析の結果	112
表3－11	北朝鮮の農・工業成長率の関係：回帰分析の結果	114
表3－12	北朝鮮の農・工業成長率の因果関係：シムズ・テストの結果	115
表3－13	旧ソ連、中国、北朝鮮における農工業成長率の関係の比較：相関関係	115
表3－14	北朝鮮の農村・都市人口の推移	118
表3－15	北朝鮮の職業別人口構成の推移	118
表3－16	北朝鮮の人口の推移	122
表3－17	北朝鮮の兵力規模についての推定	123
表3－18	北朝鮮の女性就業人口の推移	125
表3－19	闇市場における主要生活必需品の価格の上昇	131
表3－20	北朝鮮の予算収入構造	133
表3－21	北朝鮮の資本蓄積に対する軽工業部門の貢献	134
表3－22	北朝鮮の労働生産性と実質賃金の推移	140
表3－23	北朝鮮の軍事費関連の公式統計および各機関の推定値	148
表3－24	北朝鮮の軍事費の国際比較：IISSの推定	149
図3－1	北朝鮮の予算収入増加率と工業生産増加率の推移	134
図3－2	北朝鮮の民間消費、軍事費、投資の前年比増減率	149

第5章

表5－1	北朝鮮の地域別貿易収支	214
表5－2	北朝鮮の貿易と無償援助・借款	216
表5－3	北朝鮮の外債規模：韓国政府の推定	217
表5－4	北朝鮮の外債規模：OECDの推定	217
表5－5	北朝鮮の対外債務の国際比較	219
表5－6	北朝鮮の輸出入とGNPとの因果関係	223
表5－7	中国の輸出入とGNPとの因果関係	226
表5－8	北朝鮮と東欧の輸出入、国民所得の比較	229
表5－9	北朝鮮と東欧の輸出・国民所得の比率の比較	229
表5－10	北朝鮮の工業製品の生産と輸出	231
表5－11	北朝鮮の無償援助・借款関連指標	238
表5－12	北朝鮮の期間別・国別の無償援助・借款導入	239
表5－13	北朝鮮の借款とGNPとの関係：回帰分析結果	242
表5－14	北朝鮮の工業部門の国家基本建設投資の部門別構成	246
表5－15	北朝鮮の工業総生産額の部門別構成	246
表5－16	北朝鮮のエネルギー供給構造：IEA推定値	247

表5―17	北朝鮮のエネルギー供給構造：韓国統一院の推定値	248
表5―18	北朝鮮のエネルギーの輸入依存度の推移	250
表5―19	北朝鮮のエネルギー輸入量：1989〜93年	254
表5―20	中国の対北朝鮮原油輸出：1986〜93年	255
表5―21	北朝鮮のエネルギー消費構造	256
表5―22	重工業と軽工業のエネルギー消費量の比較：中国のケース	257
図5―1	北朝鮮の対外貿易の推移	203
図5―2	北朝鮮の輸出・輸入の前年比増減率の推移	203
図5―3	北朝鮮の主要品目の輸出実績：1971〜91年	206
図5―4	北朝鮮の主要品目の輸入実績：1971〜91年	206
図5―5	北朝鮮の主要輸出商品のRCA指数の推移	209
図5―6	北朝鮮の主要輸入商品の貿易特化指数の推移：1970〜91年	209
図5―7	北朝鮮の主要輸出商品の貿易特化指数の推移：1987〜96年	211
図5―8	北朝鮮の貿易収支比率の推移	214
図5―9	北朝鮮と中国の貿易依存度の推移	228
図5―10	集権システム、稼働率、貿易の連関	236

第6章

表6―1	企業所基金積立比率の推移	274
表6―2	新・旧分組管理制の比較	285
表6―3	羅津・先鋒自由貿易地帯の概要	289

第7章

図7―1	北朝鮮における高蓄積の低蓄積への転化	305
図7―2	北朝鮮における集権システムの機能不全	307
図7―3	北朝鮮における対内部門への対外部門の制約	308

第1章　序　論

第1節　北朝鮮経済のとらえ方

1　複眼的視点

　ここでは、本書での北朝鮮経済のとらえ方について簡単に触れることにする。ただしこれは、こうすれば北朝鮮経済を的確にとらえることができると主張する積極的な方法論ではない。少なくともこうした点は見失ってはいけないとか、このようにすれば過ちをすこしでも減らすことができるのではないかという消極的な方法論である。むしろ方法論よりおおざっぱな枠組みおよび視点に近いかもしれない。

　第1に、経済体制論の枠組みの中で北朝鮮に接近する方法である。これは北朝鮮が何よりも社会主義経済であるという事実によるところが多い。第2に、開発経済論ないし低開発国発展論の枠組みの中で北朝鮮に接近する方法である。これは北朝鮮が低開発の農業国家という初期条件のもとで経済開発に乗り出したということ、また経済開発過程ではほかの途上国と共通な多くの経済的課題・問題点（たとえば、外貨不足、技術的立ち遅れ）を抱えていたという事実によるところが多い。第3に、歴史的アプローチである。これは北朝鮮経済の正しい理解のためには日本植民地時代、ひいては李朝時代まで視野に入れる必要があるという認識に基いている。第4に、国際比較である。旧ソ連・中国といったほかの社会主義国との比較を通じて北朝鮮社会主義経済の特性を鮮明に浮かび上がらせることができるという認識に基いている。

　かくして本書では（比較）経済体制論と開発論の視点で北朝鮮の経済をとらえ、またこれらの2つの視点で主に旧ソ連・中国と比較してみて（いわゆる「ヨコ」）、

それに歴史的あるいは通史的アプローチ(いわゆる「タテ」)を加え、この4つのアプローチの交差点に北朝鮮経済の正しい映像を結ばせることを試みる[1]。もちろんこの作業は容易なことでもないし、現在の筆者にはこうしたことを完璧に成し遂げる能力もない。実際に記述の多くはこの4つのアプローチを適当に混合して用いることによって進められている。その意味で、整合性を欠くところがなくはない。ただし、こうしたアプローチは、単純化された見方をできるだけ避けるのに有力な枠組みであり、北朝鮮経済に対してより豊富な映像、かつよりバランスがとられた映像を得るための試みであることは強調しておきたい。

次に本書のやや積極的な方法論について簡単に触れることにする。ここでも、前述した複眼的視点と同様、多元的なものが必要とされる。つまり、本書では基本的に北朝鮮経済の制度に関する分析と現実のパフォーマンスに関する統計的分析を並行するようにする。北朝鮮の公式統計であれ、世界各機関の推定値であれ、北朝鮮経済に関する統計は信頼性の面で多くの問題点を抱えているため、これらを使った統計分析結果に基づいて結論を出すのは危険であることは確かであろう。ただし、統計分析結果を他の情報と組み合わせて、または対照しながら使用すれば、その危険性を減らすことができると思われる。北朝鮮のように資料の制約が大きい状況では、そうした方法によって、北朝鮮経済に対してより豊富な映像を得ることも、ある程度は可能であろう。

制度の分析の際、表の制度(公式的な制度)と裏の制度(現実)を区別し、両方の動きに注意を払うのが大事である。ほかの社会主義国と同様、現実の北朝鮮の制度は建て前どおりに動いてきたわけではない。実際にはどうなっているのか、どのように動いているのかを調べて、公式制度と比較しながら、制度の機能と問題点を探っていくのが重要である。またそのことに対応して、表の情報、つまり公開情報と並んで、裏の情報、例えば亡命者に対するインタビュー情報も積極的に利用すべきである。

2 開発総過程

本書では北朝鮮の経済開発総過程を分析するための枠組みとして図1—1のようなものを想定することにする[2]。特にこの図では北朝鮮の場合が通常の場合と

対比されて描かれている。このように、本書では初期条件、開発戦略、開発メカニズム、開発実績の関係を想定する。ただし、因果関係に関しては、大きくみて、初期条件、開発戦略、開発実績といった3つの要因の因果関係を想定することにする。

初期条件とは、途上国の政策当局にとって与件とされているいくつかの条件を指す。すなわち、自然環境的要因、文化的要因、過去から引き継いだ歴史的遺産、初期発展水準、政治的・国際的環境のことを指す。開発戦略とは、開発目的と、その目的を実現するための手段・政策の体系を総称するものである。政策には、大別して制度・組織に関する政策と、資源配分に関わる政策がある。経済実績に

図1－1　開発総過程

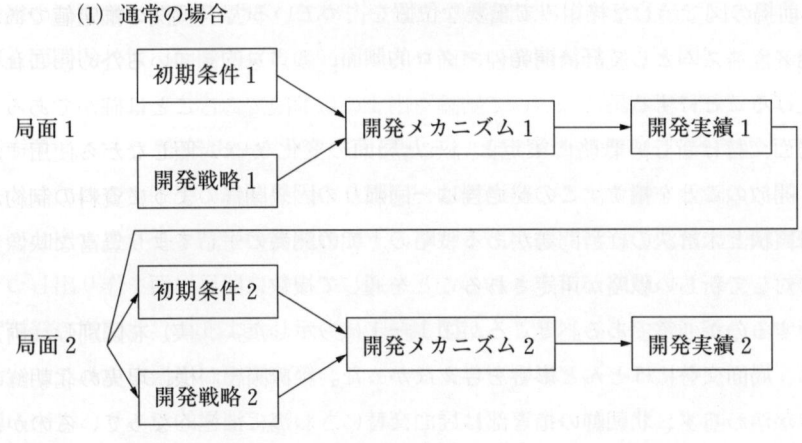

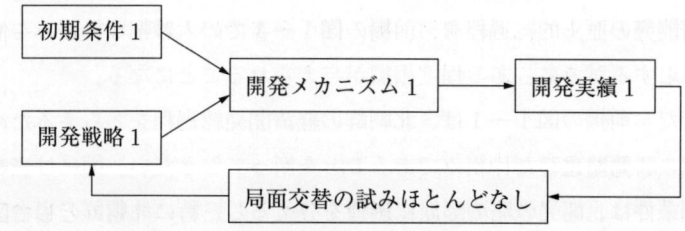

は、経済成長、分配、安定などが含まれる。

そして、初期条件、開発戦略（ひいては局面交替）と経済実績の間に介在する関係を「開発メカニズム」としてまとめることにする。前に、初期条件、開発戦略、開発実績といった3つの要因の因果関係を想定すると述べたが、この三者の関係を明らかにするためには、開発メカニズムの考察が不可欠であると思われる。初期条件のもとで、開発戦略がどのように展開され、どのようなメカニズムで経済実績をもたらすのかを把握するという一般的な研究の進め方に照らして、当然のことかもしれない。それより重要なのは、北朝鮮の場合、経済実績（一言でいえば「経済低迷」）[3]は、決して政策当局が意図したものでも、期待したものでもなかったことである。北朝鮮においては開発戦略が当局の期待した結果をもたらしたことなく、開発過程が当局の意図に反する方向に進んでいったため、「開発メカニズム」は、前掲の図で示した枠組みで重要な位置を占めている[4]。そこで、北朝鮮の経済開発メカニズムとして経済開発のマクロ的側面、ミクロ的側面、対外的側面を取り上げることにする。

局面交替は新しい戦略の策定といった局面の変化ないし交替である。主に改革・開放のことを指す。この総過程は一回限りの因果関係で完了するのでなく、経済実績と未解決の経済問題がある戦略の下での開発の手詰まりを生み出し、それに対して新しい戦略が策定されることを通じて複数に開発局面を作り出しつつ進行するのが通常である。ところが図1－1にも示したように、北朝鮮の経済実績は、局面交替にほとんど影響を与えなかった。経済実績が不振を免れなかったにもかかわらず、北朝鮮の指導部は局面交替にきわめて消極的であり、従来の戦略を固守し続けた。北朝鮮は、半世紀という長い期間に、事実上一つの開発局面しか作り出せずに、経済開発を進めてきた。したがって、半世紀に亘る北朝鮮の経済開発の歴史的総過程を、前掲の図1－1での大雑把な枠組みをもって、捉えようとする試みに、ある程度根拠が与えられることになる。

ただし前掲の図1－1は、北朝鮮の経済開発総過程をとらえるための大雑把な枠組み、簡略化した枠組みであることを断っておきたい。図には表れていないが、初期条件は、開発戦略の形成に影響を与えるし、特に北朝鮮の場合、初期条件のなかの政治的環境は、北朝鮮で局面交替の試みがほとんどなされなかったことの

重要な説明要因である。また開発戦略は様々な政策の体系であるが、実際の経済開発過程では、戦略とあまり関係がない政策が登場・展開され、経済開発メカニズムに少なからぬ影響を及ぼす場合もある。さらに国際比較の視点からみれば、同じ戦略だとしても、具体的な政策のレベルでは国によって多少違いが出てくる場合もある。

次に考察対象について簡単に述べることにする。基本的に北朝鮮の開発総過程を対象にするが、必ずしも経済開発のすべての面を対象にしているわけではない。経済実績の場合、主に経済成長の面に焦点を当てることにする。所得分配、安定性の問題は扱わない。経済開発メカニズムのミクロ面での考察は工業企業に焦点を当てる。協同農場（集団農場）の問題はほとんど扱わない。ただしマクロ面を検討するさい、農業の場合、農業と工業の関係、蓄積における農業部門の貢献といったことについて簡単に触れる。そして金融の問題はほとんど触れない[5]。

第2節　北朝鮮経済に関する資料・情報

1　北朝鮮の経済統計・資料の状況

北朝鮮は改革・開放以前の社会主義的基準で見ても最も閉鎖的な国家の1つで、今までも経済統計・資料の公開を厳しく統制している。これは北朝鮮経済研究における最大の制約要因である。

北朝鮮の経済に関する公式統計は、1960年代の初めまではある程度発表された。だが、60年代半ば頃から急に減り始め、70年代に入ってからはほとんどなくなった。例えば、北朝鮮の代表的な公表資料である『朝鮮中央年鑑』は、1965年版を最後に経済統計の掲載を中止した。その後は、一部の財政関連統計が唯一の公表資料になった。もちろん時々金日成主席の「新年の辞」、外国マスコミとのインタビュー、長期経済計画の目標・実績の発表等を通して断片的な統計が公開されたが、多くは増加率（何倍）だけの統計であった。それも基準年度が明確でないか、または基準年度があってもその基準年度の数値は発表されなかったケースがかなり多い。さらに発表された数字の間につじつまが合わないケースも少なくないなど、多くの場合、信頼性に欠けている[6]。

ただし、北朝鮮側は1990年代に入ってからは、経済状況の厳しさを自ら認め、国際機関に援助を要請しながら、ほんのわずかであるが、マクロ経済統計を時々発表してきた。その代表的なものとしては、1998年3月にUNDP(United Nations Development Program)主催でニューヨークで開かれた「農業復旧および環境保存の主題の円卓会議」で北朝鮮側が提出した資料（以下UNDP (1998)と略す）がある。これは、耕地面積、地域別コメ生産高、洪水被害状況とともに1992～96年のGDPおよび産業別生産額、人口、産業別就業人口などのいくつかの基本的なマクロ経済データが含まれている貴重な資料である。ただしどの程度信頼できるのかは判断し難い。

相対的に良好な65年以前の統計も少なくない問題点を抱えており、経済資料としての価値が高いとはいいにくい。第1に、生産に関する統計はある程度あるが、分配・支出に関する統計はきわめて少ない。投資が「国家基本建設投資」の総額・部門別構成程度が時々発表されただけである。第2に、統計も金額ベースで発表されたものは少なく、数量ベースでの発表が多い。第3に、統計数値も絶対値より、ある基準年度に対する相対値の発表が圧倒的に多い。

2 データとその使い方

(1) マクロ経済関連データ

すでに述べたように、北朝鮮は、90年代に入って少し緩和されたとはいえ、長い間、そして今も経済統計・資料の公開を厳しく統制している。したがって世界各機関・研究者は、数少ないが、北朝鮮の経済関連統計について自分なりの方法で推定を試み、その結果を発表してきた。ただし推定方法の違いなどによって推定結果にかなり差がみられる場合が少なくない。しかし、北朝鮮の経済活動に関する信頼性のあるデータがほとんど公開されていない状況で、どの推定値・推定方法が正しいかは判断し難い。

このような状況で、北朝鮮の公式統計であれ、世界各機関・研究者の推定値であれ、テーマと関連するデータをできるだけ多く集め、それらを活用するようにする。それらを使って議論を進める前に、どのようなデータを使うのか、またデータ自体を、信頼性を中心に検討・吟味する必要がある。それとともに、こうした

データに基づいた論理の展開上の過ちを最小限に抑えるために、本書ではデータがどのように使われるのかについて簡単に言及する必要がある。

　北朝鮮が発表した統計のうち、絶対値は信頼性が低い。ただし時系列の統計はある程度事実を反映しており[7]、長期的な趨勢の把握に役に立つと思われる。いいかえれば北朝鮮の公式統計をまったく無視してはいけないということである。例えば北朝鮮の予算収入の前年比増加率が70年代後半以降下降カーブを描いていることはこの時期のマクロ経済の不振を窺わせる。公式発表統計のあいだの不整合からも経済の苦境を読み取れることができる。またそれまで発表してきた特定の統計をある時点から発表中止した事実自体もその分野の実績の悪化を窺わせる[8]。たとえば、北朝鮮が財政関連統計に次いで最も長い間時系列統計を発表した工業総生産に関して、83年以降一切統計を発表していないことも、この時期の北朝鮮の工業生産の不振を示唆する。

　そしてあるトピックに関して述べるとき、そのトピックに関するデータを公式統計であれ、推定値であれ、できるだけ多く集め、それらを並べ、比較しながら議論を進めようとする。そして絶対水準よりも一つの傾向をとらえることに重点を置くことにする。

　ただし、特に長期的なトレンドでとらえる際、韓国政府の推定値に対する依存度が高くなるのは、不可避である。なぜなら北朝鮮の経済統計について最も長い間、また最も多く推定値を出しているところは韓国政府だからである。実際に韓国政府の推定値に問題がないわけではない。北朝鮮との対抗関係などの政治的な立場から、北朝鮮の経済を過小評価する傾向[9]がある可能性は否定できない。ただし80年代に入ってからは経済力を含む国家総力の面で韓国側の優位が明白になったという認識を持つようになった韓国政府が、北朝鮮経済をあえて過小評価しようとする誘因が以前よりは少なくなったことも否定できない。

　韓国政府の推定結果の信頼性に対する検討は、他の国の機関、あるいは国際機構の推定結果との比較を通しても可能である。GNPの場合、韓国政府の推定結果の絶対値は他の機関のそれとかなり差がある。例えば1984年の北朝鮮のGNPに対する韓国政府（統一院）の推定値は147億ドル、アメリカCIAのそれは230億ドル、IISS（国際戦略問題研究所）のそれは187億ドルである。このような違いの多く

は適用為替レートの違い、軍事費に対する推定値の違いなどに起因するので、どの推定値・推定方法が正しいかは判断し難い。しかし第2章でも触れるように、GNPの長期的な趨勢、例えば70年代前半の高成長とその後の不振・低迷、そして90年代のマイナス成長の継続、に関しては韓国政府の推定値と他の機関のそれには大きな差がみられない。90年代のマイナス成長は北朝鮮側も認めている。それで韓国政府の推定値が全然信頼できないものでもないし、特に長期趨勢の把握には活用すべきだと思われる。したがってGNPのように、長期趨勢をとらえる場合、韓国政府の推定値を基本にして、北朝鮮の公式統計と世界の各機関の推定値を合わせてみても、現実から大きく離れた観測結果は出ないと思われる。

　本書で使われる主なマクロデータは次のようなものである。

　1946～60年の北朝鮮の主な公式統計は、朝鮮民主主義人民共和国国家計画委員会中央統計局 (1961)『1946～1960朝鮮民主主義人民共和国人民経済発展統計集』(以下『1946～1960朝鮮民主主義人民共和国人民経済発展統計集』と略す)にまとめられている。また韓国側が、北朝鮮の断片的な発表データを集めて整理したものとしては、国土統一院 (1986)『北韓経済統計集 (1946～1985年)』(以下『北韓経済統計集 (1946～1985年)』と略す)、統一院 (1996)『北韓経済統計集』(以下『北韓経済統計集』)、韓国開発研究院 (1996)『北韓経済指標集』(以下『北韓経済指標集』)などが代表的なものである。『北韓経済統計集 (1946～1985年)』と『北韓経済指標集』には、世界各機関による推定値も、相当整理されている。これらの4つの統計集を多いに参考にした。

　GNPは、韓国政府の推定値、北朝鮮の公式統計、米CIA、IISSなどの推定値を使うことにする。時には、延河清 (1986) の北朝鮮GNP推定方法を利用した、筆者の推定値を使うこともある。延河清 (1986) のものは、一般的に社会主義国家では、政府予算が国民総生産の60％に達するという、P. Wilesの主張[10]に基づいている。また場合によっては、極東問題研究所の推定値、Niwa and Goto (1989) の推定値を使うこともある。

　生産関連指標の場合、農業総生産額は北朝鮮の公式統計 (1953—57年、60年、63年)を使うことにする。同時に時系列データの確保ができる穀物生産量に対する北朝鮮の公式統計(1953～68年)[11]も併用する。また、北朝鮮の公式統計とは概念の違

いがあるものの、極東問題研究所の推定値(農業部門GNP、1960—70年)も利用する。70・80年代はデータの空白状態である。

工業総生産は北朝鮮の公式統計(1947—70、72—76、78—80、93—96)、ソ連側の推定値(1988—90)、極東問題研究所の推定値(1960—70)、後藤富士男(1981)の推定値(1954—75)、韓国銀行の推定値(1990—96)などを利用する。ただこの場合、北朝鮮の工業生産の公式統計(特に70年代)の多くの問題点[12]が残っており、また80年代のデータの穴を埋める方法がない。

分配・支出関連指標の場合、投資(主に国家基本建設投資額)は、北朝鮮の公式統計、極東問題研究所の推定値などを利用する。対象期間は1970年以前に制限される。消費(主に民間消費額)は北朝鮮の公式統計が皆無に等しいので既存研究での推定値を利用するしかない。またマクロ経済の労働については韓国政府の推定値(経済活動人口数)を利用する。マクロ経済の資本については曹東昊(1993)の推定結果(1965—90年)を利用する。援助、借款、外債については韓国政府・OECDの推定値を利用することにする。

(2) **貿易関連データ**

貿易統計の場合、北朝鮮政府が発表していないが、貿易相手国の発表から北朝鮮のそれを推定できる。したがって北朝鮮の経済統計のうち、最もよく整備されており、相対的に信頼性が高い部門が貿易部門である。ただし、それはあくまで北朝鮮の他のセクターの統計よりは、よくできているという意味である。

毎年の輸出入総額は、基本的に韓国政府(統一院および韓国銀行)の推定値を利用する。なぜならそれが最も長い期間を対象にしているからである。ただし韓国開発研究院(『北韓経済指標集』)、アメリカCIA、IMF、JETROのデータも参照する。

地域別輸出入額(および地域別貿易収支)は、既存の研究業績を利用する。すなわち、1946〜70年はChoi, Soo-young(1991)の推定結果を、1971〜94年は韓国開発研究院(『北韓経済指標集』)の推定結果を、1995〜96年は大韓貿易投資振興公社(1996)の推定結果を利用する。北朝鮮の地域別貿易に関する韓国統一院の推定結果においては地域区分が細分化されていない年度があり、また対象期間が相対的

に短いので参考の水準に止まる。

商品別輸出入額も基本的に既存の研究業績を利用する。1953～69年（53、56、59、60、63、64、69の7年だけ）は統一院（『北韓経済統計集（1946～1985年)』）を、1970～86年はChoi, Soo-young (1991) の推定結果を、1987～89年は崔信林(1991)の推定結果を、1991年は大韓貿易振興公社(1992)の推定結果を、1993～96年は大韓貿易投資振興公社(1994)、大韓貿易投資振興公社(1996)の推定結果を、それぞれ利用する。

使用した、既存研究での北朝鮮の商品別輸出入額の推定方法、つまりデータの収集と整理方法は次の通りである。

Choi, Soo-young (1991) での対象期間は1970—87年（18年間）である。ソ連、中国は両国の公式統計、つまり『ソ連貿易統計年鑑』、『中国海関統計』を利用した。その他の社会主義国家と資本主義国家は、主に国連の貿易データ磁気テープを利用した。

崔信林(1991)での対象期間は1987—89年（3年間）である。彼は、56ヶ国を対象に北朝鮮の輸出入額を推定した[13]。ソ連、中国はChoi, Soo-young (1991) と同じである。その他の社会主義国家は各国政府の公式統計を使った。資本主義国家は、OECD, Statistics of Foreign Trade（磁気テープ）、UN, *Commodity Trade Statistics*、各国政府の公式統計を利用した。

大韓貿易振興公社(1992)は、1991年のみを対象にしている。北朝鮮の輸出入上位15ヶ国の輸出入実績に基づいて北朝鮮の商品別輸出入実績を推定した。これは、Choi, Soo-young (1991)、崔信林(1991)と同様、品目分類方式としてSITC分類方式を採択している。これらの国々が発表した貿易統計を、SITC分類方式に合わせて再分類し、集計作業を行っている。

大韓貿易投資振興公社（1994）、大韓貿易投資振興公社（1996）は、それぞれ1993～94、1995～96年を対象にしている。対象国はおよそ70余国である(94年は64カ国)。大韓貿易投資振興公社の海外組織網を利用し、北朝鮮の貿易相手国が発表する貿易統計を入手し、それに基づいて北朝鮮の貿易統計を推算した。品目分類方式としてHSコード方式を採択している。したがってSITC方式かその他の分類方式を用いている国家の統計を、HSコード方式に合わせて再分類し、集計作業を

行う。ただしここには、北朝鮮と韓国との貿易は含まれていない。

　しかしこれらの推定結果は次のような問題点を抱えている。第1に、いくつかの貿易相手国のデータの脱落である。東ドイツ、ルーマニア、ベトナム等は全期間を通して、またチェコ、ハンガリー、ポーランド等は80年以前のデータが漏れている。第2に、中国のデータの問題として、81年以前のデータが漏れている。なぜなら、中国政府は相手国との商品別輸出入については82年度から発表しているからである。この問題に対処する1つの工夫として、82年以降のある期間(たとえば82―90年)の平均商品構成を求め、81年以前は毎年それと同じだと仮定する方法がある。第3に、旧ソ連のデータの問題として、ソ連・東欧独自の貿易品目分類方式をSITC(国際標準貿易分類)へ再構成する過程で漏れる部分が少なくない。第4に、上記の3つの理由で、本書で推計される商品別輸出入額は輸出入総額と相当の隔たりがあり、また81年以前は中国のため、ある程度の歪みもある。

(3) データと統計分析

　一定のトレンド把握の場合と異なり、データを使った計算および統計分析を行う際にはデータ自体が信頼できるかどうかが大きな問題になりうる。特に北朝鮮の公式統計もなく、推定値がただ1つしかない場合、そうである。その場合の計算・統計分析の結果の解釈は慎重にする必要がある。たとえば第3章で、北朝鮮のマクロ経済の産出、投入、生産性の推移を求める際、使われた北朝鮮のマクロ経済の資本・労働がここに当る。ただこの場合、北朝鮮のマクロ経済の資本量が70年代大きく増えてから80年代後半増加率が鈍化したという推定結果は一般的な観測と大きく離れていない。またこれらのデータを使って生産要素の生産性の推移を計算してみたところ、中国の場合[14]と類似した結果が出たので、データ自体が全く信頼性がないとは言い切れないだろう。

　貿易関連統計は、北朝鮮の公式統計が一切なく、全てが推定値であるが、相対的に信頼性が高い方である。北朝鮮の輸出入規模に対する韓国政府の推定値は、完璧ではないが、ある程度信頼できるし、統計分析で使っても大きな問題はないと思われる。

　データ自体の信頼性の問題とは別に、統計分析の信頼性を高める方法として次

のようなことが考えられる。北朝鮮の公式統計であれ、推定値であれ、何種類のデータが存在する場合にはこれらのデータを集めていくつかのグループに分けて、それぞれに対して統計分析を行い、個々の結果を合わせて総合的に判断することである。第3章で農工業成長率関係の回帰分析の際、使われるデータを3つのグループに分けて統計分析を行い、結果を総合的に検討したことがその例である。

3 その他の資料・情報
(1) 亡命者インタビュー

　北朝鮮の実態に関する資料として利用できるものとして北朝鮮から韓国へ「亡命」した「亡命者」[15]の証言を挙げることができる。

　いままで韓国政府および関連機関、マスコミなどによって、インタビューが行われ、その結果が一部公表されたことがある。たとえば、新聞・雑誌の記事としては、1995年1月から4月まで掲載された、『中央日報』「ああ、北方の同胞」シリーズ、1996年1月号から1997年12月号まで掲載された、『統一韓国』「帰順者争点対談」シリーズがよい例である。単行本としては、朝日新聞アエラ編集部『北朝鮮・亡命者五十人の証言』（朝日新聞社・1995年）などがある。しかし、多くの場合、北朝鮮の政治・経済・社会・文化、一般市民生活などについての包括的な面談であり、いわゆる「非専門家」によるものなので、学問的な資料としての価値が高いとはいいにくい[16]。和田春樹（1998）も指摘したように、亡命者の証言だけに基づいて北朝鮮を考えるのは妥当ではなく、亡命者の証言はあくまでヒントにすぎないかもしれない。ただし、亡命者に対して、彼らが直接経験したことに焦点を当て、より専門的なインタビューを行うと、学問的な資料としての価値を高めることもある程度できると思われる。

　著者は、北朝鮮から韓国へ亡命した20人を対象に、1998年3月4日から3月21日まで、韓国のソウルでインタビューした（表1−1）。もちろん、亡命者の話を「資料」として利用するには、信頼性をはじめ、様々な問題がありうるし、異論も少なくないと思われる。ただし、企業運営関係の仕事に関わった人を中心にして面談対象者を選定し、また基本的に彼らが経験したことを中心に、企業運営に焦点を当て、そして一般生活のことも若干加えて、「非政治的な」インタビューを進

表1-1　インタビュー亡命者のリスト

	年齢	亡命時期	主要経歴	主な居住地域
A氏	35	1994.6.30	製鉄所労働者	咸鏡北道
B氏	53	1996.8.12	鉱山労働者	咸鏡南道
C氏	31	1995.12.12	たばこ農場農場員	咸鏡北道
D氏	54	1994.2.6	トラクター工場職場長、鉱山機械工場作業班長、技術顧問	平安北道、両江道
E氏	54	1988.5.1	社会安全部外貨部長、労働党傘下貿易会社社長	平壌
F氏	30	1997.3.2	建材工場労働者	咸鏡南道
G氏	36	1997.3.27	市行政経済委員会指導員	平安南道
H氏	40	1995.2.18	農業科学院研究師、郡協同農場経営委員会指導員	両江道
I氏	63	1995.3.27	化学工場倉庫長	平安北道
J氏	35	1995.9.15	重機械工場労働者	平安南道
K氏	40	1996.1.30	日用品工場工場長	咸鏡北道
L氏	45	1994.7.28	政務院傘下貿易会社課長	平壌、江原道
M氏	30	1996.7.22	木材化学工場資材引受け員、郡資材供給所指導員	平安南道
N氏	25	1997.5.29	靴工場労働者	咸鏡南道
O氏	31	1996.5.8	合弁会社労働者、軍貿易会社課長	咸鏡北道
P氏	27	1995.10.19	水力機械工場労働者	平安南道
Q氏	30	1996.7.11	レンガ工場資材引受員	開城市
R氏	57	1997.5.2	運転手、軽労働職場指導員、軍の外貨稼ぎ事業所指導員	平安北道
S氏	35	1994.2.6	車修理工場労働者、合弁会社労働者	平安南道
T氏	35	1994.8.27	発電所建設事業所労働者、電気器具工場労働者	慈江道

注：年齢は1998年4月1日現在

めようとした。もちろん限界はある。亡命者との面談結果は代表性の問題も抱えている。しかし、いまのところ北朝鮮から韓国への亡命者のうち、企業運営関係の仕事に関わった人は意外と少ないということは指摘する必要がある。軍人、留学生が多く、その次が外交官、シベリア伐木工、海外商事駐在員などである[17]。筆者の面談者の人数が20に過ぎないことも、亡命者のうち、企業運営関係者が少なかったことと無関係ではない。

主に亡命者への直接インタビューの結果を利用し、他の機関による亡命者インタビュー結果を補助的に使うことにする。

(2) 公式文献

さらに亡命者の証言に対するクロス・チェックのために、また資料の空白を埋めるため、金日成の演説・著作をまとめた『金日成著作集』(以下『著作集』と略す)、『金日成著作選集』(以下『著作選集』と略す)、『社会主義経済管理問題について』(以下『経済管理』と略す) シリーズを使うこともある。これらには、マクロ・ミクロ経済運営上の問題点に対する、金日成の指摘、不満[18]が、ところどころにある。ここから断片的であるが、北朝鮮の現実の姿を窺う[19]ことができる。これは北朝鮮のように経済情報の公開を厳しく統制している国では、最高指導者ではないと、誰も決して口に出すことができないことであるから、貴重な資料になりうる。

それとともに、北朝鮮の公式刊行物、特に党機関紙の『労働新聞』も、北朝鮮研究において欠かせない資料である。次いで党機関誌である『勤労者』もある。本書でもこれらの資料を利用する。

第3節 北朝鮮経済に関する既存研究の特徴、問題点

北朝鮮の経済に関する研究文献は、量的には、決して少ないとはいえない。もちろん他の社会主義国経済あるいは他の途上国経済に関する研究文献より少ないのは確かである。そして日本・欧米での北朝鮮経済の研究文献はまだ少ないといえる。しかし、韓国においては1990年代に入ってから、北朝鮮の政治・経済・社会に関する研究が一種のブームとなり、数多くの書物・論文が現れた。もちろん

研究の質の問題は別にする。

したがって、北朝鮮の経済に関するすべての既存研究を整理することは、簡単ではない。ここでは、今までの北朝鮮の経済に関する従来の諸研究の特徴ないし問題点を指摘することにとどまる[20]。これらの諸特徴は、研究者の関心ないし姿勢によるところもあるが、北朝鮮経済に関する資料の制約によるところも少なくない。

第1に、資料の収集、整理のレベルに止まった研究が多い。もちろん、北朝鮮経済に限ってみれば、それ自体も研究成果に違いない。

第2に、制度や事実の単なる叙述が大半である。言い換えれば、一定の枠組みを設定し、資料に基づいて自分の論理を展開する分析的研究が少ない。さらに一定の分析枠組みに基づいた研究だとしても、議論・主張の根拠が脆弱である。独自の実証分析を含んだ研究成果も少ない。その結果、研究成果の間に、また研究者の間に、争点や論争が少ない。

第3に、学問的な研究業績、特に経済学的なアプローチによる研究業績が少ない。韓国での北朝鮮経済研究においては特にそうである。

第4に、資料の面で、『労働新聞』、『著作集』等を丁寧に読んで、資料を発掘し、蓄積していく作業はそれなり進んでいるし、それを利用した研究成果も次々と出ている。だが、亡命者のインタビューを利用した資料作りはあまり進んでいないし、亡命者のインタビュー結果を利用した研究業績もほんのわずかである。亡命者の証言の信頼性・代表性に疑問を持っている研究者も少なくないし、また研究者にとって、亡命者のインタビューが自由にできる状況までは至っていない。

第5に、多くの場合、北朝鮮経済の現状の説明に焦点を合わせている。歴史的な視点をもっている研究は少ない。特に経済開発初期の高成長から成長鈍化・低迷へ、また低迷の継続・深化に至るまでのプロセス、メカニズムに注目した研究はわずかである。

第6に、北朝鮮社会主義経済システムを真っ正面から扱っている研究が少ない。特にシステムが実際にどのように機能・不機能してきたのか、またミクロレベルで企業が実際にどのように動いているのかについて検討した研究はわずかである。北朝鮮社会主義経済の普遍性と特殊性について検討した研究もわずかである。

1) これは、河地重蔵 (1972) が提示した中国のとらえ方とかなり似ている。河地重蔵は、マルクス・レーニン主義、低開発国発展論、中国の歴史といったアプローチを主張したが、マルクス・レーニン主義の視点のなかにはたとえば旧ソ連との比較が、低開発国発展論の視点にはたとえばインドとの比較が含まれている。そして中兼和津次 (1992) が強調している複眼的視点とも近い。

類似した考え方は、中国研究者のみならず、旧ソ連ひいては社会主義諸国研究者にもみられる。たとえば、ソ連経済の代表的な西側経済学者の一人であるノーブは、ソ連経済の理解と関連し、次のような点を強調している。すなわち、ソ連の諸制度が一定の目的に奉仕すべく作り出されたものであること、多くの諸問題が後進国における急速な工業化の追求と密接に結びついていること、そしてしばしばそのためのコストの一部をなしていることである（ノーブ (1971) 10頁)。ブルス＆ラスキにいわせると、社会主義諸国は、正統派マルクス主義の用語でいう、「未成熟な条件」のもとで、社会主義への移行を開始し、したがって勝利した革命の最重要目的は、経済的にだけでなく、社会的にも文化的にも、後れを取り除くことであった（ブルス＆ラスキ (1995) 35頁) からである。

一方、北朝鮮経済のとらえ方を提示した研究は、ほんのわずかであるが、そのなかで目を引くのが、小牧輝夫 (1986)、木村光彦 (1999) である。小牧輝夫は北朝鮮を見る視点として、発展途上国、社会主義経済、南北の対抗関係を提示しており、木村光彦は近年の北朝鮮経済を正しく理解するためには長期的視点が重要であると強調している。

2) 以下で述べる本書の枠組みは、Koopmans and Montias (1971) の経済パフォーマンスないし結果 (outcome) 関数、中兼和津次 (1999) の経済パフォーマンス関数、石川滋 (1989)、石川滋 (1990) の「開発総過程の参照枠組み」(framework of reference) を参考にした。

3) 本書では、最近の北朝鮮経済の厳しい状況を、「経済低迷」と表現することにする。経済低迷の辞典的意味、つまり、「転じて、悪い状態が続いていること」ということが、最近の北朝鮮経済の状況を表すのに適切な表現だと思ったからである。もちろん90年代末である今日の状況だけをとらえるには「経済破綻」という表現が相応しいかもしれない。しかし「経済破綻」という表現はあまりにも強すぎると思われる。さらに十分検証もできてないのに、「破綻」と呼ぶのは、研究者の姿勢としても望ましくないと思われる。たとえ「破綻」状態か「破綻」に近い状態になったとしても、それは公式経済か民需経済のみである。非公式経済はむしろ活気に溢れているし、軍需経済もまだ健在である。なお、韓国では、最近の北朝鮮経済の厳しい状況を論じる際、「経済難」という表現を使うのが普通である。

4) もちろん、本書の主な狙いは北朝鮮経済が経済低迷に至るメカニズムを解明することであること、またこの分野は従来の研究でそれほど扱われていなかったことにも原因はある。

5) 実際に、貨幣は社会主義経済で受動的な役割しか遂行しないため、考察対象から金融部門を外したとしても全体の論理展開に大きな問題点が生じることではないといえよう。

6) 北朝鮮経済統計の全般的な状況および問題点については、韓国開発研究院 (1996)『北韓経済指標集』15～20頁、鄭相勲 (1990) 7～21頁などが詳しい。また、長期経済計画の

実績と関連した北朝鮮の公式統計の問題点、特に信頼性についてはたとえば、小牧輝夫（1986）105〜111頁、玉城素（1993）52〜53頁を参照。
7）韓国開発研究院（1996）『北韓経済指標集』26頁も類似した見解を示している。
8）旧ソ連の場合、発表が差し止められた年には生産の下落があったという（ノーブ（1971）、468頁参照）。
9）この点を指摘している研究はたとえば、小牧輝夫（1984）である（小牧輝夫（1984）、71頁参照）。
10）P. Wiles (ed), *The New Commnist Third World*, London: Croom Helm, 1982.
11）もちろん、北朝鮮の農業関連公式統計も多くの問題を抱えている。たとえば、50年代の穀物生産量に関する公式統計の問題点については、徐東晩（1996）が詳しい。
12）これは単に信頼できるかどうかの問題だけではない。たとえば、社会主義経済の共通の現状であるが、工業総生産額の推計の際の生産額の過大評価の問題が一つの例である（延河清（1986）138〜140頁参照）。
13）彼は北朝鮮の貿易相手国を80ヶ国あまりとみている。
14）たとえば、中兼和津次（1989）201頁参照。
15）現在韓国政府は、彼らを公式的に「北韓離脱住民」と呼んでいるが、本書では、「亡命者」と呼ぶことにする。
16）ただし、『統一韓国』「帰順者争点対談」シリーズの一部の記事は多少参考になる。
17）統一院（1998）『統一白書1997』204〜205頁参照。
18）筆者が会った亡命者たちは、これらを「批判教示」と呼んでいた。
19）この点を強調している研究としては、たとえば、Kimura（1994）、金錬鉄（1996）を参照。
20）北朝鮮経済に関する総論的研究と各論的研究についての簡単なサーベイとしては、たとえば著者の博士学位請求論文、「北朝鮮の経済開発：経済低迷メカニズムの形成と展開」22〜24、239〜245頁、木村光彦（1998）2〜3頁を参照。

第2章 経済実績、初期条件、開発戦略

本章は、北朝鮮の経済実績、経済開発の初期条件、経済開発戦略についての概観である。この章は、第3章から第6章までの議論の導入部に当たるともいえる。従来の研究では、北朝鮮の経済開発戦略、開発実績はある程度議論されていた。ただし初期条件まで視野にいれて議論した研究は少ない。

以下第1節では、北朝鮮の経済実績を、経済成長の長期的趨勢と90年代の経済苦境に分けて整理する。第2節では金日成政権が過去から引き継いだ歴史的遺産ないし初期条件にはどのようなものがあったのかを検討する。第3節では金日成政権の経済開発戦略、つまり経済開発の目的と、その目的を実現するための手段・政策にはどのようなものがあったのかを概観してから、本章の議論をまとめることにする。ただし本章では、経済実績と、初期条件および開発戦略の関係にはあまり触れない。それぞれの要因を紹介・説明し、初期条件が開発戦略の形成に与えた影響についてのみ簡単に触れることにとどまることにする。

第1節 経 済 実 績

1 経済成長の長期的趨勢

経済成長は一般的に国民所得あるいは一人当たり国民所得の持続的な成長と表現される。つまり、ある国の経済活動の成果を表わすものが国民所得であり、その増加率はただちに経済成長率を意味する。このため、国民所得を測るために様々な指標が使われるが、その中で最も代表的なものは国民総生産（GNP）であろう。だが、北朝鮮のような社会主義国家の国民所得概念は資本主義国家のそれとかなり違う。北朝鮮では指標としてGNPの代わりに社会総生産と国民所得を使っており、実際に北朝鮮もこの2つの指標について何回か発表したことがある。

表2−1　北朝鮮の国民所得の公式統計：1946〜1964年

	1946	1947	1948	1949	1953	1956	1957	1958	1959	1960	1961	1962	1963	1964
社会総生産	100	225.6	260	219	163	355	—	—	735	797	941	10倍	11倍	12倍
国民所得	100	—	—	209	145	319	417	594	636	683	—	869	928	10倍

注：1950—52、1955—56年については公式発表なし
出所：『北韓経済統計集（1946〜1985年）』125頁およびファン・イガク（1992）125〜126頁（原資料は、年度別朝鮮中央年鑑）／『1946〜1960朝鮮民主主義人民共和国人民経済発展統計集』27頁。

　しかし、北朝鮮の自分の経済統計資料に対する閉鎖性は国民所得の場合でも顕著である。表2−1にも示されているように、社会総生産、国民所得の体系的な発表は1960年代後半から中断された状態である。公開された統計もいくつかの年度に対する増加率（相対値）が圧倒的に多い。また国民所得の絶対水準や国民所得の具体的な内容についてはほとんど公開されていない。さらに国民所得の推計方法等についても何の説明もない。ただし前述したように、90年代に入ってからは、厳しい経済状況を背景に、わずかであるが、国民所得関連統計を公開したことがある。もちろんそれらの統計の信頼性に疑問がないわけではない。
　このような状況で韓国の統一院をはじめ、世界の各機関は自分なりの方法で北朝鮮の国民所得の推定を試みてきた。ところが表2−2をみればすぐ分かるように、各機関の推定値のあいだには大きな差がある。このような差異が生じる原因としては為替レート適用方法の違い、非生産部門がGNPに占める比重に対する推定値の違い、軍事費に対する推定値の違い等が挙げられている[1]。しかし、北朝鮮の経済活動に関する信頼性のあるデータがほとんど公開されていない状況で、どの推定値・推定方法が正しいかは判断し難い。
　その問題はさておき、これらの推定値の中で、北朝鮮の建国（1948年）から今までの50年あまりの全期間の国民所得の成長趨勢が分かるものは何もない。60年以降の毎年のデータを推定・発表している韓国政府のものがもっとも長い期間を対象にしている。したがって、長期趨勢をみるためには基本的に韓国政府のものに頼らざるを得ない。ただし、それをアメリカCIAの推定値などほかの資料と比較参照しながら検討する必要がある。それと同時に北朝鮮の公開資料とも比較しなが

表2-2 北朝鮮のGDP公式統計と各機関のGNP推定値

(単位:億ドル)

	北朝鮮公式統計 (A)	韓国政府推定値 (B)	USCIA推定値 (C)	ACDA推定値 (D)	SIPRI推定値 (E)	IISS推定値 (F)
1960		15.20	48.00			
1961		18.10				
1962		20.20				
1963		21.50		23.00		
1964		23.00		25.00		
1965		23.40	76.00	25.00		
1966		24.10		29.00		
1967		26.00		30.00		
1968		29.80		35.00		
1969		31.20		40.00		
1970		39.80	100.00	45.00		85.10
1971		40.90		49.00		
1972		46.20		53.00		
1973		62.70				
1974		72.90		85.95		
1975		93.50	160.00	99.75		79.80
1976		96.80	155.50	104.71		
1977		106.40	155.50	107.81		
1978		115.20	166.85			119.50
1979		124.60	173.36			124.90
1980		135.50	195.00	180.50	143.30	133.70
1981		135.60	214.00	198.10	145.80	163.10
1982		136.20	222.00	205.00	153.10	156.10
1983		144.70	224.00	207.20	160.00	175.70
1984		147.20	230.00		195.80	187.40
1985		151.40			201.60	192.40
1986		173.50			206.10	
1987		194.00				
1988		206.00				
1989		211.00				
1990		231.00				
1991		229.00				218.36
1992	208.33	211.00				197.94
1993	209.34	205.00				
1994	154.22	212.00				
1995	128.02	223.00				
1996	105.87	214.00				
1997		177.00				

注:1) 北朝鮮の公式統計はGDP、各機関の推定値はGNP
2) 韓国政府の推定値は、1989以前は統一院の推定値。1990年以降の数値は韓国銀行による、新模型体系による推定値(新模型体系による1989年の北朝鮮GNPは240.0億ドル)。

出所:(A) UNDP (1998)
(B) 統一院 (1990) 51頁、統一院 (1995) 62頁、『北韓GNP推定結果』各年度。
(C)~(E)は、国土統一院 (1988) 31頁、ファン・イガク (1992) 123~125頁
(原資料は、USCIA, *Handbook of Economic Statistics* 1984, 1985., U.S. Arms Control and Disarmament Agency (ACDA), *World Military Expenditures and Arms Transfers 1967~76, 1984, 1985.*, The Stockholm International Peace Reserch Institute (SIPRI), *Yearbook 1987; World Armaments and Disarmament*. この資料で載せられている北朝鮮の軍事費と軍事費/GNP比率を利用してGNPを計算)。
(F) International Institute for Strategic Studies (IISS), *The Military Balance 1987-1988*, p. 220. IISS, *The Military Balance 1993-1994*, p. 226. この資料で載せられている北朝鮮の軍事費と軍事費/GNP比率を利用してGNPを計算。

表2－3　北朝鮮の国民所得の長期成長趨勢

(年平均成長率、単位：％)

	1954-56	1957-60	1961-64	1961-70	1971-76	1978-84	1980-86	1987-91	1991-96
北朝鮮の国民所得の公式統計(A)	30.0	21.0	10.0			8.8			－15.6[1]
北朝鮮の一人当り国民所得の公式統計×人口推定値(B)				8.2[2]	17.2[3]		5.0	2.2	
北朝鮮の国民所得の公式統計の換算GNP(C)					19.7[4]		4.8	1.6	
韓国政府のGNP推定値(D)			10.9	10.1	16.0	4.7	4.8		－4.5
IISSのGNP推定値(E)						7.8[5]			－3.0[5]
USCIAのGNP推定値(F)			9.8[7]	7.6	10.4[8]	5.8			
ACDAのGNP推定値(G)				11.8[9]	15.1	11.5[10]			

注：1978～84の北朝鮮の国民所得の公式統計を除いて、成長率そのものは筆者計算値。本書での年平均成長率の算出方式については本節の注を参照。

Bは、北朝鮮の一人当り国民所得の公式統計にN. Eberstadtの北朝鮮人口推定値をかけた数字。

Cは、北朝鮮の一人当り国民所得の公式統計に韓国統一院の北朝鮮人口推定値をかけて北朝鮮の貿易為替レートで換算した北朝鮮の国民所得に、統一院のGNP換算係数をかけた数字。

Dは、1990年から統一院の代わりに韓国銀行が国連の国民勘定体系によって推定し始め、データが非連続的になる。

1) GDP, 1993～96、2) 1963～70、3) 1971～74、4) 1971～74、5) GDP, 1979～84、6) 1991～93、7) 1960～65、8) 1971～75、9) 1964～70、10) 1978～83。

出所：A) ファン・イガク（1992）126頁および『北韓経済統計集（1946～1985年）』133頁（原資料は、年度別朝鮮中央年鑑）／『1946～1960朝鮮民主主義人民共和国人民経済発展統計集』、27頁／UNDP（1998）。

B) 『北韓経済指標集』55、64頁（原資料は、年度別朝鮮中央年鑑、金日成の新年の辞（1980・1・1）、バン・ワンズウ（1988）、金正宇対外経済委員会委員長の日本記者との会見（『連合通信』1992・2・24）、N. Eberstadt and J. Banister (1990))。

C) 『北韓経済指標集』65頁。

D) ～G) は表2－2と同じ。

ら、北朝鮮の国民所得の長期趨勢を概観することにする[2]。

表2－3に示されるように、1950年代半ば・後半の超高速成長と1960年代以降の成長鈍化が目立つ[3]。北朝鮮自身の統計でも現われているように、戦後3ヶ年計画（1954～56年）と5ヶ年計画（1957～60年、計画期間の1年繰り上げの達成）は年平均20％以上の極めて高い成長率を示したが、60年代に入って急に10％へと低下した。多くの北朝鮮専門家は第1次7ヶ年計画（1961～70年）から北朝鮮の試練が始まったと見ている。何よりもこの計画が当初の計画期間（1961～67年）より3年延長されたことと、この計画の中盤から北朝鮮の統計資料の発表が急に減り始めたことがそれを物語っているという。とはいえ、この時期の成長率はかなり高い水準のものであったことは否定できないだろう。

1970年代前半に、再び成長率が上昇する。表2－3にも示されるように、韓国統一院とACDAは第1次7ヶ年計画（1961～70年）に比べ6ヶ年計画（1971～76年）は成長率がかなり上がったとみているが、これに対してアメリカCIAは、両期間の成長率は同じ（それぞれ7.6％）、つまり横ばいであったとみている。だがアメリカCIAは1970年代前半（1971～75年）の年平均成長率（10.4％）は60年代後半（1966～70年）の年平均成長率（5.5％）よりずっと高かったと推定している。したがって三つの機関の観測を合わせてみると、6ヶ年計画（1971～76年）全期間ではないとはいえ、少なくとも70年代前半の成長率は上昇したといえる。

ところが、1年間の「緩衝期」（1977年）を経て始まった第2次7ヶ年計画（1978～84年）期間に入って成長率は再び低下した。このことは北朝鮮の公式統計からも確認できる。ただ低下の幅に関しては推定機関の間の差がみられる。韓国統一院とアメリカCIAはこの時期の成長率が第1次7ヶ年計画期（1961～70年）のそれを下回って、とくに韓国統一院は3分の1水準に急落したと見ているが、ACDAは60年代とほぼ同じだとみている。

韓国統一院（90年度分からは韓国銀行）は2年間の「緩衝期」を経て着手した第3次7ヶ年計画期（1987～93年）では成長率がさらに低下し、特に90年からはマイナス成長（実質成長率基準）を続けている[4]と見ている。IISS（国際戦略問題研究所）も90年代にはマイナス成長という見解を示している。90年代の経済不振は何よりも北朝鮮の公式統計からも確認できる。北朝鮮当局は、1992～1996年の5年間の

GDP関連統計を公開したが、そのうち、1993年だけが0.5%プラス成長であって、94年マイナス26.3%、95年マイナス17.0%、96年マイナス17.3%という大幅のマイナス成長を3年連続記録した。特に北朝鮮が公開した、その期間中のマイナス成長の幅は、韓国側の推定値のそれをはるかに上回るものとして、注目に値する。

いずれにせよ、50年代高速成長を記録した北朝鮮経済は60年代から成長が鈍化し始め、70年代前半一時的に回復したが、70年代後半か80年代前半から再び下がり、比較的長いあいだ低迷の状態が続いており、特に90年代に入ってさらに悪くなったといえるだろう。このような長期趨勢は、表2－3でもみられるように、北朝鮮の公式統計からも窺える。

このような北朝鮮の国民所得の長期成長趨勢を旧ソ連・中国のそれと比較すると、どうなるだろうか。表2－3、表2－4、図2－1から次のようなことがいえるだろう[5]。まず、長期的な傾向として北朝鮮は、中国より旧ソ連に近いといえる。つまり、中国では「成長率の長期低下傾向」が現れなかったが、北朝鮮は旧ソ連と同様、「成長率の長期低下傾向」がみられる。この点は注目に値する。両国ともに1950年代のかなり高い成長率から1980年代の低い成長率へ、さらに90年代にはマイナス成長へと低落した。もちろん、やや細かくみれば若干の差がみられる。たとえば、北朝鮮の50年代後半の高速成長は旧ソ連の同期間のそれをはるかに上回っていた。低落の傾向の中で一時的に盛り返す時（旧ソ連は1960年代後半、

表2－4　旧ソ連と中国の国民所得の長期成長趨勢

(年平均増加率)

	1956-60	1961-65	1966-70	1971-75	1976-80	1981-85	1986-90	1991-95
旧ソ連	9.2	6.5	7.8	5.7	4.3	3.6	1.3	−9.1[1]
中国	9.7	0.9	6.9	5.9	6.5	10.8	7.9	11.6

注：旧ソ連は生産国民所得、中国はGNP（公式統計）
　1）ロシアのGDP
出所：旧ソ連は、中山（1993）101頁（原資料は、Narodhoe Khozaistvo SSSR for 60 years, Moscow, 1977, 79頁、Narodhoe Khozaistvo SSSR for 70 years, Moscow, 1987, 58頁、Narodhoe Khozaistvo SSSR 1990, Moscow, 1991, 7、8頁）、ロシアはRossiickii Statisticheckii Ezhegodnik 1997、304頁より計算。／中国は、State Statistical Bureau of the People's Republic of China and Institute of Economic Research Hitotsubashi University (1997)、67頁より計算

図2－1　北朝鮮、旧ソ連、中国の経済成長率の長期趨勢

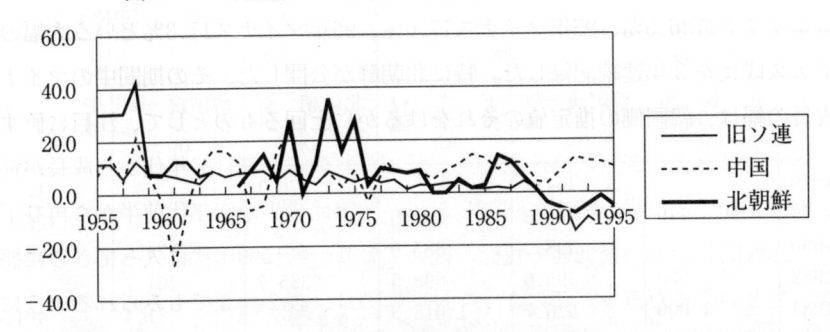

注：北朝鮮の場合、1955～64年は北朝鮮の公式統計、1966年以降は韓国政府の北朝鮮GNP推定値。旧ソ連は生産国民所得、ロシアはGDP、中国はGNPでそれぞれ公式統計
出所：表2－1、2－2、2－4と同じ

北朝鮮は1970年代前半）の成長率も、北朝鮮のそれが旧ソ連のそれをはるかに上回っていた。経済の下降カーブの傾きから見れば、旧ソ連より北朝鮮の方が急であったともいえる。色々な理由が考えられるが、北朝鮮の社会主義の歴史が旧ソ連のそれより短いということと無関係ではないだろう。

また北朝鮮の下降カーブは、かなり激しい変動を伴うものであった。経済の変動の激しさという点からみると、北朝鮮は旧ソ連より中国に近い。ただ中国は、ある時期はマイナス成長も含む激しい変動であったのに対して、北朝鮮は80年代末までは基本的にプラス成長の範囲内の激しい変動であった。もちろん、前述したように、北朝鮮は90年に入ってからマイナス成長を記録した。

2　90年代の経済苦境

(1)　食　糧　難

90年代の北朝鮮の食糧難はよく知られているところである。特に90年代半ば以降は、北朝鮮自身が食糧関連データを公開しながら、国際社会に向け、食糧不足と食糧支援を訴えている。北朝鮮側は食糧難が90年代に入ってからのことと主張しているが、実際に北朝鮮の食糧不足・食糧生産不振がいつから始まったかは、はっきりしていない。表2－5をみても、北朝鮮の公式統計がほとんどないうえ、韓国政府推定値とFAO推定値との間のギャップが大きすぎるので、70・80年代の

表2－5　北朝鮮の穀物、コメ生産量

(単位：万トン)

	穀 物			コ メ		
	北朝鮮公式統計 (A)	韓国統一院推定値 (B)	FAO推定値 (C)	北朝鮮公式統計 (D)	韓国統一院推定値 (E)	FAO推定値 (F)
1970		464.4		276.1		172.2
1975	770	495.3	703.5			266.4
1980		398.2	885.0		124.5	357.8
1982	950	599.6	898.5	355.7	201.7	
1984	1,000	626.7	1,018.3		221.4	401.0
1986					200.9	432.0
1988			1,187.2		209.9	457.2
1989				432	308.4	396.0
1990		481.2	1,020.5	448	276.0	396.0
1991		442.7	731.6	409	164.1	442.0
1992		426.8	673.3	445	153.1	426.0
1993		388.4	521.0	475	131.7	294.0
1994		412.5		311	150.2	
1995				200		
1996				141		

出所：D）の1989～1996年：UNDP（1998）／それ以外は金云根（1996）115～116頁（原資料は、『北韓経済統計集（1946～1985年）』国土統一院（1977）『南北韓営農基盤分析と生産能力比較』、国土統一院『南北韓経済現況比較』各年度、FAO, *Production Yearbook*, FAO, *Monthly Bulletin of Statistics*, various issues.『労働新聞』(1975・9・23)『朝鮮中央年鑑』1989～1996）。

　食糧事情がどうであったのか判断するのは、非常に難しい。ただし亡命者たちの証言などの断片的な情報からみると、食糧不足は90年代以前から存在してきたのではないかと思われる。似ている見解を示す[6]研究もある。
　いずれにせよ、90年代の食糧不足は深刻なものである。ただしどれぐらい足りないのかは、はっきりしていない。北朝鮮の公式発表に疑問がないわけでもないし、北朝鮮の食糧需給状況は推定機関によってかなり違う。表2－6をみれば分かるように、1996年度の場合、大雑把にいって、100万トン前後が足りないといえるだろう。こうした状況はまだ改善されず、国連の世界食糧計画（WFP）は、98年の場合、全世界に65万8千トンの対北朝鮮食糧支援を要請した[7]。

第2章 経済実績、初期条件、開発戦略　*45*

表2－6　北朝鮮の1995／96年度食糧需給の推計

(単位：万トン)

	FAO／WFP 1995.12	韓国統一院 1996.1	FAO／WFP 1996.5
1995年度生産量	408	345	408
1996年度需要量	599	673	599
同　需給差	191	328	191
同　輸入見込み*	70	60	43
同　消費削減	―	95	44
同　不足量	121	173	104

注：*は援助を含む。
出所：小牧輝夫(1997)43頁(原資料は、FAO／WFPの北朝鮮に対する1995年12月および96年5月の調査団の評価レポートおよび韓国統一院資料)

表2－7　食糧配給状況：亡命者たちの経験

面談者	地域	食　糧　配　給　状　況
亡命者J氏	平安南道 南浦市	1988年から配給の遅延現象が発生。一ヶ月、3ヶ月遅れる場合があった。でも、たまっていた配給量は後で支給された。一年中を通じて、配給が減量されたことは、93年まではなかった。
亡命者M氏	平安南道 陽徳郡	94年には2〜3ヶ月、95年には3〜4ヶ月、配給が遅延された。
亡命者N氏	咸鏡南道 咸興市	89年から配給の遅延現象が発生。90年からは3ヶ月に1回くらい配給をもらった。一年に7ヶ月分程度の配給量。94年には事実上中断された。1月1日に2日分、金日成・金正日誕生日にそれぞれ2日分ずつ、旧暦8月15日に1日分、それ以外には全然なかった。
亡命者O氏	清津直轄市 (咸鏡北道)	1988年から、すこしずつであるが、配給が遅延され始めた。年間を通じて11ヶ月分程度配給された。もっとも酷かった時は92年。配給が6ヶ月遅れた。
亡命者Q氏	開城直轄市	1989年から配給が1ヶ月、2ヶ月遅れた。それが93年には5、6ヶ月遅延された。96年には1月から7月まで1ヶ月分の配給しかもらわなかった。

注：食糧配給は、公式的には15日間ごとに1回、つまり月に2回、行われることになっている。
出所：筆者の亡命者面談による。

食糧不足は、当然のことであるが、北朝鮮では配給の遅延、配給量の減少につながることになる。直接会った亡命者たちの証言に基づいて、食糧配給状況を簡単にまとめたものが表2－7である。もちろん、北朝鮮当局は90年代に入ってから、各地域単位別に食糧の一部を自体解決（自力更生）するよう指示・強調したので食糧配給状況は地域別にかなり違う。したがって表2－7だけをみて北朝鮮全体の配給状況を判断するのはきわめて難しい。ただし国家の食糧配給システムが正常に作動していない、いや実は深刻な危機状態に陥ったということは、十分読み取れると思われる[8]。

このため、餓死者が次々と出ている。では、いままで餓死者は何人ぐらいであったのか。もちろん北朝鮮側の公式発表がないので、はっきりしたことは分からない。ただし韓国の国家情報院[9]は、1995～98年の4年間、300万人の餓死者が発生したと発表したことがある。一方「95年には1,000人当たり6.3人が死亡したが、98年には9.3人へ増えた」という北朝鮮当局者の発言に基づき、国連食糧機構（WFP）の関係者は、「95～98年に22万人が死亡したことと推定される」と述べたことがある[10]。

(2) 工場の稼働率の落ち込み

90年代の経済苦境は、工場の稼働率の落ち込みからも窺える。もちろん工場の稼働率の問題は90年代固有の問題ではない。遅くとも1960年代からこの問題に対する金日成の指摘・批判が相次ぎ、70年代末からより頻繁になった。とはいえ、工場の稼働率は80年代後半から、特に90年代に入ってからドラスチックに落ち込んだと、亡命者たちは伝えている。

「92年2月に、金策製鉄所、大安重機械工場といった中核的産業施設を視察する機会があった。稼働率がきわめて低かった。平壌火力発電所は、3つの煙突のうち、2つからは煙が出ていなかった。降仙製鋼所の関係者から、輸出契約分の鋼材のみを一部生産するという話を聞いた」（亡命者D氏）[11]。

「旧ソ連の原油を使うスンリ化学工場、中国原油を使うチョンス化学工場、ナンフン青年化学工場、2・8ビナロン工場は、90年代に入って1ヶ月に10日ぐらい稼動していた」（亡命者ジョン・ジンマン氏）[12]。

表2－8　北朝鮮の主要産業における工場の稼働率：1990年代
(単位：万トン、％)

	鋼　鉄			セメント			化学肥料		
	生産量	生産能力	稼働率	生産量	生産能力	稼働率	生産量	生産能力	稼働率
1992	179.3	598.0	30.0	474.7	1202.0	39.5	138.5	351.4	39.4
1994	172.8	598.0	28.9	433.0	1202.0	36.0	131.8	351.4	37.5
1996	120.8	598.0	20.2	379.0	1202.0	31.5	95.6	351.4	27.2

注：稼働率＝生産量／生産能力×100
　　生産能力は1992年以降、事実上変わらなかったと仮定している。
出所：統一院（1993）及び韓国銀行『北韓GNP推定結果』（各年度）により計算

　さらに90年代半ばには、操業中断状態にある工場も少なくないというのが、亡命者たちの一致して証言しているところである。ただし、軍需工場はほぼ正常的に稼動していると、彼らは伝えている。
　一方、韓国政府は1990年代に入ってから北朝鮮の主要産業における工場の稼働率は30～40％へ低下し、さらに90年代半ばには20～30％へ低下したと見ている（表2－8参照）。

(3)　「第2経済」の拡大
　北朝鮮の経済実績と関連し、指摘しておくべきことは、「第2経済」[13]（second economy）の急速な拡大である。北朝鮮では1980年代末か1990年代初めから「第2経済」が急速に拡大しているというのは、北朝鮮訪問者や亡命者たちの一致して証言しているところである。
　「第2経済」とは何か。社会主義経済における「第2経済」に関連する多岐にわたる、複雑な現状は、研究者によって異なった用語、定義がなされている[14]。本書では、第2経済の体系的な研究の先駆者と評価されているGrossmanの定義にしたがって、第2経済をより幅広くとらえることにする。Grossman（1977）は、第2経済を次の2つの条件のうち、少なくとも1つの条件を満たすすべての生産・取引活動と定義している。第1に、直接的に私的利益のためであること、第2に、現存の法律の違反ということを明白に認識していることである。

第2経済は、北朝鮮の場合、次の3つの領域からなっている。第1に、計画経済領域内での、つまり国家が認めた、一種の私的経済活動である。たとえば、小規模の私的保有地[15]と家内副業がここに入る。実際に北朝鮮の公式的な「国民所得」概念は、個人副業経理（農村での私的保有地の耕作、都市住民の家内副業など）を含んでいる[16]。第2に、計画経済領域内での非合法的経済活動である。工場の資材・生産物の横流しなどがここに属する[17]。第3に、計画経済領域外での非合法的経済活動である。非合法的な土地の耕作[18]、密輸、闇市場での取引などがここに属する[19]。

では90年代における北朝鮮の第2経済の規模はどのぐらいであろうか。第2経済は多くの場合、非合法的な活動で行われるため、その測定がきわめて困難であるから第2経済の規模の正確な推計は不可能に近い。いくつかの断片的な姿を集めてみよう。亡命者たちの証言を合わせてみると、北朝鮮住民は、食糧を含む日常生活用品の50～90％を、第2経済部門での物物交換ないし現金購入のやり方で確保しているという調査結果[20]が出ている。また韓国の「中央日報」が亡命者35人を対象に、非合法的な商売（商行為）の経験を調査した。そのうち、20人（57％）は本人が、3人（9％）は家族内の誰かが商売をやったことがあると答えており、本人も家族も非合法的な商行為をやったことがないと答えた人は12人（34％）にすぎなかった[21]。そして韓国の国家情報院は1997年10月に、北朝鮮の地下経済規模が、北朝鮮のGNPの30％に達していると発表したことがある[22]。

表2－9は筆者の亡命者面談によるもので、1990年代における北朝鮮住民の公式賃金と非公式収入の割合に関する断片的な姿を示している。ここでの5人の直接・間接的な経験によれば、公式賃金は実質生計費の0.5～33.3％にすぎない。第3章でみるように、90年代には消費品の国家流通体系の麻痺と闇市場の急速な拡大および激しいインフレによって、つまり貨幣価値が急激に低下し、公式賃金の意味は皆無に等しくなったというのが亡命者たちの一致して証言しているところである。したがって住民は不足生計費を埋めるために、第2経済活動に参加せざるをえなくなった。表2－9での5人の経験に限ってみれば、第2経済での収入は第1経済での収入をはるかに越え、しかも人によっては何十倍に達している。

では、旧ソ連の場合は第2経済の規模がどのぐらいであったのか。1970年にソ

表2－9　1990年代の北朝鮮の住民の公式賃金と非公式収入：亡命者たちの経験

亡命者	職業	居住地域	家族数	1ヶ月の公式賃金	1ヶ月の家族実質生計費（そのうち、公式賃金のシェア）	不足生計費の充当方法
L氏	政務院傘下貿易会社課長	平壌市	4	147ウォン（本人）＋132ウォン（妻）	1,000ウォン（27.9％）	汚職
M氏	郡資材供給所指導員	平安南道	4	90ウォン	2,000ウォン（0.5％）	親からの遺産、商売
N氏（女）	靴工場労働者	咸鏡南道	3	60ウォン（本人）＋80ウォン（母）	6,000ウォン（2.3％）	飲食製造・販売、日本の親戚からの援助
Q氏	レンガ工場資材引受員	開城市	5	70ウォン（本人）＋60ウォン（弟）	5,000ウォン（2.6％）	家畜飼育、商売
R氏	軍の外貨稼ぎ事業所指導員	平安北道	6	120ウォン	10,000ウォン（1.2％）	汚職、商売、アメリカの親戚からの援助

注：亡命者M氏の場合、自分は生計費支出が多い方であったといっている。自分の同僚たちの最低生計費は月300ウォンくらいだったという。その場合、公式給料は最低生計費の3分の1くらいになる。
出所：筆者の亡命者面談による。

連で消費されたアルコール全体の4分の1が第2経済で生産され、供給された。1972年に5億リットルの盗用ガソリンが第2経済で売られたと推計されている。ソ連の毛皮市場の約80％、魚販売の25％が第2経済で扱われている（グレゴリー＆スチュアート（1987）216頁）。また、G. OferとA. Vinokurが行った亡命者の調査によると、主要な雇用場所での報酬以外の活動から得た収入は、その報酬の10％に当たったという[23]。資料が限定的であるので断定的には言えないが、90年代における北朝鮮の第2経済の規模は旧ソ連のそれより大きい可能性が考えられる[24]。

特に指摘しておくべきことは、北朝鮮の場合、旧ソ連と異なり、公式的な食糧配給制度や消費品流通体系の麻痺とともに、第2経済が急速に拡大した、言い換えれば住民たちは富の蓄積というより「生存」そのもののため必死に第2経済活動を行っているいう点である[25]。

第2節 初期条件

ここで検討する北朝鮮の初期条件は、朝鮮半島全体のそれと重なるところが多い。当然のことであるが、北朝鮮は朝鮮半島の分断の時点(1945年)で誕生したからである。また日本植民地時代に関する統計は、北朝鮮と南朝鮮を分けてとらえたものはほとんどないという、やむを得ない面もある。

1 自然環境的要因

朝鮮半島の全体面積は22万平方kmであり、だいたいイギリスの面積と同じである。その中、北朝鮮地域は12万平方kmである。人口をみると、朝鮮半島全域は1910年1,547万人、1944年に2,492万人であり、北朝鮮地域は1910年に516万人、1944年に918万人である。1944年当時、朝鮮半島の全人口の36.8%が現在の北朝鮮地域に住んでいたという[26]。人口圧力はなかったという特徴がある。このように、国土の面積から見ても、人口から見ても、北朝鮮は「小国」である。

朝鮮半島の地政学的条件をみると、東南側では日本列島があり、西北側では中国満州と、東北側ではロシアと接している。半島というのは、その勢力が強い時には、大陸を侵略し、海の向うの国々にも力を伸ばすことができるが、逆にその勢力が弱い時には、大陸とか島国からの侵略を受けやすい。朝鮮半島への異民族の侵略は、遼、元、日本(豊臣秀吉、20世紀の植民地)などからの侵略が、大小合わせて900回を超えるといわれる。朝鮮民族は絶えずに異民族の侵略にもまれてきて、朝鮮半島の歴史は、常に成功したわけではないが、外勢へ抵抗し、自らの独立を維持するための民族的闘争が展開されてきた歴史といえる。

次いで天然資源[27]をみてみよう。地下資源はその種類が多く、埋蔵量も豊富である。その面だけをみると、工業発達に有利な条件である。いままで北朝鮮地域に

埋蔵されていると知られている鉱物は360種類を超えており、そのうち、発掘価値がある有用鉱物は200余種である。世界的に重要物資として認められている25種の鉱物のうち、マグネサイト、黒鉛、タングステンなどの8種は世界10位内に入るほど埋蔵量が豊富である。そして鉄鉱石、亜鉛、有煉炭（褐炭）、無煉炭の埋蔵量も比較的に豊富である。水力資源の場合、北朝鮮は世界的にも水力資源が豊富な国の一つである。山が高く、谷が深く、水量が多いのみならず、落差が大きいので水力資源を利用できる条件が有利である。1平方km当たり包装水力は72.4kWで世界平均（28kW）の3倍ぐらいである。全般的にみて、鉱物資源、水力資源の面で、北朝鮮側は韓国側よりかなり有利であった。

しかし、エネルギー源、産業用原料として非常に重要な石油、コークス炭はまだ埋蔵が確認されていない。特に石油を保有していなかったことは、北朝鮮の経済開発にとって致命的であった。

2　歴史・文化的要因

朝鮮半島では、儒教の影響がほかの国より強かったといわれる。もちろんその時の儒教は、宗教としての儒教、学問としての儒学ではなく、文化としての儒教である。儒教の理念はその理念自体より「礼」という「慣習化された権威」によって社会秩序を保つようになった。このような社会は西欧文化の移入および日本の植民地への編入によってある程度修正されたとはいえ、「礼」という「慣習化された権威」は、被支配階級の革命を経験したことがない朝鮮半島にとって、それが「伝統」であり「文化」になっている[28]。

こうした儒教の伝統は、北朝鮮特有の政治システムを作り上げる要因の一つとして働いた。この点は後述する。

ただし、朝鮮の前近代社会が、金日坤（1985）等が主張するような、徹底した中央集権体制であったとはいいにくい。朝鮮後期、特に19世紀の国家は、王権が弱体化していた[29]。外観上には中央集権的専制構造と見えたが、実権力を握っているのは貴族階級（両班）であった。国家の官僚機構も両班の要求に適合させられたものであった。国家は、中央においては表面的に強力ぶりを誇りえたかも知れないが、地方に行くにつれてその支配力は虚弱なものであった。

とはいえ、朝鮮半島の歴史をみても政権奪取を目的にした反乱が少ないということは指摘する必要がある。朝鮮後期、権力が腐敗したとき、農民反乱が頻繁に発生したが、政権奪取を目的にしたものはほとんどない。さらに朝鮮歴史を論じるとき、地域の利益を大事にしようとする「地域主義」ということばは出てこない。もちろん、狭い国という地理的特性、また単一民族という民族的特性が働いたためかもしれない。いずれにせよ、このことは注目する必要がある。

朝鮮民族は言語、文化、民族構成において強い同質性をもっている民族である。外勢への警戒心、強い民族意識を持っている民族ともいえる。特に36年間に渡る日本植民地期の経験は、朝鮮民族の民族意識をいっそう強める契機になった。主体思想に民族主義的要素が強いことも、こうした歴史的背景と無関係ではない。

経済開発の歴史的要因を考える際、欠かせないことが教育問題であろう[30]。李朝時代には科挙制度、つまり試験による官吏選抜制度が発達し、人々の教育に対する関心を刺激し、経済発展水準に比べて学校教育が相対的に発達していた。そして李朝時代の身分制の構成原理をみると、身分社会といえども、支配層である両班が必ずしも経済的な支配力をも行使するとは限らず、農民との境界がはっきりしていない場合もあった。ところが、当時の教育は支配層である両班階層の男子に独占され、教科目もほとんど儒教経典であったので実用的な要素が欠如していた。初等教育機関である書堂の場合、1911年末に全国に16,540ヶ所が存在した。しかし大部分の書堂は小規模で、書堂への就学率は男子の場合、9.5—12.1%であった。つまり、限界的であった。

植民地時代はどうであろうか。初等学校の就学率は1930年代から急上昇した。この時期は日本の戦時体制の突入に伴って植民地工業化が進み、日本帝国主義が朝鮮人を産業労働力や軍人として動員するため「皇民化政策」が施行され、その影響で就学率が急上昇した。1930年の14.5%から1940年には33.8%へ上昇した[31]。しかし、朝鮮人児童を忠実な日本帝国臣民としようとする教育政策が朝鮮人大衆の支持を得られなかったため、限界があった。さらに中学校と高校の就学率は1945年にそれぞれ4.6%、3.2%に過ぎなかった。

3　植民地期の経済的遺産と初期発展水準

ここでは、1945年の朝鮮半島解放の時点で、金日成政権[32]が引き継いだ植民地期の遺産のうち、経済的なものを中心に概観することにする。

(1) 初期発展水準と植民地期の工業化経験

まず、解放時点での朝鮮半島全体の発展水準をみてみよう。産業構造は、基本的に農業中心である。第2次世界大戦の終戦とともに誕生した多くの新生独立国と同様、金日成の北朝鮮も、低開発の農業国家を過去から引き継いだ。

表2－10をみればすぐ分かるように、植民地期間中、その比率が低下したものの、第1次産業比率が著しく高い。1930年代に入ってようやく工業化の兆しが見られる程度である。次に雇用構造をみると、1938年の時点で全就業者の74.7%が第一次産業（農林・牧畜・漁・製塩業）で働いていた（溝口敏行・梅村又次編（1988）260頁）。1942年の時点では、戸口調査の結果であるが、全国の戸数を職業別にみると、農業が最も多く、全体の62.6%を占めていた[33]。

とはいえ、植民地期の工業化の経験とその遺産[34]を無視してはいけないだろう。インフラの場合、日本によって港湾、通信、道路、鉄道などのインフラ建設が行われた。1945年の時点で、朝鮮半島全域で、鉄道の長さは6,200km（ただしその半分以上は朝鮮半島の南部）、自動車道路と地方の間道は53,000kmに達していた。朝鮮全域を平均すれば、面積100平方km当りの鉄道の長さは3km、道路の長さは24kmである。ところが、1945年中国全土の鉄道の長さはほぼ21,000kmと推定される。その約4分の3は満州にある。最盛期に当たる1943年、朝鮮の鉄道は1億2,847万

表2－10　植民地期朝鮮の国内純生産の産業別構成

(単位：%)

	第1次産業	第2次産業	第3次産業
1913～1922年平均	68.05	6.50	25.45
1923～1932年平均	56.51	8.93	34.56
1928～1937年平均	50.22	13.30	36.48

注：第三次産業には帰属家賃が含まれる
出所：溝口敏行・梅村又次編（1988）11頁

人の旅客を運んだが、中国の場合、最盛期に当たる1949年の前の年、鉄道の輸送人員は2億6,501万人に止まった。言い換えれば、朝鮮は中国の一つの省よりも小さい国であるが、鉄道の長さは中国全土の30%、運んだ旅客の数は50%に該当するものであった。また中国本土やベトナムは、鉄道が海岸に沿って集中しているが、朝鮮は半島の全域に四通八達し、主要都市に向かって走っている。このように、朝鮮はインフラに関する限り、中国やベトナムより発達していたというカミングスの指摘[35]は注目に値する。

　植民地期における朝鮮人経営者と労働者の成長[36]も注目する必要がある。もちろん、基本的には日本人資本の主導で工業化が進行した。ただし1910年の朝鮮併合当時朝鮮人所有の工場はわずか100ヶ所にも満たなかったが1940年には、大部分は零細なものであるが、4,000ヶ所を超えるまで激増した。また朝鮮に本店をおいた会社数は1921年から1937年まで、656社から4,743社に急増し、その中で朝鮮人会社は124社から1,854社に急増した。植民地的雇用構造（日本人は管理技術者および熟練工が中心であるのに対して朝鮮人は自由労働者・非熟練工が中心）は不変のままであった。ただし工業化の進展は、朝鮮人労働者層の成長をもたらしたことも事実である。朝鮮人工場労働者は1914年の2万人から1943年には34万人（日本人は2万余人）まで増加した。また鉱山および土木建設労働者が1943年にそれぞれ約18万人（日本人は合わせて約6千人）に達していた。こうしたことを通じて、たとえ小規模とはいえ工場を管理・運営してみた経験を積む朝鮮人経営者や、制限された範囲とはいえある程度の熟練と近代的な工場労働の経験をもっていた労働者が多数培養されたことの意味は無視できないであろう。

　市場の発達[37]という面も無視できない。古くから存在した定期市は李朝期になるとその数が次第に増加し、17～18世紀までに全国を覆うに至ったが、植民地期には定期市の数、取引額がともに増加した。その定期市での取引財は(1)農民同士が取引する余剰生産物、(2)農民消費用の工業製品（主に輸入品）、(3)輸出または国内都市向けの農産物、工業原料であったが、植民地期に、貿易量・都市人口の増加とともに(2)(3)の重要性が高まった。1910年代の場合、近隣地域間ないし市場圏内での米穀と手工業製品などとの商品交換、つまり地域的社会的分業関係がかなり存在していた。ただし遠隔地流通はまだ一定の範囲内に止まっていた。

1980年代の北朝鮮で、農村には自由市場が郡に約2ヶ所の割合で存在し、休日ごとに開かれていたというが、これは植民地期の「市」と連続している可能性が高いという指摘[38]もある。

(2) **戦時経済の経験**

植民地期の遺産として戦時経済の経験をも挙げなければならない[39]。木村光彦によれば、日本帝国主義と北朝鮮は、両体制が全体主義という点で共通していた。すなわち両者は政治・経済活動の自由を認めず、国家の一元管理のもとに一定の国家目標を達成することを最優先した。その第一目標はともに軍事・警察力の強化、特に敵国に対する軍事的優位であったという（木村光彦（1996）9頁）。こうした面があることは否定できないだろう。ただし、日本帝国主義と北朝鮮の両体制には、住民の反応、政権に対する抵抗感の程度などの面で多少違うだけに、両体制の共通点を強調することは不適切であろう。

それよりは、植民地末期、第2次世界大戦末期の「自力更生・自給自足」経験の遺産[40]に、より多くの注意を払うべきではないかと思われる。当時、世界から孤立していた日本は、必要な外国産の原料を輸入できなかったので、絶対に必要なもの、特に軍需品は、国産原料を使って代用品を作るしかなかった。日本政府は科学者や技術者を総動員し『技術総動員要綱』という本を作り配布した[41]。約500頁の分厚い本で、北朝鮮の阿吾地炭坑から出る褐炭を使って石油を造る方法や、粉鉄式の製鉄法、更にはトウゴマの種や松の根から潤滑油を造る方法、木材を乾留してメタノールを造る方法など数百の方法が記されていた[42]。

こうして自力更生のやり方で動かされた工場は、1945年の解放後、北朝鮮当局の手に渡された。自力更生のやり方で慣れた朝鮮人技術者・現場の人々もそのまま残った。こうして植民地時期末期の自力更生の経験は、北朝鮮に引き継がれることになった。金日成の「自力更生」戦略の起源は、第2次世界大戦末期の朝鮮総督部の政策まで遡るという呉源哲の主張は、説得力があると思われる。

(3) **歴史的産業構造**

植民地朝鮮における工業化の展開は、朝鮮半島の産業構造にも一定の特徴を与

え、これが一つの歴史的遺産になった[43]。

植民地朝鮮の電気事業は1920年代においても、小規模火力発電による市街地電灯供給という初発の段階にとどまっていた。ところが20年代後半から水力発電を中心とした大規模の電源開発が始まり、30年代後半から一気に広がるとともに電力事業が急速に活発化した。そこで中心的な役割を果たしたのが、朝鮮の電力業で他を圧する独占的地位を占めていた日本窒素肥料（日窒と略す）である[44]。

電気化学工業を軸としていた日窒系が最初に電源開発に着手した赴戦江水力発電所（発電力20.1万kW、1926年着工、1932年竣工）は、元来自家用電源として開発したもので、その電力はほとんどすべて朝鮮窒素肥料（1927年、日窒の全額出資で設立、朝窒と略す）の興南工場で、硫安製造用に使用された。さらに日窒系の事業拡張は新たな電源開発を求めた。また朝鮮総督部の産業政策も従来の「産米増殖」から鉱工業の振興へ転換したが、その基本は動力問題の解決であった。ここで日窒系は長津江水力発電所（発電力32.7万kW、1933年着工、1938年竣工）、虚川江水力発電所（発電力34.4万kW、1937年着工、1943年竣工）、鴨緑江水豊水力発電所（発電力70万kW、1937年着工、1944年竣工）といった大電源を次々に開発していった[45]。日窒系以外の資本も大電源開発に参入したが日窒系ほど順調に進めなかった。

いずれにせよこうした電力供給能力拡大とともに電力需要も急激に増えた。その原因は何よりもその低料金にあった。1930年代に日窒系によって主導的に押し進めてきた、北部朝鮮の電源開発は経済性の面で優れていた。それに朝鮮総督部は、朝鮮の電力料金を日本より廉価で、特に電力を多量に消費する金属・化学工業の大口料金を低く設定していた。さらに日窒系の発電所は、自系企業には原価ぎりぎりの低料金で電力を供給した。

かくして朝窒興南工場は、30年代後半の一連の大規模電源開発を受けて、工場を拡張しつづけた。興南を中心とした本宮、龍興等の広大な地域に朝窒・日窒系の工場群が建設され、大規模コンビナートが形成された。一連の工場では肥料以外に、アンモニア・油脂・ソーダ・カーバイト等を組み合わせた化学工業品が製造され、また金属精錬・カーボン・セメント等への多角化も図られた。

日窒系以外にも数多くの日本の産業資本が、朝鮮の低廉豊富な電力を求めて続々と進出した。まず長津江水力の送電線にそった咸鏡南・北道に工場が集中し

た。主なものが元山の朝鮮石油、城津の高周波重工業、吉州の北鮮製紙化学工業（王子系）、清津の日本製鉄、三菱鉱業、朝鮮油脂（日産系）、富寧の朝鮮電気冶金（東拓系、カーバイト）等である。平安南・北道には、巨大な水豊発電所の建設工事とアルミニウム・マグネシウム精練等の工場の建設工事が並行して進められた。

さらに1940年代、軍需生産の拡大が緊急となったとき、日本での電源開発は極めて停滞的であったが朝鮮では発電施設が相次いで竣工された。そこで日本の企画院は、日本での電力多消費産業の新設は抑制し、満州・朝鮮で電気化学・電気冶金・軽金属精練等、電気を原料とする産業を興こし、さらに日本内のそれら既存設備を移住させようとした。

図2-2　朝鮮の産業別会社払込資本金の推移

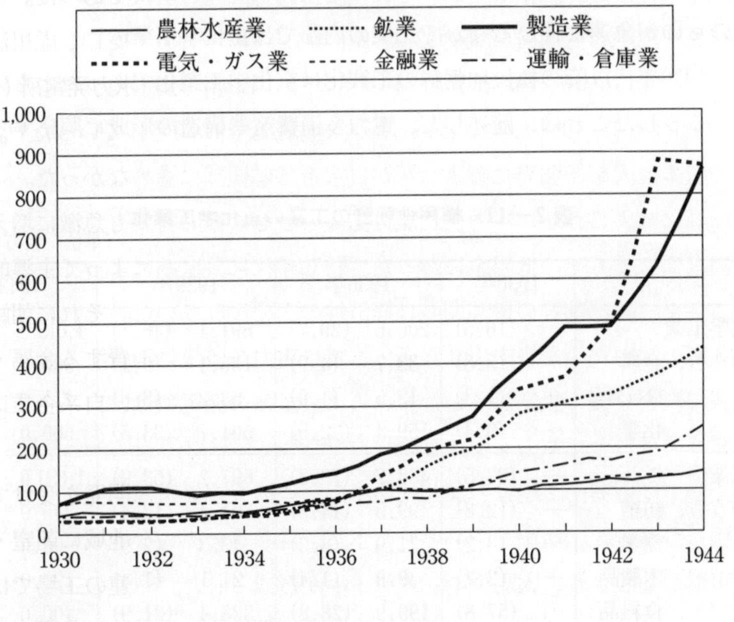

注：1）堀和生（1995）、216頁の図を若干修正したもの
　　2）朝鮮に本店を置く会社
　　3）金融業とは銀行業、金融及び信託業、保険業
出所：1930～43年は朝鮮銀行『朝鮮銀行統計月報』各号、1944年は朝鮮銀行調査部『朝鮮経済年報』1948年版、Ⅲ-186～Ⅲ-189頁

図2−2は、1930・40年代の植民地朝鮮における産業部門別の会社振込資本金の推移を示したものである。この図をみればすぐ分かるように、植民地朝鮮の産業構造は1930年代半ばを画期に急激な変容を遂げていた。また電気・ガス業の動きと製造業の動きがほぼ一致しているのが目立っている。鉱工業資本の目覚しい増大は、まさにこの時点からの電源開発に誘因されたものにほかならない。20年代末まったく初発の状態にあった朝鮮の電力業は、わずか10年ほどで日本に例のない巨大設備をもつ会社が複数並立するまでに至った。またその電力を基盤に、化学・金属等の電力多消費産業が勃興し鉱山業が発展した。さらに1940年代には前述した政策的な要因も絡んで朝鮮に電力多消費産業が続々と新設され、戦争末期の植民地朝鮮は、日本帝国主義経済圏内における電力多消費産業の最大の中核地域へ変貌しつつあったのである。

一方、表2−11をみればすぐ分かるように、朝鮮では1930年代以降、工業生産額そのものが急速に伸びるなかで工業の内部では重化学工業のシェアが急速に増えた。1930年代以降の植民地朝鮮の工業化は重化学工業化であったともいえるだろう。こうしたことは、前述した、電力多消費産業構造の形成に照応するもので

表2−11　植民地朝鮮の工業の重化学工業化

(単位:百万円、%)

	1930年	1936年	1939年	1943年
重化学工業	— (16.5)	206.6 (29.7)	691.1 (46.1)	1,015.0 (49.5)
そのうち、金属	— (5.8)	33.7 (4.9)	136.1 (9.1)	300.0 (14.6)
機械器具	— (1.3)	13.5 (1.9)	53.2 (3.6)	115.0 (5.6)
化学	— (9.4)	159.4 (22.9)	501.7 (33.5)	600.0 (29.3)
軽工業	— (83.5)	488.2 (70.3)	807.2 (53.9)	1,035.0 (50.5)
そのうち、紡績	— (12.8)	99.5 (14.3)	201.4 (13.4)	345.0 (16.8)
窯業	— (3.2)	21.9 (3.2)	43.3 (2.9)	90.0 (4.4)
木製品	— (2.7)	9.9 (1.4)	21.1 (1.4)	120.0 (5.9)
食料品	— (57.8)	199.9 (28.8)	328.4 (21.9)	400.0 (19.5)
合　計	— (100.0)	694.8 (100.0)	1,498.3 (100.0)	2,050.0 (100.0)

注:かっこ内は構成比
出所:1930年は金基元(1990)182頁、それ以外は朝鮮銀行調査部『朝鮮経済年報』
　　　1948年版、Ⅰ−100〜Ⅰ−101頁

もある。

ただし当時の重化学工業化は一定の限界を持っていたものである。これらは日本と密接に結びついており、朝鮮社会内部と有機的連関をもたない植民地工業としての限界を持っている。また当時の重化学工業とは、その多くは原料採取工業ないし半製品工業であり、完成品工業は数少なかった。朝鮮の金属加工業とは、鋳物製造か鉄の2次・3次加工に類するものである。化学工業も、日窒系の電気化学工業（硫安、カーバイト等）、鰮油関係事業（鰮を絞り取り、絞り粕を利用して肥料、餌などに利用する事業）の朝鮮人小工場が代表的なものである。また全般的な重化学工業化の傾向のなかで、機械工業は大きく立ち後れていた（表2－11参照）ということは注目に値する。機械器具工業が工業全体で占めるシェアは朝鮮では1939年に3.6%であったのに対し、日本では1940年に22.5%を占めていた[46]。

(4) 南・北朝鮮の初期条件の違い

次に、南・北朝鮮の初期条件の違いを調べてみよう。ここから北朝鮮における工業化の初期条件の相対的有利性が導かれる。解放以前の産業の配置状態をみると、北緯38度以北の朝鮮北部では電力、金属、化学工業などのエネルギー部門と重化学工業部門が集中していた反面、重化学工業の中での機械工業、それに紡績、食料品などの軽工業、穀物などの農業は北緯38度以南に集中していた（表2－12参照）。それは自然条件およびそれに基づいた日本の植民地政策によるところが多い。朝鮮北部では電力資源と地下資源が、朝鮮南部より豊富である（表2－12参照）。特に、解放直前の1944年には朝鮮全体の発電量の96.4%が朝鮮北部で生産されるほどであったことの意味は大きい。このような有利な工業立地条件のため日本の工業建設も北部に集中され、特に1931年の満州事変以降日本は、大陸侵略と大東亜共栄圏建設を目指して満州と朝鮮北部に重化学工業の建設を進めた。したがって表2－12にも示したように、解放直前の1944年には重工業の80%が朝鮮北部で生産されていた[47]。ただし、工業全体をみると北部で生産されたことは53.0%である。47.0%は南部で生産されていた。北朝鮮が若干優位に立つだけである。

ところが、表2－12にも示したように、農業においては北朝鮮が南朝鮮より不利である[48]。朝鮮北部は南部に比べて山岳地帯が多く、平野が少ない。1940年の全

表2—12 解放直前の朝鮮南部・北部の生産活動の比較

(単位:百万円、kW)

	南部		北部	
	生産物価値、発電量	構成比(%)	生産物価値、発電量	構成比(%)
1.農業生産				
米		64		36
麦		99		1
豆		35		65
アワ		11		89
綿花		70		30
2.工業生産				
重工業	138	20	549	80
化学	91	18	411	82
金属	14	10	123	90
機械	33	69	15	31
軽工業	562	70	241	30
繊維	171	85	30	15
加工食品	214	65	115	35
その他	177	65	96	35
3.鉱物生産				
石炭		21		79
タングステン		54		46
亜鉛		25		75
金		37		63
鉄鉱石		3		97
黒鉛		44		56
4.発電	61,910	3.6	1,664,530	96.4

注:農業生産、鉱物生産、発電は1944年、工業生産は1940年基準
出所:農業生産、鉱物生産は、*U.S. Army Area Handbook for Korea* (Washington, 1964) p. 352(原資料は、George M. McCune, *Korean Economic Digest*, January, 1946)／工業生産は、ファン・イガク(1992)27頁(原資料は、朝鮮銀行『朝鮮経済年報』1948)／発電は金潤煥(1972)117頁(原資料は、朝鮮銀行『朝鮮経済年報』1948)

農家戸数303万7千戸のうち、37.6%である114万5千戸が北部にあり、残り62.4%が南部にある。北朝鮮の耕地面積は186万haである。耕地をみると南部は田が55%、畑が45%であるのに対して北部は田が18%、畑が82%である。

(5) 国土の分断と朝鮮戦争の影響

ところが、植民地下の工業化の遺産は、解放に伴う日本の撤退と国土分断、特に朝鮮戦争による破壊で、その意味が半減される。

植民地期の朝鮮工業は日本資本主義の一部として形成されたものである。資本財の大部分は直接日本に依存していた。解放前の鉱工業施設、インフラは大部分日本の資本、経営、技術に依存したものであった。したがって解放に伴う日本の撤収によって、日本との貿易の断絶がもたらされ、朝鮮の再生産構造の根本的な再編は不可避であった。ただし、技術部門は、北朝鮮では、ある程度の日本人技術者が残留して北朝鮮の建設に「協力」し、漸次引揚げてきたが、南朝鮮ではわずかの日本人技術者が残った。第一次正式引揚(1946. 12. 16.)直前の11月15日現在、北朝鮮に残留した日本人技術者は、868名といわれる。1948年7月の引揚船を最後に、日本人技術者は引揚げた[49]。

国土分断の経済的意味は、北のエネルギー・重工業と南の軽工業・農業との分離でもある。南北間におけるある程度の産業の分業・補完性(表2−12参照)は、分断によって破壊された。鉄道、道路、航路は切断され、役目を果たせなくなった。政府の規制にもかかわらず、1945年の解放以降から朝鮮戦争期まで南北間の物資交易が若干行われてきたということは、分断の被害を物語っている。この時期の交易物資は南朝鮮の軽工業製品、小型機械製品、北朝鮮の化学工業品、海産物が主流になっていた。

日本の撤退と国土分断によるダメージを数値でみてみよう。鉱工業全体に対しては公式統計が得られず、いくつかの個別産業についてしか得られない。たとえば、石炭生産は、1944年574万トンから1946年127万トンに(77.9%減少)、発電量は同期間中、81.37億kWHから39.34億kWHに(51.7%減少)、化学肥料は51.2万トンから15.6万トンに(69.5%減少)、セメントは89.4万トンから10.3万トンに(88.5%減少)[50]。金基元は南朝鮮の場合、解放以降の工業生産減少率は40〜75%と推定され

表2—13 朝鮮戦争による生産力の破壊

(単位:%)

	1949年	1951年	1953年
1. 工業総生産額	100	47	64
生産手段生産	100	33	42
そのうち、発電工業	100	31	26
燃料工業	100	9	11
冶金工業	100	8	10
機械製作・金属加工業	100	104	124
化学工業	100	8	22
消費財生産	100	65	99
そのうち、紡織工業	100	74	149
食料品・嗜好品工業	100	63	63
2. 農業総生産額	100		76
そのうち、農産部門	100		77
畜産部門	100		71

出所:チェ・ズングク (1992) 109~111頁。

ていると述べている (金基元 (1990) 209頁)。

さらに、3年間の戦争によって北朝鮮では、8,700余ヶ所の工場、60万戸の住宅、5,000ヶ所の学校、1,000ヶ所の病院および診療所、数千ヶ所の文化厚生施設が破壊されたという。工業施設、特に生産手段生産の施設の被害が深刻であった。工業全体は、1951年に1949年の半分水準に、さらに生産手段生産は1951年には1949年の3分の1水準に急落した (**表2—13参照**)。

4 政治的・国際的要因

(1) 政治的要因

これからの記述で明らかになると思われるが、北朝鮮の経済開発における政治的要因の影響力はきわめて大きい。

北朝鮮の政治体制は、独裁的指導者の存在、単一のイデオロギー、事実上の一党支配といった面だけをみると、ほかの社会主義国とあまり差がないと見えるかもしれない。しかし北朝鮮政治体制は独特な構造になっているというのは一般的

な見解である。本書では、北朝鮮の独特の政治体制を、「唯一体制」[51]と呼ぶことにする。これは以下のような特徴を持っている。

　まず、北朝鮮の50年の歴史は、金日成という指導者の変わらぬ統治によって特徴づけられ、しかもその政治体制がきわめて安定していた。さらに他の社会主義国では例がなかった、金日成・金正日父子の世襲体制を構築した。北朝鮮における政治体制の最大の特徴は、最高指導者への権力の集中と、革命において最高指導者の役割を最重視するということであろう。最高指導者に対しては、個人崇拝はいうまでもなく、神格化まで行われている。

　さらに北朝鮮の政治体制は、こうした体制を正当化するためのイデオロギーまで備えている。これが有名な「主体思想」である。1972年12月27日制定された、社会主義憲法の第4条は、北朝鮮社会における主体思想の位置を端的に示している。「朝鮮民主主義人民共和国は、マルクス・レーニン主義を我が国の現実に創造的に適用した朝鮮労働党の主体思想を自己活動の指針としている」ということである。実際に、北朝鮮のすべての対内・対外政策は主体思想に基づいている。政治、経済、文化、軍事などの各部門の路線と政策はいうまでもなく、具体的な方針も、その根底には主体思想が置かれている。ただし主体思想は長い期間を通して形成・体系化されてきており、いろいろな下位理論からなっている理論構造物である[52]。

　「唯一体制」ともっとも深く関わっている理論が、主体思想のなかでも、1960年代末から登場した「革命的首領観」と1980年代から登場した「社会政治的生命体論」である。「革命的首領観」は革命と建設で占める首領の地位と位置に関するものである。主体思想では人民大衆が歴史の主人であることが大前提であるが、人民が主人になろうとするのは首領の指導が絶対必要である[53]。首領は「人民大衆の利益の最高代表者、体現者」であり、「人民大衆の自主的要求と利益を正確に反映した革命の指導思想を創始する」[54]とされている。ここで首領は全知全能な絶対的な存在と設定され、さらに首領・党・大衆は一つの統一体と見做される。

　「社会政治的生命体論」は、生命には肉体的生命と社会政治的生命があるということと後者に対する相対的強調が出発点である。肉体的生命は親から与えられるが、社会政治的生命は首領から与えられる。こうして首領・党・大衆は社会政治

的生命体内で「血縁的関係」で結ばれることになる。すなわち、首領は血縁集団の父になり、党は母になる。さらに首領は「社会政治的生命体の最高脳髄」となり、この生命体の生命活動を統一的に指揮する中心となる。こうした理念体系から、首領に対する充実性＝党に対する充実性＝人民に対する充実性という論理が引き出され、大衆には「父なる首領」に絶対的かつ無条件的な忠誠を捧げる人間、いわゆる「主体型の共産主義者」になることが要求されている。

また北朝鮮社会は、ほかの社会主義国にも類がなかったほど、高度に組織化されている。北朝鮮側も「世界に国は多いけれども、我が国のように社会のすべての成員がもらすことなく革命組織に網羅され、組織生活を通じて高貴な政治的生命を持って養成される国はない」[55]と語っているほどである。こうした組織を通じて学習・教育、つまり前述したイデオロギーの注入が体系的かつ徹底的に、そして繰り返し行われている。

では、この体制はいかにして形成されたのか。和田春樹(1998)が指摘したとおりに、北朝鮮における体制の形成史は、二段階に分けられる。その境界は1967年である。一段階は普通の社会主義体制の構築期であったが、二段階は他の社会主義国と共通の土台の上に、北朝鮮独自の構造が積み重ねられた時期とみることができる[56]。

ただし「唯一体制」の萌芽は1950年代半ばにも現れた。1956年からソ連でスターリン批判、個人崇拝批判がなされ、党の集団的指導原則が強調されたが、これは絶対権力を享有していた金日成にとって、大きな衝撃であり脅威要因であった。さらに党内の「ソ連派」と「延安派」がソ連と中国の権威を背景に金日成に挑戦した。その時期は金日成政権の最大の危機といわれている。さらに北朝鮮の政策についてのソ連の干渉に対する不満も大きくなった。ここで金日成は「主体確立」を掲げ、外国に依存していた反対勢力の粛清に成功する[57]。こうして「主体確立」と金日成の権力維持・強化は結ばれることになった。ただし両者の関係は、1967年以降と比べると、きわめて制限的であったといえる。

60年代は北朝鮮指導部にとって危機の時代であった。60年代初めから中ソ紛争が表面化した。北朝鮮は当初中国を支持する姿勢を示したが、それにより対ソ関係が悪化し、さらにソ連の経済援助停止まで進んだ。また北朝鮮は、キューバ危

機に対するソ連の態度をみて、自分の安全保障をソ連に大きく依存することに懸念を持つようになった。またベトナム戦争の激化と韓国軍のベトナム参戦の状況で、中ソは、ベトナム支援という大義名分によっても意見を一致できなかった。65年12月に日韓条約が締結され、アメリカと日本と韓国が結ばれるようになった。さらに中国で文化大革命が始まり、67年1月から紅衛兵は金日成を修正主義者と名指しで非難した。北朝鮮を支援すべきと考えられた中ソ両国との信頼関係に疑問が生じるなかで、北朝鮮の危機感は高まらざるをえなかった。また対内的にはソ連からの援助停止、いわゆる「国防・経済併進」などによる経済成長鈍化、さらに党内での路線対立まで見えた。

こうした状況で、北朝鮮指導部は、対外的にはソ連を修正主義、中国を教条主義と非難し、自立的民族経済建設、国防における自衛路線を明確にする道を選んだ。対内的には1967年から相当な人数の党幹部の粛清、一人絶対権力体制の前面化、個人崇拝の前面化に走った。67年5月に秘密裏に開催された朝鮮労働党中央委員会第4期第15次全員会議で北朝鮮における権力上層部での粛清は事実上終わりを告げ[58]、金日成の独裁的指導が完全に確立したとみることができる。またその会議で「党の唯一思想体系の確立」が公式的に提起され、金日成以外の権威を一切認めない体制の構築が進められた。それとともにこの会議直後から金日成だけではなく、その家族に対する崇拝が公式的に開始された。前述した「革命的首領観」が登場したのも、この頃である。

「唯一体制」の形成は、上記の「複雑な国内外情勢」では十分説明できない。金日成は持続的な権力闘争の過程で勝利を収めながら、1950年代末には金日成の単一指導体系が成立するに至った。党内での反対勢力が消滅したことである。また1959年から始まり、60年代に広範に展開された金日成の革命歴史・革命思想についての思想学習も「唯一体制」成立の思想的な基盤として働いた。もっと重要な要因は、60年代半ばからの金正日の登場である。実際1967年の激変の先頭に立っていたのは金正日である[59]。

歴史・文化的な伝統も考慮にいれる必要がある。産業化と市民社会の経験がない封建社会的状態から社会主義への移行は、絶対権力者と大衆の関係が群臣関係へ転化できる危険性を孕んでおり、金日成はこの点を十分活用した。さらに彼は

民族の主体性・自主性を強調することによって、36年間の植民地統治に苦しんでいた人民大衆に強烈な民族意識を呼び起こし、これを自分の抗日闘争の経験と結びつけることによって民族主義の中心と自分を同一視させることに成功した。分断と冷戦構造も無視できない要因である。強力な脅威と敵が存在し続けたために、北朝鮮は絶えず緊張状態に追い込まれた。このことは権力の集中を正当化する要因として働いた。最後に「唯一体制」の形成の根底にあった要因として金日成個人の権力欲も指摘しなければならない。

(2) 国際的要因

次に国際的要因をみてみよう。一部は前に述べたので、ここでは簡単に次の3点を指摘することにとどめる。

まず考えられることはソ連との関係である。第2次世界大戦後ソ連は、世界舞台に新しい大国として登場し、アメリカに対抗して自分の影響力の増加を図った。1940・50年代に社会主義圏内で理念・政治・経済・軍事などの面で圧倒的な能力をもっていたソ連は、これを手段に自分の影響力の増加を図った。さらに北朝鮮の場合、政権の樹立におけるソ連の役割は決定的であり、労働党と国家機構がソ連軍の占領のもとで出現した。したがってソ連が、北朝鮮の経済開発戦略の形成に大きな影響を与えたのは当然のことである。ところが1950年代半ば以降は状況が変わった。この点はすでに述べた。

2番目としては、国土の分断あるいは南・北朝鮮関係が挙げられる。戦後50年以上にわたって、北朝鮮と韓国はそれぞれ相手側を「敵」とみなし、その存在を前提とする体制を構築してきた。米ソ冷戦に似て、それはある種の「体制間競争」だったのである。もちろんマイナスの面もある。南北対決のために過大な軍備の負担があった。単に軍事費だけでなく、多くの人力が軍隊に振り向けられている。このほかにも、南北関係が経済計画の運用に微妙な影響を与えている。南北の対話と交流が始まるにつれ、お互いに相手側の経済状態に対する関心が強まっているが、北朝鮮としては、韓国の工業化の進展、消費水準の向上に対抗する必要性を強く意識している[60]。

三番目としてはいわゆる「冷戦構造」が挙げられる。特に北朝鮮は帝国主義の

代表であるアメリカと対峙していた[61]。すでに述べたように、分断と冷戦構造は権力の集中化、社会の動員化、軍事化に貢献した。

第3節　経済開発戦略

　前述したように、開発戦略は、経済開発の目的と、その目的を実現するための手段・政策の体系である。まず、北朝鮮における開発の目的から調べてみよう。

　北朝鮮体制の長期的な目標は、「社会主義の建設」と「体制の生存」でまとめることができる[62]。そのための経済開発の目的は、軍事力の確保・強化と経済発展である。

　金日成は1975年のある演説で、「帝国主義、資本主義制度を覆したからといって、社会主義・共産主義がおのずと建設されるものではありません。社会主義・共産主義は長期にわたる経済建設と階級闘争を経ることなしには建設することができません」と述べたことがある。共産主義社会は、すべての人が能力に応じて働き、必要に応じて分配を受ける非常に発達した社会であるが、そのためにはそれに相応する高い水準の経済的土台を築き上げなければならないということである。

　公式的にも「社会主義工業化[63]」は、社会主義の完全勝利の必須的条件となる。社会主義工業化は、社会主義の物質・技術的土台を創設・強化し、国の経済的自立性を保障する（『経済辞典2』（1970年版）66～67頁）」、「社会主義工業化は、特に我が国のように、以前長い期間、帝国主義植民地状態に置かれていてから社会主義の道に入った発展途上国にとっては、切実な問題となる。これらの国々には、社会主義工業化は国の政治的独立を強固にし、社会主義建設を成果的に推進するための非常に重要な課業となる（『経済辞典1』（1985年版）715～716頁）」とされている。

　旧ソ連も革命後そうであったように、革命後誕生した社会主義政権にとって体制・政権の生存は切実な問題である。周りを「敵」（資本主義国）に取り囲まれ、彼らの攻撃によって自分の体制が倒れるかも知れない危機的状況に置かれていたと認識したためである。北朝鮮も例外ではなかった。特に前に述べたように、1960

年代の国際環境は、北朝鮮の指導部に恐怖感を与えるに十分なものであった。したがって北朝鮮の指導部は、積極的に自国の国防力、軍事力の強化を図った。特に指導部にとって国際的環境が「危機」と認識されるときには、軍事力強化は経済発展に優先するものであった。

一方、エクスタインは、発展途上国の経済開発の目的を社会福祉指向型と国力指向型に区分したことがある。前者は、国際的な不平等を緩和し、高度に発達した経済と低所得経済との間の生活水準格差を次第に縮小しようとする欲求である。後者は、より工業化された国と、より発展の遅れた国との間の、経済的、軍事的、そして政治的な力の格差を縮めねばならない切実な要求である。途上国は上記の2つの要素をともにもっているが、それぞれの国において両者の比重が異なっているという（エクスタイン（1980）37～39頁）。すでに見たように、北朝鮮の場合、経済開発の目的は、社会福祉指要素より国力指向要素が強いといえる。

ではこのような目的を達成するために、北朝鮮がとってきた手段・政策、つまり制度、組織、資源配分政策などについて、以下で検討することにする。

1 自力更生論

北朝鮮の自力更生論には2つのレベルがある。1つは、国家的な見地での自力更生論であり、もう1つは地域または企業のレベルでの自力更生論である(後者については第4章で述べる) [64]。

金日成は自力更生について「自国の革命を基本的に自分の主体的力量に依拠してやり遂げようとする徹底した革命的立場であり、自国の建設を自国人民の労働と自国の資源によって進めようとする自主的立場」(『著作選集4』(日本語版)576頁)と説明している。自力更生論は、自立的民族経済建設の原則につながる。自力更生の原則のもとで自国人民の力と自国の資源を動員し、自分の技術と資金に依拠するときにのみ、自立的民族経済建設ができる（『経済辞典2』(1985年版) 206頁）ということである。

自立的民族経済はあくまでも、自国と人民の需要を満たすことを目的とする。自立的民族経済の本質的内容は、次の4つである(『経済辞典2』(1985年版)206～207頁)。第1に、多方面的であり、総合的な経済構造。国と人民の多様な物資的需要

構造に合わせて重工業、軽工業、農業などのすべての生産部門が備えられるばかりでなく、その内部構造と生産技術工程が完備され、民族国家単位で再生産が実現できる経済構造である。重工業優先政策もこのカテゴリーに入る。第2に、人民経済の現代的技術での装備。技術的自立は経済的自立の重要な内容をなしており、自立的民族経済は自分の現代的技術によって発展する経済である。第3に、自分の堅固な燃料、原料基地。これは燃料・原料の自給自足政策にほかならない。燃料と原料を他人に依存することは、経済の命を他人に預けることに等しく、自分の力で発展する経済としての自立的民族経済の本質的属性は、原料の自体解決度合いによって規定されるという。第4に、自分の有能な民族技術幹部である。

とはいえ、「自力更生論」は対外貿易を否定する立場ではない。次のような金日成の発言をみてみよう。「我が国が自力で自立的かつ総合的な経済を発展させるということは、決して国際的な連携を拒み、われわれに必要なものを全て自分で作るということを意味するものではありません。それぞれの国の自然的・経済的条件も異なり、所与の段階におけるそれぞれの国の生産力発展の水準や科学技術発展の水準も異なり、したがって、生産される原料や製品の品種や量も異なります。こうした条件のもとで、それぞれの国は、基本的なもの、多く要求されるものは自分で生産し、少なく要求されるものや足りないもの、自国で生産できないものは有無相通ずる原則に基づいて、外国との貿易を通じて解決しなければなりません（『著作撰集4』（日本語版）616頁）」。金正日も同じ趣旨の発言をしている。「自立的民族経済は決して『閉鎖経済』ではないし、対外貿易を排除することではない（『経済辞典1』（1985年版）464頁）」ということである。

ところが「わが党の対外貿易政策でもっとも重要なことは、自立的民族経済を建設する基礎の上に対外貿易を発展すること」とされている。つまり対外貿易が自立的民族経済建設とその発展に徹底に服務し、自立的民族経済の土台に基づいて対外貿易を発展させるということである（『経済辞典1』（1985年版）464〜465頁）。かくして自力更生論の原則のもとで、対外貿易は制限された範囲内で行われるようになった。

ではこのような自力更生・自立的民族経済論はなぜ登場したのか。理論的ないし建て前としては次の2点が指摘できる。第1に、経済的自立は政治的独立の物

質的基礎であるということである。金日成は「いかなる民族も自立的民族経済を建設してこそ、政治的独立を保障し、国の富強発展と民族の繁栄を遂げることができます。」とか「経済的に外国勢力に依存する国は、政治的にも他国の追随国となり、経済的に従属している民族は、政治的にも植民地的奴隷の境遇から抜け出ることができません（『著作選集4』（日本語版）577頁）。」と主張してきた。第2に、自立的民族経済建設は、社会主義・共産主義建設の合法則的な要求ということである。社会主義の物質技術的土台は、民族的差異が残っており、国家が存在するかぎり、民族国家単位で築かれるようになる（『経済辞典2』(1985年版) 208頁）。金日成は「社会主義・共産主義を建設するためには、階級的差異とともに民族的不平等もなくさなければならない」と前提し、「自立的民族経済の建設は、民族間の不平等の実際的な基礎となっている経済的立ち遅れをなくして、民族の繁栄をもたらし、社会主義・共産主義社会を成功裏に建設できるようにする基本的保障でもある（『著作選集4』（日本語版）578頁）」と主張してきた。こうしたことは、資本主義先進国と途上国との関係でも現れるように、社会主義圏内でも各種の圧力と不平等が現れることに対する北朝鮮指導部の対応方式ともいえる。

　自力更生路線が強化された現実的背景も指摘されねばならない。上記の二番目の原因とも関係があるが、第1節で述べた1950年代後半以降の国際情勢および北朝鮮・ソ連の外交的関係である。その条件のもとで北朝鮮指導部は、自力更生論理をいっそう強化するようになった。50年代後半と60年代に、ソ連の圧力にもかかわらず、コメコンのような社会主義的国際分業化および専門化を拒否した時にも、またソ連の反対を押し切って自力更生の原則下で重工業を優先的に発展させようと押し進めた時にも、北朝鮮指導部は「自力更生論」を掲げた。金日成が「われわれが反対するのは、『経済協力』と『国際分業』を口実に他国の経済の自立的、総合的な発展を阻み、ひいてはその国の経済を自国に縛りつけようとする大国主義的な傾向である（『経済管理3』169頁）と主張していたのは、まさにそうした状況の反映である。

2 精神的刺激論、大衆路線

(1) 精神的刺激論、大衆路線

刺激（インセンティブ）とは、組織の目標の実現と合致する方向に組織成員の努力を引き出すためにとられるすべての手段のことである。刺激に対する北朝鮮政策当局の基本的な立場は何であったのか。これは、「労働に対する政治的・道徳的刺激を優先させるとともに、それに物質的刺激を正しく結び付けていくのは、社会主義経済の管理運営でわが党が堅持している一貫した方針（『著作選集6』396頁）」という金日成の発言を見てもよく分かる。つまり精神的刺激を優先させることである。もちろん、物質的刺激を無視したわけではない。ただし金日成は、労働の質と量に応じる分配という社会主義的な分配原則を厳守すれば、それで物質的刺激は十分である（『経済管理3』377～378頁）といいつづけた。ところが、問題は、その社会主義的な分配原則さえ、実際にはそれほど守られなかったということである。この点を含めて、北朝鮮での物質的刺激の実施、その成果および限界については第3章で詳しく論じることにする。

さらに金日成は「物質的刺激一面を強調するのは修正主義であり、危険このうえないこと」と指摘し、「物質的刺激一面のみを強調すれば、社会主義・共産主義ならぬ他の道へそれることになってしまう」という。社会主義・共産主義建設でもっとも重要な問題の一つは、旧社会から引き継いだ利己主義に反対し、人々の自発的熱意を高めることであるのに、金銭で人間を動かす習癖がつけば、結局は人々の思想を曇らせて資本主義に逆戻りさせるようになる（『経済管理3』377～378頁）ということである。

では労働に対する政治道徳的刺激とはどのようなものなのか。北朝鮮の公式説明は次のようである（『経済辞典1』(1985年版)511頁）。これは社会主義社会で勤労者の創造的熱意を高めるための基本形態であり、社会主義社会で大衆を動員する基本方法の1つである。これは勤労者の中で対人事業、政治事業を優先させ、主体思想教養をはじめ、革命教養、階級教養などの思想教養事業を強化しながら、労働の結果に対して政治的評価を下す政治的方法で実現される。政治的評価には、模範集団には「三大革命赤旗」を、模範個人には名誉称号と国家表彰を与えることなどがある。

こうした精神的刺激論は、北朝鮮の「大衆路線」[65]とも大いに関係している。大衆路線とは、金日成の説明によると、「人民大衆のために充実に奉仕し、大衆の中に入って大衆を教育し、改造して団結させ、大衆から力と知恵をくみとり、広範な大衆を動員して革命の任務を遂行すること（『著作撰集4』（日本語版）323頁）」である。北朝鮮側は、社会主義革命と社会主義建設を促進するための決定的な裏付けは、人民大衆の創造力を余すところなく引き出し、その熱意と創造と才能を全面的に発揮させることであると考え、あらゆる活動で一貫して革命的大衆路線を堅持してきた（『経済管理3』170頁）。大衆路線を具現するためには、一方で党の活動体系と活動方法を絶えずに改善しなければならず、他方では、大衆の政治・思想意識を絶えず高めなければならない（『著作撰集4』（日本語版）323頁）という。

　北朝鮮で行われた、代表的な大衆運動としては、有名な千里馬運動が挙げられる（後述）。これは「朝鮮労働党の大衆路線のもっとも輝かしい具現」とされており、1961年9月の党の第4次大会で、社会主義建設における朝鮮労働党の総路線と採択された（『経済管理3』174〜175、330頁）。そして、その千里馬運動を深化、発展させたものとして、公式的には1957年から始まったとされているのが千里馬作業班運動である。この運動の主な特徴は、作業班を単位にして、労働者たちを共産主義的に教養改造する事業と生産における集団的革新運動を結合させた大衆的大進軍運動となっている（『経済辞典2』（1985年版）489頁）ということである。またその千里馬作業班運動を継承発展させたものとされており、1975年、金正日の指導によって発起展開されたというのが3大革命赤旗勝ち取り運動である。この運動は企業、協同農場、軍、国家機関などのあらゆる職場を単位にして、それぞれにおける3大革命すなわち思想・技術・文化革命の各分野の革新ぶりを競い合わせ、優れた成果を上げた単位に対して、「3大革命赤旗」を授与して、それを顕彰奨励するものである。この運動は、北朝鮮における社会主義建設の基本的推進手段として位置づけられ、今日も継続的かつ全社会的に展開されている。

　また1959年からは、有名な「工作機械子生み運動」が展開された。金日成の発議によるこの運動は、全国のすべての工場、企業所の保有していた工作機械が、基本課題以外に1台以上の工作機械を生産し、1年間に工作機械保有台数を2倍以上に増やすことを目指したものである。この運動の結果、1年間に計画外に、

1万3千台の工作機械が生産された(『経済辞典1』(1985年版)161頁)。大衆運動を述べるとき、欠かせないのが1974年頃から登場した、いわゆる「速度戦」方式の大衆運動である。これについては第3章で述べることにする。

(2) 北朝鮮の大衆路線と中国の大衆路線との比較

工業化の初期段階における大衆路線の重視とそれに基く大衆運動の展開は、社会主義国家で共通的にみられる現象といえる。ただし、旧ソ連では1930年代以降、大衆運動はなくなった。それに対し、中国では文化革命期まで維持された。さらに北朝鮮では現在まで続いている。

確かに中国と北朝鮮は、社会主義建設において大衆の主体的な力量を強調し、大衆路線を経済開発の主な柱の1つとしてきたという点では共通している[66]。ところが両国の大衆路線および大衆運動は相違点もある。

第1に、中国では、全国的かつ大規模な大衆運動は多くの場合、党のヘゲモニーをめぐる闘争、つまり権力闘争と深く関わっていた。北朝鮮では千里馬運動の初期(1956~57年)に党内闘争と若干関わっていただけに、それ以降は党内闘争と関係がなかった。実は、北朝鮮では1958年以降、党内闘争とか権力闘争は存在しなかった。

第2に、中国の場合、運動の行き過ぎによって、既存制度の弛緩、既存秩序の動揺・破壊がもたらされた。特に発動者である指導部の予想を越えて極限にまで突き進む傾向があった。それに対し、北朝鮮では運動の進行が、指導部の設定した範囲内で、指導部の統制の範囲内で進められた。中国で見られた社会的な混乱はなかった。

第3に、中国の大衆運動では、大衆運動によって「不合理な規則・制度を改革」[67]するとか「政治改革」[68]や「政治矛盾の解決」[69]を行っていくという要素があったが、北朝鮮ではそうではなかった。北朝鮮では政治改革的要素が欠如していたともいえる。北朝鮮では増産運動などの経済建設の面とともに「共産主義的人間型」への改造のために革命伝統教養、党政策教養などを絶えず強調し、かつ「技術神秘主義」「利己主義」「保守主義」などの古い思想と闘う、思想部門の革新運動の性格を帯びていた。

第4に、中国では工業化の過程で作り出された農村出身の底辺労働者と近代工業部門の組織労働者との間に賃金、社会保障などの著しい格差があり、また行政的・指令的経済システムのもとで生産の発展に伴う管理機構の肥大化、複雑化などにより官僚主義が発生し、これがかなり深刻な問題であった。国家指導部はこうした労働者・農民の不平、不満に基礎を置き、そこから最大限のエネルギーを引き出そうとしていた。広範な大衆が立ち上がり、大躍進と文化革命に参加したのもその格差・不満のためであった[70]。ところが北朝鮮ではそうしたことがほとんどなかった。中国での大衆運動のときによくみられた、大衆の官僚主義批判と極端な平均主義が、北朝鮮ではあまり見られなかった理由はここにあると思われる。

前に述べた、大衆路線についての金日成の説明をみると、大きく分けて、大衆のために奉仕する面と大衆を教育・動員する面があることが分かる。ところが北朝鮮では、前者がたいしたものではない。なぜなら、前述したように、首領は人民大衆の利益の最高代表者、体現者だからである。したがって、大衆路線では、後者、つまり大衆を教育・動員する面が中核的要素になる。大衆には「首領の充実な革命戦士」「党と革命のために自分の全てを捧げて闘争する共産主義的新人間」(『政治用語辞典』73頁)となることが要求されていた。大衆は「能動的存在」というより「受動的存在」になっている。北朝鮮で指導部が要求する大衆の力と知恵とは、上部からの命令に絶対的にしたがうという大前提のもとで、党の方針を実践するための、党から出された課題を遂行するための力と知恵である。

(3) 大衆運動の目的・背景

では、北朝鮮ではなぜ、頻繁に持続的に大衆運動が展開されたのか。北朝鮮指導部にとって、このような大衆運動はどのような意味を持っていたのか。あるいはこうした運動の目的・背景は何だろうか。まず、代表的な大衆運動である千里馬運動の場合をみてみよう。1956年12月の党の全員会議は内外のきわめて厳しい環境のなかで開かれた。「内にあっては反党反革命分派分子が頭をもたげ、外からは帝国主義者の圧力と修正主義者の圧力まで加わっていた」ので「党の内部が複雑で、外部の圧力も強く、国の経済事情も困難をきわめていた状況」(『著作集17』404〜405頁)であった。実はこの時期は、北朝鮮の歴史上、金日成政権の最大の危

機といわれている[71]。また社会主義国からの援助の急激な減少があった。この頃から金日成は「1957年の経済計画(および第1次5ヶ年計画)はわれわれのすべての国内資源と人力を動員することのみによって達成できる」[72]と主張し始めたのもそのためである。またこの頃から「増産と節約」が大々的に強調された。

そこで金日成は「全党と全人民の力を経済建設に集中させる革命的な対策」を講じた。これが有名な千里馬運動である。金日成の呼びかけに降仙製鋼所の労働者をはじめとする各地の労働者が呼応して展開されたという。この時期、「保守主義・消極性を打破」し「革新・奇跡を起こした」模範としてよく引用されることは、降仙製鋼所では年間6万トンしか生産できなかった分塊圧延機、つまり公称能力6万トンの分塊圧延機で12万トンの鋼材を生産したことである。いたるところまで労働者の革命的熱気によって革新と奇跡が起り、社会主義建設において革命的大高揚が起った。その結果、あれほど困難な5ヵ年計画を生産高の上で2年半、現物指標別には4年間で完遂した。そして、「国内の分派分子らは粉砕され、アメリカ帝国主義と李承晩一味の策動は破綻し、国際分派と修正主義者は鳴りを潜めた。こうしてわれわれは内外の圧力をはねのけて偉大な勝利を達成することができた」という(『経済管理2』228頁、『著作集17』405頁)。北朝鮮指導部にとっては、千里馬運動は大成功であったといえる。

このように、大衆運動は、北朝鮮の指導部にとって政治的・経済的危機を乗り越えるための重要な突破口を提供できるように思われた。特に、北朝鮮指導部にとって、50年代末における千里馬運動の成功の歴史は、決して忘れられないことであった。金日成が労働者の革命的熱意を呼びかける際、いつも、前述した降仙製鋼所の例を挙げていたのも、そのためであった。さらにこのような社会的動員過程は、労働者および工場長、中間行政機関に対する中央の統制・権威の強化を伴うものである。70年代からの「速度戦」の繰り返しが金日成・金正日の世襲体制構築と深く関わっているのはそのためでもある。こうした政治的意味が、経済的意味より大きいかもしれない。

3 重工業優先発展論

社会主義経済は一般的に、優先順位に基く選択的成長政策をとってきた。社会

主義建設において最も重要だと考えられる、経済の特定部門、いいかえれば「成長のエンジン」として指定されたセクターへ重点的に資源を投入し、その部門の成長を最大化することである。一種の不均整成長（unbalanced growth）でもある。これには多様な形態がある。投資資源の配分においては農業より工業が優先される。インフラより生産が優先される。物的生産に貢献しない活動、たとえばサービス、は制限されるべきである。いいかえれば、農業、軽工業、インフラ、サービスは、資源配分において軽視されてきた。

優先順位に基く選択的成長の代表的なものであり、もっとも重要なのは、重工業優先政策である。

「重工業を優先的に発展させながら軽工業と農業を同時に発展させる」という方針は、1953年8月の党中央委員会第6次全員会議で採択されてから、北朝鮮の公式方針になってきた。また、公式的には、「軽工業と農業発展を先に延ばしながら重工業を強行的に発展させる社会主義工業化方法は、以前遅れた植民地または半植民地農業国家であった国とその他多くの国にはそのまま適用できない（『経済辞典1』(1985年版) 718頁）」と主張し、ソ連をはじめとする他の社会主義国との差別性を強調するか、あるいは上記の方針が北朝鮮独自のものであると主張している。

ところが実際には、北朝鮮は重工業優先戦略をとってきたといえる。たとえば、「わが党は経済建設の基本路線に沿って重工業を優先的に発展させる原則を一貫して堅持してきており、重工業に資金と資材、設備と労力を集中してきた（『経済辞典2』(1985年版) 425頁）」となっている。この問題は第3章で詳しく検討する。また金日成は、「社会主義的工業化の中心は、重工業の優先的発展にある」[73]と明言してきた。

もう1つ注目すべきことは、重工業優先戦略と自力更生論との結合である。つまり、「重工業建設においてわが党の路線は、新しい技術で装備され、主として国内の天然資源を原料源に基づいて発展し、そして我が国の人民経済に必要な資材、燃料、動力および機械設備を基本的に国内で生産し供給しうる自らの重工業基地を作り上げることであった。これはすなわち、自立的で近代的な重工業を創設する路線（『著作集19』249～250頁）」であるという。なぜなら、自国の天然資源を原料源泉に依拠しない重工業は安定性がなく、他国の経済に対する依存性、隷属性

を免れない(『経済辞典2』(1985年版) 425頁)ということである。

　このように北朝鮮指導部が重工業優先戦略をとった理由は何か。それについて金日成は「重工業は人民経済発展の基礎である。重工業を発展させなければ、軽工業と農業を発展させることも、人民経済のすべての部門を現代技術で装備することもできない。特に重工業は国の政治的・経済的独立の物質的な基礎であり、これがなくては自立的民族経済とはいえず、国防力を強化することもできない(『著作集19』249頁)」と説明している。

　また「他の国々(社会主義国)の工業発展歴史をみると、多くの場合、一定期間重工業を発展させた後で軽工業を発展させており、資本主義国家はまず軽工業を発展させてお金を貯めてから重工業を建設した」[74]という発言からも、スターリンモデルの影響が強かったというのが窺える。

　さらに前述した1960年代の国際環境の悪化による国防力の強化方針によって、重工業優先戦略はいっそう強化されたといえる。1962年12月の党中央委員会第4期第5次全員会議で、「人民経済発展の上で一部の制約を受けるにしても、まず国防力を強化しなければならない」とされ、「経済建設と国防建設の併進路線」が初めて提示され(『経済辞典1』(1985年版) 89頁)、以降持続的に推進された。

4　高蓄積・強蓄積

　北朝鮮の経済開発戦略として欠かせないのが、高蓄積・強蓄積あるいは、高蓄積による急速な工業化である。

　金日成が繰り返し強調してきたのは、蓄積と消費の均衡を保つことである。ところがその均衡というのが、「蓄積の優先的かつ急速な増大をはかるとともに、人民の消費をたえずに高める方向で両者間の均衡を正しく保つこと(『経済管理3』357頁)」となっている。つまり、蓄積に優先的意義を与えて、蓄積を急速に増大する方向で国民所得を分配すべきだということである。それは再生産過程で生産が消費に対し規定的役割を遂行し、蓄積が生産拡大の元手となるという事情と関わっている(『経済辞典2』(1985年版) 504頁)。いいかえれば、蓄積を絶えずに急速に増大させることなしには生産を急速に拡大することもできないし、生産を増大することなしには勤労大衆の物的生活水準を高めることもできない(『経済辞典1』

(1985年版)742頁)ということである。

それに関連して金日成は、次のように述べたことがある。「われわれの制度の下では、蓄積も、消費も、全人民の利益に奉仕することです。蓄積は未来の消費のためのものといえます。われわれが今日、工場、企業、その他色々な建設に資材と労力と資金を投下するのは、これから人民生活をより高めることに目的があります。それゆえ長い目で見ると、蓄積と消費は合致することです」[75]ということである。

蓄積か消費かの問題は、毎年の国民所得をいかに分配し利用するかという問題であるため、「まず必要な蓄積を控除してから人民の消費量を定めるようにする(『経済管理3』361頁)」のが原則になっている。高蓄積を実現するために、北朝鮮指導部がとってきた様々な手段、また実際の蓄積のメカニズムなどの問題は、第3章で詳しく検討することにし、ここでは北朝鮮の蓄積優先政策を簡単な数値例を通じて確認することにとどまる。

表2―14　北朝鮮の国民総生産の支出構成の推移

(単位:％)

	GNP	消費	投資	在庫増加	海外純移転
1960	100.0	79.7	21.1	0.1	−0.9
1970	100.0	67.3	29.7	4.6	−1.7
1977	100.0	63.0	30.0	5.0	−2.0
1984	100.0	58.0	35.0	5.0	−2.0

出所:李浩(1996)84頁(原資料は、国土統一院『平和統一基盤造成のための北韓状況変化予測』1986年117頁)

表2―15　北朝鮮の蓄積と消費

(単位:％)

	1961年	7ヵ年計画期間(1961〜67年)
国民所得総額	100	270
そのうち、蓄積	100	280
消費	100	240

出所:李聖鳳(1990)45頁(原資料は、『わが党による速度と均衡問題の創造的解決』朝鮮労働党出版社1964年137頁)

第2章　経済実績、初期条件、開発戦略　79

まず長期的な趨勢をみてみよう。**表2−14**は韓国側の推計であるが、国民総生産で消費が占めるシェアは持続的に低下したのに対し、投資のシェアは持続的に増加した。北朝鮮側の統計からも蓄積優先傾向が窺える。**表2−15**をみれば分かるように、7ヵ年計画（当初予定は1961〜67年）期間中、消費は1961年比べ2.4に増加し、蓄積はそれを上回る2.8倍に増加する計画を立てていた。

5　中央集権的計画制度

(1)　概　　観

北朝鮮の計画管理機構を、極めて簡略化して示すと、**図2−3**のとおりである。企業は党機関による党的指導と行政機関による行政的指導という「二重」指導を受けるようになっていることが分かる。そのうち、党的指導が行政的指導に優先するという原則によって、実際には党による「一元的」指導を受けることになっている。企業内では1961年から導入された有名な「大安の事業体系」がいままで

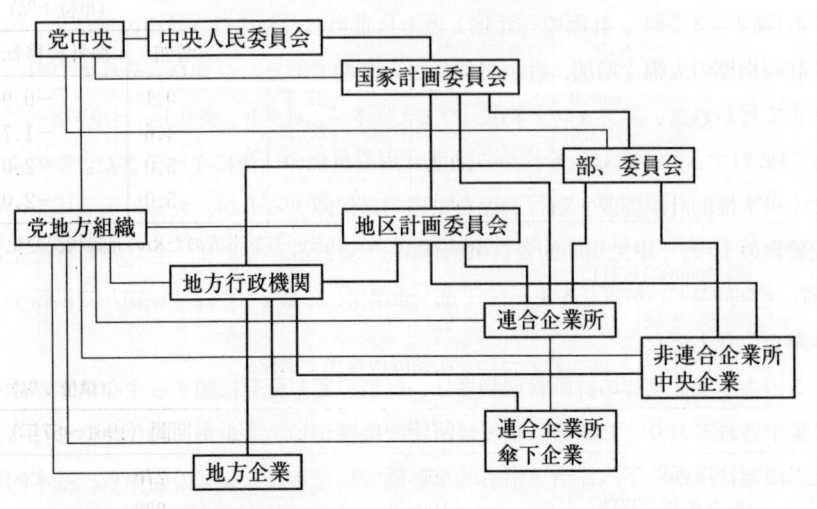

図2−3　北朝鮮の計画管理機構

```
党中央 ─── 中央人民委員会
                │
                └── 国家計画委員会
                         │
                         └── 部、委員会
                              │
党地方組織 ─── 地区計画委員会
        │         │
        └── 地方行政機関
                   │
                   └── 連合企業所
                          │
                          └── 非連合企業所
                              中央企業
                    │
                    └── 連合企業所
                        傘下企業
        └── 地方企業
```

注：1980・90年代の計画管理機構を極めて簡略化させ示したもの。点線は党の指導関係、実線は行政の指導関係。中央人民委員会は国家主権の最高指導機関。連合企業所は旧ソ連の企業合同に相当するもの。
出所：統一院（1992）122、135頁および亡命者面談結果による。

も企業管理の最も重要な柱になっている。それは一言でいって、従来の企業長単独管理制の代わりに、工場党委員会による集団指導制を、企業の管理運営の中心に置くことである。工場の管理運営体系は、企業党委員会が最上位にあり、その下に企業長（北朝鮮のことばでは「支配人」）と工場党秘書がある（『経済管理2』124頁）ことになっている。社会主義社会で生産力発展の決定的要因は人々の高い革命的熱意であるという（『著作集23』446頁）理念のもとで、経済管理において党の革命的大衆路線を具現することが追求された。工場党委員会は、党組織事業と思想教養事業を通してすべての労働者が経済管理運営と課題遂行に自覚的に動員されるようにすることが求められた。

　1964年から導入された「計画の一元化・細部化」は、いままでも北朝鮮の計画化の基本方針になっている。こうした計画の一元化・細部化は、「経済分野において中央集権的規律を強化するもっとも正しい道（『管理問題3』552頁）とされている。計画の一元化とは、北朝鮮側の説明では、全国にのびている国家計画機関と計画細胞が一つの計画化体系を形成し、国家計画委員会の統一的な指導のもとに計画化の唯一性を徹底的に保障するようにすること（『経済管理3』202頁）を意味する（図2－3参照）。計画の一元化とともに進められたのは、計画の細部化、つまり計画指標の大幅な増加、計画対象品目の激増である。つまり、それまで省のレベルで行われた、非フォンド物資（たとえばネジ、ボルト、ナット、バルブ、ベアリング）に対する計画化は、それから国家計画委員会の任務になってきた。このような中央集権的計画編成・執行過程を物理的に保障するのが、大安の事業体系の構成要素の1つ、「中央集中的資材供給体系」[76]である。つまり、全ての資材を上部（省、管理局など）が責任をもって下部（企業所、工場など）に「現物」で供給する体系を作り上げた。

　このような北朝鮮の計画管理制度は、経済の資源配分に関する主な決定が中央に集中されており、しかも計画・経済管理機構がヒエラルキー的な性格を持ち、意思決定は上から下へ命令・指令的な形態で伝達されるなどの面から、基本的に旧ソ連のそれと同様、集権的システムであるといえる。ただし「集権化の度合い」の面では多少違いがあるのではないかと思われる。

(2) 集権化の度合いと国際比較

　集権化の度合いはいろいろな側面でとらえられるが、北朝鮮に関する資料の制約のため、ここでは中央が配分する生産財の数を中心に検討することにする。エクスタインによると、中国では経済の集権的管理の最盛期でも、おそらくわずかに300または400を超えない種類の材料・設備が、中央が配分するいわゆる「統一分配」に従っていた。それに対して1950年代のソ連ではその数は1,500であった（エクスタイン（1980）163～164頁）。また佐藤経明によれば1972年現在、ソ連の計画対象品目の数は約8,600としてそのうち、連邦ゴスプランが関与したものは約1,900であったという（佐藤経明（1975）65～66頁）。それに対して北朝鮮はどうであろうか。いわゆる「計画の細部化」方針と関連したいくつかの断片的な情報に基づいて推論してみよう。

　金日成は1965年のある演説で次のように述べたことがある。「ある同志たちは、細部化計画を行おうとすれば、企業の計画指標が一万余種にものぼるといって、ちょっと躊躇っているようですが、……われわれは、計画指標が一万余種どころか何万種になるとしても、計画細部化を行わなければなりません（『経済管理3』209頁）」ということである。

　さらに1969年、金日成が新しい計画作成手続きを説明するところで、次のような文章が登場する。「国家計画委員会が作成した統制数字案について党の中央委員会政治委員会で重要な数百種の品目を検討し、内閣は少なくとも3千～5千種の製品の統制数字に対する決定を採択すべきです。そして国家計画委員会では、内閣が承認した統制数字に基づき、3万種でも5万種でも、または10万種でも具体化できる限り具体化し、統制数字の展開された別表を作成すべきです（『経済管理3』597～599頁）。」ということである。また姜日天によれば、1960年代の一時期に、工業部門では、地区計画機関に委ねられていた計画指標約340に対して、中央計画機関によって決定される計画指標は1万1,000に及んだ（姜日天（1987a）68頁）という。したがって北朝鮮では、中央配分資材の数が一万種類を超えるのではないかと思われる。具体的にどの程度かは不明であるが、その数が中国はいうまでもなく、旧ソ連をもはるかにこえる可能性は十分考えられる。「国家計画委員会の一部の活動家たちは、非フォンド物資はどこの国でも計画化していないといって

いるが、外国でやっていないからといって、われわれもやってはならないというわけはないと思います(『経済管理3』208頁)。」という金日成の発言からもその可能性を窺える。そして筆者が会った亡命者たちは、計画の細部化方針は現在も続いており、中央配分物資の数は「数え切れないほど」であると言っている。

もう1つ指摘すべきことは、北朝鮮の指導部は、ほかの社会主義国と異なり、農業生産計画の細部化を試みたということである。金日成は、1979年のある演説で、「今年度の農業生産計画草案には、作物別の播種面積と施肥量、坪当りの株数など大まかな指標があるだけで、労働力計画と農業生産工程に伴う具体的な技術指標は明確に示されていない」と批判した。また「計画草案には、潅漑工事をどれぐらい行い、井戸を何ヶ所掘るといったことは計画されているが、水田と畑の溝をどれぐらい浚うというようなことは抜けている」と批判(『著作集34』45～46頁)した。同じ演説では、「農業生産計画の細部化を、今年からはじめて行っている(『著作集34』46頁)」という文章が登場する。そして金日成は、「農業生産計画の細部化は、われわれがはじめて手がけることです。年間を通じて複雑に行われる農業生産過程を細部にわたって計画化するということは、だれも試みたことがありません(『著作集34』47頁)。」と述べ、農業部門での計画の細部化は、他の社会主義国では行われたことがないし、北朝鮮ではじめて行われることを強調する。ただし、関連資料の制約のため、このような農業生産計画の細部化がいつまで持続されたかは不明である。

いずれにせよ、北朝鮮の指導部が、中国はもちろん、旧ソ連より集権度が高い集権制を推し進めた可能性は十分考えられる。

(3) 地方分権化と国際比較

では、北朝鮮における計画制度は歴史的にどのように変わってきたのか(詳しくは第6章で検討する)。ここでは地方分権化の試みと連合企業所の導入に絞って計画制度の歴史的変遷を簡単にみることにする。

分権化を論じるにあたって、「地方分権」と「企業分権」を区別する必要がある[77]。「企業分権」の問題はすぐ後で連合企業所を述べるときや第6章で検討することにする[78]。

「地方分権」の面では、1958～59年、地方工業の急激な膨張を背景に、中央の管理機構を縮小させ、多くの業務を地方機関に移譲する措置がとられた。金日成は1961年のある報告で「工業が膨大な規模に拡大され、特に地方工業が大々的に発展したため、以前の工業管理体系は現実にそぐわなくなりました。……そのため、わが党は以前に中央の省、局が直接管理していた少なからぬ工業企業所を地方に移管し、道経済委員会を創設して地方工業と地方建設を管理させることにしました。同時に中央の省、局を統合してその機構を大幅に縮小し、多くの管理・技術幹部を地方に派遣しました（『経済管理2』14～15頁）」と述べた。1959年内閣命令46号によって国家機関として位置づけられた道経済委員会が、地方工業全般と一部の中央工業を担当するようになった。

ところが一年余りで、道経済委員会は、地方工業のみを担当することになった。さらに1961年に「大安の事業体系」が登場し、また1964年に「計画の一元化・細部化」が登場することによって、党の指導、中央の役割を強調する方向に向けて進むことになる。1965年には再び地方の中小企業を中央企業に地位を変え、該当する省の直接の統制下に置き、残った地方企業は軽工業省の下に配置させた[79]。

そして、1981年に入って再び「地方分権」的政策[80]が試みられた。道経済指導委員会を新設し、中央の権限を大幅に移管する抜本的な措置がとられた。①中央の各委員会および部を統合して機構を縮小し、中央レベルの幹部を道経済指導委員会に配置し、②政務院傘下の企業が道経済指導委員会に移管され、③道経済指導委員会は、道内の中央工業と地方工業を有機的に結合して協同生産体系を確立し、中央から下達された指令に従って道内の工場に資材、人力、資金を総括的に分配し、各工場の生産目標の遂行を監督することになった。これは金日成自身も1982年の「新年の辞」で「工業指導体系を新たに改編した画期的な措置」（北韓研究所(1996) 165頁）と評価したものである。なぜなら従来の工業管理体系は「（生産）部門別管理」であったが、今度は「地域別管理」に移行したことになるからである。北朝鮮側は、道経済指導委員会と政務院の各委員会、部の役割分担と関連し、「前者は現行の生産に指導の重点を置き、後者は展望問題に主力を注ぐことになる」[81]と述べている[82]。

ところが1983年8月19日の演説で金日成は、道経済指導委員会を中心とした経

済管理を 2 年間運営した結果、長所も、不合理な面もあったと回顧してから、現在、道経済指導委員会内にある管理局を、中央の委員会、部に移管する方針を明らかにした。管理局を道経済指導委員会が持っていると、委員会、部は工場、企業所の連帯生産のみを組織すれば済むわけで、生産に対しては最後まで責任を負わないことになるという弊害があったためという。管理局を道経済指導委員会が持っていると、委員会、部が工場、企業所を掌握できず、かつ生産指導において唯一性が保障されていないということである（『著作集38』148～149頁）。こうして、北朝鮮の歴史上唯一の「地域別管理」制度[83]は、2 年余りの施行の後、事実上廃棄されてしまった。

さらに、1985年、連合企業所の全面的導入の時期にも、分権化と関連した動きがあったがうまくいかなかった。金日成は1988年のある演説で「私は1985年に連合企業所を組織するとき、国家計画委員会が重要な連合企業所だけを掌握し、計画化して、残った連合企業所は地区計画委員会が計画化するように体系を整然に作りました。ところが、その後いろいろな理由で国家計画委員会が担って計画化する連合企業所の数が大幅に増え、その代わりに地区計画委員会が担って計画化する連合企業所の数が大幅に減ってしまいました。それで国家計画委員会が多くの計画単位を抱えて、自分の役割を果しておらず、計画化事業がうまくいっていないのです（『経済管理 7 』119頁）」と指摘・批判した。

こうした北朝鮮の分権化「改革」的措置を、中国・旧ソ連のそれと比較してみよう。旧ソ連の場合、1957年に、部門別管理から地域別管理への転換を行った[84]。同年に、部門別工業省が廃止され、その代わりに地域別国民経済会議（ソフナルホーズ）が設置された。ソ連全土を105のソフナルホーズに分割し、「ヨコ管理」体系へ移行した。1950年当時は工業総生産の67％を中央の連邦省が管理していたが、1957年の改革により約 6 ％に激減した。ところが1965年に再び部門別工業省が復活した。

中国の場合、1978年以前に、2 回の分権化改革[85]が行われた。1 回目は1957・58年の段階に、地方分権化を中心とし若干の企業分権化を伴いつつ実施された。改革により中央直属企業の87％に相当する8,000余の企業の管理権が地方に移され、中央が統一分配する生産財の数も530種から130種に減った。また財政・雇用の面

でも地方政府の権限が拡大された。対外貿易を除き、ほぼ全面的に地方分権化が追求された。ところが、折からの大躍進・人民公社化とあいまって、経済のバランスの失調をもたらし、60年代初めに挫折した。

2回目は1970年前後に地方分権化として行われ、中央管轄企業のほとんどすべてが地方に移管された。1965年には中央直属企業の工業生産額が国営工業企業全体の46.9%を占めていたが、1970年には8％にまで低下した[86]。また1972年には、中央が統制する生産財の数も66年時点の39%にまで減少した。

北朝鮮の地方分権化措置は、1978年以前の中国で試みられた2回の地方分権化改革と同様、短命に終わった。さらに1950年代末の分権化は、ほぼ同じ時期の中国のそれに比べきわめて制限的であった。一部の中央直属企業を道経済委員会へ移管したとしても、依然として「部門別管理」が基本であった。またそれ以外の地方分権的措置、つまり財政・雇用などの面で地方に権限が移譲されたとか、中央が統一分配する生産財の数が減少したといったことはないようである。

地域別管理への移行を目指した1981年の分権化措置は、旧ソ連のソフナルホーズと類似した面がある。道経済指導委員会はソフナルホーズと同様、以前に工業省の管理局が遂行した機能を代行することを期待された。ただし道経済指導委員会は政務院の直属機関であったが、ソフナルホーズは共和国政府に従属していた。いずれにせよ、両者ともに失敗に終わり、結局従来の集権制システムへ戻ってしまった[87]。

(4) 連合企業所と国際比較

連合企業所は、一定の生産物の生産において、生産技術的か管理経営上で緊密な連係を持っている企業所を一つの経営単位で統合した企業所組織形態(『経済辞典1』(1985版)475頁)である。1974年に試験的に導入され、1985年から全面的に導入された。連合企業所は次のような3つの類型がある[88]。第1に、人民経済的に重要性を持つ製品を生産する母体工場を中心に、一定の地域内にある、生産的連係が密接な色々な部門の工場、企業所を網羅した組織(金属、機械、化学など)。たとえば、製鉄所を母体企業として、それに原料を供給する関連部門の工場、輸送機関などを編成して組織されたものである。第2に、一定の地域内にある、同じ

部門の企業所を柱にして、それに奉仕する工場、企業所を網羅した組織(石炭工業、鉱業)である。第3に、全国的範囲で同じ部門または相互に異なる部門の関連する工場、企業所を網羅した組織である。そして連合企業所は、1986年9月現在、その数が120に及んでいたし、120の連合企業所のうち、61企業は中央機関によって指導され、残りの59企業は地方(道)の管轄下に置かれていた(姜日天(1987b)60~61頁)といわれる。

連合企業所は、国家計画機関の指導の下に直接計画を立て、生産を組織・推進する計画単位、生産単位、実行単位である。すなわち、「工業管理の基本的環」である。

連合企業所は、かつての政務院の部・委員会が遂行していた一部の計画的指導機能を、直接引き受けて、自分の傘下企業に対して一部の指導機能を遂行する。つまり、連合企業所は、連合企業所制度導入とともに設立された「資材商社」を通じて傘下企業に対して資材保障の責任を持つことになる。そして連合企業所は生産に必要な資材を連合企業所内で最大限解決する原則のもとで動く。連合企業所内で解決できない資材はほかの連合企業所から購入することになっている。また傘下企業の生産活動に対する掌握・統制の機能も遂行する。公式説明によれば、「連合企業所はその傘下企業所を、国家計画の範囲内で一定の独自性をもって直接指導管理する」(『経済辞典1』(1985版)475頁)ことになっている。また「わが工場(ある鉱業連合企業所の傘下の鉱山機械工場)の場合、真の主人は連合企業所である。道計画委員会は、われわれから報告を受け、それを上部の国家計画委員会に報告することに止まっている。実際の計画の作成者、執行者は連合企業所である」という亡命者D氏の証言からも、そうしたことが窺える。どの程度かは不明であるが、生産計画の作成と実行、資材供給などにおいて、連合企業所に権限が委譲された、いいかえれば「企業分権」化された面があるといえるだろう。

とはいえ、政務院の部・委員会は連合企業所の計画作成と実行、資材供給などを指導・監督する。むしろ中央が直接指導・監督すべき企業の数が減った[89]から、中央にとっては、計画化自体が楽になったともいえる。その分、「集権」化がより進む可能性もある。「国家は国家的重要性を持つ製品を生産する大規模企業を、中核の輪をおさめて直接的かつ具体的に指導することによって、中央集権的指導が

強化できる」(『経済辞典1』(1985版) 475頁) という公式説明からも、その可能性が窺える。そして、たとえ連合企業所レベルではある程度自律性が与えられたとはいえ、連合企業所の傘下企業には自律性が与えられなかったということは指摘する必要がある。むしろ上部機関がもう1つ増えたともいえる (亡命者D氏)。

もちろん、北朝鮮の連合企業所は北朝鮮独自のものではない。たとえば、中国では1964年から産業別に組織された全国的・地域的「専業公司」、いわゆるトラストが試験的に導入された[90]。これは従来の部、庁、局による工業管理方法とは異なり、次のような特徴を有していた。第1に、企業に対する各級、各部門の多頭管理から、1つのトラストによって統一管理される方式に変わった。第2に、各工場を単位とする分散経営方式から、トラストを国家計画単位や独立採算単位とする集中経営方式に変わった。ところがこのトラストは、文化革命の過程で「資本主義へ逆戻りする」ものとして批判され、廃止された。

旧ソ連の場合、企業合同[91]の起源は1961年まで遡るが、本格的に推し進められたのは70年代に入ってからである。ただし、旧ソ連の場合、企業、合同、産業省の利害対立などのため、合同の形成による産業管理機構の再編成は部分的・漸進的になり[92]、さらに規模の経済の発揮、技術開発力の増大といった経済的利益を円滑に実現できなかった。合同の実際の意義は、中央が管理すべき企業の数を削減することにより、計画作成・実施に関する中央の行政的負担を軽減し、管理の能率向上を図ることにあった。

こうした連合体ないし統合体形態の企業組織の典型は東ドイツでみられた[93]。1958年に工業省管理局を廃止し、それに代わる中間管理機構として「人民企業連合」(VVB) が形成された。これは1963年の経済改革である程度の意思決定の自律性が与えられる独立採算制の経済機関に転換したが、70年代の再集権化の過程で、VVBの裁量権は狭められ、集権的産業管理の単なる中間的管理機関に変質した。また70年代から垂直的統合による大企業体である「コンビナート」の形成が進められた。1973年には55のVVBと43のコンビナートが中央諸省の統制下に置かれていた。1979・80年にはVVBが解体され、工業部門全体が130余りの巨大コンビナートへと再編成され、中央諸省に直属するようになった。

かくして北朝鮮の連合企業所は、計画経済の枠組の中で既存の計画制度を「改

善」するために企業の垂直的統合を試みた中国のトラスト、旧ソ連の合同と東ドイツのコンビナートと類似した面がある。特にこれらの国では、このような形態の企業組識は、計画経済の集権化期ないし再集権化期に導入されたこと、いいかえれば計画経済運営上の諸問題に対処するための方法として市場型の分権化に代わる代替案として指導部が選択しただけに、北朝鮮もその面で、大差がないと思われる。

特に、北朝鮮指導部にとって連合企業所の導入は、当時ますます深刻になっていた資材供給の問題への対処という面が大きい。つまり、異なる部・委員会所属の企業のあいだに、あるいは異なる地域のあいだに資材供給が円滑に行われておらず(つまり「連帯生産規律の違反」)、生産の隘路が発生していた問題に対処するためである (第4章でも述べる)。所属部・委員会を問わず、国家的に重要な企業とその企業へ原料・資材を供給する企業を一つの単位に結合させた、つまり資材需要供給の企業間関係を「企業内部化」したということである。連合企業所の導入によって「連帯生産問題を円満に解決する」(朴永根(1989)27頁)とか「機関本位主義と地方本位主義を克服できる」(『経済辞典1』(1985版)475頁)と期待されたこと[94]からも、その可能性が窺える。

第4節 小　結

以上の考察に基づいて北朝鮮の経済実績、経済開発の初期条件、経済開発戦略について簡単に整理することにする (ただし、ここでは経済実績と、初期条件および開発戦略の関係には触れない)。それぞれの要因を紹介・説明してから、初期条件が開発戦略の形成に与えた影響を含め、北朝鮮の開発戦略の形成・維持・強化の背景をまとめることにする。

北朝鮮の経済開発は何をもたらしたのか。北朝鮮の経済開発実績は、長い目でみれば、成長率の長期低下傾向である。50年代に高速成長を記録した北朝鮮経済は60年代から成長が鈍化し始め、70年代前半一時的に回復したが、70年代後半か80年代前半から再び下がり、現在まで長いあいだ低迷の状態が続いている。

北朝鮮経済は、特に90年代に入ってより悪くなった。90年からはマイナス成長

が続いており、深刻な食糧難およびそれによる餓死者の続出、工場稼働率の落ち込み、極端な物不足が現れている。公式経済は機能不全に落ち、いわゆる「第2経済」(あるいは非公式経済)が急速に拡大している。こうした北朝鮮経済の長期的・短期的（90年代）パフォーマンスを、「経済低迷」と呼ぶことにした。

　経済開発に着手した当時、北朝鮮当局が想像もしなかった今日の状況を理解するためにも、歴史を溯る必要がある。北朝鮮の経済開発にとっての初期条件を簡単に整理することにする。

　まず、プラスの面からみてみよう。国際的な視野はさておき、南朝鮮(韓国)に比べて経済開発の初期条件が有利であったといえる。実際に金日成がいつも強調していたのは、豊富な地下資源、電力資源であった。それとともに工業化の経験も無視できないだろう。つまり、植民地期の工業化という限界はあるが、工業化を通じて形成された物的・人的資産、それに、ある程度整備されたインフラもプラスの遺産になったと思われる。

　それと同時にマイナスの面もある。北朝鮮は国土の面積からも、人口からも「小国」である。また経済開発のスタート時点では低開発の農業国家であった。さらに解放による日本との関係の断絶、国土分断による南・北朝鮮の分業関係の断絶、特に朝鮮戦争による破壊の影響が相当大きかった。そしてまだ低い教育水準、国際的にはアメリカとの対峙も、経済的負の遺産であった。最後に比較的豊富な地下資源を持っていたにもかかわらず、最も重要なエネルギー源である石油をもっていなかったということは、時間が経つにつれ、致命的になった。植民地末期、第2次世界大戦末期における「自力更生・自給自足」の経験、植民地期の工業化によって形成された電力過消費産業構造は、経済開発初期にはあまりマイナス要因として認識されなかったはずである。ところがこれらは時間が経つにつれ、経済開発を阻害するマイナス要因として働く「旧時代の遺産」になってしまった。

　こうした初期条件のもとで、北朝鮮は如何なる目的と手段を持って、経済開発に取り組んだのか。北朝鮮は軍事力の確保・強化と経済発展、あるいは国力指向型要素が強い経済発展という目的を実現するために、中央集権的計画制度の制度的基盤のうえで、自力更生、精神的刺激優先・大衆路線、高蓄積・強蓄積、重工業優先発展等の選択的成長といった手段をもって経済開発戦略を展開した。

特に中央集権的計画制度は、高蓄積・強蓄積、重工業優先発展等の選択的成長といった資源配分、分配政策にとって都合のいいものであった。実際、旧ソ連、中国等の社会主義諸国はこれら3つの戦略をセットして進めた。北朝鮮も例外ではない。こうしてみると、北朝鮮の経済開発戦略は、全部ではないが、その多くは旧ソ連の開発戦略あるいはスターリン戦略にかなり近いといえる。

もちろん、北朝鮮の戦略がスターリン戦略のコピーにすぎないとは言い切れない。むしろ北朝鮮指導部は1950年代末以降、自分の戦略の独自性を強調してきた。それはソ連の影響力の減少とも関わっている。いずれにせよ北朝鮮指導部が主張するほどの独自性ではないが、ある程度の自分なりの独自性があるのは確かであろう。この問題は後で詳しく論じることにし、ここでは(1)他の社会主義国と同様、中央集権的計画制度を導入したが、より集権度が高い集権制を、「分権化」の試みはほとんどせずに、推し進めたこと、(2)ソ連と異なり、「自力更生」を強調してきたこと、物質的刺激より精神的刺激を優先させたことだけを指摘しておくことにする。もちろん北朝鮮の独自性を認めるとしても、北朝鮮の戦略の多くがスターリンのそれにかなり近いということを覆す程度ではない。

実際に、1940・50年代に社会主義圏内で理念・政治・経済・軍事などの面で圧倒的な能力をもっていたソ連の影響力は非常に大きかった。ソ連は経済成長のための社会主義的な道を切り開き、成功を収めていたのである。最初の2つの5ヶ年計画期においてソ連は急速な工業化、迅速な経済成長と顕著な経済構造の転換を実現していた。さらにソ連はナチスの猛攻に立派に耐え抜き、その侵攻をはね返し、ついには第2次世界大戦の連合国の勝利において重要な役割を果たした。

社会主義諸国の一般的な経験からみれば、急速な工業化、軍事力の強化の必要性は、(1)新生社会主義国の多くは経済的に遅れていた状態から出発し、経済的後進性を取り除くことが重要な課題であったこと、(2)周りを「敵」(資本主義国)に取り囲まれていたことから出ている。北朝鮮も第2次世界大戦の終戦直後に登場した、低開発新生独立国であったし、政権樹立後、アメリカ・韓国との対峙状態が続いていたため、急速な工業化、軍事力の強化の必要性は大きかった。旧ソ連の経験は北朝鮮にとって1つの「モデル」になるに十分なものであった。

さらに北朝鮮の場合、金日成政権の樹立においてソ連の役割は決定的であり、

労働党と国家機構がソ連軍の占領のもとで出現した。北朝鮮指導部が、ソ連戦略の多くの特徴を採り入れたのは当然のことであろう。

さらに豊富な地下資源、電力資源、植民地期の工業化が残した若干の物的・人的資産、インフラというプラスの遺産、とりわけ国際的な視野はさておき、南朝鮮に比べては経済開発、工業化の初期条件が有利であったことは金日成にとって重要な条件であったと思われる。北朝鮮の経済発展戦略は基本的に旧ソ連のそれの模倣・移植という面が多いが、前述したプラスの遺産が、北朝鮮指導部に、旧ソ連戦略を受け入れてもそのまま遂行できるという一種の自信感を持たせたのではないかと思われる。

それとともに、重工業優先戦略、自力更生論の例から分かるように、北朝鮮の経済開発戦略の形成・維持・強化には国際環境（特に1950年代のソ連でのスターリン批判等、60年代の国際的緊張）と国内政治的要因（政権の維持および「唯一体制の構築」）が大いに働いた。

開発戦略の形成には初期条件も、少なからぬ影響を及ぼした（その一部はすでに、この小結で述べた）。ここでは自力更生を調べてみよう。自力更生は国際・国内政治的要因によるところが多いが、植民地末期における「自力更生・自給自足」の経験、豊富な水力資源、鉱物資源も、金日成の「自力更生」戦略の基盤として働いたと思われる。特に第5章で述べる予定であるが、北朝鮮の経済開発初期である1940・50年代は、「石油の時代」ではなく、「石炭の時代」であった。北朝鮮は国内に豊富に埋蔵されている石炭を利用し、エネルギーを自給自足するのが不可能ではなかったと指導部は考えていたし、当時としてはそれなりの合理性があった。

---

1) 世界各機関・研究者による、北朝鮮のマクロ経済統計推定結果および推定方法、またその問題点については、国土統一院（1988）30〜44頁、『北韓経済指標集』21〜26、67〜68頁を参照。
2) 北朝鮮の公式発表統計の信頼性は別の問題にして、北朝鮮と資本主義国家の国民所得の概念の違いはここで指摘する必要がある。北朝鮮が国民所得の内容、推計方法について発表したことはないが、北朝鮮の国民所得の概念は彼らが刊行した『経済辞典』での用語解説等によってある程度把握できる。社会総生産とGNPとの主な違いは第1に、GNPは

生産部門と非生産部門が含まれるが社会総生産では非生産部門が除外されるということ、第2に、GNPは他の製品（最終材）生産へ投入された中間材を集計対象から除外しているが社会総生産はそれを含むということである。北朝鮮の国民所得は社会総生産と同じように非生産部門は除外されることと、間接税の性格の取引収入金が集計対象に含まれるということが資本主義国家の狭義の国民所得との違いである。

3）本書では長期趨勢をとらえるために、またデータの空白に対処するために、年平均成長率を求めた。ただ本書での年平均成長率とは、特別な言及がない限り、次のようなことを指す。例えば、1954〜56年の年平均成長率は、1954年の前年比成長率も含むことである。

4）筆者の手元にある資料では、1990年から1998年まで9年連続のマイナス成長である。

5）もちろん、これらの指標は、推計方法の違い、データ自体の信頼性の欠如等のため、国際比較のための適当な指標ではないかも知れない。ここでは単に長期趨勢をみるだけなので、もっとも長い時系列をもっている指標を使った。

6）たとえば、小牧輝夫は、1980年代に入ってから食糧生産の不振が続いているとみている（小牧輝夫（1996）9頁参照）。

7）『毎日経済新聞』1998.2.7.

8）だが、北朝鮮住民にとって、国家食糧配給の中断が、必ずしも、自分の「餓死」を意味するわけではない。これは後で検討する「第2経済」の存在のためでもある。

9）アメリカのCIAに相当する韓国の政府機関。

10）『韓国日報』1999.5.10.

11）以下では特別に明記しない限り、亡命者の証言は、筆者との面談結果を指す。

12）『中央日報』1995.4.4.

13）北朝鮮では軍需部門を管理する政府機構を「第2経済委員会」と呼んでいる。本書での「第2経済」は、北朝鮮でいう「第2経済委員会」とは異なる概念である。

14）用語だけをみても「第2経済」、「非公式経済」、「地下経済」、「非登録経済」などがある。「第2経済」に関連した用語・定義については崔寿永（1998）3〜8頁、全洪澤（1997）50〜53頁を参照。

15）北朝鮮のことばでは「トバット」（「ト」は敷地、「バット」は畑の意味）。

16）詳しくは『経済辞典1』（1985年版）221、637頁参照。

17）崔寿永（1998）は、国家計画遂行のため行われる、企業間の資材の半合法・非合法的取引もこのカテゴリーに入れているが、本書では企業のこうした活動は、第2経済のカテゴリーに含めないことにする。第4章で詳しく調べる企業のこうした活動を捉える際、第1経済と第2経済という分け方より、公式部門と非公式部門あるいは計画内活動と経済外活動という概念を使うことにする。

18）「隠し田」。北朝鮮でこうした土地は「テギバット」と呼ばれている（「テギ」は田畑の一定の区画という意味、「バット」は畑の意味）。

19）それに対し、本書での第1経済は公式部門での計画経済領域での合法的活動のことを指す。

20）オ・スンリョル（1996）119頁。これは民族統一研究院が1994〜96年に亡命した亡命者30人を対象し、1996年5月〜7月に実施した面談調査によるものである。

21）『中央日報』1995.1.26

第2章　経済実績、初期条件、開発戦略　93

22) 『毎日経済新聞』1997.10.16
23) グレゴリー&スチュアート (1987) 216頁 (原資料は、G. Ofer and A. Vinokur, *Family Budget Survey of Soviet Immigrants in the Soviet Union*, (Jerusalem: Soviet and East European Research Center, Hebrew University, 1977), G. Ofer and A. Vinokur, *Private Sources of Income of the Soviet Urban Household*, Rand Corporation, R-2359-NA, 1980.)。
24) 全洪澤は、北朝鮮で第2経済が占める重要性は、東欧で第2経済がもっとも発達したハンガリーよりは小さいが、旧ソ連よりは大きいとみている。全洪澤 (1997) 60頁参照。
25) このような第2経済の拡大の経済的効果に簡単に触れることにする。まず、肯定的な面としては、第2経済が何よりも第1経済を補完する機能を果たす。住民が公式的な国家流通網または公式配給体系を通じて調達するのが難しくなった食糧、生活必需品といった消費財の不足現象をある程度緩和する役割をするのは代表的な例である。また第2経済での活動は主に需要と供給による市場原理によって行われるため、資源配分における効率性を高めることができる。
　　否定的な面はどうであろうか。第2経済での取引される物資は、第1経済から流出されるものが少なくない。農場・工場では資材・生産物を横流しする。流通段階でも横流しは行われており、貿易分野でもそうである。これは末端の農民・労働者のみならず、幹部のレベルでも行われている。こうした資材・生産物はタルカーチなどの活躍によって第1経済部門へ還流される分もあるし、そのまま第2経済の領域に残っている分もある。したがって、第1経済部門 (計画経済部門) の生産がその分、萎縮されることは避けられない。また農場・工場での生産活動結果の縮小報告、対外貿易の縮小報告などによって国家財政収入がその分減少し、計画経済部門での投資活動へも悪影響が与えられる。そして第2経済の拡大は官僚社会の腐敗の拡大をもたらし、国家計画が私的利害関係によって左右される余地をより大きくする。
　　こうした肯定的な面と否定的な面の、どちらの側面が大きいかは、判断し難しい。もし第2経済の規模が第1経済の規模より大きいとすれば、第2経済は第1経済を補完するより、代替するのではないか、あるいは第1経済を縮小させる役割を果たすのではないかと思われる。
26) 詳しくは、木村光彦 (1998) 3～4頁参照。
27) 北朝鮮の地下資源、水力資源については、たとえば、極東問題研究所 (1974) 『北韓全書上巻』494～502頁、李浩 (1996) 68～72頁参照。
28) 詳しくは李健泳 (1994) 250～251頁参照。
29) 韓国歴史研究会 (1992) 160～161頁、カミングス (1989) 44頁参照。
30) 教育に関する以下の記述は、安秉直・金洛年 (1997) 82～85頁、木村光彦 (1997b) 32～38頁によるところが多い。
31) 安秉直・金洛年 (1997) 84頁 (原資料は、朝鮮総督府『統計年鑑』各年度)。
32) 朝鮮民主主義人民共和国の成立 (北朝鮮の建国) と金日成の首相就任は、1948年9月であるが、金日成は事実上1945年末から党、政権のトップになっていた。
33) 朝鮮総督部『昭和17年朝鮮総督部統計年報』412頁。
34) こうした点を強調している議論が、いわゆる「植民地近代化論」である。主唱者ともい

うべき安秉直は、植民地時代を経済発展論の視覚から研究することを主張する。植民地時代を、侵略と開発の両面をもっていたものとして把握すべきであると主張する。彼らによると、朝鮮社会は停滞した社会ではなく、歪曲された形ではあっても資本主義が発展していった動態的な社会である。その時、特に1930年代の工業化を通じて形成された物的・人的資産が今日の韓国の経済発展につながっていると捉えている（尹健次(1998)、安秉直・金洛年（1997）参照）。本書も、この議論に、原則論としては賛成する立場である。ただし1930年代の工業化を通じて形成された物的・人的資産が、北朝鮮の初期の経済成長、今日の韓国の経済発展に、「貢献できた」という表現に相応しい程度で、「つながった」かどうかは、はっきりいいにくい。

　一方、植民地期に対する北朝鮮の公式立場は、いわゆる「植民地半封建社会論」である。金日成は、「かつて我が国は、日本帝国主義支配下の立ち後れた植民地半封建社会であった」と規定した（『著作集19』278頁）。これは帝国主義者たちの植民地隷属化政策によって資本主義が正常的に発展できず、封建的関係が多く残っている社会である。植民地となった国々は帝国主義の商品販売市場、原料源泉地、安い労働力の供給地、資本輸出地に転落し、奇形的な資本主義的関係と封建的関係は長い期間絡み合って、その国の人民は二重三重で搾取される（『経済辞典2』（1985年版）127～128頁）とされた。

35）カミングス（1989）51～52頁参照。
36）詳しくは安秉直・金洛年（1997）66、88～89頁参照。
37）たとえば、木村光彦（1990）249～251、262～264頁、梶村秀樹（1990）216、240頁参照。
38）詳しくは木村光彦（1990）264頁参照。
39）カミングスは、植民地期の遺産と関連、興味深い指摘をしている。すなわち、日本が古代からの同質性を維持してきた朝鮮に、近代的統合体としての国民国家形成に必要な物理的基盤を遺産として残したが、その中で特筆すべきものは高度に体系化された官僚組織、つまり朝鮮総督部に代表される巨大すぎる中央集権的支配機構であると主張している（カミングス（1989）46～47、112～113頁参照）。
40）詳しくは呉源哲（1995）22～23頁参照。
41）この本は呉源哲氏が韓国の商工資源部（日本の通産省に相当）に勤務していた1960年代にもまだ商工資源部に置いてあったという。
42）この時期の朝鮮での代用品工業の展開の具体的な様相は金仁鎬（1998）52～58頁を参照。
43）歴史的産業構造のうち、電力多消費産業構造の形成に関する以下の記述は堀和生（1995）によるところが多い。
44）1930年代北部朝鮮の電源開発を先行的に押し進めていった日窒系は、1942年に、既設水力発電設備の94.5％、発電量の90％を占め、またその61.7％を使用していた。1943年からの電力国家管理時期には、朝鮮内でのすべての発送電事業を独占的に掌握してしまった。
45）長津江発電所は発電量の50％、虚川江は33.3％、水豊は16.7％を日窒系が自由に使用可能であった。
46）朝鮮銀行調査部『朝鮮経済年報』1948年版、Ⅰ—100頁参照。
47）したがって、先ほど述べた、北朝鮮の歴史的産業構造、つまり重工業化された産業構

造、特に電力多消費産業構造は、朝鮮半島全体というより朝鮮北部に当たるものである。
48) たとえば、ザン・サンハン（1990）114頁、金潤煥（1972）117頁参照。
49) 詳しくは森田芳夫（1964）742、779、808頁参照。
50) 『北韓経済統計集（1946～1985年）』402、420、482、494頁（原資料は、年度別朝鮮中央年鑑）。
51) これはイ・ゾンソク（1995a）のいう「唯一体制」と似ている面がある。「唯一体制」とは、「唯一指導体系」が貫通する社会体制であるが、「唯一指導体系」は権力が一人に集中され、その絶対権力者（最高指導者）を中心にして全社会が一元的に編成されており、このような体系を支える理論的体系まで備えている指導体系である。ただし「唯一思想体系」は北朝鮮の公式用語であり、「唯一領導体制」という表現も北朝鮮側の文献に登場するということを想起すると、本書でいう「唯一体制」は北朝鮮側の呼び方とも似ているかも知れない。一方、北朝鮮の独特の政治体制を、鐸木昌之（1992）は「首領制」と、和田春樹（1998）は「遊撃隊国家」と呼んでいる。「首領制」とは、首領の領導を、代を継いで継続的に実現することを目的とする体制である。「遊撃隊国家」とは、遊撃隊をモデルにしてこれを全国家に拡大する、金日成を司令官として全国民が仰ぐという体制である。イ・ゾンソク（1995a）52～55頁、鐸木昌之（1992）6頁、和田春樹（1998）131頁参照。
52) イ・ゾンソク（1995b）は、主体思想を大きく二つに分けている。一つは狭い意味での主体思想、つまり初期段階での主体思想でもある。ここでの政治生活単位に対する指導原則は「自主的立場の堅持」、「創造的方法の具現」、「思想を基本におさめる」ということである。この「自主的立場の堅持」から、いわゆる「思想での主体」、「政治での自主」、「経済での自立」、「国防での自衛」原則が出てくる。もう一つは広い意味での主体思想、つまり金日成主義である。これは狭い意味での主体思想に加えて、金日成が北朝鮮社会主義建設過程で提示したといわれる様々な革命理論、領導方法からなっている。われわれが普通、主体思想というときは、後者のことを指す。一方、和田春樹(1998)は、主体思想は次の3つのテーゼに帰着するとみている。①人間は努力すれば何でもできる。②民族は自主的でなければならない。③人間が万能無敵になり、民族が自主的であるためには、必ず優れた指導者、首領が必要である（イ・ゾンソク（1995b）30～44頁、和田春樹（1998）128頁参照）。
53) 金正日は次のように述べていた。「人民大衆は歴史の創造者であるが、正しい指導によるときのみ、社会歴史発展で主体としての地位が得られ、役割を果たすことができる」。イ・ゾンソク（1995b）33頁（原資料は金正日、「主体思想について」（1982・3）、『北韓資料集──金正日著作選』、慶南大学校極東問題研究所、1991）。
54) イ・ゾンソク（1995b）102頁（原資料は、キム・チャンハ（1985）『不滅の主体思想』平壌、社会科学出版社、199～200頁）。
55) 鐸木昌之（1992）4頁（原資料は、『偉大な首領金日成同志が抱かせてくださった政治的生命を貴重に保持し、輝かしていくことはわが人民最大の栄誉であり、義務である』平壌、朝鮮労働党出版社、1975年、19頁）。
56) 鐸木昌之も、北朝鮮の政治体制を、プロレタリア独裁という社会主義体制の特性を有しながらも、ソ連型の党国家システムのうえに首領を載せた体制ともみている。鐸木昌之（1992）229頁参照。

57) これが1956年のいわゆる「8月宗派（分派）事件」とその後の「宗派闘争」である。
58) 1967年の粛清は、それ以前のことと異なり、金日成系列内での粛清である。
59) 金正日は1942年生まれで、1967年当時には25歳。
60) この点を強調している代表的な研究者は、小牧輝夫である。たとえば、小牧輝夫編（1986）87頁参照。
61) 小牧輝夫は、このことと関連し、北朝鮮がとってきた自力更生政策、いいかえれば「内向きの経済戦略」は、やむにやまれずという側面もあることは忘れてはならないと主張している。北朝鮮は韓国とアメリカと対峙し、日本とも国交がないので、実際上、西側との経済交流には限界があるということである（小牧輝夫（1986）84頁参照）。
62) 社会主義計画経済の主な長期的なゴールについては、たとえば、Gregory & Stuart（1980）pp. 360—361参照。
63) 北朝鮮では、ほかの社会主義と同様、「社会主義建設」のために、工業化に優先順位が与えられたので、経済開発は、社会主義工業化とほぼ同義語である。
64) 中国の場合にも、2つのレベルの自力更生があった。1つは国家的な見地でのもので、北朝鮮のそれとほぼ同じである。2番目のものは、北朝鮮のそれとやや異なる。中国の場合、地域的あるいは地方的な自給と関連している。主として、輸送障壁と中央計画制度に固有な官僚的資源配分の隘路に根ざして、このような自給のための努力が行われていた（エクスタイン（1980）352〜354、384〜386頁参照）。
65) 北朝鮮のことばでは「群衆路線」。
66) もちろん大衆路線は、政治のやり方でもある。
67) 『新中国年鑑』（1970年版）319〜320頁（原資料は、北京市革命委員会執筆グループの「中国の社会主義工業化の道」（『紅旗』1969年10号））。
68) 『中国年鑑』（1960年版）131頁。
69) 小島麗一執筆、「大衆運動」『平凡社大百科事典』第8巻、1260頁。
70) 詳しくは上原一慶（1973）197、199頁および上原一慶（1978）98頁を参照。
71) 詳しくはイ・ゾンソク（1995b）275〜284参照。
72) 金一平（1987）、103頁（原資料は、『労働新聞』1956・12・15）。
73) 『経済辞典2』（1970年版）69頁（原資料は、『著作選集1』489頁）。
74) 『経済辞典1』（1985年版）717頁（原資料は、『著作集12』18頁）。
75) 『経済辞典1』（1985年版）742頁（原資料は、『著作集12』332頁）。
76) 谷浦孝雄（1975）52頁参照。
77) たとえば、中兼和津次（1979）298頁を参照。
78) 実際に、北朝鮮において企業分権化改革はきわめて微々である。さらに地方分権化改革と企業分権化改革がセットになって実施されたことはない。
79) 李聖鳳（1990）59〜60頁、李錫基（1998）17〜18頁を参照。
80) 姜日天（1987b）59〜60頁、環太平洋問題研究所編（1987）330〜332頁を参照。
81) 姜日天（1987b）60頁（原資料はリム・ビョンホ「偉大な首領金日成同志が独創的に解明した新しい工業指導体系の本質的特徴と優越性」『金日成綜合大学学報』1982—1、140頁）。
82) 道経済指導委員会の地位と関連し、金日成は、「新しい工業指導体系に沿って道経済指

導委員会を設けたので、道にも部が1つ生じたことになる。道経済指導委員長たちは現地に降りてきた政務院の部長といえる」と述べた（『著作集37』83頁参照）。
83) 前述した1958年の地方分権改革によって部門別管理に地域別標識を大幅に取り入れたが、あくまでも前者が基本であった（姜日天（1987b）60頁参照）。
84) 詳しくは、たとえばノーブ（1971）79〜93頁を参照。
85) 中国の分権化改革については、たとえば、田島俊雄（1990）、石原享一（1990）を参照。
86) 《当代中国》叢書編輯部編（1984）137頁を参照。
87) 中央集権、地方分権をめぐっての改革は、いわば政府機構内部の権限移動にすぎない。行政的統制という枠内を出るものではない。その限り、両者のいずれも結局、機能不全に陥らざるを得ない。この問題は第4章で詳しく述べることにする。
88) 朴永根（1989）27頁、高昇孝（1989）168〜169頁参照。
89) 金日成は1985年のある演説で、連合企業所制度を導入すると、国家計画委員会が直接に相手にして計画を立てる単位の数が減り、国家計画委員会の負担が軽減すると述べた（『著作集39』259頁参照）。
90) 中国のトラストについては、たとえば、薄一波（1993）1171〜1191頁、《当代中国》叢書編輯部編（1984）111〜114頁、汪海波主編（1986）288〜294頁、石原享一（1990）151、182頁、山内一男（1976）200〜201頁を参照。
91) 旧ソ連の企業合同については、たとえば、ノーブ（1986）78〜86頁、宮鍋幟（1976）122〜127頁、五井一雄（1981）7〜10頁、西村可明（1976）36〜49頁を参照。
92) 1978年現在、合同は工業総生産の46.3％を占めていた。
93) 東ドイツの「人民企業連合」（VVB）と「コンビナート」については、たとえば、五井一雄（1981）3〜14頁、西村可明（1976）36〜38頁、犬飼欽也（1983）83〜87頁を参照。
94) 金日成は、1985年のある演説で、連合企業所を組識するうえで重要なのは、経営活動を自力で行いながら独り立ちできるようにすることであり、連合企業所が独り立ちするためには連帯生産品と資材をできるだけ自力（連合企業所の内で）で賄い、そうできないものと不足するものだけを連合企業所の外で解決すべきだと述べた（『著作集39』215〜220頁参照）。

第3章　工業化の構造[1]

　北朝鮮の経済開発の歴史は工業化の歴史といっても過言ではない。旧ソ連、中国と同じように、工業化を必死になって追求してきたともいえる。ところが、北朝鮮の工業化は結局、うまくいかなかった。それはなぜか。この問いに答えるためには、何よりも、北朝鮮の工業化がどのような構造をもって、どのようなメカニズムで進んできたか、説明しなければならない。にもかかわらず、その問題に関する既存の研究は少なく、その問題に対して解明・実証されたことはほとんどなかった。もちろん基本的な原因は資料の制約にある。

　このような資料の制約に対処するため、他の社会主義国の工業化に関する既存の研究成果を利用し[2]、そうした枠組みの中で北朝鮮の工業化を考察することにする。そしてデータは、北朝鮮の公式統計は量的にも質的にも問題が多いので、世界各機関・研究者の推定値を収集・整理して、北朝鮮の公式統計と合わせて使うことにする。また筆者の亡命者面談結果も利用する。入手可能なデータがない時には、北朝鮮・旧ソ連側の文献での記述に基づいて、時には推論も含めて、論理を展開することにする。こうして北朝鮮の工業化の構造を、主に開発論的視点で、検討してみるのが本章の課題である。なお、工業化における対外部門の役割は第5章で検討することにし、ここでは主に対内部門を中心に調べてみることにする。

　以下、第1節では北朝鮮の工業化の展開過程を概観し、いくつかの面で北朝鮮工業化の構造的特徴を簡単に整理する。第2節と3節では、労働・資本といった生産要素との関連で工業化を検討する。第2節では工業化と労働力の関係を考察するが、労働力投入の増大努力とその制約要因を大衆運動、インセンティブとの関連で整理する。第3節では工業化と資本蓄積の関係を、農・工業と蓄積、消費と蓄積、軍事支出と蓄積などの面から整理してから、本章での議論をまとめるこ

とにする。

第1節　工業化の展開とその特徴

1　工業化戦略

　まず、北朝鮮の公式説明に基づいて、北朝鮮の社会主義工業化戦略を簡単に整理することにする。社会主義工業化は、「国の経済において工業生産の圧倒的な優位を保障し、人民経済の全面的な技術発展を実現できるような自立的体系を備えている現代的工業の創設過程（『経済辞典1』(1985年版) 715頁)」と定義されている。そして社会主義工業化の目的は、社会主義の物質技術的土台を創設・強化し、国の経済的自立性を保障し、国の政治的独立を強固にし、社会主義建設を成果的に推進することとされている。社会主義工業化の基本課題は、人民経済の全面的技術発展が実現できる、多方面的に発展し、自らの堅固な原料基地を持っている、また現代的な技術で装備された自立的工業体系を立て、ひいては国を社会主義国家に作り上げることである。

　社会主義工業化の性格と関連し、社会主義工業化は資本主義工業化と異なり、社会主義制度を樹立し、生産手段に対する社会主義的所有に基づいて進められ、また自然発生的ではなく、労働階級の党と国家の指導のもとで計画的に遂行されることとされている。したがって、社会主義工業化は歴史的に短い期間で非常に速いテンポで実現されるということである（『経済辞典1』(1985年版) 716頁)。

　社会主義工業化の中心は重工業の優先的な発展にあるという。また「重工業を優先的に発展させながら軽工業と農業を同時に発展させる」という方針は、社会主義工業化を非常に短い期間内で高い水準で実現できるようにするもっとも正確な社会主義工業化方法とされている（『経済辞典1』(1985年版) 716、718頁)。それに加えて、工業を農業より速く発展させ、農業に対する工業の指導的役割を絶えずに高めるのが重要なことになっている（『経済辞典1』(1985年版) 173頁)。

　社会主義工業化を実現するためには2つの重要な任務を遂行しなければならないとされている。1つは思想革命、技術革命を遂行し、労働者たちを共産主義思想で武装させると同時に彼らの文化技術水準を高めることであり、もう1つは技

術革命を力強く推進することであるという(『経済辞典1』(1985年版)716頁)。

2 工業化の展開と産業構造の変化

では北朝鮮の工業化の展開過程を統計的に概観することにする。まず工業[3]の長期成長趨勢を調べてみよう。

表3－1をみれば分かるように、工業成長率は長期低下趨勢を示している。北朝鮮の公式統計によれば、50年代半ば・後半には著しい高成長を達成した(表3－1、3－2参照)。この時期の高成長については多くの研究者も認めている。だがその勢いが60年代に入って鈍化し始めた。これが70年代前半一時的に上昇したが[4]、70年代後半か80年代前半から再び低下した。そして90年にはマイナス成長率を示している。限定的な北朝鮮の公式統計からもそうした趨勢が読み取れる。

ただし、北朝鮮の発表統計が事実とすれば、80年代前半までたとえ成長率が多

表3－1 北朝鮮の工業の長期成長趨勢

(年平均成長率、単位:%)

	1954 －56	1956 －59	1957 －60	1960 －63	1961 －70	1971 －76	1978 －84	1988 －90	1990 －96
北朝鮮の公式統計(A)	41.7	45.2	36.6	15.1	12.8	16.3	12.2		－12.8[1]
李奉錫の推定値(B)		36.0		7.8					
後藤の推定値(C)	75.5		29.2	9.9	11.4	10.2[2]			
極東問題研究所の推定値(D)					12.3				
韓国銀行の推定値(E)									－7.3
ソ連科学院の推定値(F)								－2.5	

注:名目成長率、該当期間の年平均成長率。成長率そのものは筆者計算値。北朝鮮の公式統計は、1980年代までは工業総生産額に対するものであるが、1990年代は工業および建設部門の国内総生産(GDP)に対するもの。韓国銀行の1990～96の推定値は実質成長率、前年度比成長率の単純平均。
　1)1993～96、2)1971～75
出所:A)『北韓経済統計集(1946～1985)』、368、373頁(原資料は、『朝鮮中央年鑑』各年度)／UNDP(1998)
　　B)李奉錫(1993)200頁
　　C)後藤富士男(1981)152頁
　　D)北韓研究所(1979)294頁(原資料は、極東問題研究所)
　　E)『北韓GNP推定結果』各年度
　　F)ソ連科学院国際経済政治研究所(1991)1頁

表3－2 北朝鮮の農工業生産関連指標

	農業			工業		
	農業総生産額 (A)	穀物生産量 (B)	農業GNP (C)	工業総生産額 (D)	工業GNP (E)	消費財生産額 (F)
1953	115	2,327		216		285
1954	126.5(10.0)	2,230(－4.2)		326(50.9)		366(28.4)
1955	131.1(3.6)	2,340(4.9)		485(48.8)		497(35.8)
1956	157 (19.8)	2,879(22.8)		615(26.8)		598(20.3)
1957	198 (26.1)	3,201(11.4)		890(44.7)		878(46.8)
1958	n.a.	3,700(15.6)		[12.2倍](37.1)		n.a.
1959	n.a.	3,400(－8.1)		19倍 (55.7)		17倍
1960	224	3,803(11.9)	93,959	21倍 (10.5)	134,227	20倍(17.6)
1961	n.a.	4,830(26.3)	95,665(1.8)	24倍 (14.3)	158,590(18.2)	n.a.
1962	n.a.	5,000(4.1)	97,110(1.5)	29倍 (20.8)	177,316(11.8)	n.a.
1963	268	5,000(0.0)	113,881(17.3)	32倍 (10.3)	190,896(7.7)	31倍
1964	n.a.	5,000(0.0)	117,889(3.5)	37倍 (15.6)	229,277(20.1)	37倍(19.4)
1965	n.a.	n.a.	124,352(5.5)	[42.2倍](14.1)	262,469(14.5)	n.a.
1966	n.a.	4,405	130,444(4.9)	41倍 (－2.8)	278,676(6.2)	n.a.
1967	n.a.	5,110(16.0)	137,806(5.6)	48倍 (17.0)	328,957(18.0)	n.a.
1968	n.a.	5,672(11.0)	145,781(5.8)	[55.2倍](15.0)	381,512(16.0)	n.a.
1969	n.a.	n.a.	154,480(6.0)	[54.5倍](－1.3)	376,346(－1.4)	n.a.
1970	n.a.	n.a.	161,941(4.8)	[71.3倍](31.4)	426,742(13.4)	n.a.

注：( )内は前年比増減率
    A）D）F）：北朝鮮の公式統計。1946年を100にした時の数字
    B）：北朝鮮の公式統計。単位は千トン
    C）E）：極東問題研究所の推定値。単位は一万北朝鮮ウォン
    D）：[ ]内は、前年比成長率に基づいて算出
出所：A）『北韓経済統計集（1946～1985年）』271頁（原資料は、『朝鮮中央年鑑』各年度）。
      B）1958～59は、徐東晩（1996）、81頁（原資料は、『労働新聞』1959．1．17および1960．1．17）／その他は『北韓経済統計集（1946～1985年）』276、278頁（原資料は、年度別の金日成の新年の辞および『朝鮮中央年鑑』各年度）。
      C）、E）北韓研究所（1979）、294頁（原資料は、極東問題研究所）。
      D）、F）『北韓経済統計集（1946～1985年)』368～369頁（原資料は、『朝鮮中央年鑑』各年度）

少低下したとしても依然として10%以上の高い成長率を維持していたことになる。しかし、多くの研究者は北朝鮮の発表統計の信頼性に疑問を提起している。つまり、本当に10%を超える高成長であったかどうかということである。北朝鮮政府は、1992年度分から1996年度分のマクロ経済統計を発表したとき、工業および建設部門の国内総生産（GDP）が94年からマイナス成長を示していると言っているが、韓国政府は、1990年度分から北朝鮮のマクロ経済統計を推定・発表しながら、90年から継続的に鉱工業国民総生産（GNP）がマイナス成長を示しているとみている。88〜90年の3年間についてマクロ経済統計を推定・発表したソ連科学院国際経済政治研究所は、北朝鮮の工業総生産が89年にマイナス10.6％、90年にプラス0.5％成長したとみている。推計方法の違いなどを考慮しても、マイナス成長がいつから始まったといった部分については北朝鮮の公式統計と外部の推定のあいだに、また推定機関の間にも若干の差がみられるといえる。

　いずれにせよ、おおざっぱにみて、50年代高速成長を記録した北朝鮮の工業は、60年代から成長が鈍化し始め、70年代前半一時的に回復したが、70年代後半か80年代前半から再び下がり、比較的長いあいだ低迷の状態が続き、特に90年代に入ってさらに悪くなったといえるだろう。こうした長期趨勢は、第2章でみた、国民所得の長期趨勢と似ているといえる。

　次に、経済成長に対する工業の寄与度を見てみよう。表3－3にも示されるように、資料の制約のため、長期的な趨勢を把握することは困難である。50・60年代と90年代に限定されざるをえない。また推計方法、推定機関の違いなどのため、50・60年代と90年代とを直接比較することは難しい。1960年代には、韓国側の推定によると、経済成長に関する工業の貢献度は一部の期間を除いて、およそ7割を越えている。また北朝鮮の公式統計からみると、戦後3ヵ年計画期（1954〜56）と5ヵ年計画期（1957〜60）の期間中、経済成長に関する工業の貢献度は2倍近く上昇した。しかも1957〜60年、1961〜64年には工業の寄与率は8割を越えている。もちろん、データの制約のために、上記の数字自体が正確なものとはいえないが、表3－3に示された北朝鮮の公式統計からは、50年代半ば・後半を通じて経済成長に対する工業の寄与率は急上昇し、50年代後半と60年代前半には、工業がマクロ経済の成長において、決定的な役割を果たしたということは読み取れるだろう。

表3―3 北朝鮮の経済成長に対する工業の貢献度

(単位:%)

	GNP増加率	工業部門成長率	工業部門シェア	工業部門貢献度
1. 韓国側の推定値に基づいて計算する場合				
1961	8.5	18.2	45.0	88.4
1963	8.8	7.7	46.0	40.6
1965	9.1	14.5	51.5	78.2
1967	12.6	18.0	55.0	75.0
1969	2.5	−1.4	55.3	−32.1
1970	10.2	13.4	57.3	72.6
1991	−5.2	−11.9	38.0	n.a.
1992	−7.6	−15.0	33.8	75.0
1993	−4.3	−3.2	32.9	25.0
1994	−1.7	−4.2	31.4	77.6
1995	−4.5	−4.6	30.5	32.1
1996	−3.7	−9.6	28.0	79.1
2. 北朝鮮の公式統計に基づいて計算する場合				
1954〜56	30.0	41.7	30.7	42.7
1957〜60	21.0	45.2	40.1	86.3
1961〜64	10.0	15.2	57.1	86.8
1993	0.5	4.0	45.3	350.4
1994	−26.3	−22.6	47.6	38.9
1995	−17.0	−17.7	47.2	49.6
1996	−17.3	−12.6	49.9	34.4

注: 1) 韓国側の推定値は、1960年代のものは極東問題研究所の推定値であり、1990年代のものは韓国銀行の推定値であるから、1960年代と1990年代は、データが非連続的になる。1961〜70のGNP・工業成長率は名目成長率、1991〜94のGNP・工業成長率は実質成長率。1991〜96の工業部門シェアは経常GDPでの鉱工業のシェア。

2) 北朝鮮の公式統計は、1950―60年代は、該当期間の年平均国民所得成長率、年平均工業総生産額成長率、該当期間の初めの年の社会総生産額での工業のシェア(ただし1954、57、61年については公式発表がなかったので、それぞれ1953、56、60年の数字に代替した)、工業部門の貢献度を指す。1990年代は、GDP成長率、工業および建設部門の国内総生産の成長率、GDPでの工業および建設部門のシェア、工業および建設部門の貢献度をそれぞれ指す。

3) 工業部門の貢献度は(該当年度の工業部門成長率×前年度の工業部門シェア)/該当年度のGNP成長率で求めた。

4) 北朝鮮の公式統計の基づく計算結果のうち、1993年の工業部門の貢献度は、他の部門の成長率がマイナスであるために、100%を越えることになる。

出所:北韓研究所(1979)294頁(原資料は、極東問題研究所)、『北韓GNP推定結果』各年度、『北韓経済統計集(1946〜1985年)』(原資料は、『朝鮮中央年鑑』各年度)UNDP(1998)より計算。

そして韓国側の推定が正しければ、60年代前半のみならず、60年代後半についても、工業がマクロ経済の成長において、決定的な役割を果たしたといえるだろう。

90年代にはどうであろうか。もちろんこの時期は、ほとんどマイナス成長期であるから、経済成長に対する工業の貢献度ではなく、経済低迷に対する工業の貢献度になる。韓国側の推定によれば、マクロ経済の低迷に、工業部門が決定的な役割を果たしたかどうか判断することは難しい。ある年は工業部門の寄与率が70％を越えるが、ある年は30％前後にとどまっているからである。さらに北朝鮮の公式統計によれば、マクロ経済の低迷に、工業部門が決定的な役割を果たしていたといいにくい。特に94、96年には、工業および建設部門の寄与率が40％を下回っている。その時は、マクロ経済の低迷に、サービス・その他の部門、工業および建設部門がほぼ同じ寄与率を示しているし、農業部門の寄与率もそれにさほど劣らないといえる。

工業化の進行とともに、産業構造でも大きな変化が生じた。表3－4、表3－5が示しているように、工業部門の比重は急速に上昇し、農業部門の比重は急速に低下した。北朝鮮の公式統計では、総生産額に関する限り、農業と工業のシェアは既に1950年代の半ば頃に逆転されることになる。その後の50年代後半、60年代にも工業化はさらに進み、1970年の時点では工業が社会総生産の6割以上、農業が2割以下を占めるようになった[5]。また国民所得でみると、工業と農業部門で作

表3－4　北朝鮮の社会総生産額の部門別構成比の推移：1946～70年

(単位：％)

	社会総生産額	工 業	農 業	運輸通信	基本建設	商品流通	その他
1946	100.0	23.2	59.1	1.6	—	12.0	4.1
1949	100.0	35.6	40.6	2.9	7.2	9.4	4.3
1953	100.0	30.7	41.6	3.7	14.9	6.0	3.1
1956	100.0	40.1	26.6	4.0	12.3	10.8	6.2
1960	100.0	57.1	23.6	2.2	8.7	6.0	2.4
1964	100.0	62.3	19.3	2.8	9.8	3.8	2.0
1970	100.0	64.2	18.3	n.a.	n.a.	7.5	n.a.

出所：『北韓経済統計集（1946～1985年）』129頁、ファン・イガク（1992）129頁（原資料は、『朝鮮中央年鑑』各年度、『労働新聞』1984・1・27）。

表3-5 北朝鮮の国民総生産の産業別構成比の推移：1960～70年

(単位：%)

	GNP	工 業	農 業	その他
1960	100.0	41.3	28.9	29.8
1962	100.0	46.4	25.4	28.2
1964	100.0	49.1	25.2	25.7
1966	100.0	52.5	24.6	22.9
1968	100.0	57.4	22.0	22.6
1970	100.0	57.3	21.5	21.2

出所：北韓研究所（1979）、294頁（原資料は、極東問題研究所）。

表3-6 北朝鮮の産業・雇用構造：1990年代

(単位：%)

	農 業	工業・建設	サービス・その他
1．産業構造			
1992	21.8	43.8	34.3
1993	22.4	45.3	32.3
1994	20.9	47.6	31.5
1995	17.4	47.2	35.4
1996	14.7	49.9	35.4
2．雇用構造			
1993	30.7(23.5)	41.6	27.6

注：産業構造は、部門別国内総生産。かっこ内は、全就業人口での協同農場農場員のシェア。
出所：UNDP（1998）。

られた国民所得のうち、工業部門からのもののシェアは、1956年の25％から、1969年には65％へ上昇した（『経済辞典1』（1985年版）716頁）。極東問題研究所の推定では、産業別GNPでみた時、農業と工業のシェアは1960年代の半ば頃に逆転されることになっている。

70年代と80年代の産業構造に関しては知られていない。90年代の産業構造はUNDP（1998）に示されている公式統計によってある程度把握できる（**表3-6**参照）。工業・建設部門がもっとも多いシェアを占めており、その次がサービス・その他であり、その次が農業になっている。そして農業のシェアが若干低下してい

る反面、工業・建設のシェアが若干上昇している傾向がみられる。90年代の統計の取り方が50・60年代のそれと変わったので、両者を合わせて考察することには注意を要するが、1969年の時点で工業部門の国民所得と農業部門の国民所得の比率が65：35であったことと90年代前半の工業・建設部門の国内総生産と農業部門の国内総生産の比率がおよそ2：1であるということから、次のような可能性が考えられる。つまり、産業構造を、農業と工業の相対的なシェアに限ってみれば、90年代は60年代末に比べ大きく変わっていないということである。

3　外延的成長パターンと経済の効率性
(1) 外延的成長パターン

　ここでは北朝鮮の工業化の特徴を生産要素との関連、つまり生産要素の生産性の動きとその成長に対する貢献度の側面で検討する。そのためには工業部門の生産額、労働、資本を捉えなければならないが、北朝鮮の工業部門の労働・資本に関する公式発表資料は一切ないので、その代わりにGNPとマクロ経済の労働、資本のデータを利用することにする。

　表3－7から次のようなことがいえるだろう。第1に、資本生産性の伸び率は極めて低く、70年代からはマイナスを記録している。資本効率の急激な低下現象が現われたともいえる。第2に、労働生産性の増加率は70年代後半の第2次7ヶ年計画期頃以降大きく鈍化している。第3に、資本と労働以外の諸要因による貢献の度合を総合的に表わす全要素生産性の伸び率がきわめて低く、第2次7ヶ年計画期からはマイナスを記録している。したがって、よくいわれているように、北朝鮮はこれまで生産要素を多く使用することによって成長を図る「外延的」成長パターンをとってきたことが確認できる。そして資本・労働・全要素生産性の伸び率が70年代後半から大きく鈍化したことは、北朝鮮経済が70年代後半か80年代の前半から低落の状態が続いているという一般の観察ともだいたい一致している。

　全要素生産性の変化は、技術進歩と要素効率（制度効率）の変化に分解できる。すなわち、技術進歩が行われ、生産要素をもっとも効率的に使用した場合の生産フロンティアそのものがシフトすることと、技術が一定としたとき、制度的な原

表3—7　北朝鮮のマクロ経済の産出、投入、生産性の推移

(年平均増加率、単位：%)

	1966—70	1971—77	1978—86	1987—90	1966—90
GNP(A)	10.2	12.1	7.1	5.2	8.8
資本(B)	10.1	14.3	13.4	9.9	12.4
労働(C)	3.0	3.6	3.4	2.7	3.3
資本生産性(D)	0.1	−2.2	−6.3	−4.7	−3.6
労働生産性(E)	7.2	8.5	3.7	2.5	5.5
全要素生産性(F)	3.2	2.5	−1.9	−1.6	0.4

注：1）GNP、資本は1985年不変価格
　　2）資本は曹東昊（1993）の推定値、労働は韓国統一院が推定した北朝鮮の経済活動人口数
　　3）D＝A−B、E＝A−C、F＝A−（0.563×B＋0.437×C）、全要素生産性を求める際の資本及び労働にかかる係数（0.563と0.437）は、コブ＝ダグラス型生産関数の当てはめによって得られた、生産量の生産要素に対する弾力性として曹東昊（1993）の推定値

出所：著者計算

因によって要素投入効率が改善ないし悪化することという2つの側面から全要素生産性の動きを把握できる。

北朝鮮の場合、これらの2つの要因が、どれほどの比率で全要素生産性の低下に寄与したか、関連データがほとんど得られないので特定することは難しい。制度効率の問題は第4章で詳しく調べることにする。以下では、北朝鮮の技術問題について簡単に調べることにする。

(2) 技術の立ち遅れ

北朝鮮における技術の立ち遅れの現状およびその原因については、マクロレベルとミクロレベルに分けて検討できる。ミクロレベルの技術の立ち遅れ、つまり企業における技術革新意志の欠如等の問題は第4章で検討することにし、ここではマクロレベルで調べてみることにする。

北朝鮮の技術の立ち遅れは周知のことであるが、実際にどの程度なのかについては得られるデータがほとんどない。「事実、我が国の社会主義制度は優れているが、技術の面ではまだ立ち後れている。現在わが国の技術者は耐火レンガ一つ満

足に作ることができない。外国製の耐火レンガは炉の寿命を500～600回も保障するが、我が国のものはやっと170回しか保障できない」(1965年、『経済管理3』54頁)という金日成の発言か「資本主義国家では、鉱山で採掘した鉱石を、その30％程度しか捨てないが、北朝鮮では技術的立ち遅れのため、70％程度を捨てていると聞いた」(亡命者B氏) という証言から北朝鮮の技術の立ち遅れを確認する程度でとどまるしかない。

　途上国において、資本財の輸入は、外国から先進技術を導入するための主なルートとして働く。北朝鮮は70年代前半、先進資本主義諸国から資本財を大量に導入することを除いては主に旧ソ連から資本財を導入した。戦後復旧期である1950年代後半は、北朝鮮の対ソ輸入の35～40％が機械・設備であった。この比率は60年代に30％前後へ若干落ちたが、70年代前半に40％まで上昇してから、80年代に若干低下し、20～30％を示した[6]。

　こうした旧ソ連からの機械・設備輸入は、旧ソ連技術専門家の北朝鮮への派遣などの技術支援・技術協力と結ばれ、旧ソ連の技術が北朝鮮へ移転するルートとして働いた。ソ連側によれば、80年代半ば頃まで、ソ連の経済・科学技術支援で北朝鮮に70の工場が建設され、それらの工場では北朝鮮の工業総生産の25％以上が生産されていたという。それらの工場は、北朝鮮の電力生産の63％、石炭と石油製品の50％、鉄鋼の33％、化学肥料の13％、繊維の20％を占めていたという[7]。

　しかし、ソ連からの資本財導入は、北朝鮮にとって決して満足できる規模ではなかった。外貨制約のために限界があった。特に外債問題が表面化した70年代後半以降は一層そうであった。実際に、北朝鮮における設備の老朽化はよく知られているところである。それは、その分だけ技術進歩を阻害する要因として働いていたといえる。

　北朝鮮の最大の製鉄所である金策製鉄連合企業所の労働者出身の亡命者A氏は、「当時(90年代前半)、その工場にあった設備の多くは、ソ連で60・70年代に使われていたものだという話を聞いた」という。彼はまた「現在、ソ連でもそんな機械は使わないという。でも仕方がない。お金がないから新しい機械が買えない。だから古い機械を使い続けるしかない」という。実際に、金策製鉄連合企業所、城津製鋼連合企業所、清津製鉄連合企業所、黄海製鉄連合企業所、降仙製鋼連合企

業所などの北朝鮮製鉄所の設備の圧倒的な部分は、60・70年代に設置されたものである[8]。北朝鮮における工業の中核である鉄鋼業の状況がこうであるだけに、ほかの産業の状況はいうまでもない。

日用品工場の工場長出身の亡命者K氏は、「30年前、40年前に使っていたその設備を、現在もそのまま使っているケースが多い。しかも植民地時代に使っていたその設備を現在もそのまま使っていることも多い」という。

4 重工業優先発展戦略とその成果

北朝鮮が建国以来重工業優先政策をとってきたことは周知の通りである。少なくとも、統計で確認できる、50年代半ばから60年代末までは、61～64年の4年間を除いて、工業部門に対する国家基本建設投資資金の8割以上が、重工業[9]部門に投下された(表3－8参照)。61～64年の4年間も、6割を越えるか7割前後で動いた。北朝鮮の指導部は当初、7ヵ年計画(1961～70)期間中は軽工業部門に以前より多い力を入れようとした。実際、はじめの2年間は、表3－8にも示されるように、以前より多い資金が軽工業部門に回された。ところが、1962年12月に「国防・経済並進」方針が出てからは、再び重工業部門への投資比率が上昇し始め、65年から8割を越えるようになった。生産の面でもいわゆる「朝鮮戦争」の戦時期と終戦直後を除いては、常に生産手段生産のシェアが消費財生産のそれを上回ってきた。特に1970年代以降は生産手段生産のシェアが60％を越えていた。

このような重工業優先発展戦略が推し進められてきた背景については、第2章で述べた。ここでは経済的な理論的裏付けの問題を検討することにする。それは、重工業を優先発展させれば長期的な経済の成長率が高くなるという、いわゆるフェルトマン・モデルである。

簡単なモデルを作って、この問題を統計的に検討することにする。いま重工業部門への投資比率をh、工業全体の成長率をxとしよう。フェルトマン・モデルが妥当するとすれば、他の条件が一定の時hが大きくなればなるほど、xは高くなるはずである。また経済全体の投資率をvとすると、この率が高くなるほど工業成長率xは大きくなるはずである(これをハロッド＝ドーマー効果と呼ぼう[10])。つまりhとvはxの増大に大きく寄与してきたはずである。これらの3つの変数を

表3−8　北朝鮮の工業部門の国家基本建設投資

(単位：百万北朝鮮ウォン、%)

	工業部門投資		重工業投資		軽工業投資	
	金　額	構成比	金　額	構成比	金　額	構成比
1954	143	100.0	116	81.0	27	19.0
1954—56年間	177	100.0	144	81.1	33	18.9
1956	188	100.0	157	83.3	31	16.7
1957		100.0		84.0		16.0
1958		100.0		85.0		15.0
1959	310	100.0	253	81.6	57	18.4
1957—60年間	257	100.0	212	82.6	45	17.4
1960	260	100.0	209	80.6	51	19.4
1961	345	100.0	240	69.6	105	30.4
1962	363	100.0	231	63.7	132	36.3
1963		100.0		68.2		31.8
1964		100.0		73.8		26.2
1965	480	100.0	419	87.3	61	12.7
1966		100.0		84.7		15.3
1967	660	100.0	554	84.0	106	16.0
1969	1,062	100.0	892	84.0	170	16.0
1970	1,113	100.0	988	88.8	125	11.2

注：1967、1969は北韓研究所の推定値
出所：1954〜64は『北韓経済統計集（1946〜1985年）』194頁（原資料は、『朝鮮中央年鑑』各年度）／1965、66、70は北韓研究所 (1979) 319頁（原資料は、『朝鮮中央年鑑』各年度）／1967、69は北韓研究所 (1979) 319頁。

使って、最小二乗法による線形回帰分析を行った結果が**表3−10**である。ただ資料の制約のため、分析対象期間は1954〜70年に限定される。

表3−10から次のようなことがいえるだろう。第1に、hが大きくなればxが上昇するという関係は検証できなかった。したがって、フェルトマン・モデルは少なくともそのままの形では北朝鮮の現実を説明することができないということを、この分析結果は示唆している。それはなぜか。いろいろな要因が考えられるが、何よりも、このモデルで一定不変と仮定された資本の効率性ないし資本生産性が、北朝鮮の現実では低下傾向を示していたということが指摘されなければな

表3—9　北朝鮮の工業総生産額での生産手段生産と消費財生産の比重

(単位：%)

	1946	1949	1953	1954	1956	1960	1964	1970	1975	1984
生産手段生産	52	59	38	47.1	54	55	52	63.9	66.5	65.4
消費財生産	48	41	62	52.9	46	45	48	36.1	33.5	34.6

注：1964年以降の生産手段生産と消費財生産の比重については北朝鮮当局の公式発表統計がない。得られる統計は1964年以降のいくつかの年度での生産手段・消費財生産額の1946年対比増加率だけである。そして1946年の生産手段生産と消費財生産の比重（52対48）は知られているので、両者を利用して、64年以降の生産手段生産と消費財生産の比重を計算した。

出所：1946〜60は、『北韓経済統計集（1946〜1985年）』380頁（原資料は、『朝鮮中央年鑑』各年度）／1964以降は、『北韓経済統計集（1946〜1985年）』368、369頁（原資料は、『朝鮮中央年鑑』各年度、『労働新聞』1985・8・7）より計算。

表3—10　北朝鮮の投資率、投資配分率と工業成長率の関係：回帰分析の結果

	投資配分率	投資率	決定係数	ダービン＝ワトソン比
データ1 （工業成長率）	−0.1725 (−0.2695)	2.7431* (2.1965)	0.2978	1.8885
データ2 （工業成長率）	−0.3656 (−0.5740)	3.0828* (2.3680)	0.2986	2.0089

注：データ1は次期の工業成長率を、データ2は今期の工業成長率を被説明変数とする回帰係数である。括弧内の数値はt値、*は5％有意水準を表わす。工業成長率は北朝鮮の公式統計。投資配分率は国家基本建設投資額で占める重工業の割合を、投資率は国家基本建設投資額と推定GNPとの比を表わす。ただし、北朝鮮の50年代のGNPに対しては既存の推定値がないので、また50年代と60年代統計の推定方法の一貫性の確保のため筆者が延河清（1986）での方法を利用して推定した。延河清のものは、一般的に社会主義国家では、政府予算が国民総生産の60％に達するという、P. Wilesの主張に基づいている（P. Wiles ed, *The New Communist Third World*, London: Croom Helm, 1982）。

らない。第2に、投資率Vにかかる回帰係数は統計的に有意で、しかもプラスであった。したがって、ハロッド＝ドーマー効果が働いていたといえる。したがってこの枠組み内で考える限り、少なくとも50・60年代の北朝鮮の工業成長率の動き（例えば50年代の高速成長と60年代の成長鈍化）は重・軽工業間の投資配分率よりは、投資率そのものにより説明されるところが多いといえる。

70年代以降を含めて、長期的にみて重工業優先政策は期待通りの成果を収めた

のだろうか。軍事的な目的が達成されたかどうかの問題はさておき、経済的な側面だけを調べてみよう。何よりも、70年代後半か80年代前半からの長期間にわたる工業生産の低迷、農業生産の低迷、また90年代のマイナス成長の続き、さらに極端な物不足、深刻な食糧難などが指摘できる。特に94年から「農業・貿易第一主義」とともに「軽工業第一主義」が打ち出されたことは重工業優先政策が決して成果を挙げなかったことの反証でもある。金日成の主張と異なり、重工業を優先的に発展させたにもかかわらず、経済の急速な拡大再生産も、軽工業と農業の発展もできなかったということである。

5 工業化と農業成長との関係

ここでは、工業と農業部門の成長率がどのように関連し合ったかの問題を簡単な統計的分析によって検討する。具体的には、中国では工業化初期に旧ソ連とは異なり、農業成長が工業成長を制約していたという、アンソニー・タン（Tang）の仮説[11]をめぐって議論が行われたが、北朝鮮の場合はどうなのかを調べてみることである。

まず農・工業成長率のあいだの関係を回帰分析によって検討することにする。すなわち、今期の工業成長が今期の農業成長と前期の農業成長によって決まるかどうか、今期の軽工業（ここでは消費財生産工業で代える）成長が今期の農業成長と前期の農業成長によって決まるかどうかを検討することである。ただし、資料の制約のため、3つの異なるデータ群を使ってみることにする。データ1は、農・工業生産額についての北朝鮮の公式統計、対象期間は1954～64年、すなわち、**表3-2**でのA、D、Fである。データ2は、穀物生産量と工業生産額についての北朝鮮の公式統計、対象期間は1954～68年、すなわち、同表でのB、D、Fである。データ3は、農・工業部門のGNPについての極東問題研究所の推定値、対象期間は1960～70年、すなわち、同表でのC、Eである。

これらの変数とデータをもって最小二乗法による線形回帰分析を行った結果が**表3-11**である。この表を見ればすぐ分かるように、農業成長が工業成長を説明する要因になったのは、データ1を使った場合、1954～63年の間、前期の農業成長率と今期の軽工業成長率のみであった[12]。それ以外はどの場合でも、前期であ

表3-11　北朝鮮の農・工業成長率の関係：回帰分析の結果

	今期の農業成長率	前期の農業成長率	決定係数	ダービン＝ワトソン比
今期の工業成長率				
データ1	0.251	0.768	0.147	1.823
	(0.350)	(0.977)		
データ2	−0.068	0.620	0.165	0.910
	(−0.156)	(1.476)		
データ3	−0.242	0.512	0.192	2.644
	(−0.410)	(0.909)		
今期の軽工業成長率				
データ1	0.276	1.023*	0.479	1.864
	(0.684)	(2.308)		
データ2	−0.191	0.303	0.108	0.750
	(−0.472)	(0.780)		

注：(1) 括弧内の数値はt値を、*は5％有意水準をそれぞれ表わす。
　　(2) データ1での農業成長率の場合、1958年と59年の生産額が発表されなかったので、58、59、60年の成長率は、58～60年の3年間の年平均成長率をもって代替した。また61年の生産額も発表されなかったので、61、62年の成長率は、60～62年の年平均成長率をもって代替した。データ2および3での軽工業の場合でも同じ方法で、データの穴を埋めた。一人当たりGNPは総人口とGNPとの比を表わす。総人口は、ソウル大学人口・発展問題研究所の推定値（『北韓経済統計集（1946～1985年）』93頁）、GNPはケース2では表3-13と同じ方法で筆者が推定、ケース3では極東問題研究所の推定値（北韓研究所（1979）294頁）。

れ、今期であれ、工業全体であれ、軽工業であれ、農業成長と工業成長との有意な関係がみられなかった。

また表3-11と同じデータをもって、農業成長率と工業全体の成長率、農業成長率と軽工業成長率との関係についてシムズ・テスト[13]による因果関係分析を行った結果は表3-12に示されている。ただし、シムズ・テストによる因果関係分析を行うのには時系列が短すぎる（10～15年）ので、解釈には注意を要する。ここでも因果関係がみられたのは、データ1を使った場合、1954～63年の間、農業成長率→軽工業成長率のみであった。データ2を使った場合、同じ期間に対して、農業成長率→軽工業成長率の関係はみられなかった。さらに農業成長率→工業成

第3章 工業化の構造　115

表3-12　北朝鮮の農・工業成長率の因果関係：シムズ・テストの結果

	農業→工業		工業→農業		農業→軽工業		軽工業→農業	
	F統計量	因果関係の有無	F統計量	因果関係の有無	F統計量	因果関係の有無	F統計量	因果関係の有無
データ1	2.67 (2,4)	×	3.69 (2,4)	×	7.00* (2,4)	○	0.16 (2,4)	×
データ2	2.93 (7,9)	×	1.07 (7,9)	×	0.41 (2,4)	×	0.59 (2,4)	×
データ3	1.20 (2,4)	×	0.34 (2,4)	×				

注：ラグは1年。*は5％の有意水準、括弧内の数字は自由度。

表3-13　旧ソ連、中国、北朝鮮における農工業成長率の関係の比較：相関関係

	旧ソ連		中国		北朝鮮	
	農業成長率		農業成長率		農業成長率	
	ラグなし	ラグ設定	ラグなし	ラグ設定	ラグなし	ラグ設定
全工業成長率	0.10	0.28	0.67*	0.91**	−0.05	−0.02
消費財工業成長率	0.15	0.71*	0.57	0.88**	0.20	0.37

注：数字はスピアマンの順位相関係数。*は5％有意水準を、**は1％有意水準をそれぞれ表わす。対象期間は、旧ソ連が1928～37年、中国は1949～58年、北朝鮮は1954～64年。農業成長率に対する分布グラフは、前期と今期の農業成長率に等しいウェイトを与えたもの。
出所：旧ソ連、中国はタン(1979) 415～416頁。北朝鮮は、表3-11でのデータ1と同じデータにより筆者計算。

長率、工業成長率→農業成長率の関係はどのデータでもみられなかった。したがって、表3-11、3-12から、タンの仮説は1950・60年代の北朝鮮ではほとんど適用できそうもないことが示唆される。

　次いで北朝鮮の農工業成長率の関係を旧ソ連・中国との比較という視点で検討してみよう。ただ本格的な比較は今後の課題とし、ここではTangの研究成果と方法論を借りて比較検討する水準にとどめることにする。この三つの国での農工業成長率の関係に対して相関分析（スピアマンの順位相関係数）を行った結果が表3-13である。このように、1950年代後半・60年代前半の北朝鮮と、30年代の旧ソ

連、50年代の中国を、つまり社会主義工業化の初期段階[14]での三国を、農工業関係の面で比較してみると、北朝鮮は中国と旧ソ連の中間に位置するというよりも、旧ソ連の方にやや近いといえる。両国は中国と異なり、農業産出の変動によって制約されない方法で工業化することができたからである。したがって、少なくともこの時期の北朝鮮の農業政策は、あえていえば、Tangの表現を借りると、開発的（中国）だったよりも搾取的（旧ソ連）だったとみることができる。

ただし北朝鮮は中国のみならず、旧ソ連ともかなり違う。たとえば北朝鮮は、農業生産の変動の影響を全工業生産、そして軽工業生産も受けた形跡がない。しかし旧ソ連では軽工業生産が農業生産の変動の影響を受けた。生産物の供出量の小変動があっても、重工業部門は影響を被らなかったのは、軽工業がその変動を受け止めたからである。

さて、農業成長率が工業成長率に影響を与えなかったということは、農業部門が工業化への制約要因にならなかったということを意味する。この場合、Tangの分析枠組み内で考えると、工業化の速さは工業と貿易部門の内在する隘路・限界によって支配されることになる。したがって、北朝鮮の工業部門の50年代での超高速成長と60年代の成長率の鈍化（ただ10％を超える高成長）現状は農業部門よりも、工業部門と貿易部門の動きによって説明されるところが多いというインプリケーションが得られる。その理由についてはより綿密な検討が必要である。ただ考えられるものの一つとして、北朝鮮の社会主義的工業化の初期段階の特殊性、つまり50年代に社会主義国から、貿易と結びついて大規模の援助を受けたこと、また50年代半ばは、いわゆる「朝鮮戦争」直後の戦後復旧期でもあったことなども考慮する必要があろう。

農業と工業の関係をより長期的な視野で、つまり北朝鮮の工業化の進行とともに、農業が次第に工業成長に依存するようになったかどうか、あるいは工業はますます非農業部門か工業内部の力により、成長していったのか、という問題は、関連資料がほとんど得られないので、検討はきわめて困難である。ただし次のようなことは考えられる。韓国側の推定値であるが、時系列データが入手可能な60年代と90年代の農工成長関係をみてみよう。60年代の農・工業GNP成長率（**表3－2**でのC、E）の間には何の相関関係も見られなかった。90年代（90～96年）の農

業・鉱工業GNP成長率（実はほとんどマイナス成長）のあいだにも何の相関関係も見られなかった。

　北朝鮮の公式統計からも、1993〜96年の農業GDP成長率と工業・建設GDP成長率とのあいだには、ある程度の相関関係はみられるが、強い相関関係は確認できなかった（今期の農業GDP成長率と今期の工業・建設GDP成長率との相関係数は0.944）。ここから、工業化の進行とともに、農業が次第にある程度工業成長に依存するようになったが、強い依存性ではないというインプリケーションが得られる。こうしたことは、実際、90年代における北朝鮮の食糧難の原因としては、社会主義圏崩壊に伴う、90年代の工業生産の急激な悪化の影響、つまり肥料・農薬をはじめとする各種原材料の不足の深刻化も重要な要因であるが、それ以外でも、農業集団化による能率の低下と非効率性、大規模の自然災害など様々要因が絡んでいることを示唆しているといえるだろう。また90年代の工業のマイナス成長は農業のマイナス成長（特に深刻な食糧難）によって影響されるところもあるが、それが決定的な要因ではないというインプリケーションも得られる。

第2節　工業化と労働力

1　雇用構造と雇用政策

　工業化は雇用の面でも大きな変化をもたらしたはずである。ただし、北朝鮮の産業別雇用に関する公式発表資料は1993年についてのもの（第1節の表3－6参照）以外には一切ないので、表3－14の都市・農村人口構成と表3－15の職業別人口構成に関する公式統計をもって農・工業の雇用構造の変化を類推してみるしかない。1953年には人口の8割が農村に住んでいたが、60年には6割に、さらに87年には4割へ減った。表3－14にも見れるように、1960年代後半頃には農村・都市人口が逆転したようである。

　職業別にみたらどうなるか。解放直後の1946年には全就業人口の4分の3近くが農業人口（当時は個人農民）であったが、農業の協同組合化を含む全生産関係の社会主義的改造が完了（1958年8月）した2年後の1960年末には、農業人口（主に協同農場[15]の農民）が全就業人口の44.4％に減った。さらにその27年後の1987年に

118 第2節 工業化と労働力

表3—14 北朝鮮の農村・都市人口の推移

(単位:千人、かっこ内は構成比%)

	1953	1956	1960	1965	1970	1975	1980	1985	1987
都市	1,503	2,714	4,380	5,894	7,924	9,064	9,843	11,087	11,530
	(17.7)	(29.0)	(40.6)	(47.5)	(54.2)	(56.7)	(56.9)	(59.0)	(59.6)
農村	6,988	6.645	6,409	6,514	6,695	6,922	7,455	7,705	7,816
	(82.3)	(71.0)	(59.4)	(52.5)	(45.8)	(43.3)	(43.1)	(41.0)	(40.4)

注:北朝鮮の公式統計。1960年代半ばから、他の経済統計と同様、人口関連統計を発表しなかった北朝鮮当局は1989年に入って、1992年1月を期して初めて人口調査を実施するという計画を立て、これに必要な技術を国連人口基金(UNFPA)から提供されるという条件で、自分の過去の人口関連統計を国連人口基金に提出した。北朝鮮当局によれば、「都市」「農村」は、人々の生活、食糧供給、職業の性格に関係なく、行政単位として区分されているということである。

出所:Eberstadt (1991) p. 233.

表3—15 北朝鮮の職業別人口構成の推移

(単位:%)

	1946	1949	1953	1956	1960	1963	1986	1987
労働者	12.5	19.0	21.2	27.3	38.3	40.1	56.3[1]	57.0[1]
事務員	6.2	7.0	8.5	13.6	13.7	15.1	17.0[2]	16.8[2]
農業協同組合員	—	—	—	40.0	44.4	42.8	25.9[3]	25.3[3]
個人農民	74.1	69.3	66.4	16.6	—	—	—	—
協同団体加入手工業者	—	0.3	0.5	1.1	3.3	1.9	0.9[4]	0.9[4]
その他	7.2	4.3	3.4	1.4	0.3	—	—	—

注:(1) 北朝鮮の公式統計。1986〜87は軍人が含まれていないが、16歳以上の民間人はこれら4つのカテゴリーのうち、いずれかの1つには必ず属する。
 (2) 1)国有企業の労働者、2)原文ではofficial、3)原文ではfarmer、4)協同団体の労働者。
出所:1946〜60は、『1946〜1960朝鮮民主主義人民共和国人民経済発展統計集』19頁/1963は、『北韓経済統計集(1946〜1985年)』109頁(原資料は、『朝鮮中央年鑑』1964年)/1986〜87は、Eberstadt (1991) p. 238。

は4分の1に低下した。このように、農業人口のシェアの減少傾向は明らかである。それに対して工業人口のシェアはどうであろうか。表3—15での「労働者」のうち、工業部門の雇用者がどの程度かは把握できない。ただ北朝鮮の社会総生産額に関する公式統計を見る限り、60年代の場合、農工以外の部門のシェアが工

業の3分の1程度であったから、表3-15での労働者の、少なくとも半分は工業部門の雇用とみても差し支えないだろう。

また1993年の場合、全就業者のうち、もっとも多い人数(41.6%)が雇用されている部門は工業・建設部門である。その次が農業(30.7%)、サービス・その他(27.6%)になっている。同年の産業構造は、工業・建設部門のシェア(45.3%)がもっとも多く、次がサービス・その他(32.3%)、その次が農業(22.4%)になっている。そして93年と86・87年の統計の取り方が多少違うので、両期間の比較には注意を要するが、93年に協同農場の農場員のシェアが全就業人口の23.5%を示していたこと、86・87年にそれが25.9%、25.3%であったということから、両期間中、雇用構造の大きな変化はなかった可能性が考えられる。

したがって、表3-6、表3-14、表3-15を合わせて、長期的な視野でみると、北朝鮮における工業化は、農業部門から工業部門への大々的な労働力移動を伴うものであったとみることができるだろう。その面で北朝鮮は、生産構造の変化と雇用構造の変化があまり対応しなかった、いいかえれば産業構造と雇用構造がきわめてアンバランスになっていた中国とかなり違うといえるかもしれない。

中国の場合、改革以前の27年間(1952～78年)に農業の生産シェアは57.7%から32.8%まで約24.9%ポイント低下したが、農業労働力のシェアが83.5%から73.3%にわずか10.2%ポイントの低下にとどまった。1978年の時点で農業は全就業人口の73.3%が国民収入の32.8%を生産したことになり、それに対し、工業は全就業人口の12.5%が国民収入の49.4%を生産した(林毅夫ほか(1997) 58～61頁)。ここから、農業・工業部門の相対的な労働生産性の格差の大きさ、つまり、農業部門の労働生産性が工業のそれに比べ、きわめて低いということを導き出すことができる。表3-6によれば、1993年の北朝鮮には、改革直前の中国のような、農・工業の労働生産性の大きな格差はなかったといえるかもしれない。

ところが表3-6、表3-15には、農業の就業人口が、過小評価されていることに注意する必要がある。それは、北朝鮮では長い間続けて「農村への労働支援」が広範に行われてきたからである。農村への労働支援はいつから存在したかはっきりしていない。遅くとも60年代前半からは存在した可能性が考えられる。なぜなら金日成は1962年のある演説で、「今日我が国では農民だけが農業を行っている

のではなく、国全体が農業に取り組んでいる。これは正常なこととは言えない。……我が国は、引き続き農村に労働力の支援を与えなければならない状態にある（『経済管理2』456頁）。」といったことがあるからである。そして亡命者たちは、今日でも農村への労働支援は続けて行われていると証言している。

　ただし、支援がどのような規模で行われたかははっきりしていない。またその規模は、年によって異なっていた。金日成は、1969年のある演説で、農村への労働支援を強化すべきであると述べ、その年の農繁期に労働者、事務員、大学生、高校・中学校の生徒を40日間動員することを指示した（『経済管理3』490頁）。1976年は、農村への労働支援が大規模で行われた年である。金日成は、「今年、工業部門の労働者を農村支援に大々的に動員すべきである。……炭坑、鉱山や電力・製鉄部門を除いて他の部門の工場、企業所は、一交替分の労働力だけ残し、あとはすべて農村支援に動員すべきである。このようにすれば、工業部門で75万〜100万名の労働者を動員できる。我が国の農家は約100万戸であるから、100万の労働者を動員すれば、1世帯当たり1名の若者を補充することになる。……事務員は約10万名、軍隊も、大学と高等専門学校の学生は15万名、高校・中学校の生徒は150〜160万名、動員できる。労働者・事務員の農村支援期間は3ヶ月20日間、人民軍軍人は2ヶ月、大学生は1ヶ月半、高校・中学校の生徒は1ヶ月とすべきである（『著作集31』26〜28頁）」と指示した。1980年の場合、金日成は、人数については言及せずに、その年に80日間行うことを指示（『著作集35』33頁）した。

　こうした点を考慮すると、北朝鮮も、中国ほどではないが、ある程度、産業構造と雇用構造とのあいだにアンバランスが存在しており、農・工業の相対的な労働生産性において相当な格差が存在しているといえるだろう。

　実際に、北朝鮮における農業部門から工業部門への大々的な労働力移動は、農業における生産性増大に基くものではなかった。すなわち農業部門における生産性増大が余剰労働力を発生させ、その労働力が工業部門へ移動するパターンを取らなかった。金日成は、1962年のある演説で、他の社会主義国では農業を機械化して多くの農村労働力を引き抜き、それを工業建設に振り向けているが、北朝鮮ではそれができないと述べたことがある[16]。

　1976年に行った金日成のある演説での「近年、農村から多くの労働力を引き抜

いて工業部門にまわしたため、いま農村には農業に携わる青壮年労働力がわずかしかありません(『著作集31』26頁)」という文章は示唆に富んでいる。ここで、北朝鮮では個人に職業選択の自由がなく、政府は国家の全労働力を行政的に配分・配置できたという条件を考慮する必要がある。1950・60年代の急速な工業化は必然的に工業労働力の需要の急激な増大をもたらしたために、政府は農村の労働力事情は考慮せずに、ムリヤリに農村から多くの労働力を引き抜いて工業部門にまわした。一方では農村の労働力不足が気になって、農村への労働力支援を展開するという有り様である。いいかえれば、農業部門からの労働力の引き抜きと農業部門への労働力支援が併存していた。もちろんどちらの方が強かったのかは、年によって、経済状況によって、最高指導者の意志によって、違っていた。

金日成は1974年7月10～11日のある演説で、次のように述べたことがある。「展望計画の作成においてのみ労働力の算出を誤ったのではなく、現行計画の作成においても労働力の算出を誤っており、毎年その場しのぎのやり方で、ここが急を要すると提起してくるとここに急いで労働力を投入し、あそこが急を要すると提起してくるとあそこに急いで労働力を投入している。これは、あたかも堤防を系統的に築くのではなく、一ヶ所が崩れるとカマスに砂をつめてそこを塞ぎ、ほかのところが崩れるとまたそこを塞ぐといったやり方である。こうしたその場しのぎのやり方では、社会主義経済を円滑に管理運営することができない(『著作集29』310頁)」。

金日成の指摘とおりに、雇用および労働力配置に関する政策は、その場しのぎのやり方という特徴が目立っていた。

2　労働力不足問題

上記のその場しのぎのやり方は、社会主義経済の欠陥、北朝鮮経済官僚の経済運営能力の不足によるところも多いが、労働力不足という条件も無視できないだろう。

北朝鮮は少なくともいわゆる「朝鮮戦争(1950・6～1953・7)」直後から労働力不足に悩まされてきた。たとえば、金日成は1961年のある演説で「現在、我が国の労働力事情は非常に緊張しています(『経済管理2』160頁)」と指摘したことがあ

り、1968年にも「今日、我が国の労働力不足はきわめて重大な段階にいたっています（『経済管理3』379〜380頁）」指摘した。「咸鏡南道の例をみると、来年追加的に要求される労働力は1万7千名であるが、補充できる源泉は8千名にしかならないといっています（1968年、『経済管理3』379〜380頁）」とか「労働力不足のため、農場の欠員を補充することもできず、炭坑や鉱山、それに新しく建設される工場にも必要な労働力を送ることができません（1969年、『経済管理3』484頁）」といった金日成の発言からも、少なくとも60年代末の相当な労働力不足を窺える。さらに、亡命者D氏は、「私がJトラクター工場で働くとき（1974〜78年）、労働力不足を強く感じた。人手が足りなかったから、人手をめぐって各職場同士で争った」という。亡命者E氏も、「労働力不足を強く感じたのは1970年代初め頃からのこと」といっている。

ではなぜ労働力が不足していたのか。第1に、「朝鮮戦争」の影響である。表3－16は、戦争による人的被害の程度を間接的に示している。戦争が終わった年である1953年の12月の総人口は、戦争直前の1949年末に比べ、113万名（11.8％）が減少した。当然のことであるが、男性人口の減少が目立っていた。男性人口は80万名（16.7％）減り、女性人口の減少（33万名、6.8％）幅を大きく上回った。したがって金日成が言ったとおりに、戦争の後遺症によって労働力の後続源泉が非常に制限されている状況（1969年、『経済管理3』489頁）がもたらされた。

表3－16　北朝鮮の人口の推移

(単位：万人、％)

	1946年末	1949年末	1953.12.1	1956.9.1	1960年末	1993年
総人口	925.7	962.2	849.1	935.9	1,078.9	2,121.4
男性人口	462.9	478.2	398.2	447.4	522.2	1,033.0
	(50.0)	(49.7)	(46.9)	(47.8)	(48.4)	(48.7)
女性人口	462.9	484.0	450.9	488.5	556.7	1,088.4
	(50.0)	(50.3)	(53.1)	(52.2)	(51.6)	(51.3)

注：かっこ内は男女人口の構成比。1946〜60年の男女人口数は、総人口数と男女人口の構成比をもって筆者が計算。
出所：1946〜60年は、『1946〜1960朝鮮民主主義人民共和国人民経済発展統計集』18頁、1993年は、UNDP (1998)。

表3-17 北朝鮮の兵力規模についての推定

(単位:万人)

	1975	1980	1982	1985	1987	1989	1990	1991	1994
Eberstadt & Banister(A)	71.4	90.9	104.0	113.0	124.9				
ACDA(B)	47.0	70.7	78.2	78.4	83.8	104			
IISS(C)					83.8	84.2	104.0	111.1	112.8
韓国政府(D)					87	99	99.5		103

出所:(A) Eberstadt and Banister (1992) p. 95.
(B) ハム・テクヨン (1993) 160頁 (原資料は、U.S. Arms Control and Disarmament Agency (ACDA), *World Military Expenditures and Arms Transfers*各年度。)
(C) The Stockholm International Peace Reserch Institute (SIPRI), *World Armaments and Disarmament*、各年度。
(D) ハム・テクヨン (1993) 160頁 (原資料は、『国防白書』各年度)、『南北韓経済社会象比較』33頁 (原資料は、『国防白書 (1994~1995)』)

　第2に、多くの青年男性労働力が軍隊 (祖国防衛) に動員されていたから (『経済管理3』469、489頁) である。北朝鮮は自国の兵力ないし軍人数について公式統計を出していない。したがって世界各機関・研究者は自分なりの方法で北朝鮮の兵力規模を推定している (表3-17参照)。そのうち、Eberstadt & Banisterは、自分たちの推定結果もって国際比較を試み、北朝鮮の兵力/全人口比率が国際的にみて如何に高いかを示している。IISSの推定によると、推定対象国家のうち、もっとも高いのがイラク (5.5%)、次がシリア (3.5%)、イスラエル (3.4%) の順であり、ACDAの推定によると、イラク (4.9%)、イスラエル (4.3%)、シリア (3.7%) の順であった。ところが北朝鮮の1986年の兵力/全人口比率 (6.0%) はイラクより高いということである (Eberstadt & Banister (1992) pp 93-94)。それは、1986年の旧ソ連 (1.8%)、中国 (0.3%)、ベトナム (2.0%) よりもはるかに高い。
　北朝鮮の1987年の兵力規模についてのACDAとIISS、韓国側の推定結果を利用しても、兵力/全人口比率はそれぞれ4.1%、4.2%になり、世界一ではないとはいえ、世界のトップクラスに入ることになる。この程度の兵力を維持するということは、金日成も認めている[17]ように、北朝鮮の労働力不足現象をもたらす原因の1つになることができる。ただし、北朝鮮の公式文献でもよく出ているが、軍人が農村への労働支援、大規模建設事業に動員される、つまり経済活動に参加する

ことが時々あるということは指摘する必要がある。もちろんどの程度か、つまり何名が何日ぐらい経済活動に動員されるかは不明である。

第3に、非生産部門の労働力と管理部門を増やし過ぎたことが挙げられる。金日成は、1963年のある演説で、「ここ数年間、不要な機構を拡張し、生産に参加しない事務員の比重が大きくなった（『経済管理2』468頁）」と指摘・批判した。第4に、企業による、労働力の抱え込みである[18]。金日成が、「一方では労働力が不足し、他方ではおびただしい労働力が浪費されている（1969年、『経済管理3』484頁）」と指摘・批判していることが、このような状況の反映でもある。第5に、前に述べたように、50年代と60年代の急速な工業化によって、労働力の需要が大きく増えたということを指摘しなければならない。金日成が、「大きな工場、企業所が新たに多く建設され、労働力の需要が増大しつづけている（『経済管理3』469、489頁）」と指摘した状況である。

以上のような原因によって、労働力の需給にアンバランスが生じて、指導部も生産現場でも、労働力不足を感じることになった。特に農村の労働力の不足がより深刻で、毎年のように農村へ労働支援を行わざるを得なかった。ただし、農村であれ、都市であれ、どの程度労働力が不足していたかは不明である。そして「戦争による労働力不足は1974年になるとすこし緩和されるだろう」[19]という予想どおりになったとすれば、70年代半ばからは少なくとも労働力不足において戦争の影響はなくなったはずである。また遅くとも1990年代には、労働力不足が他の原因によって相当緩和された。「極端な物不足の状態で、やる仕事がなくなったから、労働力が要らなくなった。現在は労働力過剰である（亡命者D氏）」ということである。90年代は人手が余るというのが、亡命者たちの一致して証言しているところである。

では北朝鮮指導部は、労働力不足に対して如何に対処したのか。金日成は、「労働力不足問題を解決するためには、まず労働者に対する政治活動を強化し、その意識を改造しなければならない。労働者が労働をもっとも栄誉あるものと考え、祖国と人民のために力と知恵と才能をつくして働くことを気高い任務と思うようにしなければならない（『経済管理3』382頁）」と強調した。金日成は、また女性労働力を大いに職場に進出させる（『経済管理3』393～396頁）ことも強調した。その

表3-18 北朝鮮の女性就業人口の推移

(単位：万名、%)

	1946年中	1953年末	1956年末	1960年末	1964年末	1993年
全就業人口(A)	26.0	62.8	85.0	150.6	209.2	841.6
そのうち、女性(B)		16.5	16.9	49.3	78.0	410.5
B／A		26.2	19.9	32.7	37.3	48.8

注：協同農場の農場員を除く。1946～60年の場合、原文では就業人口数が「従業員数」と表記されている。
出所：1946～60年は、『1946～1960朝鮮民主主義人民共和国人民経済発展統計集』125、127頁／1964年は、『北韓経済統計集』104頁（原資料は、『朝鮮中央年鑑』各年度）／1993年は、UNDP (1998)。

指示は忠実に履行され、**表3-18**をみれば分かるように、北朝鮮で女性就業人口比率は、着実に上昇してきた。遅くとも1993年には全就業人口の半分近くを女性が占めるに至った。

3 大衆運動の展開

第2章で述べたように、北朝鮮では大衆運動が広範に、持続的に展開された。これは政治的な必要によるところも多いが、労働時間延長などの労働投入量増大を通じて労働力不足に対処しようとする意図もあったと思われる。

ここでは、1974年頃から登場した、いわゆる「速度戦」方式を中心に大衆運動を検討する。この運動の提示者とされている金正日によると、速度戦はすべての事業を電撃的に押し進める社会主義建設の基本戦闘形式である。速度戦は革命と建設の前進運動を阻害する消極と保守、沈滞と足踏みを排撃し、革命課業を最も速い期間内に遂行させる社会主義建設の基本戦闘形式であり、速度戦の展開において最も重要なことは思想革命であるという（『経済辞典2』(1985年版) 89頁）。主な速度戦をまとめると次のようである。

a 「忠誠の速度」(1974年)

6ヵ年計画 (1971～76年) の目標達成を2年繰り上げるという目標の下で、1974年1月20日金策製鉄所建設事業所で発起し、2日後である1月22日ブクチャン火力発電所をはじめとして北朝鮮全域へ拡大した。

b 「70日戦闘」(1974年)

1974年10月「今年戦闘を勝利的にまとめる総突撃戦を展開しよう」という金日成の教示によって、また金正日の指導の下で、1974年の目標を超過遂行し、1975年の生産準備のため70日間（1974.10.18〜12.26）進められた時限努力競争運動。北朝鮮当局は、金正日が後継者と推戴されてから初めて直接指導した戦闘であること、金正日が出した「速度戦方針」を最初に具現したことなどの理由で、この戦闘が金正日の革命活動歴史において特別な地位を占めていると主張している。

c 「100日戦闘」（3回：1971、1978、1980年）

第1回目は、1971年1月初めから4月中旬まで展開された。6ヵ年計画(1971〜76年)遂行の突破口を開く戦闘であった。第2回目は、1978年アンズウ炭坑の決議会合で1978年の計画を10月10日の党創建33周年まで遂行することにしたが、同年5月29日再び開催された決議会合で目標達成時期を政権樹立30周年である9月9日まで繰り上げることにし、「100日戦闘」(1978・5・29〜9・9)というスローガンを付けた。第3回目は、党の第6次大会を控えて、党大会を「勝利者の大祝典」として迎えるという目標の下で、1980年度の計画達成を1ヶ月繰り上げるために再び「100日戦闘」(1980・7・1〜10・8)を展開した。

d 「80年代速度創造運動」(1982年から)

権力後継者として公式登場した金正日の指導力量を経済成果で示すために1982年7月9日金策製鉄所の決起大会を筆頭として80年代の主な速度戦として推し進められた。

e 「200日戦闘」(1988、1989年)

第13回世界青年学生祝典の主要施設工事の期限内完工などのために進められた時限努力競争運動。1988年2月20日に金日成が主催した党政治局会議で提示され、同年9月9日の政権樹立40周年まで推進された。次いで同年9月に「全国英雄大会」を通じて第2次200日戦闘を展開するよう決定し、翌年4月まで延長された。

f 「われわれ式社会主義総進軍運動」(1993年から)

1993年5月11日「祖国解放戦争勝利」(休戦協定締結)40周年に際して労働党中央委員会の名で発表されたスローガンで初めて提起された。特に住民の労働力を引

き上げるために速度戦方式の「われわれ式社会主義総進軍速度創造運動」という新しい努力競争運動を提示、推進している。

こうした速度戦は、北朝鮮における計画経済運営に大きなマイナスの影響を及ぼしたが、その問題は第4章で検討することにする。ここではこの運動の成果をみることにする。もちろんこれはすぐ後で述べるインセンティブの問題と大いに関係している。

速度戦が短期的に成果を上げることは確かであろう。質はともかく、量的に成果を上げることができる。たとえば、1974年の「70日戦闘」期間中は、戦闘以前に比べ生産が平均1.7倍に増大した。また1974年11月の1ヵ月間の工業生産額は前年11月に比べ148％に伸び、1974年12月の1ヵ月間の工業生産額は前年12月に比べ152％に増大した（『著作集30』121～122頁）という。ところが問題は速度戦が繰り返し展開されると、あまり成果が上がらないということである。亡命者たちが伝えている状況はまさにそうである。

「速度戦の指示が与えられると、はい、分かりました、と答えてから、鉱山の坑の中に入って、体を隠して、時間を過ごす。これが、私が生存するための道である」（亡命者B氏）。

「速度戦に突入するという話を聞くと、あ、大変だ、という反応である。しかし、口には出せない」（亡命者F氏）。

「繰り返し展開される速度戦に飽きた労働者たちは、速度戦にもあまり反応を示さない。当局は速度戦を呼びかけるが、実際には『緩行戦』になりがちである」（亡命者キム・ヨンソン氏）[20]。

4 インセンティブ

第2章で述べたように、北朝鮮は精神的刺激を物質的刺激より優先させる戦略をとってきた。「60年代には、労働者、農民は働く意欲が高かった。金日成によって国が解放された。金日成のおかげで、失った国家を取り戻した。そしてわれわれは、南朝鮮（韓国）とアメリカ帝国主義者と対置しており、敵はわれわれをつぶそうとしている。力を合わせて、国を守るべきだ。北朝鮮の住民は、このように教育され、また、それをありのままに受け止めた」（亡命者I氏）という証言は示唆

に富んでいる。特に、東西冷戦の状況のもとで、「南朝鮮傀儡政権」と「アメリカ帝国主義」との対決状態は、北朝鮮に対する脅威要因として想定・宣伝された。これらは、住民たちに犠牲の甘受、愛国心、責任感などを持たせ、工業化のための住民動員においても重要な役割を果たした。おおよそ1960年代までは、精神的刺激は一定の成果を収めたというのが、一般的な観測である。

しかし、それがいつまで続くという保証はない。「ところがよくなる、よくなるという生活は、逆に次第に悪くなった。意欲が低下するのは、当然のことである」（亡命者Ｉ氏）という証言から、精神的刺激の効果が次第に薄くなるということを推論できる。こうしたことは、前述した、速度戦に対する労働者の反応、行動からも窺える。

ただし、「不良品[21]が生じると、生産担当者が弁償するのが原則である。しかし、実際に弁償し、給料がカットされることはない。その代わりに、批判される。ところが、北朝鮮では給料がカットされることより、群衆の前で批判されるのが恐ろしい。なぜ不良品を作ったのか。思想に問題があるのではないか。悪い思想を持っていることではないか、と」（亡命者Ｆ氏）という証言からも分かるように、労働者に対して、ある程度マイナスのインセンティブが働いているのも事実であろう。

亡命者たちの証言を合わせてみると、おおよそ1980年代後半からは、政策当局は以前より物質的刺激の導入に積極的になったとみられる。その時期、生産実績、または計画の達成程度が、賃金と連動して動いたことは、亡命者たちの一致して証言するところである。しかし、そうしたことが、あまり刺激にならなかったというのも、彼らの証言の一致したところである。以下では物質的刺激の制約要因を調べてみることにする。

まず、制限された範囲で実施されたということである。「１年間でみれば賃金額の制限がある。たとえば５級の労働者が、月50ウォンもらうとしよう。計画を200％遂行しても70ウォン程度しかもらえない」（亡命者Ｊ氏）とか「わが工場の場合、多くの場合、作業班出来高制であった。だが賃金には上限がある。基本的に130％であった。時には150％まで上がったが」（亡命者Ｉ氏）ということである。作業班出来高制の場合、作業班内部で誰がよくやったか、誰がよくやらなかったかを評価

する。「たとえば、1日10点だとすれば、6点は基本、つまり出勤さえすれば得られる点数である。残り4点を作業班長および評価委員が評価する。よくやらない人の点数を差し引いて、よくやる人に与えるということである。極端にすると、ある人は14に、ほかの人は6になる。ところが褒賞を与えても国家は損を被らない。仲間同士で争いなさい、というのが国家方針である」(亡命者D氏)。

　亡命者K氏によれば、1990年代に実質的に独立採算制が実施された時でさえ、労働者賃金には上限があったという。そして賃金には個別管理と総額管理の原則が守られたという。そして、計画を超過達成すると個人は賞金をもらえるが、これは自分が属している企業が、計画を達成することを、前提にしている(亡命者G氏)という。つまり、個人が計画を超過達成しても、企業が計画を達成しなかったとすれば、彼は賞金をもらえない。

　第2に、いわゆる「評価」の問題である。そしてこれは労働者の平等主義的傾向と密接な関係をもっている。実際に「評価」作業を担っていた2人の証言を紹介する。

　「そもそも、点数で評価するようになっている。しかし、私(作業班長)はそうしなかった。もちろん、上にはそうしたと報告したが。点数でやると、うるさくなる。点数で評価すると、人間性がなくなる。北朝鮮では、上の人が下の人を動かせる手段は、人間性以外にはいない。上司は部下により多くのお金を与える権利がない。人情で生きるしかない」(亡命者D氏)。

　「私が農場の作業班長をやった時、点数をつけてみた。規定通りにやった。仕事の難易度、実際の作業量によって点数をつけた。しかし、低い点数をもらった人から憎まれた。いつも不満であった。私も、下の人から憎まれて、首になるのが、より恐ろしい。……実は、仕事の量、難易度を客観的に評価するのは、特に作業者の間に、誰も納得できるように、差をつけるのは本当に難しい。そして評価というのは、相当の時間を費やさなければならない。ところが作業班長も、普通の作業員と同様、田畑で働く。時間もない。したがって、差がないように点数をつけるのが、最もよい方法である」(亡命者H氏)。

　第3に、商品供給の問題である。

　「以前は、食糧等の一部の品目を除いて、物の大半は国営商店で自由販売した。

しかし、70年代末か80年代初めから供給カードが登場し、事実上配給制になった。以前はある程度、物があった。お金さえあれば、物を買えた。郡にないものは、道へ行けばあった。道になければ平壌へ行けばあった」(亡命者Ｉ氏)。

「70年代末か80年代初めから供給カードが登場したが、それをさほど使わなかった。商店では、物がほとんどなかったからである。以前はある程度、物があった」(亡命者Ｒ氏)。

「90年代に入ると、平壌でさえ、一般の庶民は、国営商店で手に入れるのは、味噌、醬油程度であった」(亡命者Ｌ氏)。

　貨幣収入の配分と消費財の流通とがよく照応しないならば、貨幣収入の増大は名目的な意味しか持たないのである。またこれは、実質的な面で、「労働の質と量に応じる」分配原則を無意味にしてしまう。消費財の不足は配給による配分を不可避とするが、配給の場合、「労働の質と量」に応じて配分することは困難で「生活の必要」に応じて配分するしかないのである。さらに、それは労働意欲の低下に、ストレートにつながることになる。注目すべきことは、北朝鮮の指導部もこのことを知っていたということである。「金正日も、そんな内容の話をしたことがある。商店で物を十分供給しなければならない。そうしないと、お金の価値がなくなり、勤労者の意欲が低下するということである。そのような金正日の短い発言の意味を、解説とともに、大学の講義時間に教えられた」(亡命者Ｇ氏)ということである。

　第４に、第３の問題と関連があるが、物価上昇の問題である。もちろん、ここでの物価とは国営商店での国定価格ではなく、闇市場での価格である(表３－19参照)。最近北朝鮮では、国家の消費品供給体系の麻痺とともに闇市場が急激かつ広範に拡大し、住民は生活物資の大半を闇市場を通して購入しているが、この闇市場では激しいインフレが進行してきた。おおよそ80年代後半から、物質的刺激が以前より、形式的ではなく実質的な面で、幅広く導入されたが、ほとんど効かなかった理由はまさにここにある。

「60・70年代には、１ヶ月の給料で、服１着は買えなかったが、下着は買えた。そして燃料代、電気・水道料、味噌、醬油程度は充当できた。しかし、90年代には１ヶ月の給料で、たばこ１箱、卵４個しか買えない」(亡命者Ｂ氏)という証言か

表3-19 闇市場における主要生活必需品の価格の上昇

(単位：北朝鮮ウォン)

	1991年	1992年	1993年	1994年	1995年	1996年
1．米（1kg）						
平壌市	20	20	25〜30	25〜30		
平安南道陽徳郡			30	35	40	
咸鏡南道咸興市	60	80	95	120	120	130
開城市			20	34	60	120
2．とうもろこし（1kg）						
平安南道陽徳郡				20	25	
咸鏡南道咸興市	30	40	45	60	60	80
開城市			9	13	40	70
3．豚肉（1kg）						
平安南道陽徳郡				70	80	
咸鏡南道咸興市	60	80	95	120	120	130
開城市			35	50	90	160
4．自転車（北朝鮮産）						
咸鏡北道清津市	1,200	2,000	3,000			
5．白黒テレビ（中国産、14インチ）						
咸鏡北道清津市			4,000	6,000	10,000	

出所：亡命者面談結果による。

ら分かるように、労働者にとって、賃金の意味はなくなったといえる。さらに、賞金、ボーナスによって労働者を刺激しようとしても、無駄であった。「生産実績がいくら上がっても、私の給料（基本給が60ウォン）が上がるのはせいぜい10ウォンか20ウォン程度。刺激になるはずがない」（亡命者F氏）ということである。「賃金が月60ウォンであるが、賞金を20ウォンもらうとしよう。韓国ではこの程度で十分刺激になるが、北朝鮮では決して刺激にならない。20ウォンなら、たばこ1箱しか買えない。……むしろ、商品を与えるのが刺激になる」（亡命者G氏）というのが現実であろう。

第3節　工業化と資本蓄積

　工業化は通常、巨額の投資財源を必要とする。この財源がどのように調達され、またいかなるメカニズムで蓄積されるかというのは一国の工業化過程の解明において重要な問題である。しかし、国内蓄積額をはじめ、投資資金の財源構成等に対する公式統計が全くないので、ここでは関連するいくつかの限られたデータを利用し、北朝鮮における工業化と資本蓄積の一端を調べてみることにとどまる。

1　資本蓄積における農・工業部門の役割

　ここでは議論の単純化のため、農・工業2部門経済としての北朝鮮経済を想定し、資本蓄積における農・工業の役割を簡単に検討することにする。

(1)　工業部門の役割

　まず、工業部門の資本蓄積に対する貢献の問題を検討してみよう。社会主義諸国では、国営工業部門の余剰→財政収入（利潤および税の上納）→蓄積→投資という資本蓄積メカニズムが存在していたという。北朝鮮ではどうなっていたのだろうか。

　まず、**表3—20**の北朝鮮の予算収入構造にも示されているように、少なくとも、統計で確認できる1957年には、国家予算収入のもっとも重要な源泉は取引収入金（ほかの社会主義国の取引税に該当する）であり、これは国家予算収入の4割を占めていた。1958年以降いわゆる「生産関係の社会主義的改造」が完了され、しかも援助も少なくなり、1961年以降は社会主義経理収入が予算収入の98％ぐらいを、また税金がなくなったとされる1975年以降は100％を占めるようになる。したがって、1957年の社会主義経理収入構造がそのまま維持されたとしても、全体予算収入での取引収入金のシェアは、50％近くに至ることになる。北朝鮮当局も、取引収入金は北朝鮮の国家予算収入でもっとも大きい比重を占めるといっている。

　この取引収入金は、公式説明によれば、小売価格から商業付加金[22)]と卸売価格を引いた金額となるという。取引収入金は、原則的に消費財の価格でのみ課せられ

表3−20 北朝鮮の予算収入構造

(単位:％)

1950年		1957年	
直接税収入	23.1	社会主義経理収入	82.2
取引税および利益控除金	46.4	そのうち、取引収入金	40.8
関税・印紙収入	2.0	国家企業利益金	14.9
社会保険料収入	3.5	価格差金収入	6.0
借款	3.7	協同団体所得税	6.4
公債	5.6	その他	14.1
その他	15.7	住民税金	5.6
		援助	12.2

出所:金永圭(1980)169〜170頁(原資料は、『朝鮮中央年鑑』1951−52年版、国土統一院(1979)『北韓予決算報告分析』14頁)。

る。取引収入金の納付者はその生産物を生産・販売する国営企業所である(『経済辞典1』(1985年版)68〜69頁)。したがって、取引収入金は、財政の立場からみると、消費財と深く関わっている、資本主義社会の間接税と似ている[23]。国家によって直接に収納される国家企業利益金も予算収入の重要な部分であったことは表3−20からも確認できる。したがって予算収入の多くは工業部門が提供していたと見ても差し支えないだろう。つまり国営工業部門の余剰→財政収入という回路の存在の可能性である。

もう少し具体的には工業部門余剰(純生産額マイナス賃金総額と定義)と工業部門からの予算収入との関連を見れば分かるはずだが、入手可能な資料がないので検討はきわめて困難である。図3−1の予算収入増加率と工業生産増加率を比較するので精一杯である。

60・70年代は両者の動きが傾向的には似ている[24]ので、少なくともこの時期については国営工業部門の余剰→財政収入という回路の存在の可能性が考えられる。それと同時に北朝鮮での投資資金の源泉は主に政府財政であったから財政収入→投資という回路の存在の可能性も考えられる。したがって北朝鮮でも、ほかの社会主義国と同様、国営工業部門の余剰→財政収入→蓄積→投資という資本蓄積メカニズムが存在していた可能性が考えられる。

次に、こうした蓄積メカニズムの内部構造を簡単に調べてみよう。国家予算収

図3—1　北朝鮮の予算収入増加率と工業生産増加率の推移

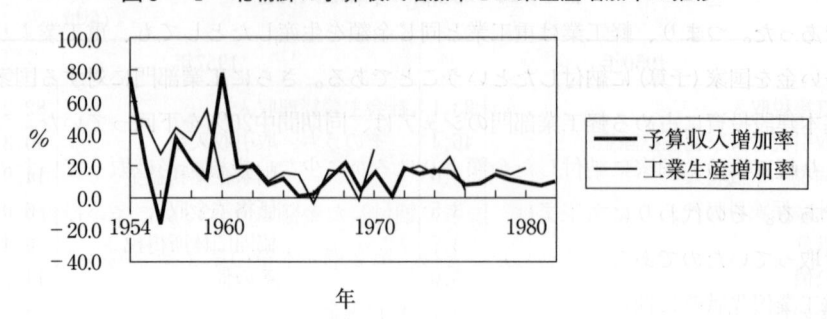

[グラフ：予算収入増加率、工業生産増加率、1954年〜1980年]

注：1971、1977、1981年の工業生産については公式統計がない。
出所：『北韓経済統計集（1946〜1985年）』146、372頁（原資料は、『朝鮮中央年鑑』各年度、北朝鮮の年度別予算決算報告書）により筆者作成。

表3—21　北朝鮮の資本蓄積に対する軽工業部門の貢献

(単位：％)

	1953	1954	1955	1956	1960	1964	1970
予算収入比率(A)	81.6	82.3	75.6	65.7	n.a.	n.a.	n.a.
生産額比率(B)	62	52.9	n.a.	46	45	48	36.1
投資比率(C)	n.a.	19.0	n.a.	16.7	19.4	26.2	11.2

注：(A)　軽工業部門からの予算収入が、工業部門全体からの予算収入に占める比重。
　　(B)　消費財生産額が、工業総生産額に占める比重。
　　(C)　工業部門に対する国家基本建設投資に占める軽工業部門のシェア。
出所：(A)　姜日天（1986）、60頁（原資料は、キム・ゾンイル「工業内部蓄積の増大は7カ年計画において資金問題解決の基本方途」『経済研究』1960年4月号、29頁）。
　　(B)　表3—9と同じ。
　　(C)　表3—8と同じ。

入を重工業部門と軽工業部門からどれほど調達したかについて得られるデータは、表3—21にも示されているように、1953〜56年の4年間に限られている。これらの数字を、工業総生産額に軽工業生産額が占める比率、工業部門に対する国家基本建設投資に軽工業部門が占める比率と比較してみると、国家の資本蓄積において軽工業の役割が重工業の役割よりどれほど大きかったか想像できるだろう。

工業部門全体からの予算収入に軽工業部門からのものが占める比率は、1953年と54年には80％を越えており、56年にはすこし低下したが、65％を上回っている。

第3章 工業化の構造　　135

それに対し、工業総生産額に軽工業が占める比率は同期間中、62％、52.9％、46％であった。つまり、軽工業は重工業と同じ金額を生産したとしても、重工業より多い金を国家（予算）に納付したということである。さらに工業部門に対する国家基本建設投資に占める軽工業部門のシェアは、同期間中20％を下回っていた。つまり軽工業は、国家に納付した金額よりはるかに少ない投資を受け取っていたのである。その代わりに重工業は、国家に納付した金額よりはるかに多い投資を受け取っていたのである。こうしたことは、第2章と本章の第2節で調べてみた、重工業優先戦略に他ならない。

　一方、工業全体の余剰は何によって作り出されるのか。工業製品価格を所与とすれば、原材料費や賃金になる。北朝鮮の原材料費についての資料は手元にないので、何ともいえないが、賃金については、すぐ後で述べるように、低賃金が維持された。つまり低賃金は、工業部門における余剰を作り出す要因の一つになる。したがって国営工業部門の低賃金→国営工業部門の余剰→財政収入（利潤および税の上納）→蓄積→投資という資本蓄積メカニズムが存在するようになる。

(2)　農業部門の役割：「社会主義原始蓄積論」と北朝鮮

　一方、農業部門の資本蓄積に対する貢献はどうであろうか。プレオブラジェンスキの有名な「社会主義原始蓄積論」が北朝鮮でも適用されたかどうかに関しては、関連データがほとんどないので数量的な検討はきわめて困難である。いくつかの断片的な記述、亡命者の証言から、その存在の可能性を窺うしかない。

　1957年7月、科学院経済法学研究所の主催で開かれた「我が国における価値法則と価値形成に関する討論会」で、発表者の一人であるナム・チュンハは次のように述べた[25]。

　「農業から造成された純所得の圧倒的な部分が現物税を通じて国家に流入できる。だが、現物税収入だけでは、社会主義現段階で経済発展の要求に応じた純所得の分配は十分行われない。ここから、今後買い付け価格を通じて純所得の再分配を補充的に進める対策が要求される。」

　「国家は買い付け価格を決める際、農業からの純所得の一部を全人民的な需要のため動員する目的下で、買い付け価格を価値より低く設定することができる。」

「1957年6月、穀物の買い付け価格を引き下げたが、農民たちは国家買い付けに熱誠的に応じた。……これから農産物の買い付け価格は引き続き下げることができる。」

彼の発言は2つの点で注目に値する。まず、57年以前は、農業余剰が主に現物税という形で国家によって吸い上げられた可能性[26]である。実際、現物税は1946年に導入され、平均的に収穫高の25％が国家によって収納された。これは55・59年に税率が若干引き下げられ、66年に廃止されるまで重要な役割を果した。第2に、当時、穀物の国家買い付け価格の引き下げが行われた事実と、さらにそれ以降引き続き引き下げが行われた可能性を窺わせる。

この討論会が開かれた背景と関連しているが、当時の状況を簡単に調べてみる必要がある。まず、農業部門の社会主義的改造（農業の集団化）がかなり進み、56年末には全農家の80.9％が、57年末には95.6％が協同組合に加入（『1946〜1960朝鮮民主主義人民共和国人民経済発展統計集』63頁）したこと、また54年末に実施しようとしたが、農民の反発のため中断された、穀物の国家の買い付けは57年から再び試行されたことである。また、旧ソ連内でのスターリン批判、旧ソ連・東欧からの援助の大幅な縮小などの国際情勢の急変のなかで、北朝鮮の政策方針が「ソ連依存」から「自立」へと変わったばかりの時点である。この頃から金日成は「57年の経済計画（および第1次5ヶ年計画）はわれわれのすべての国内資源と人力を動員することのみによって達成できる」[27]と主張し始めた。したがって、1957年以降は、従来の現物税に加え、穀物の買い付け価格を低く設定する方法が新しく導入され、農業部門の余剰が国家によって吸い上げられ、資本蓄積に貢献したと見ても差し支えないだろう。こうしたことは、1964年の「我が国社会主義農村問題に関するテーゼ」での次のような金日成の発言（『経済管理2』622〜623頁）によっても裏付けられる。

「もちろん、わが国のように以前に立ち遅れた農業国家であった国では、革命が勝利した後、社会主義工業化のために農村から一定期間一定の資金をもらわざるを得なかった。このような、社会主義国家で現代的工業を創設するための農民の資金支出は、全社会の利益のためであり、農村経理の将来発展と農民の生活向上のためにも必須である。」

では、60年代半ば以降はどうであろうか。まず2点を考慮する必要がある。第1に、1964年の「我が国社会主義農村問題に関するテーゼ」で金日成は「都市と農村で社会主義が勝利した後は、農村問題が以前の時期とは根本的に違うべきである」という前提下で、農業問題の解決のため、農業の技術革命(農業の水利化、機械化、電力化、化学化)と農業に対する工業の支援を含めていくつかの原則・方針を提示した。そして1966年に現物税を廃止することを約束した。「テーゼ」はその後の北朝鮮農業政策の基本方針になってきた。つまり「テーゼ」の発表以来、北朝鮮の農業政策が、少なくとも表面的には、農業育成の方向に変わってきたことである。

第2に、国家が農民から穀物を買い付けする際の価格は高くし、その穀物を住民に売り渡す際の価格は低く設定する、穀物の2重価格制の存在である。いつからこのような価格体系が築かれたか、はっきりしていないが、60年代後半には、米の勤労者への供給価格は政府が農場から買い入れる価格の8％にすぎないとされていた(桜井浩(1993)82頁)。また70年前半、日本からの訪問者の報告によれば、消費者価格(1kg当たり8チョン、当時の公定レートは1チョン=1.4円)は生産者価格(1kg当たり65チョン)の12.3％であった。また80年代には「国家が農民から米1kg当たり60チョンで買い付け、労働者・事務員に8チョンで供給している」といった文章が北朝鮮の公式文献に出てくる[28]。このような食糧管理に伴う財政負担は多額なものになることはいうまでもない[29]。

以上の2つの点だけを考慮すると、少なくとも60年代後半からは、農業が国家の資本蓄積に貢献したとは言いにくくなる。実態はどうなっていたのか。

まず、「テーゼ」の方向が農業育成の面であったかについては、疑問[30]の余地がある。まず、1964年前後の状況は、1962年からの「国防・経済併進」路線が引き続き貫徹されており、さらに外国からの援助は50年代に比べて大幅に減少していた。いいかえれば、むしろ蓄積を強化すべき状況であった。後藤富士男は、1964年前後の状況を整理してから、「テーゼ」での住宅建設に関する国家約束が果たされなかったこと、また64年に農場員への穀物分配量が減ったことなどを挙げ、「テーゼ」に関する自分の解釈を提示した。つまり、「テーゼ」の狙いは、協同農場の分配面の一部を国家が取り上げることにあったのではないかということであ

る（後藤富士男（1996）452～454頁）。

2番目の「穀物の二重価格制」の存在は、亡命者たちの証言からも確認されており、このような食糧管理に伴う財政負担も多額に達するとみられる。ところが、亡命者たちの証言によると、国家にとっては、その程度の財政負担はたいしたものではないという。工業であれ、農業であれ、ほかのところで、ほかの方法で得られる余剰がはるかに多いからである。代表的なものとして次の2つを検討することにする。

第1に、前にも述べた、取引収入金である。もちろん、これは蓄積財源の工業部門からの獲得である。「たとえば、自転車の場合、製造原価が50～80ウォンぐらいならば、販売価格(国定価格)は140ウォンになる。販売価格は製造原価の2～3倍である。ラジオ（マンキョンデ・ラジオ）が製造原価30～35ウォンで、販売価格450ウォンである。この場合、販売価格は製造原価の10倍以上である。そのような巨大な差額の圧倒的な部分は取引収入金として国庫に入る。これが穀物二重価格を維持できる財源になる(亡命者E氏)」という。取引収入金は後で詳しく述べることにする。

第2に、農場での事実上の配給制の実施と、国家による強制的な穀物買い付けである。北朝鮮の協同農場での現物分配は、事実上、配給制になっているということは、亡命者たちの一致して証言しているところである。ただし、いつからのことかは、はっきりしていない。亡命者E氏は、現物税廃止(1966年)の時点と一致すると言っているが、亡命者H氏は60年代末か70年代初めからのことといっている。

「北朝鮮当局の公式発表では、協同農場の総収穫高と現金収入から、農機械使用料、肥料代、燃料費、農場展望基金などを控除し、残りを現物と現金で農場員に分配することになっている。しかし現実は違う。現物分配の場合、分配は帳簿上でのみ行われる。現物分配は、事実上配給制である。たとえば、帳簿上には、ある農場員に米30トンを分配するとなっているが、実際に彼に30トンの米をあげることではない。彼には労働者と同様、配給量だけをあげ、残りは全量を国家が買い付けすることになっている（亡命者E氏）。」

「農場員への食糧分配は、事実上配給制である。つまり、該当年の農場の収穫高

が高くても、低くても、同じ量の食糧を分配される。毎年変化するのは、現金分配である。穀物分配は労働点数[31]と義務稼動日数（一種の出勤日数）の2つを考慮する。つまり、ある基準を超えると、たとえば、1年間、労働点数300点と義務稼動日310日を達成したとすれば、一応穀物分配（配給）をもらう資格が与えられる（亡命者C氏）。」

こうした仕組みが存在したため、現物税廃止が可能になったという。

「あえて現物税のようなものを徴収しなくても済むようになった。協同農場の生産・流通・分配のすべての過程を国家が掌握していたから、他の形でも十分、農業余剰を確保できるようになった。農民向けのわずかな量の配給を除いて、残りの全量を国家が持っていけばそれで十分である（亡命者H氏）。」

「国家が協同農場の生産、販売、経営支出などを統合的に管理するようになっている仕組みでは、あえて税金を徴収する必要がない。現物税を廃止した時に、協同農場の生産者が、自分の生産物の自由な処分権を持つことができるなら、話は全然違う。ところが農場員に供給（配給）した分を除く、残り全量を国家が買い付けすることになっている。現金とは異なり、穀物だけは農民が自由にできる余地を一切残さなかった。これが現物税廃止の前提条件である。以前は現物税を納付してから残りは自分が処分できた。その時には国家の買い付けがさほど強制的ではなかった（亡命者E氏）。」

また次のような亡命者H氏の説明は、単純化すぎる感じがないわけではないが、北朝鮮で穀物の二重価格制が維持される、また国家にとってあまり負担にならない事情を窺わせる面がある。

「普通の場合、農場員1人が担う面積が1.5～2町歩となる。単純化のため、1町歩（＝3,000坪）としよう。トウモロコシの場合、1年に、少なくとも8トン（8,000 kg）は生産できる。ところが、農場員の1人当たりの年間分配量は300kg程度である。単純に、両者の差異を計算してみよう。農民が生産したものの96％を国家が持っていくということである。ものすごい数値である。もちろん、トウモロコシの生産のために、国家が払った直接・間接の費用を考慮すべきである。また現金分配も考慮すべきである。そうだとしても国家が持っていく分け前が非常に大きいということは変わらない。だから農民から60銭で買って、労働者に6銭で売る

ということは、たいしたことではない。問題にならない。全く負担にならない。」

以上のような、農場での事実上の配給制の実施と、配給量を除く穀物生産全量の、国家による強制的な穀物買い付けを考慮すれば、1960年代半ば以降も、以前と同様、国家は農業余剰を吸い上げてきた、つまり農業部門は、国家の資本蓄積に相当貢献してきたといえるのではないかと思われる。もちろん、その問題の解明のためには、農産品・工業製品の価格差(シェーレ価格)、農業部門と非農業部門との財の移出入関係まで立ち入って調べる必要があるが、得られる関連資料がほとんどないので、この問題についての記述はこうした線でとどめることにする。

2 強制貯蓄のメカニズム

社会主義的工業化において、投資財源の調達方法のうち、代表的なものは住民の消費の抑制という。実際北朝鮮の工業化についてもよくいわれるところである。ここでは、消費犠牲の強制的な蓄積メカニズム、いいかえれば強制貯蓄のメカニズムを調べることにする。

まず、賃金の面から検討してみよう。まず、**表3-22**にも示されるように、北朝鮮の公式統計が発表された1949〜64年間には、少なくとも工業部門では労働生産性が実質賃金を上回っていた。さらに金日成は、「もともと7ヵ年計画(1961〜67

表3-22 北朝鮮の労働生産性と実質賃金の推移

(単位:%)

	1949	1953	1956	1958	1960	1962	1964
工業部門の労働生産能率	100	78 (100)	153 (196)	n.a.	214 (273)	241 (307)	282 (360)
鉄道運輸部門の労働生産能率	100	44 (100)	110 (247)	137 (308)	196 (442)	201 (454)	n.a.
基本建設部門の労働生産能率	n.a.	100	126	136	137	n.a.	n.a.
労働者・事務員の実質賃金	100	n.a.	98	159	203	211	218

注:工業・鉄道運輸部門での( )内の数字は1953年を100にした時のもの
出所:『北韓経済統計集(1946〜1985年)』393〜394、674頁(原資料は、『朝鮮中央年鑑』各年度)。

年予定）には、人口一人当たり生産額を220％に高めることが予定されています。これによってわれわれは労働者、事務員の賃金をおよそ30〜35％引き上げることと見込んだのです（『経済管理3』111〜112頁）」といったことがある。つまり、その期間中、計画上には、賃金上昇率が生産性上昇率の6分の1ないし7分の1水準になっているということである。低賃金政策がとられたとみてもいいだろう。

　それと関連して、安い農産物→（非農業部門における）低賃金→高い余剰→高蓄積→重工業への高い配分という資本蓄積メカニズムが旧ソ連・中国には存在したが、北朝鮮ではどうなっていたかの問題を調べてみよう。前述した低賃金制を支えたのは低価格の賃金財、つまり安い農産物であった。前に触れた穀物の二重価格制がまさにそれである。余剰に関しては一切資料がないので検討は極めて困難である。資金の重工業への高い配分は前に述べた通りである。したがって、北朝鮮でも旧ソ連、中国と同様、上記の資本蓄積メカニズムが築かれたとみても差し支えないだろう。

　ところが低賃金だけでは、国家は期待する蓄積率を得られない。社会主義経済において、望ましい蓄積率の強制は、一方の統合された生産者・雇用者・販売者と、他方の家計との間の「交易条件」に対する厳格な統制を通じて進行される。国家と家計との間の経済的相互作用は、原則として市場か擬似市場を通じて導かれる。つまり、家計は国家セクターにおける労働から貨幣所得を受け取り、そして国家セクターによって販売される財・サービスにその貨幣所得を支出する。強制貯蓄のメカニズムは、価格と賃金の決定を通じた、財とサービスの市場か擬似市場に対する行政的規制から成り立っていた[32]。そして賃金に対する行政的規制が、前述した低賃金政策であり、価格に対する行政的規制の代表的なものが取引収入金である。

　北朝鮮当局は、「大衆消費品に対しては一般的に価格を低くしており……嗜好品、奢侈品、供給量が限られている品物は需要を調節するため価格を高くする原則下で（『経済辞典1』69頁）」取引収入金の賦課率を制定していると述べている。これは、取引収入金が財政収入増大、消費抑制といった政策的目的達成のための適切な手段になりうることを示唆している。金日成の発言からも、そうした傾向を読み取れる。

「活動家たちの中には、織物をはじめ一般消費物資の価格を不当につりあげることによって国家予算収入を増やそうとする傾向がある。……活動家たちの誤ったやり方のために、ここ数年間織物の価格が不当に上がりつづけた(1969年。『経済管理3』515頁)」という。したがって、たとえば、「人口1人当たり20メートル以上行き渡るように布地を生産しても、労働者には高くて多く買うことができず、子供たちの服も思うようにつくってやれない」状況がもたらされた。また「布地のみならず、砂糖、たまごなどの一般食品も高くて、人々が手を出しかねている。現在、砂糖の値段は1kg当り3ウォン。たまごは1個が20チョン。5人家族が毎日たまごを1つずつ食べると33ウォン。……今後、平均賃金を35％引き上げて最低賃金を60ウォン程度にし、夫婦共働きで世帯当たりの平均収入を100ウォン水準に高めるとしても、月収の33％がたまごの購入に消費されてしまう（1968年。『経済管理3』363、365～366頁)」という事態が起きた。また80年代前半、白ワイシャツ1着が20ウォン、テレビが400ウォン、背広が140～160ウォンであったが、当時労働者の普通の月給が100ウォンであったとすれば、白ワイシャツ1着は月給の2割、テレビは月給4ヶ月分、背広は月給1.5ヶ月分になる（金己大ほか(1983) 51頁)。

このように、「商品価格を定めるときに、国家歳入の増大をはかるため、原価に人為的に高率の取引収入金を付加しようとする傾向」は金日成の表現を借りると、「人民の実質収入を低下させる（『経済管理3』363頁)」ことである。そのようにして取引収入金は、消費犠牲の蓄積メカニズムを支える重要な制度的柱の1つになっていたのである[33]。

強制貯蓄のメカニズムの構成要素は、価格と賃金に対する厳格な規制だけではない。消費財の配給および物量的統制もある。食糧の配給制はよく知られているところである。消費財の物量的統制と関連したものとして重要なものが、前述した「供給カード」である。より直接的かつ強制的な強制貯蓄手段もある。代表的なものがいわゆる「愛国米（または節約米)」と文字どおりの「強制貯蓄（強制貯金)」である。

愛国米は二重に行われた。第1に、70年代初めから始まったもので、食糧配給の15日分から、2日分を機械的に事前に控除することである。つまり15日分の配

給をもらうときに、まえもって2日分の配給量が愛国米という名目で控除されて、労働者が実際に手に入れるのは、13日分の配給量である。この形態はその後続いて、現在も維持されている。第2に、それに加えて、80年代半ばか後半から始まった愛国米である。これはいくつかの形で行われた（亡命者D氏）。亡命者D氏の場合、家族1人当たりいくら出すという形であった。彼の家は、1年に20kg以上出した。配給としてもらった米では足りなかったので、ときにはわざわざ闇市場へ行って、お金を払って米を買って、それを国家に出した。ある工場の作業班長であった彼が出さないと、自分の作業班の労働者たちに「お前たちも出せ」と言えなかったからである。

第2の愛国米の場合、「当初は強制ではなく、文字通りに国民の『愛国心』に訴えた。ところが国民はあまり応じなかった。時には強制的な性格を帯びた。愛国米を出さないと、党生活総括[34]の際に繰り返し批判された。人は出したのに、どうして貴方は出さなかったのかということである。仕方がなかった。ただし出すものがなかったので、配給から控除するしかなかった。配給量の10％程度。（亡命者H氏）」という。そして労働者のみならず、農民（協同農場の農場員）も愛国米を捧げることになっている（亡命者C氏、H氏）。

労働者の配給から愛国米が二重に控除されるというやり方であれば、実際に労働者が手に入れるのはどれぐらいの量なのか。15歳以上の一般労働者の場合、国家が定めた1日当たりの配給量は700gである。ところが、第1の愛国米で控除された段階で、配給量は607gに減る。さらに第2の愛国米まで控除されたら、配給量は、547gとなる。つまり、書類上では700gになっているが、実際にもらうのは、それより21.8％減った547gである。80年代半ば以降の愛国米を、自分の配給から強制的に出した、亡命者B氏、F氏は、「そもそも700gであるが、150g程度が控除された」といっている。

亡命者E氏が伝える愛国米は上記のものとは多少違うものである。「協同農場が持っている（実際には隠している）余裕穀物を、国家が買い付けの形式で動員することもある。協同農場間の競争心を刺激し、彼らをそそのかすことである。形としては、無償で奪うことではなく、お金を払って国家が協同農場から買うものである。お金はわずかな金額だから。このような形で動員する愛国米は、86年、党

の高位幹部から聞いたところでは、北朝鮮の穀物生産量の1.5～2％となるという（亡命者E氏）。」

愛国米徴収の導入の背景としては、亡命者D氏[35]も指摘したとおりに、何よりも食糧不足という面が大きいと思われる。そして「80年代に入ってから穀物生産量が鈍化（あるいは減少）して食糧事情が緊張した。反面、個人のテギバット[36]がかなりはやった。個人によっては食糧に余裕が生じる場合もあった。国家はこれをひっぱり出そうと思った（亡命者H氏）」という面もあると思われる。いずれにせよ、愛国米は労働者・農民にとってある種の「強制貯蓄」であったといえる。

次に文字どおりの「強制貯蓄（強制貯金）」をみてみよう。農民の場合、現金分配を受けるとき、その一部を貯金することになっている。強制的な性格が強い(亡命者H氏、J氏)。あるところでは、現金分配の際、分配額の一定割合をまえもって、貯金の名目で控除し、残りを農民に与えた。亡命者H氏は、このような強制貯金は80年代後半からの現象と覚えている。貿易会社に勤めた亡命者L氏の場合、毎月20ウォンを義務的・強制的に貯金したという。ただし、「強制的な性格が強いのは事実であるが、貯金をしなかったといって制裁されたことはなかった(ある地方企業の労働者出身の亡命者M氏)」という面もある。

結果的な「強制貯金」もある。80年代末から、北朝鮮では、自分が銀行に預かっておいたまさにそのお金も、自分が引き出すことが非常に難しくなったということは亡命者たちの一致して証言しているところである。

「1989年のことである。お母さんに頼まれて、お金を引き出すために銀行に行った。ところがダメであった。銀行にお金がなくなった[37]ということであった。その後、2回銀行に行ったが、やはりダメであった。それで諦めた（亡命者J氏）。」

「お金を、自分が必要な時、自分が必要な金額だけを引き出すことができなかったことは、1990年からのこと。100ウォン貯金したとすれば、自分が引き出すことができる金額は20～30ウォンぐらいかな（平壌居住の亡命者L氏）。」

「時には、銀行支店からお金が放出される。A貯金所では10万ウォン、B貯金所では12万ウォンというやり方である。そうすると、お金を引き出すためには夜明けから立ち並ばなければならない。そうしないと、お金をもらえない。瞬く間にお金がなくなるからである。だとしても自分が必要な金額を引き出すことはでき

ない。せいぜい50ウォンか100ウォンぐらいである。賄賂を使うか、あるいは自分が貯金した金額の一定割合を国家に捧げると言ったら、引き出しができる場合もある（亡命者Ⅰ氏）。」

 そのようにして、すでに銀行に預金した金は、その多くが自動的に国の金になってしまった。それで人々は徐々に「銀行に預金してはいけない」と思うようになった（亡命者H氏）。

 1992年の貨幣改革はよりドラスチックなケースである。公式的には1992年7月、中央人民委員会政令として「新貨幣の発行について」が発表された。このような「貨幣改革」、「貨幣交換」は以前にも行われたことがあるが、1992年のものは新・旧貨幣の交換に限度を設け、その限度を超える分は銀行に入金させること、また国家機関、企業、団体を強制的に銀行に入金させたことに特徴がある。「399ウォンまでは、その場で旧貨幣を親貨幣と交換できた。400ウォンから5,000ウォンまでは銀行に入金し、預金通帳を作ってもらった。それ以上の金額、2万ウォンか2万5千ウォンまでは、3年か5年後に、また3万ウォンまでは10年後に、通帳を作ってもらうといわれた。約束が守れるかどうか分からないが。そのときまでは証書のみを持っていることになる。銀行に貯蓄しないまま現金を持っていた人々に対しては、3万ウォン超過分に対しては、「無効」となった（亡命者Ⅰ氏）」という。極端な形での「強制貯金」といわざるをえない。

3 蓄積と軍事支出

 高蓄積を成し遂げたとしても、これがただちに生産増大に直結するわけではない。まず、高蓄積の中身が問題である。蓄積の構成項目の1つである流動資産蓄積（仕掛品、在庫品の純増分を指す）の比率が異常に大きいというのは、社会主義計画経済の特徴でもある。中国の場合、一部の期間を除いて、年間に新たに生み出された純生産の1割近い部分が新たな在庫の積増しとなって毎年累積していた[38]。旧ソ連の場合、1950年代末から国営小売商店における消費財の滞貨が急増していた。たとえば、1964年7月1日現在の全国小売商店網の在庫総額は標準在庫額を約20億ルーブル（当時の約3ヵ月分の小売販売高に相当）を超過するに至った[39]。北朝鮮の場合はどうなっていたのか。第4章第2節で詳しく述べるが、企業が総生

産額目標を達成するために、需要を無視して、生産物ミックスを恣意的に選択・変更し、それによって在庫が増え、累積していく状況がまさにその状況である。

それだけではない。当然のことであるが、前述した強制貯蓄のメカニズムによって蓄積された資金が全部、工業化(投資)に回されるわけではない。つまり蓄積率の大きさが直ちに投資率の大きさを決定するわけではない。投資率ないし投資の水準は、ほかの政府支出の大きさによっても影響を受ける。北朝鮮の公式説明によれば、社会主義蓄積は、生産的蓄積(生産拡大のためのもの。工場をはじめとする生産用建物と施設の建設、機械設備の増大、原料、資材、労力の増大に回される蓄積部分)と非生産的蓄積(住宅、学校、病院などの非生産的施設の建設に回される蓄積部分)と社会的予備(自然災害と戦争などの非正常的事態に対処するためのもの)の助成に利用される。そのうち、もっとも重要なものは拡大再生産のための生産的蓄積、特に基本建設投資である(『経済辞典1』(1985年版)742頁)という。

北朝鮮の場合、蓄積の利用の面で、投資に大きな影響を与えた、いいかえれば投資の制約要因として働いたもののうち、軍事支出がもっとも重要であろう。

北朝鮮の軍事費については連続的な公式統計が存在する。北朝鮮当局は、ほぼ毎年、歳入・歳出総額と部門別歳出予算の構成比について発表してきた。ところが歳出総額で軍事費[40]のシェアは、1954年から66年までずっと10％以下の水準を示していたが、67年に突然30.4％へ急上昇し、71年まで5年連続30％を上回るようになった。それが72年に入っては17％へ急落し、それ以降徐々に減少し、94年には11.4までに下がった。外部の機関・研究者たちが、北朝鮮の軍事費についての公式統計の信頼性に疑問を提起するのも、当然のことである。

実際、疑問の余地はほかのところからも提起されている。1970年の党の第5次大会で、第1副首相である金一の報告で、「1960年に国防部門に国家予算支出総額の19％が回され、……去る9年間、80億ウォン近くの莫大な資金が国防建設に支出されました」[41]という文章が出る。北朝鮮は61年当時は、60年の軍事費は歳出の3.1％であったと発表したが、9年後の金一の報告では19％に変わったことである。そして上記の報告から逆算すると、1961～66年のあいだには年平均19.8％の予算支出が軍事費に回されたことになる[42]。そうだとすれば、少なくとも1960年から66年までは、1967～71年の概念による「軍事費」は、予算支出の部門別構成で

のほかの項目、つまり人民経済費とか社会文化費にも入っていたということになる。こうした60年代の「前例」もあるので、1972年以降も、1967～71年の概念による「軍事費」は、予算支出の部門別構成での「国防費」項目以外の項目に「分散」（あるいは「隠蔽」）されている可能性が高いというのが、多くの機関・研究者の見解である。つまり、北朝鮮の実際の軍事費は、北朝鮮の公式発表より多いだろうということである。

したがって、韓国政府をはじめ、世界の各機関・研究者たちは、自分なりの方法で、北朝鮮の軍事費の規模、予算支出との比率、GNPとの比率などを推定してきた。ただし表3－23をみれば分かるように、北朝鮮の公式発表値と各機関の推定値とのあいだに、また各機関の推定値のあいだには大きな差がある。その原因としては、為替レート適用方法の違い、（北朝鮮の公式発表をそのまま受け入れるかどうかを含めて）軍事費に対する推定方法の違い、北朝鮮のGNPに対する推定方法の違いなどが挙げられる[43]。したがって、北朝鮮の軍事費の規模がどの程度か把握することは難しい。ただし各機関の推定値を合わせてみると、1960年代以降、軍事費はGNPの10～25％に達したといえる。そして表3－23には示さなかったが、アメリカCIAが、1965～76年の北朝鮮の軍事費をGNPの15～20％と推定し、その後のアメリカ官僚の議会証言にもその数字が出ている[44]ことは付け加える必要がある。

北朝鮮の軍事費規模が国際的にみてどの程度かを把握することも難しい。ただし、表3－24にも示したように、IISSの推定によると、北朝鮮のGNPでの軍事費のシェアは、韓国はもちろん、旧ソ連、ベトナムより大きく、イラクに匹敵する程度である。実際に軍事費の負担が多すぎるということは、北朝鮮当局が認めるばかりでなく、強調しているところである。

軍事支出がマクロ経済に与える影響のうち、プラスの面が多いのか、マイナスの面が多いのかについては、議論の余地がないわけではない。ただし、軍事費が、特に北朝鮮のように多額の軍事費負担を抱えていた国にとっては、すくなくとも短期的に投資の制約要因になるとみても差し支えないだろう。投資・軍事費以外の政府支出が一定であると仮定すれば、所与の蓄積資金のうち、軍事支出に回される割合が大きいほど、投資に回される割合が少なくなるからである。

表3－23 北朝鮮の軍事費関連の公式統計および各機関の推定値

(単位：億ウォン、億ドル、％)

	1960	1965	1970	1975	1980	1985	1990	1992	1994
北朝鮮の公式統計 (A)	① 0.6 ② 3.1	① 2.8 ② 8.0	①18.8 ②31.3	①18.6 ②16.4	①27.5 ②14.6	①39.4 ②14.4	①42.6 ②12.0	①44.8 ②11.4	①47.2 ②11.4
韓国政府の推定値 (B)		① 2.6 ②18.6 ③13.7	① 9.9 ②43.0 ③30.9	①16.3 ②30.8 ③25.1	①32.4 ②29.2 ③24.0	①35.0 ②31.3 ③23.0	①49.6 ②29.9 ③21.5	①55.4 ②30.0 ③26.3	①56.6 ②30.0 ③26.7
ACDA 推定値 (C)					①20.0 ②37.6 ③22.2	①35.0 ②31.8 ③22.6	①52.0 ② na. ③22.6		
SIPRI 推定値 (D)					①18.6 ② － ③ 9.8	①27.5 ② － ③10.7			
IISS 推定値 (E)				①19.2 ② － ③11.0	①18.0 ② － ③11.0	①27.4 ② － ③10.0	①41.6 ② － ③23.0	①50.9 ② － ③25.7	

注：①は軍事費支出、②は予算支出での軍事費のシェア、③は軍事費とGNPの比率。①の軍事費支出において(A)と(D)の単位はウォン、それ以外はドル。(C)は経常ドル、(E)は1970、75、80年は1980年価格（ドル）基準、85、92年は85年価格（ドル）基準。

出所：(A) 『北韓経済統計集』139～142頁（原資料は、北朝鮮当局の年度別予算・決算報告書）
(B) 『南北韓経済社会象比較』178～179頁（原資料は、統一院、韓国銀行）
(C) 李達熙（1990）182頁（原資料は、U.S. Arms Control and Disarmament Agency (ACDA), *World Military Expenditures and Arms Transfers 1986*.）
(D) 李達熙（1990）180頁（原資料は、The Stockholm International Peace Reserch Institute (SIPRI), *World Armaments and Disarmament 1986*.）
(E) International Institute for Strategic Studies (IISS), *The Military Balance 1987-1988*, p. 220. IISS, *The Military Balance 1993-1994*, p. 226.

図3－2は、投資と消費と軍事費の関係を示したものである。投資と消費の動きが必ずしも対抗的関係[45]にあったとは言いにくい。それは軍事費の存在のためである。図3－2にも示されるように、投資と消費との明確な対抗的関係がみられるのは、65年、68～70年のみである。さらに58年、62年、63年は両者は並進的関係をみせている。これらの期間中はむしろ軍事支出が消費と対抗的関係をみせている。

表3―24 北朝鮮の軍事費の国際比較：IISSの推定
(GDP／GNPでのシェア、%)

	北朝鮮	旧ソ連	中国	ベトナム	イラク	イスラエル	アメリカ	韓国
1985年	23.0	16.1	5.1	19.4	25.9	21.2	6.5	5.1
1990年	25.2	14.2	5.1[2]	16.0	21.1	12.0	5.3	4.4
1992年	25.7	9.9[1]	5.0	11.0	n.a.	11.1	5.3	3.8

注：1）ロシア、2）1991年。
出所：IISS, *The Military Balance 1992-1993*, pp. 218-221. IISS, *The Military Balance 1993-1994*, pp. 224-228.

図3―2 北朝鮮の民間消費、軍事費、投資の前年比増減率

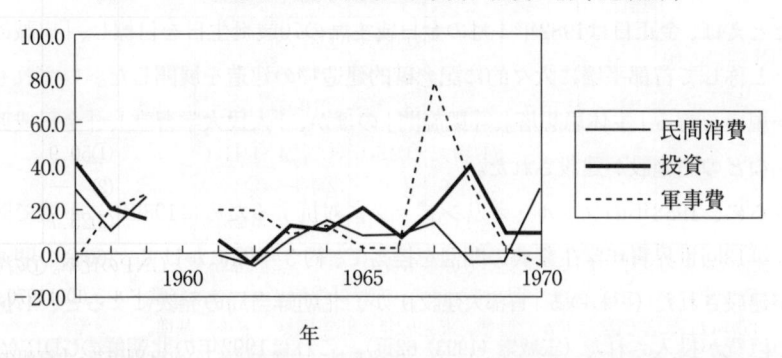

注：1959年と1960年は推定機関、推定方法が異なるため、60年の前年比増加率は求めなかった。
出所：1956～59はNiwa, Haruki and Goto, Fujio (1989) p. 163により、1960～70は北韓研究所（1979）312、322頁（原資料は、極東問題研究所）より作成。

ほかの政府支出を所与にすると、政府は如何に消費の犠牲によって資金を確保し、その資金を如何に投資部門と軍事支出部門に配分するのかに政策の重点を置いたとみてもよいだろう。したがって、投資は消費のみならず、軍事支出によっても規定・制約された。図3―2は、北朝鮮の公式統計ではなく、研究者・機関による推定値に基づいているので、限界はあるが、そうした傾向を示している。

軍事支出が経済建設にマイナスの影響を与えたのは北朝鮮指導部も認めている。前述した、1970年の党大会での金一報告で、60年代後半、金日成の「経済・国防併進路線」によって北朝鮮は「人民経済発展速度を一部調節しながら[46]」国防建設

をいっそう強化したという文章が出ている。類似した表現は、1965年の金日成の演説でもみられる。アメリカ帝国主義者の脅威のために、国防力をいっそう強化するための措置を取らざるを得なかった。これは7ヵ年計画の遂行に一定の影響を与えざるを得なかった（『経済管理3』226頁）ということである。

4 大規模な非生産的建設

北朝鮮の場合、蓄積の利用の面で、投資に大きな影響を与えた要因として軍事支出に次ぐのが、80年代に集中的に行われた、政治宣伝目的の記念碑的建造物の建設ラッシュ、つまり大規模な非生産的建設である。

たとえば、金正日は1982年4月の金日成主席の70歳誕生日を目標し、「忠誠の贈物」と称して首都平壌に大々的に記念碑的建造物の建造を展開した。いずれも世界一規模を誇る「主体思想塔」、「凱旋門」のほか、「人民大学習堂」、「金日成競技場」などの諸施設が建設された。

さらに、1988年のソウル・オリンピックに対抗するために1989年に平壌で開かれた第13回世界青年学生祭典の開催を控えて、約3年間にかけて、260余の関連施設が建設された（いわゆる「首都大建設」）が、北朝鮮当局の発表によると、47億ドルの巨費が投入された（玉城素（1993）62頁）。これは1992年の北朝鮮のGDP（公式統計）の22.6％に達する金額である。ジョ・ヒョンシクの推算によると、北朝鮮が80～96年の間に建設した60件の大型工事のうち、純粋な政治宣伝目的の記念碑的建造物が18件でその工事費は100億ドル[47]であったという（ジョ・ヒョンシク（1996）91～94頁）。

大量の労働、資本、設備、資材を必要とする、このような大規模の非生産的建設が、経済の他の部門、また経済全般にどのような悪影響を与えたかは想像に難くない。特にこうしたことが、北朝鮮の経済状況が以前より悪くなった1980年代に集中的に行われたという点に注目すべきである。

第4節 小　結

ここでは、本章での分析結果に基づいて、なぜ北朝鮮の工業化が70年代以降う

まくいかなかったか、あるいは工業化の制約要因はどこにあったかという問題意識に基づき、北朝鮮の工業化の歴史的構造を、対内部門に焦点を合わせ、経済開発論的な視点で簡単に整理することにする。

　北朝鮮経済でも多くの社会主義経済と同様、「成長率の長期低下」と「生産性の長期低下」現象が現れていた。北朝鮮経済は70年代後半か80年代の前半から低落の状態が続いており、マクロ経済の資本・労働・全要素生産性の伸び率は70年代前半か後半から大きく鈍化している。したがって北朝鮮の工業化の歴史を振り返ってみると生産性の低下は工業化の大きな制約要因になってきたと推論できる。生産性の低下には様々な原因があるが、最も大きな原因は社会主義経済が共通的に有していた様々な制度的非効率にある。この問題は第4章で詳しく調べることにする。また北朝鮮指導部の政策による様々な政策的非効率も重要な原因である。この問題は第4・5・6章で詳しく調べることにし、ここでは80年代に集中的に行われた、政治宣伝目的の記念碑的建造物の建設ラッシュ、つまり大規模の非生産的建設を挙げることにとどまる。また資本財輸入不振による技術的立ち遅れ、集権システムの機能不全による技術停滞といった技術面での要因も生産性低下の1つの要因である。

　もちろん生産性あるいは効率だけでは北朝鮮の工業化を捉え切れない。生産要素の投入量そのものを調べる必要がある。実際、北朝鮮の工業化は生産要素の生産性より、生産要素の大量投入に依存して成長を図る「外延的成長パターン」をとってきた[48]からである。

　まず、労働力の場合、北朝鮮の政策当局は雇用の拡大、特に女性労働力の雇用の拡大に力を入れてきて、その結果雇用は持続的に拡大してきた。ただしこれは、どの程度かは不明であるが、労働力の不足によって制約された。農業部門からの労働力の引き抜きと農業部門への労働力支援の併存からも、北朝鮮当局の悩みを読み取れる。実は、労働力の投入の増加は、とりわけ北朝鮮のような人口小国には、そもそも限界があるものである。

　また北朝鮮は繰り返し大衆運動を展開することによって労働力の投入の増加をはかった。速度戦等の大衆運動は、短期的に成果を上げたが、長期的にはそうではなかった。このことはインセンティブの問題とも関係している。

第4節 小　結

　北朝鮮では、普通の社会主義国でみられる社会主義革命直後のエネルギーもあったが、36年間の植民地生活に終止符を打った民族解放直後のエネルギーも大きかった。特に後者はアメリカ・韓国との対決状態の持続によって強まった。しかしこうした大衆の自生的エネルギーは時間が経つにつれて弱化・消滅せざるをえない。住民がいつまで犠牲を感受しながら愛国心を発揮するという保障はない。かくしてインセンティブは次第に低下し、これは労働力の投入の増加とその成果を大きく制約する要因として働いた。

　資本の場合はどうであろうか。工業化の初期段階には工業化の財源を主に海外部門と農業部門から調達し、工業化の進展とともに工業の内部でも調達できるようになった。また1958年に主要産業の国有化、農業集団化といった「生産関係の社会主義的改造」の完了で、消費犠牲の強制的蓄積メカニズムが本格的に働ける制度的基盤が備えられた。そして賃金、価格に対する厳格な統制、直接的物量的統制など様々な手段を通じて、労働者・農民の犠牲のうえ、高い水準の蓄積率を達成することができた。

　しかし、高蓄積を達成したとしても、投資がどれだけ有効に生産に転化するのかが問題になる。実際、北朝鮮では高蓄積を遂げても、生産ではそれに相応する成果がなかなか出なかった。重工業に優先的に資金を投下したが、これがマクロ経済の生産増大に結びつかなかったことが、主な原因の1つである。このように重工業優先政策があまり成果を収めなかった主な原因は、北朝鮮における様々な制度的・政策的非効率、特に「現実の」社会主義経済が共通的に有していた根本的欠陥による非効率である。また消費の犠牲によって確保された資金の一定部分を多額の軍事支出に回しつづけたことも、投資の生産への転化を制約した重要な原因の1つである。また後述する、マクロ・ミクロ面での制度的・政策的な浪費・非効率も投資の生産への転化を制約した重要な原因として働いた。

　そして投資の効率が低下しつつあるなかで、70年代後半か80年代前半から農・工業生産が鈍化・停滞した。それに対して国家は強制貯蓄をいっそう強化する方向で対応した[49]。確かに北朝鮮は強制貯蓄の面では目立っていた[50]。労働者・農民に依然として蓄積源として一方的に犠牲を強要することによって、かろうじてある程度高蓄積を維持することができたはずである。ただし、そうしたやり方には

限界があった。たとえば、人口は継続的に増加しており、個人の消費の抑制にも限界がある。そのうえ、生産が不振になると、いくら消費をおさえても、蓄積のための余剰を作り出すそのものに限界がでてくる。そして第5章で検討するが、海外部門は国内の資本蓄積上の隘路打開に何も役に立たなかった。従来のような高蓄積が不可能になったばかりでなく、投資資金も足りなくなった。

このことは、投資資金の主な源泉である財政収入（予算収入）の増加勢が著しく鈍化したことからも窺える。予算収入の年平均増加率は、1971〜75年に13.2％であったが、1976〜80年には10.4％へ、さらに1981〜85年には7.7％へ、1986〜90年には5.4％へ、91〜94年には3.9％まで落ちた[51]。こうした傾向は90年代の社会主義圏の崩壊によるエネルギー難の深刻化、極端な物不足などによって農・工業生産が急激に減少することによって一層加速化された。たとえば、1998年の予算収入は、90年代初めの水準にも及ばないという[52]。

かくして北朝鮮の工業化は、長期的にみて生産性は低下し、経済効率は悪化してきたが特にその傾向は70年代以降顕著になった。そのうえ工業化初期の高成長を支えた、生産要素（労働・資本）の大量投入も次第に難しくなり、特にその傾向は70年代後半か80年代前半から顕著になった。したがって北朝鮮の工業化の行き詰まりは避けられなかった。前に述べたように、北朝鮮の工業化は、生産要素の大量投入に依存して成長を図る「外延的成長パターン」をとってきた。実際、外延的成長は生産要素の投入量によって制約される。

このような「外延的成長パターン」はいつか行き詰まるということは、何よりも、北朝鮮と同様、外延的成長パターンをとった旧ソ連・東欧など社会主義諸国の経験が物語っている。これらの国より天然資源も乏しく、さらに外国貿易依存度も低い北朝鮮経済の行き詰まりの可能性はもっと高い。

---

1) 本章は、梁文秀（1997）を大幅に修正・加筆したものである。
2) 特に、本章の第1節、第3節の多くは、中兼和津次（1989）、中兼和津次（1992b）での分析枠組みに負っている。
3) 北朝鮮は工業のカテゴリーに電力、鉱業、林業、水産業なども入れている。北朝鮮は工業を、電力工業、燃料工業、鉱業、金属工業、機械製作工業、化学工業、建材工業、日用

第4節 小　結

品工業、林業、水産業などの22の個別的な専門生産部門に大分類している(『経済辞典1』(1985年版)178頁)。

4) しかし、後藤は70年代前半の年平均成長率が60年代のそれよりすこし下がったと見ている。ただし後藤自身は、これらの期間の推定値は若干ラフな面がある点は注意を要すると述べている（後藤富士男（1981）42、178頁参照）。

5) もちろん、中間生産物の重複計算、取引税の存在などのため、社会総生産での工業のシェアは過大評価、逆に農業は過小評価される可能性が大きい点は注意する必要がある。

6) 機械設備と原油・石油製品、石炭・コークス炭は、北朝鮮の対ソ輸入のおよそ50～60%を占めてきた（『ソ連貿易統計年鑑』および『ソ連の対外経済関係』各年度（ジャパン・フォト・プレス訳）、慶南大学校極東問題研究所（1979）288～290頁、室岡鉄夫（1992）、54～55頁参照）。

7) ミヘーエフ（1989）132頁、バザノバ（1992）72頁参照。

8) 『東アジア鉄鋼企業の設備・技術動向』（新日鉄内部資料、1994年）92～98頁参照。

9) 北朝鮮で重工業は、主に生産手段を生産する工業部門の総体と定義されている。また生産手段生産部門は一般的に機械製作工業を中核とする重工業を指すとされている。したがって、両者は厳密にいって一致するわけではないが、北朝鮮では両者はほぼ同じ概念で用いられているといえる。重工業には電力工業、石炭工業、鉱業、金属工業、機械製作工業、化学工業、建材工業といった基幹的工業部門と林業などが入っている(『経済辞典2』(1985年版) 168、424頁参照)。

10) 中兼和津次（1989）207頁。

11) こうした議論の意味と関連、Tangは次のような、興味深い指摘をしている。つまり、経済発展のスターリン主義的立案の下で農業政策が成功したか失敗したかは、農業の成長または衰退だけでなく、その政策が究極的に工業化に及ぼす効果によって判定されなくてはならないことである。農業の成果に対する、このような基準は西側の観点からは認められないかもしれないが、中国・旧ソ連の政策当局の価値とは一致するものであるという（タン（1979）410、413～414頁参照）。

12) 実は、データ1での農業・軽工業成長率も、原データに何年かの空白があるだけに、この回帰分析結果の解釈にも注意を要する。次の因果関係分析もそうである。

13) シムズ・テストについては本書の付録Cを参照。

14) もちろん、この北朝鮮のこの時期を、このように名づけるには異見がありうる。ただし1945年に解放を迎え、また48年に建国された北朝鮮において、社会主義工業化の初期段階を如何に特定するかの問題は、50～53年のいわゆる「朝鮮戦争」のため、やや複雑になる。

15) 農業集団化の結果、生まれた農業組織。

16) 『経済管理2』456頁参照。

17) たとえば、『経済管理3』469、489頁。

18) これはどの社会主義経済でもみられる現象である。

19) 1969年のある演説（金錬鉄（1996）110頁（原資料は、『著作集23』342頁））。

20) 『中央日報』1995・4・6．

21) 亡命者たちは不良品を「誤作」と呼んでいた。

22) 商業企業所の流通費を保障し、利益金を保障する源泉になる、小売価格の構成部分(『経済辞典2』(1985年版)、55頁)。
23) たとえば、朴進(1994)72頁。
24) 小牧輝夫(1986)も北朝鮮の場合、長期的にみて工業生産額の増加率と国家歳入の増加率の間には、強い相関関係があると指摘している(小牧輝夫(1986)106頁)。
25) 徐東晩(1996)85～86頁(原資料は、『経済建設』、1957年11月)。
26) 「朝鮮民主主義人民共和国の農業」研究会で村上保男も、現物税は、経済再建のための原資を、当時最大の産業であったところの農業から求めたものであると指摘している(金己大ほか(1983)43頁参照)。
27) 金一平(1987)103頁(原資料は、『労働新聞』1956・12・15)
28) 『朝鮮概観』ピョンヤン外国文出版社(1982年)201頁、パン・ワンズウ『朝鮮概観』ピョンヤン外国文出版社(1987年)121頁参照。
29) 桜井浩は、80年代に、米生産量の3分の2を政府が購入したとすれば、この価格体系による政府の財政負担は、約10億ウォンとして、87年の政府予算の3.3%に達するとみている(桜井浩(1993)83頁参照)。
30) 「テーゼ」に対する一般的な解釈(当時存在した「都市―農村間格差」の是正を目指したものとして、農業政策としてはプラスの評価がなされていること)への最初の体系的な疑問は、後藤富士男(1996)によって提起されたといえる。
31) 北朝鮮のことばでは、「労力工数」。
32) ブルス&ラスキ(1995)62～63頁参照。
33) ノーブ(1971)の次のような指摘は、取引税の性格と関連、注目に値する。
「資源配分に関する政府の決定を所与とすれば、国家予算は非消費(例えば投資や国防費など)あるいは社会的消費(教育、保健等々)向けの国家支出を賄うための収入を見出さなければならない。……財の原価と最終販売価格との間のギャップから発生する収入は、様々な形で国家予算の最大の収入源となっている。……ソ連の場合、この差額は、主として取引税プラス利潤からなっている。その差額の大きさは、総資源のうちで個人的消費以外に向けられる部分の割合の大きさを反映している(ノーブ(1971)141～142頁)。」
　なぜならば、北朝鮮も、ソ連と同様、取引税プラス利潤が国家予算の最大の収入源となっていたからである。
34) 北朝鮮のことばでは「党生活総和」。
35) 亡命者D氏は、「韓国政府は、第1の愛国米を「戦争備蓄米」と呼んでいるが、実は米が足りないから始まったものである」といっている。
36) 個人が不法に耕作している土地(第2章第1節参照)。
37) なぜ、銀行には現金がないのか。これは国家経済の極度の不振、そしていわゆる「第2経済」と深く関わっている。「給料は銀行から工場へ、また労働者に流れていく。そうすると、労働者たちがそのお金を使って、そのお金が、商店などの国家流通網を通じて、再び国家に流れていくべきであるが、お金は個人のところに止まっている。お金は個人の間にぐるぐる回る。銀行には入らない(亡命者H氏、L氏)」という。
38) 詳しくは田島俊雄(1991)57～58頁参照。
39) 詳しくは宮鍋幟(1975)276頁参照。

40) 北朝鮮当局は、1967年以降それを「国防費」と呼んでいる。
41) ハム・テクヨン（1993）139頁（原資料は、『労働新聞』1970・11・10）
42) 1961～69年の国防費は「80億ウォン近く」という発言から、1961～66年間の国防費は36.74億ウォンに再計算され、これから同期間の年平均の国防費／予算収入比率が19.8％という計算が出る。ハム・テクヨン（1993）139～140、151頁。
43) それについては李達熙（1990）が詳しい。
44) ハム・テクヨン（1993）151頁（原資料は、U.S. CIA, Korea: *The Economic Race between the North and the South*, 1978, p. 6）。
45) 投資と消費の対抗的関係という概念は平泉公雄（1979）から借りた。
46) ハム・テクヨン（1993）139頁（原資料は、『労働新聞』1970・11・10）。
47) 韓国の状況を基準にした算出。北朝鮮の場合、この金額の30～50％で工事ができると彼はみている。
48) 外延的成長と内包的成長は抽象的分析の枠組みであり、実際に両者は同時的に現れる。ただし、そのなかの一つが優勢となり、残り一つが補完的になる。Kornaiによれば、前者は、社会主義の初期局面で現れるもので、雇用の持続的かつ急速な拡大、高い投資率、労働（作業）時間の延長、耕地の拡大、鉱物資源の広範な採取などがこのカテゴリーに入る。それに対し、労働（強度）の強化、技術進歩、熟練の発展、組織的改善などは後者に当たる（Kornai（1992）pp. 180-184）。北朝鮮でも両者は同時的に現れた。たとえば「千里馬運動」とか「速度戦」といった大衆運動は、外延的成長の要素（労働時間の延長）と内包的成長的要素（労働の強化）を同時に持っている。ただしそれ以外の内包的方法は実際に進められたことがない。その代わりに雇用の持続的かつ急速な拡大、高い投資率などの方法は積極的に進められた。北朝鮮でもほかの社会主義国（特に本格的な改革以前の社会主義国）と同様、「外延的成長パターン」が優勢であった。
49) すでに見たように、70年代後半か80年代前半から、従来の強制貯蓄手段に加え、「供給カード」による配給制の強化、第2次愛国米徴収、文字どおりの「強制貯蓄」等の手段が新しく登場した。
50) Eberstadtは、北朝鮮は賃金のGDPでのシェアが、恐らく全世界で最も低い国の一つであり、個人消費の国民所得でのシェアも、社会主義圏内でさえ、異常に低いだろうと述べている。Eberstadt（1991）p. 225参照。一方、後藤富士男の推計によると、北朝鮮の消費のGDPでのシェア（要素価格基準）は、1956年に39.8％、1959年に34.5％であった。これに対し、旧ソ連は1955年に58.9％であった。詳しくはFujio Goto（1990）p. 48参照。
51) 北朝鮮の年度別予算収入については、たとえば、『北韓経済指標集』71頁参照。
52) 『朝鮮新報』1999・4・12参照。

第4章　企業の行動様式[1]

　本章は、北朝鮮における企業の行動様式を整理しようとする試みである。本章でいう「企業行動」とは、制度上ではなく、現実で、企業が示す行為のことを指す。これは制度のみか制度と現実両方を包括する「企業運営」とは異なるものである。あえていえば「企業運営実態」に近いものである。これは国家が企業を動かそうとする制度・政策に対して企業が示す反応のことでもある。

　本章では北朝鮮の経済体制、いいかえれば社会主義経済システムとしての北朝鮮経済を対象とする。経済開発戦略の主要な構成要素である中央集権的計画制度がうまく機能したかどうか、またなぜ、いかにしてうまく機能したか（あるいは機能しなかったか）といった問題を、主にミクロレベルで考察することである。第3章が主に開発論的視点からの接近であったのに対し、第4章は主に（比較）経済体制論的視点からの接近である。こうしたアプローチによる既存研究は、ほんのわずかである。

　国民経済を構成する基礎単位の一つである企業が、実際にどのように動いてきたか、どのような行動パターンを示したかを論じることなしには、一国の経済は捉え切れない。特に、旧ソ連、東欧、中国の経験が示しているように、社会主義経済の企業は、建前どおりに、また政策当局の意図どおりに動いてきたわけではないから、社会主義経済の企業行動を研究することは十分意味がある。にもかかわらず、北朝鮮の企業行動に関してはほとんど研究がなされていない。（比較）経済体制論的視点からの研究も、ほんのわずかである。もちろん基本的な原因は資料の制約にある。

　本章では、資料の制約に対処するために、北朝鮮から韓国へ亡命した人々の証言を利用することにする。ここで用いられる亡命者の証言の多くは、筆者の亡命者面談結果である。もちろんそれで十分ではないので、ほかの機関による既存の

面談結果で補うこともある。さらに亡命者の証言に対するクロスチェックのために、また資料の空白を埋めるため、金日成の演説・著作をまとめた『著作集』、『経済管理』などを使うこともある。

　本章では、このような資料をもって、北朝鮮の企業行動様式を整理しようとする。本章の第2節、第3節での記述で、ある程度明らかになると思われるが、北朝鮮における企業の実際の動きは、公式制度によって描かれた企業像から遠く離れている。ではそうした企業行動をどのように説明・整理すべきなのか。本稿では本格的な経済改革以前の時期の旧ソ連・東欧における企業との比較という視点を導入することにする。

　そして単に個別事例を並列するだけでは比較とはいえない。ある共通の視点、枠組みの中で相互に対照させ、各事例の持つ特殊性と普遍性とを分離する作業が不可欠である。したがって、本章では旧ソ連・東欧の企業行動を説明するモデルが、北朝鮮でどの程度当てはまるかを調べてみようとする。本章では「バーゲニング・モデル」を取り上げ、このモデルが北朝鮮の企業行動をどこまで説明できるか、説明できないところがあるか、そうだとすればそれはなぜか、といった問題を検討する。ここから北朝鮮の企業行動と旧ソ連・東欧の企業行動との共通点、相違点を導き出そうとする。

　なお本章では工業企業を中心に議論を進めたい。また筆者が面談した亡命者たちの年齢、記憶力などのため、主に1980・90年代を対象時期にする。

　以下、第1節では旧ソ連・東欧における企業行動の原理をバーゲニング・モデルを使って整理する。第2節では、北朝鮮の企業環境と企業長について簡単に調べてみてから、第3節では北朝鮮の企業行動を計画編成、生産、補給、ファイナンスの面から検討する。第4節では、バーゲニング・モデルの北朝鮮への当てはめを試みてから、本章の議論をまとめることにする。

第1節　バーゲニング・モデルと旧ソ連・東欧の企業

　よく知られているように北朝鮮は、まだ本格的な経済改革を試みていないから、北朝鮮の企業行動と比較する旧ソ連・東欧の企業行動も、本格的な経済改革以前

の時期に考察範囲を限定せざるを得ない。もちろん、どの時点までを、旧ソ連・東欧の本格的な経済改革以前の時期とみなすべきかについては、いろいろな見方があるが、本書ではさしあたり旧ソ連の場合、1965年のいわゆるコスイギン改革以前の時期と、東欧の場合、国によって多少違うが、およそ1950年代半ばか1960年代以前の時期とみなすことにする。そして本稿での旧ソ連・東欧の企業とは、本格的な改革以前時期の中央集権型の国営企業を指す。

　旧ソ連・東欧の企業行動を整理する前に、まず企業の運営に関する制度について触れることにする。計画はヒエラルキー的な性格を持ち、経済管理機構の各部分（環節）が垂直的に統合されている。単純化していえば、国家計画委員会―各部門別産業省―主管局（企業合同）―企業という縦の経路で企業管理制度は運営されている。企業活動に関する意思決定は中央の手に集中されている。つまり、企業が何を生産すべきか、誰に生産物を販売すべきか、投入財を誰からどれだけ入手すべきか、そしてこういった取り引きすべてが行われる価格などに関する意思決定が中央に集中されている。そしてこのような意思決定は、上から下へ命令・指令的な形態で伝達される。企業の主要な任務はこれらの指令を実行に移すことである。企業は上からの命令を実行する受動的な存在にすぎないことになる。

　では企業は実際に、どのように行動するのか。旧ソ連・東欧の企業に関しては先行研究が数多く存在する[2]。ここでは、本章のテーマと関係があるものを中心に、その代表的なものいくつかを取り上げ、ごく簡単に整理することにする。

　以下で紹介する先行研究で指摘されてきた、旧ソ連・東欧の企業の特徴的な行動は次のようにまとめることができる。計画機関に対する生産能力に関する過小申告、投入財に関する過大要求、投入財の抱え込み、生産量指標重視、需要を無視した、生産ミックスの恣意的な選択、生産物の他企業への適期・適量の引き渡しへの無関心、新技術導入や開発意欲の欠如、企業間の資材の非公式的な取引、「タルカーチ」（企業によって雇われ、企業のために非公式的に資材を調達する便利屋、「押し屋」）の活躍、労働者の賃金をつりあげるための賃金規則違反などである。以下で紹介する先行研究が指摘している企業行動自体には、大差がない。つまり包括範囲と表現の違いはあるが、ほぼ共通した現象に注目している。むしろこのような企業行動の整理の仕方、企業行動の発生原因、条件などに関する説明の仕方

において研究者によって違いが出ている。

　ベリナーは、旧ソ連企業行動を安全要因（safety factor）、見せかけること（simulation）、影響力の行使といった3つの類型にまとめた。このような行動の原因を、彼は計画目標値が高すぎる（high target）反面、公式補給体系は信頼できない環境の下で企業長は、絶えずに、失敗の危険に直面するが、その中で自分の目的の達成、つまりボーナスの獲得を保障しようとすることに求めた[3]。彼は、旧ソ連企業に影響を与える最も重要な意思決定が、企業の代表者と行政機関、供給企業の代表者との直接的な交渉に基づいて行われると指摘しながらも、その議論を十分展開していない。また彼は、主に生産、補給と関連した企業行動に焦点を与え、財務、労働管理についてはあまり言及していない。

　グラニックは、旧ソ連の企業長は企業長からの転落率は高い反面、ある意味で自主的な実業家であると強調する。旧ソ連の計画制度は、末端の企業に交渉の余地を相当残しており、旧ソ連の企業長にとって計画目標を達成するためには、規則無視・違反はやむを得ないと認められていると指摘し、その主な原因を巨大な組織の高度な集中化に求めている。またグラニックは、旧ソ連の企業と行政機関との関係を本人・代理人関係モデルを使って説明しようとした。ただしグラニックも、前述したベリナーと同様、社会主義の企業行動を、社会主義経済が共通的に有していた主な欠陥の1つである、情報量と情報処理能力のアンバランスまでは立ち入って議論してはいない[4]。

　ノーブは、企業の生産、補給、財務、労働管理といった企業活動全般にわたって企業長は事実上の自律性を持っているし、計画＝行政官と企業との間に複雑な相互交渉（complex interaction）が行われていたということを具体的な例とともに示したうえ、その原因についてベリナー、グラニックより幅広い視点を提示している。つまり、計画指令の基礎となる情報の多くは下部から上がってくるものであり、さらに計画指令には曖昧さ、不完全さが存在するということである。このように企業長が策略を用いる余地が存在する状況のもとで、企業長は、直接の命令あるいは強迫によって阻まれない限りは、自分の貨幣的な報酬と上司に対して持つその声望を最大化し、名声を失墜したり左遷されたり叱責されたりする危険を最少にするよう行動するということである[5]。ただしノーブは、旧ソ連の企業行

動様式のモデル化、定式化までは至っていないといえる。

　中村靖は、旧ソ連・東欧の企業は上級管理機関との交渉によって企業に課せられた制約条件、例えば投入財の割当量、生産課題などを変化させることができると述べる。彼は計画局との交渉における企業の目的は、計画課題をより容易に、確実に遂行するために、より多くの「余裕」を確保することにあるということである。企業行動をとらえるために、計画機関との交渉を重要な軸に設定している。彼のいう企業の「余裕確保」行動は、ベリナーのいう「安全要因」と類似した概念ともいえる。だだし、彼は計画実行段階での企業行動、特にほかの企業との関係における企業行動についてはあまり触れていない[6]。

　コルナイによる、企業行動の説明は、前述したベリナー、グラニック、ノーブなどと明確に区別されるものがある。彼の議論の出発点は国家と企業とのあいだに存在する親子関係、温情主義的関係である。ここから導き出したソフトな予算制約の概念に基づいて企業の飽くなきの投資財・労働力需要傾向を説明した。彼はまた改革以前時期の国家と企業との「計画交渉」（プラン・バーゲニング）についても言及し、その原因を国家と企業との親子関係、温情主義的関係に求めた[7]。ただし、社会主義経済における国家と企業との関係は、親子関係、温情主義的関係でとらえ切れるかについて疑問が残る。たとえば、多くの研究者によって指摘された、中央計画当局の選好とミクロ経済単位（企業）との利害の食い違いも、国家と企業との関係の重要な側面をなしているからである。

　このような旧ソ連・東欧の企業行動に関する既存の研究に関して中兼和津次は、「従順な行政的付属物」（公式的に描かれる社会主義企業）、「バーゲニング（ないし騙し合い）」、「ソフトな予算制約（ないし馴れ合い）」（コルナイ）といった3つのモデルに分けて整理した。現実の社会主義企業は、恐らくこうした3つの性格を持ち合わせていて、企業は状況に応じて政府に従い、騙し、そして泣きついたはずであるという（中兼和津次（1999）249〜251頁）。このような中兼和津次の整理の仕方に従うとすれば、前述した先行研究のうち、グラニック、ベリナー、ノーブ、中村などの議論は、「バーゲニング（ないし騙し合い）」モデルでまとめることができることになる。

　中兼和津次によると、「バーゲニング（ないし騙し合い）」モデルは、企業は決し

て政府に対して従順ではなく、政府とバーゲニング（騙し合い）ゲームを行う、いわば相互不信、交渉関係にあるとみるモデルである。政府は数多くの企業の生産能力、在庫を全て把握しているわけではないから、わざと課題を多めに与えるかもしれない。一般には前年度実績より幾分増加させた水準で政府が恣意的に課題を設定する。これは前年度を絶対下回らないという意味で「ラチェット (ratchet) 原則」という。企業は計画課題が低めに与えられればボーナスの取得の機会が増えるから、できるだけ低めに生産能力を報告することになる。そうすると、政府もさらに一層高めの課題を下ろしがちで、ここに政府と企業との間にバーゲニング（騙し合い）ゲームが始まることになる。

こうしたバーゲニングは、産出目標の決定のみならず、生産遂行のための資材・設備・労働力の申請の場合でも現れる。企業は自分の投入財の要求量を過大申告する。そして行政機関は企業側の要求が膨らませられるだろうと期待しており、企業の要求をカットしようとする。

中兼和津次は政府と企業の関係に焦点を合わせているが、筆者はそれに加えて、企業とほかの企業または個人との関係、特に政府の許可なしの、つまり非公式の企業と企業または個人との関係（それは主に補給と関係があるものである）も視野に入れることにする。現実の旧ソ連・東欧の企業にとっては、国家との関係のみならず、他の企業または個人との関係も重要であったからである。すなわち、中兼和津次のいうバーゲニング・モデルを筆者なりに拡張させ、もう1つのバーゲニング・モデルとして提示しようとする。これにより、ベリナー、ノーブなどが指摘した、企業間の非公式的な資材の取引と「タルカーチ」の活躍などの現象[8]も、バーゲニング・モデルの中に収めることができる。そして国家と企業とのあいだに行われるバーゲニングを「垂直的バーゲニング」[9]と、企業と他の企業または個人とのあいだに行われるバーゲニングを「水平的バーゲニング」と呼ぶことにする。

では、バーゲニングの発生の原因、条件、バーゲニングのプロセスなどはバーゲニング・モデルによってどのように説明できるのか。バーゲニング・モデルは、社会主義企業を、政府の単なる奴隷でも、献身的な企業でもなく、自らの欲を持った「経済的動物」であるとみなすことから出発する。したがって企業は、計画を

超過達成するとボーナスが与えられ、他方達成できないと何らかの制裁が行われるので、課題を達成するように動機付けられているという。

　このことはいわゆる「刺激非両立性（incentive incompatibility）」の問題につながる。社会主義のもとでも、当然のことながら、個々の企業および個人はそれぞれ独自の利害を持っている。中央、中間的行政機関、企業長、労働者は、それぞれ目的関数が必ず一致するわけではない[10]。たとえば企業長の場合、目的関数は、ボーナスなどの物質的利益の獲得、威信（信望）の維持、昇進、平穏な暮らし、失敗・処罰の危険の最小化である。それは全体社会の利害あるいは指導部の利害が反映される中央の目的関数とかなり違うし、中央から企業長に要求される、「愛国心」とか中央の命令への服従などとも、相当な隔たりがある。ところが集権的計画経済は、社会内部に存在する異なった利害関係を適切に調整するのがきわめて困難である。むしろ中央は、社会内部での異なった利害関係の存在そのものを無視する。企業・個人の利害が社会全体の利害と合致することを前提としている。企業と個人に対して、自分の利害を社会の利害に合致させることを要求する。しかし、企業と個人がそれに従うという保証はない。

　また旧ソ連・東欧経済が、処理されるべき情報量と情報処理能力との間のはなはだしいアンバランスに悩まされたのは、周知の事実である。集権的計画経済は中央（上部）から下部には命令情報が、下部から上部には報告情報が流れることを通じて運営される。ところが上部は、個々の企業における投入と産出、企業相互間の生産財流通などを、その細目に至るまで集権的に決定するためには、極めて限られた時間内に膨大な量の情報の収集・加工・伝達が行われなければならないが、中央計画機関はそれほど大きい情報処理能力を持っていない。さらに国民経済が発展しかつ複雑化して、生産物の品目が増大するにつれて、中央が処理すべき情報量は幾何級数的に増加するのに対して、中央の情報処理能力には限界があるので、増大する情報量に追いつけなくなる。

　情報量が情報処理能力を超えるため、命令情報の遅延や命令情報間の不整合による混乱が生じる。中央は、企業が遂行可能であると予め判断した決定（計画）のみを採択するわけではない。同時に、中央は企業に対して、計画当局の決定（計画）の実行手段、特に資材・設備の保障について完全に責任を負うわけでもない。こ

うして決定（命令）・責任関係での曖昧さが生じる。企業は単に中央の命令に従うだけでは、失敗(計画未達成)する確率がきわめて高くなる。ところが、企業にとって計画は、遂行しなければならない「義務」的性格が強い。

その代わりに、企業が選択を、意思決定を行う余地は現実的に存在する。中央計画当局が「決定する」とはいうものの、中央から企業に降りてくる指令・命令(計画)の基礎となる情報の多くは、企業から上がっていくものである。中央は、企業に関する情報は、ある程度その該当企業に依存せざるをえないから、中央は企業に対して完全な支配力をもっているとはいいにくい。また、中央から企業に降りてくる各種の指令・命令は、首尾一貫しなかったり、時には相互に矛盾したりする。さらに企業の産出計画は、ある程度集計化されている。それゆえ企業にとって、中央にどのような情報を提出するのか、どのような生産ミックス(生産品目組み合せ)を実行するのか、どのような命令に従うのかといった問題に関して実際に選択を、意思決定を行うことができるようになっている。制度上には、企業にとって中央はヒエラルキー上の自分の上部機関であるから、企業は中央の命令に従わなければならないが、制度とは異なり、現実では、企業は自分に「力」があることに気がつく。

企業はそうした力関係を十分生かして、企業環境を、自分により有利な方向に変えようと努力する。そして企業が絶え間なく上部へ提出する情報を歪めて中央を騙していく過程は、自分が情報を武器にして交渉力を確保・維持していく過程でもある。中央が企業に関して知らないことが多ければ多いほど、企業の「力」は大きくなるからである。中央は企業に事実上ある程度「力」があることを認めながらも簡単には企業に譲れないだろう。ここから政府と企業とのバーゲニングが始まることになる。そしてこうした「垂直的バーゲニング」を規定する公式的なルールがないので、実際の生産課題などの計画水準の決定は、政府と該当企業の力関係、交渉当事者の交渉スキルなどに依存することになる。

そして政府とのバーゲニングでも解決できなかった場合あるいは解決できる見込みがない場合には、企業は政府を相手にする必要がなくなったから、自ら相手を探すことにする。企業は自分の利益のために行動するからである。企業は直接ほかの企業または個人との交渉に取り組む。資材補給が代表的な例である。企業

に必要な資材を、国家が保障できない場合、企業は直接、ほかの企業または個人との交渉を通じて解決するしかないからである。そうした「水平的バーゲニング」は政府の許可なしの状況で行われるという点では、企業にとっては政府に対する一種の騙しでもある。

ただし、「水平的バーゲニング」は「垂直的バーゲニング」とは異なり、バーゲニング当事者間の騙しあいは伴わないといえる。実際に、「水平的バーゲニング」は、市場経済で売り手と買い手のあいだに行われるバーゲニングと似ている面がある。それは、政府の許可なしの企業間の資材取引が、非公式的な、半合法ないし非合法の領域、つまり計画経済とは関係がない領域で行われるし、「タルカーチ」の活躍は闇市場とも深く関わっているという点を考慮に入れると、ある程度説明できると思われる。この場合は、企業と企業または個人の力関係はたいした問題ではない。お互いに必要に応じて取引することである。取引される資材の量と価格は、需要と供給の原理によって決められるところが多いが、それ以外にも企業関係者の親しみの程度、また交渉当事者（特にタルカーチ）の交渉スキルにも依存するところも少なくない。

企業にとって、ヒエラルキー上の上司は中央だけではない。中間的行政機関・党組織もある。彼らは、企業に対する「監督者」でもある。しかし、企業の計画が達成されたという報告を提出できるかどうかに、自分の利害がかかっている。中央が監督者を評価する基準が、監督されている企業を評価する基準と同じである場合には、監督者と企業の利害関係が一致する。彼らは、中央には知られていない具体的な情報を持っているため、中央が知らない方法で企業を助けることができる立場にある。「中間的行政機関が企業に騙されるのが、行政機関自身にとって得になる場合、企業は行政機関を騙すことに成功する[11]」という、旧ソ連からのある亡命者の証言は示唆に富んでいる。

もちろん、このようなバーゲニングを制約する要因はある。まず考えられるのは、特定の事案に対する、行政機関あるいは党組織による直接の命令や強制である。この場合、企業側は、命令・強制に従うしかないし、行政機関との交渉の余地は少なくなる。2番目としては、いわゆる産業の優先順位である。たとえば軍事産業の場合、資材補給などの面で優遇される。同時に監督・統制もより直接的

かつ徹底的である。交渉の必要性も、交渉の可能性も少なくなる。

第2節　北朝鮮の企業環境と企業長

1　企業環境

　北朝鮮の企業行動を述べる前に、北朝鮮の企業環境、つまり企業管理運営制度、指導部の経済運営のやり方に考察することにする。ただし企業管理運営制度については第2章で詳しく述べたので、ここでは簡単に触れることにとどまる。企業環境は、すぐ後に検討する企業長の「目的関数」と合わせて考察する必要がある企業長の「制約式」でもある。

　北朝鮮の企業管理制度は、企業運営に関する主な決定が中央に集中されており、しかも計画・経済管理機構がヒエラルキー的な性格を持ち、意思決定は上から下へ命令・指令的な形態で伝達されるなどの面から、基本的に旧ソ連のそれと同様、集権的システムであるといえる。もちろんいくつかの点で相違点はある。たとえば刺激制度の場合、北朝鮮は精神的刺激を優先したが、旧ソ連は物質的刺激が優先的であった。また企業内管理制度をみても北朝鮮は「工場党委員会による集団的指導制」であったが旧ソ連は「企業長単独責任制[12]」であった。それらの面からは、北朝鮮は旧ソ連より中国に近いといえる。

　また、企業行動を考えるとき、それらと同時に重要なことは「集権化の度合い」である。つまり、第2章で述べたように、北朝鮮の指導部は、中国はもちろん、旧ソ連より集権度が高い集権制を推し進めた可能性が高いということである。これは後述するように、北朝鮮の企業行動を特徴づける重要な条件の1つとして働いていた。そして、北朝鮮は旧ソ連・中国より、頻繁に持続的に大衆運動が展開されたこと、特に70年代以降、企業の計画目標の繰り上げ達成を図る「速度戦」がしばしば展開されたことも、北朝鮮の企業行動を特徴づける重要な条件の1つとして働いていた。

　それとともに、実際の企業環境として重要な、北朝鮮指導部の経済運営の特徴的なやり方を指摘する必要がある。これは、優先度、優先順位を前面に押し出した経済運営である。さらにそれは、時々「計画の無視」的政策も伴うという点で

注目に値する。

　これには2つのやり方がある。1つは、7ヵ年計画、年度別計画といった平常の経済計画の遂行過程で「優先度」を前面に押し出して計画を運営するやり方である。ここには、軍事産業、重工業分野に高い優先順位が与えられる。もう1つは、すでに現行計画（たとえば年間計画）が実施されている途中で最高指導部の意思によって重点課題が突出し、その課題の達成のため、その重点課題に「最優先順位」を与え、計画を運営するやり方である。そのために、すでに作成されていた国家計画は、こうした重点課題より低い優先度が与えられる[13]。2番目のことについては多少説明が必要であろう。

　第2次7ヵ年計画（1978～84年）が実施されていた最中である1980年の党の第6回大会では、80年代末まで達成すべき著しく野心的な「10大展望目標」（鉄鋼1,500万トン、電力1,000億キロワットなど）が新たに設定される。この目標値は、たとえ第2次7ヵ年計画の目標値を達成したとしても、次の85年から89年までの5年間に、それの1.5倍ないし2倍弱におよぶ成果を求めたものになる[14]。「10大展望目標」の提示は、ある種の「優先度」の打ち出しで、すでに進行中の第2次7ヵ年計画の存在自体を曖昧なものにした。

　それと関連し、81年10月の第6期第4次党中央委員会で、「大自然改造事業」への取り組みが決められた。「10大展望目標」で含まれていた30ヘクタールの干潟地開墾と20万ヘクタールの土地の獲得に、新たに南浦閘門と泰川発電所の建設が追加され、これらが改めて「4大建設課題」として提示された。さらに、第3章で述べた通りに、金正日によって1982年4月の金日成主席の70歳誕生日を目標し、「忠誠の贈物」と称して首都平壌に大々的に記念碑的建造物の建造が進められ、かつ1989年の第13回世界青年学生祭典の開催を控えて約3年間にかけて、260余の関連施設が建設された。こうした大規模の非生産的な建設ラッシュも平常の計画遂行の過程で突出した重点課題として、これらには「最優先順位」が与えられた。

　こうした生産・建設での「優先度」は、資材供給での「優先度」によって裏付けられなければならない。これは遅くとも80年代から存在した「主席フォンドなど」である。これは、北朝鮮のある種の資材供給優先順位である（亡命者E氏）。主席（予備）フォンド以外にも、指示分、1.5％（金正日予備）、政務院指示分などが

ある。本書ではこれらを合わせて「主席フォンドなど」と呼ぶことにする。この「主席フォンドなど」は、北朝鮮の企業行動の理解と関連して極めて重要な現象である[15]。

「鋼材の例を見よう。年間生産量がどれほどだとすれば、そのうち、何％か何十％は、金日成の思う通りに動かせる量が決められる。それが主席（予備）フォンドである。それを、金日成が最も重要な輪だと考えるところに供給する」（亡命者D氏）。亡命者たちの証言を合わせてみると、「主席フォンドなど」が供給される部門は、いいかえれば国家指導部にとって優先度が高い部門は、軍事産業、重要な重工業、偶像化（政治宣伝目的の各種記念碑的建造物など）分野、重要な輸出産業、金日成が現地指導した工場、農場などである。いいかえれば、これらの部門は、「主席フォンドなど」に当たる分の資材に対しては国家から確実に資材の供給を受けることになる。いつから「主席フォンドなど」が存在したのか。「少なくとも70年代には主席（予備）フォンドという話を聞いたことがない」（亡命者D氏）と「70年代ははっきりわからないが、80年代から存在したのは確かである」（亡命者G氏）という。

「主席フォンドなど」はどのように生産されるのか。生産企業にとって「主席フォンドなど」は計画的なものと非計画的なものがある。「あるセメント工場の場合、来年セメント何トンを主席フォンドとして生産するよう、その企業の来年計画に入れて上部から指示が降りてくる場合もあるし、計画にはなかったが、いきなりセメント何トンを主席フォンドとして生産するよう上部から命令が降りてくる場合もある」（亡命者G氏）という。

分配過程も計画的なものと非計画的なものがある。亡命者D氏が1982年から1993年まで働いた雲興鉱山機械工場も、資材の多くが「主席フォンドなど」で供給されたという。これは計画に入ってきたものである。その反面、「ある資材をどこどこに配分するか計画を立ててもそのまま執行されない。計画当局の方に、誰かがきて主席フォンドだといって、資材の一部をとっていくし、また誰かがきて指示分だといって資材の一部をとっていく。これらは当初計画にはなかったものである」（亡命者E氏）ということもある。

それとともに、北朝鮮の指導部は、特に1970年代以降、厳しい経済状況の下で、

地方または企業に対して「自力更生」を強く要求してきたものである。つまり、生産に必要な原料・資材ひいては食糧・消費品まで、中央に依存せずに、「自力更生」の革命精神を発揮して、「自ら解決」することが地域または企業に求められた。そして地域または企業レベルの自力更生政策は、北朝鮮の企業行動の理解と関連して極めて重要な現象である。

　金日成は、1979年12月12日に行った演説で、「自力更生、刻苦奮闘ということばを実践行動にうつさなければならない」と主張した。金日成は、資材が計画どおり供給されなかったため、文句ばかりをいいながら生産計画を遂行せず、計画が遂行できなかった責任を他人になすりつけようとする行動を取り上げ、強く批判したのである。資材が不足すればそれで計画を遂行する方途を見つけ出すために努力する人であってこそ、真の共産主義的革命家だということである（『経済管理5』409、411頁）。次いで1987年1月3日の演説でも「上部から資材が供給されればいいが、供給されなくても必ず計画を遂行する」という覚悟をもって計画遂行に取り組むべきであるといいつつ「自力更生、刻苦奮闘の革命精神」の発揮を強調した（『経済管理7』3～8頁）。

　咸鏡南道咸州郡の建材工場労働者出身の亡命者F氏は、「国家が資材を供給しなくても、企業が自ら自力更正革命精神を発揮して、計画を達成することを要求した」と述べている。平安南道成川郡の自動車修理工場労働者出身の亡命者S氏は、「我が工場の場合、80年代前半から独立採算制の導入と同時に、車部品に対する国家支援が一切中止された。以前は国家が部品を調達してくれたが、それから『自体解決』に変わった」という。90年代に入ってから「自力更生」はさらに強調される。亡命者M氏は、「私が住んでいた平安南道陽徳郡は、90年代初めから、企業（地方企業）のみならず、郡も、独立採算制になった。以前は国家が1年12ヶ月分の配給を保障してくれたが、それからは国が1年に10ヶ月の配給のみを保障し、残り2ヶ月分は、郡が外貨稼ぎなどを通じて『自体解決』するよう、金日成が指示した。配給はこの程度であるが、資材の場合はより酷かった」という。

2　企業長の行動と目的関数

　北朝鮮の企業行動を考察する前に、企業運営の実質的な担い手であり、責任者

である企業長の行動のいくつかの特性について簡単に調べてみることにする。実際の企業運営は、彼らの目的関数によって影響されることが少なくなかったからである。

　北朝鮮では、企業長は全て党員であり、さらに一種の特権階層である[16]。特権層と一般住民との大きな違いの１つは、供給される消費品、利用できる医療サービスなどの量と質が大きく異なっているということである。そして特権層内部でも職位によって違いが出ている。したがって企業長にとって現在の地位の維持は主な関心事である。

　しかし、現在の地位の維持は決して簡単な問題ではない。亡命者Ｅ氏によると、連合企業所支配人や１級企業所支配人[17]は党中央委員会秘書局の認可対象である。彼らに対しては企業の党委員会が一日報告をするようになっている。それに加えて、月別、４半期別に党生活総括、組織生活総括をして、個人資料によって評価する。したがって企業長は企業運営に一生懸命に取り組んでいる。そうしなければ現在のポストが維持できない。弱点を握られたら大変なことになる。

　「資材、エネルギーが十分供給され、また労働力、技術が完備された条件で、計画が達成されなかったとしよう。それは企業長、党秘書の責任である。当然、査定（北朝鮮のことばでは「検閲」）が付けられる。そして理由を調査する。その結果に基づいて、企業長、党秘書に対する処分のレベル（警告、厳重警告、免職、左遷、革命化[18]など）が決められる」（亡命者Ｅ氏）という。どんな形であれ、企業長に対する処罰は、頻繁に行われているというのが、亡命者たちの一致して証言しているところである。北朝鮮最大の重機械工場である大安重機械連合企業所の労働者出身の亡命者Ｊ氏は、「私はその工場に５年間勤めたが、その期間中に、企業長、党秘書、職場長が計画を達成できなかったために、交替されるケースを何回か見たことがある」という。亡命者Ｇ氏は、90年代前半、平安南道順川市の地方企業の企業長の場合を例に挙げている。「１、２ヶ月程度は計画目標を未達成しても問題視しなかった。４、５ヶ月続いて計画目標を未達成したら処罰を受けた」という。

　危険に対する態度はどうであろうか。対照的な２つのケースを挙げることにする。

　「機械工場は多くの場合、民需と軍需両方がある。軍需の資材は今月いっぱいま

で使っても余るが、民需の資材は足りないとしよう。そうすると企業長は多くの場合、軍需資材を民需の方に臨時的に回して、軍需・民需両方の計画を達成する。翌月に民需の資材が入ったら軍需の方に回せばこれですむだろうと思った。ところが民需の資材が入らなかった。それで軍需の生産にトラブルが起こった。とすればその企業長は直ちに首になる。もちろん彼らがそんなことを知らなかったはずがない。いずれにせよ、そのようにして首になった人は多い」(亡命者I氏)。

「年寄りの企業長は計画通りのみにする。資材がなければ仕事をしない。計画を達成できなかったことは自分の責任ではない。資材を供給してくれなかった国家の責任である。彼らは過ちなしに現象維持さえすれば、老年が保障され、名誉もそのまま残ると思っている」(亡命者K氏)[19]。

前者は、計画目標達成のためには規則違反、したがって処罰の危険も冒すケースであり、後者は「静かな暮らし」を好むケースである。その2つの類型のうち、北朝鮮ではどちらが支配的なのかは、はっきりは分からないが、筆者が会った20人の亡命者が伝える限り、前者の方が圧倒的に多かった。

企業長が法律・規則を違反しながら、さらに賄賂の利用までしながら資材を半合法、非合法的に確保し、工場を動かそうとする事例は非常に多い。それはなぜか。「そうしないと、企業長は現在の地位も維持できなくなり、従業員への給料の支払もできなくなる」(亡命者D氏)からである。また「国家計画目標を達成したいという願望だけではない。賄賂財源を調達する過程で、企業長はその一部を、自分が着服するか、流用して顔見知りの党幹部との関係維持のために使う」(亡命者B氏)という面もある。

第3節　北朝鮮の企業と生産、補給、財務管理

1　計画編成と企業

北朝鮮でも、企業が評価される基準は、計画遂行実績ではなく、計画遂行率である。「金日成、金正日が好むのは、実際にどのくらいやったということではなく、何％やったということである」(亡命者B氏、D氏)ということである。したがって、少ない計画をもらうと、計画の達成が容易になる。少ない計画であれ、一応

計画を達成すれば、誉められるからである(亡命者G氏)。日用品工場の企業長出身の亡命者K氏は、「工場の立場ではできるだけ、少ない計画を受けようとする。私も例外ではなかった」という。したがって企業は、予備を確保するために自分の生産能力を、すこしでも縮小して報告する(亡命者D氏)。

　企業側の生産能力の過小申告傾向を政府が知らないはずがない。したがって、工場が提出した生産計画を行政機関が審査する過程で、工場の実態を把握するために、行政機関の関係者が直接工場に来る。彼らは、工場側が余分の生産潜在力があるのに、少ない計画数字をもらうために生産能力を縮めて報告したことはないかと調べてみる(亡命者K氏)。しかし、「上部から実態調査にきた人は、いくら専門家でも、われわれより工場の実態を正確に知ることができない。停電する時も多いし、国家から供給される資材も少ないから、工場が自ら解決するし……言い逃れはいくらでも作られる」(亡命者K氏)ということになる。

　中央の対応は、第1節で述べた、いわゆる「ラチェット原則」にならざるをえなかった。24年間、鉱山で働いた亡命者B氏は、「今年度の実績が来年度の計画のベースになる。そして計画目標値は毎年増加した。上部はどうにも達成できない目標値を提示した」という。金日成が「国家計画委員会に計画作成に必要なデータがないので……具体的な見積もりもなしに計画数字だけを高めて下部に示達している」(『著作集37』(日本語版)317頁)と批判したことも、そのような状況を窺わせる。

　資材・設備の過大申請現象もみられる。亡命者D氏は、「わが工場の場合、実務者が資材使用計画を作成してから、企業長に報告すると、企業長は、必要資材量を少なくとも10〜15％を増やすように指示した。余裕を確保するためである」という。それに対して、中央側はどのように対応するのか。亡命者E氏によれば、企業では必要原材料量を過大策定しがちであるので、中央ではこれを少しでもカットしようとする傾向がある。彼は、特に「力がない分野であるほど、計画作成がうまくいかない。代表的なものは農業と軽工業。計画作成段階で、各生産単位は自分の必要資材量を申し込む。軍事部門はだいたいそのまま反映・認可される。農業・軽工業部門はわりと多い量がカットされる」という。

　「国家計画機関の活動家は、なるべく保障してやるものは少なくしながら、多く

のものを生産するように要求し、生産者たちは、なるべく多くのものを保障してもらいながら、生産は少なくしようとします」という金日成の非難・批判が繰り返し登場[20]したのは、その問題が北朝鮮でなかなかなくされなかったということを示している。

　したがって、計画編成過程は、度合いの差こそあれ、企業と政府の交渉を伴うものであったといえるだろう。亡命者オ・ミョンソン氏は、「私がその工場で働いた時には、計画目標は月別に決められた。例えば、月3万ウォンの金額指標である。時には6万ウォンが与えられるが、企業長が上部とうまく交渉すれば3万ウォンまで下げることができた」[21]という。また「たとえば、ある製品に対して、国家計画委員会が決定した全国的な生産量が100個だとすれば、各工場に10個ずつ割り当てられる。その時、1つの工場が、われわれは5個しか生産できないと言い張れ、これが行政機関(我が工場の場合、化学工業省)によって認められれば、ほかのだれかが15個を生産するしかない。だから計画は形式になってしまう」(亡命者Ⅰ氏)という証言からも、交渉の激しさを窺える。

　企業と中央計画当局の交渉は、計画目標水準の決定みならず、計画指標の選択、つまり生産品目の選択を巡っても行われる。どんな指標を持っているかによって企業の運命が決定されるともいえる。したがって企業はたやすい指標、需要が多い指標をもらうために努める。特に資材の確保が難しい指標をもらうと、企業は大変なので、そんな指標をできるだけ避けようとする (亡命者Ⅰ氏)。

　中央と企業との交渉を考えるにあたって、中間行政機関、企業内党組織の立場も考慮に入れる必要がある。「市行政経済委員会の地方工業部の計画課は、年間の計画をまとめて、翌年の計画をもらうために道に行く。その時、賄賂のものをいっぱい持っていく。一種のロビー活動である。翌年の計画課題を少なくしてもらうためである。そうすると、道は、賄賂をいっぱいもらった市・郡にはより少ない計画を、そうでない市・郡にはより多い計画を与える」(亡命者G氏)。これは、下部行政機関が企業の代わりに、上部行政機関との交渉に取り組んだ例である。監督機関を評価する基準と企業を評価する基準が同じである以上、このような現象は不可避である。企業内党組織、特に党秘書の立場もほぼ同じである。企業長、党秘書は毎月、市・群党に行って、実績総括をする。計画を達成できなかった企

業は企業長も、党秘書もしかられる(亡命者Ⅰ氏、K氏)。企業長と党秘書は摩擦の余地があり、また実際に摩擦が少なくないが、両者は企業の計画目標達成そのものについては利害関係が一致する（亡命者K氏）。

2 生産と企業

北朝鮮でも企業が達成しなければならない計画指標の種類は多い。生産関連指標、労働関連指標、財政関連指標など様々な指標がある。その中で最も重要な指標は生産関連指標である。それは数量的な尺度によるもの、つまり品目別生産量と貨幣的な尺度によるもの、つまり総生産額がある[22]。

ところが企業所の生産計画の遂行状況は主として総生産額によって評価された（『著作選集6』398頁）。亡命者D氏も「現物計画を達成しないと、上部から追及されるが、金額計画さえ達成すれば、処罰は受けない。だから企業は総生産額の達成により多い力を入れる」といっている。

ここで企業に、総生産額目標達成という目的を達成するために、製品の形、サイズ、スタイル、品質、色などを恣意的にする余地が与えられる。困難な品目はより少なく、容易な品目はより多く生産することで、総生産額目標を達成するように、製品組み合わせを操作することである。たとえば金日成は、「工場では需要度は低くても技術工程が簡単で生産しやすいものを大量に生産し、複雑なものは、需要度が高くても少ししか生産しないでしょう。……鉄鋼工場では計画をらくに遂行しようとして、生産工程の複雑な薄板は生産せず、厚板を多く生産し、細かい鋼線の代わりに太い鋼線を生産しています。鉄鋼工場が薄板を少なく生産するのは、それが厚板の生産に比べて時間が長くかかり、技術工程が複雑で、単位時間内の生産量も少ないからです」(『著作集23』（日本語版）451頁)と批判した。また金日成は「製靴工場で同じサイズのものから他のサイズのものに生産を切り替えようとすれば、型も替えねばならず、生産者にはあれこれと面倒なことが提起されます。それで製靴工場ではできるだけサイズの同じ靴だけを作ろうとするのです。……商店には同じサイズの靴ばかり山積みにされることになるのです」(『経済管理3』540頁)と批判した。

資材難が深刻になった90年代には、現金指標（総生産額）が明らかに最優先にな

り、企業は現物計画の達成にはほとんど注意を向けないようになったことは、亡命者たちの一致して証言するところである。そうすると、歪みはより深刻になろう。亡命者K氏は、「わが工場の場合、品目は50種類を超えた。そのうち、何を生産するのかは、個々の品目の値段が左右する。需要は少なくても、値段が高い物を選んで、それらを集中的に生産した」という。亡命者J氏の話も同じ内容である。そして需要を度外視した、さらに既存の生産品目とは全く関係がない新規生産（あるいは臨時生産）の極端な例を2つ挙げよう。ある甕工場は、毛皮加工で計画目標を達成した。市の住民はキムチ甕がないまま冬を過ごし、かなり苦労したが、企業は金額計画さえ達成すれば、それでよいと思ったからである（亡命者G氏）。また亡命者I氏が働いた鴨緑江化学工場(感光紙製造工場)は、ある時、釜を作って、足りない実績を補い、計画目標（生産額目標）を達成したことがある。

　生産課題遂行と関連した企業行動のうち、欠かせないのがいわゆる「ストーミング」現象である。つまり、月、4半期、あるいは年の最後の数日に、計画を達成しようとして気違いじみた突貫作業を行う現象のことである。それに続いて不振と混乱の時期がやってきて、生産は急激に低下する。

　1979年12月12日の演説で、金日成が「毎月、上旬から月間計画を少なくとも30％は遂行しなければならないのですが、一部では上旬に10％も遂行できず、中旬にも20％そこそこで、下旬になって突撃戦をくりひろげて70％をやり遂げています。そのため製品の質が改善されず、労働者を疲労させ、設備を酷使して翌月にはいって設備補修のためまた生産を正常化することができなくなります」(『経済管理5』413頁）と指摘・批判したことが他ならぬストーミング現象である。それにはいくつかの原因があるが、何よりも資材供給の不安定性によるところが多い。「先月の末か該当月の初めまでは資材が入るべきであるが、該当月の15日か20日に入る場合が多かった。それで突撃戦は避けられないことであった」（亡命者D氏）という。

　生産課題遂行と関連して指摘すべきもう1つの企業行動は、自分の生産物をほかの需要企業に適期に、適量を供給することに対する無関心である。すなわち、金日成の表現を借りると、「連帯生産[23]規律の違反」である。金日成はたとえば、1969年6月30日の演説で、ある製錬所での銅生産が不調であったため電線、電動機の生産が不可能になったこと、ある機械工場がクランク軸を供給してくれな

かったためトラクターが順調に生産されなかったことなどの例を挙げた。金日成は「一部の人は連帯生産規律の順守を軽んじている」と批判しながら「国の全般的な経済管理はどうなろうと、自分の企業所の計画さえ遂行すればよい」という態度をなくさなければならないと強調した（『経済管理3』544～546頁）。「連帯生産規律の違反」に対する金日成の非難はその後、繰り返し登場する[24]。

生産課題遂行と関連した企業行動として欠かせないのが、新技術導入や開発意欲の欠如である。亡命者G氏は「北朝鮮では技術革新がなかなか難しい問題である。技術者1人で孤軍奮闘するしかない。新しい技術開発の成功の見込みが確実ではないと、現場の人であれ、企業長であれ、誰も興味を示さないし、助けもくれない。技術者が現場にいって、これを実験してみようと話したら、現場の人に怒られる。現在の仕事も忙しいのに、なんで実験なんかやるのか、実験をやったとしても、私（現場の人）に得するものは何もないじゃないか、と。こういうふうに技術革新に対するインセンティブがない」という。また金日成は、1987年1月3日のある演説で、「いま工場、企業所の少なくない幹部は、当面の生産のみに夢中になって、技術の発展にはほとんど関心を払っていない。ある幹部は……労働者か技術者からよい技術革新案が提起されても、現行生産が忙しいという口実で、それを受け入れていない」（『経済管理7』13頁）と厳しく批判した。

3 資材補給と企業

北朝鮮の企業にとって最大の悩みは資材補給問題であったというのが、亡命者たちの一致して証言するところである。それは資材難が一段と深刻になった1980・90年代には言うまでもなく、資材供給状況がさほど悪くなかった1960年代にもそうであったという。

企業のとる行動として、まず指摘できるのは、資材の抱え込み、ためこみ現象である。北朝鮮では、現在使っていないか、これから使うところがないか、あるいは使う予定はあるが、3ヶ月以内に使えない資材は、国家に返すのが、原則になっている。そうしないと、法的に問題になる。しかし、「自分のものを返す人が、どこにいるのか。査定で摘発され、処罰を受けても仕方がない。本当に苦労して持ってきた資材であるから、他の人には決して簡単に渡さない」（亡命者K氏）

というのが現実である。資材事情がさほど緊張していなかった1960年代にも、企業は資材を少しでもためこんでいた。「企業は自分の資材が余っても、なかなか出そうとしない。査定にきた人には、事情を訴える。これはきっと必要な資材だ。我が工場の製品の生産にトラブルが起きたら、国家的にも大きな問題ではないか」（亡命者Ｉ氏）という。これは、国家との交渉において、自分の工場の製品がいくら重要なものであるかを示すのが最も大事であるということを示す例でもある。

　北朝鮮の企業がより頻繁に、恒常的ともいえるほど遭遇する状況は、資材不足である。亡命者たちが経験したところ、資材不足を強く感じ始めたのは、70年代半ば頃からである（亡命者Ｄ、Ｉ氏）。「私が1973年から78年まで働いた定州トラクタ工場の場合、1976年から国家から供給される鋼材の量が減り始めた」（亡命者Ｄ氏）とか「私が働いたサンソン協同農場は、1980年以降、農薬が全く供給されなかった」（亡命者Ｃ氏）という。

　資材不足と関連し、注目すべきことは「主席フォンドなど」である。国家計画より優先度が高い「主席フォンドなど」のため、「計画執行がうまくいかない。特に力がない分野であるほどそうである。国家は最も力がない部門から死なせていく」（亡命者Ｅ氏）。力がない部門は、たとえば農業・軽工業部門である。優先度が低い分野であるほど、資材不足は深刻になるのは当然のことである。

　それに北朝鮮の企業はどのように対応するのか。大きく分けて、２つの道がある。いわゆる計画線、つまり国家計画によって指定された、該当企業の資材の供給企業と、計画線以外のルート、つまり国家計画によって指定された、該当企業の資材の供給企業以外の企業、あるいは闇市場からの資材確保である。

　まず、元来の供給線を通じた解決の場合をみよう。亡命者Ｂ氏は、自分が勤めた、従業員数万名の竜陽鉱山のケースを紹介した。

　「全国に３ヶ所、つまり平壌、咸興、端川に出張所というのを設けた。私がその鉱山に入った時（1967年）も、私がそこを出る時（1990年）も存在した。もちろん、出張所の人員は前より増えた。出張所１ヶ所で25人くらいかな？出張所の基本任務は資材の確保である。出張所職員はその地域に常住し、資材供給工場に顔を出して、魚、米などの賄賂をあげながら、資材をもらう。そもそも大安の事業体系によって、上部が下部へ供給するようになっている。しかし、現実は正反対

である。下部が自ら上部へ上がって、引き降ろすことである。企業に出張所が必要なのは、そのためである。国家計画によって、自分が当然もらうようになっている、自分の割り当てを、さらに賄賂を使いながら、苦労してもらってくるのである。」

　亡命者D氏が働いた工場の場合、国家計画によって資材補給が保障されたとしても、指定された企業から資材をもらうためには、その企業側に賄賂を使うしかなかったという。そうしないと、適期に、また適量をもらえなかった。製品が足りない時には、不合格品ももらうが、その時にも賄賂を使わなければならなかったという。亡命者G氏の証言は、供給企業側の立場を理解するのに役に立つ。「小工具工場が資材を求めて鋼材工場に行ったとしよう。鋼材工場も資材が足りないから、生産量が少ない。国家計画では、どこどこに供給するかが決まっているが、どうせ、すべての需要を満たせない。どの工場にあげるかは、企業長の決心次第である。自分と利害関係があるか、自分に賄賂を捧げる工場に、物をあげるのは当然のことである」という。もちろん、供給企業に対して、行政機関が、誰に物をあげるよう、命令することもありうる。行政機関の方にも賄賂を使うのは当然のことである。

　供給企業側に、また中央にまで、ロビー活動を積極的に展開する必要がある例は亡命者L氏が提供している。前述した「主席フォンド」と関連したことである。「私が80年代末と90年代初めに勤務した朝鮮玉流館貿易会社で経験したことである。水産基地で防波堤を築く必要が生じた。まず来年の事業計画に入れた。しかし上部から断わられた。それで政務院に提議書を書いた。そうすると総理の認可を得て、主席部に報告される。もちろんその時、ロビーが一緒に入る。これは解決すべきだと判断されると、主席フォンドで処理される。それで川内里セメントに行く。もちろん、我が社の当初の計画に入っている、まさにその工場である。ところが、この段階でもロビーは必要である。主席フォンドをもらいに来る企業が多いから。もちろん主席フォンドだから、もらうのは確実だ。問題は時期だ。早めにもらうために賄賂を使わざるをえない」(亡命者L氏)。

　亡命者I氏の工場は、正反対のケースである。別に賄賂を用意しなくてもよかった。自社製品が企業の必需品であったからである。したがって供給企業に対して、

交渉力の面で、優位に立っていたといえる。「我が工場の場合、感光紙を生産したので、有利であった。感光紙はどんな工場であれ、設計をするところでは、きっと必要だったから。われわれが国家計画線である2・8ビナロン連合企業所に行ったら、設計側の人と交渉する。感光紙をあげるから、こんな資材を保障してくれ、と。彼らは、大事なお客のように、われわれに応対してくれる」という。

次は、元来の供給線以外のルートを通じた解決の場合をみよう。ここには企業長を始め、技師長、資材課長、資材引受け員（後述）など企業の全員が動員されるといっても過言ではない。まず、企業間の資材の非公式的取引きをみよう。企業長出身の亡命者K氏は「基本的に物物交換関係である。……例えば、私は今月の計画を達成したいと思っているが、ベアリングがないとしよう。そうすると、予備ベアリングがありそうな企業長に電話をかける。ベアリング何番何番をくれ。そうすると、企業長同士は通じる。もちろん、ベアリングをもらったら、わが工場の生産品をあげなければならない」[25]という。亡命者I氏は、「我が工場に余る資材はほかの工場と交換する。我が工場に余る物が、ほかの工場では足りないことがありうるから。もちろん逆のケースも成り立つ。どの工場が、我が工場の余る物がほしいのか、また我が工場の必要な物を持っているのか、といったことは資材引受け員があちこち歩き回りながら調べてみる」という。そして行政機関との交渉であれ、ほかの企業との交渉であれ、この過程では、できる限り、顔見知りを探そうとする。顔見知りではないと、相手は賄賂を渡されても、受け取ろうとしないし、受け取ったとしても心配する。したがって、得意の取引先を作るのが大事なことである（亡命者K氏）[26]。

「計画線（国家計画による資材供給線）よりは、人脈線が、命脈線である」という亡命者G氏の証言は示唆するところが少なくない。もちろん、計画線以外のところで資材を持ってくるのは不法である。法律どおりにすれば、多くの資材働き手は逮捕される（亡命者M氏）。したがって、北朝鮮の資材働き手は、「1つの足を監獄に入れておいて生活する」といわれる（亡命者F氏）。

多くの場合、企業が行政側かほかの企業にあげる賄賂は、現金より現物が多い。「現金が行ったり来たりすると、問題が複雑になる」（亡命者F氏）からである。代表的なものは、お酒、たばこである。それに豚肉、犬肉、米、果物などの農・畜

産物が加えられる。時にはテレビ、録音機、冷蔵庫などの電子製品、生地、たんす、化粧品なども登場する。では企業はその賄賂の財源をどのように調達するのか。ここでは亡命者2人の証言を紹介する。

まず、亡命者D氏によれば、工場の副業地で生産された大根、白菜、キュウリなどを従業員に高価で販売する。そもそも国定価格より安い値段で売るようになっているが、国定価格より2〜3倍、時には5倍高い値段で従業員に売る。その差額をもって現金を調達し、その現金でお酒を買う。企業長の判断によって計画以外の物を生産して、それを協同農場へ販売し、その代価で農・畜産物をもらうこともある。「それぐらいは査定で摘発されたとしても、大きな問題にならない。国のために、そうやったから。特定の個人一人が得を得ることではないから」（亡命者D氏）という。また亡命者K氏は、「『事業』[27]をするためには、生産品の予備を確保しておく必要がある。だから私は実務者に、今日生産した製品の一部は帳簿に書かないよう指示をした。もちろんその分、労働者の割り前が少なくなるのは事実であるが、工場が生き残るためには、仕方がない」[28]という。これは「二重帳簿」を作ることであるといえる。「企業長と簿記長が仲がよい場合には、二重帳簿は作られる。もちろん、こうして助成したお金をすべて『事業』のため使ったとしても、査定の時、摘発されると処罰を受ける。二重帳簿が作れるかどうかは、企業によって違う。私の場合も、すこし二重帳簿を持っていた」（亡命者K氏）という。

次は、旧ソ連でタルカーチという名で知られていた、資材供給の専門家を検討しよう。結論から言えば、北朝鮮でもタルカーチは存在する。それも決して少なくない数のタルカーチが存在するといえる。北朝鮮の企業内にある「資材引受け員」という名の役職についている人々は、全員ではないが、相当の人数は、タルカーチと見てもいいだろう。

連合企業所制度が導入されるとき、資材引受け員という職責をなくすように指示が与えられた。法的には資材引受け員を設けないようになっている。資材引受け員という名目で給料を支払うことは禁じられている。しかし多くの企業は、秘密に資材引受け員を設けている。彼らは別の役職についていながら、資材関係の仕事をしている（亡命者D氏）。企業長の立場では、最も腕がよく、顔が広く、信頼

できる人を資材引受け員として選ばなければならない（亡命者K氏）。

　資材引受け員は如何にして物を持ってくるのか。工場の資材・設備の盗み取ったもの、横流したものが、彼がよく利用する「市場」である。たとえば自転車工場があるとしよう。資材引受け員がその工場の従業員たちを誘う。資材引受け員の誘いによって、従業員たちは自分の工場のタイヤ、スポーク、ベアリングなどを盗み取って、彼らに売り渡す（亡命者G氏）。亡命者S氏は、石炭引受け員の例を挙げている。北朝鮮では石炭が冬の必需品である。彼らの任務は冬が始まる前に一定量の石炭を企業に持ってきてくれることである。もちろん、企業からは、現物（この企業の生産物）であれ、現金であれ、石炭を買う財源が提供される。彼らは、その企業に目標量だけを渡してから、残りは自由に処分できる。北朝鮮の工場の70〜80％は、このような石炭引受け員を設けているという。

　陽徳木材化学工場（松脂製造工場）で資材引受け員として働いたことがある亡命者M氏は、「北朝鮮では貨車1台（貨車を1回使える権利）をもらうのは大変だ。豚が何頭も必要である。私は、1年に貨車3台を企業に提供し、1年ずっと遊んだ。それでも配給も、給料も全部もらえる。私の妻の父が、平安南道新成川（労働者区）の鉄道管理局の課長であった」。そして彼は、ほかの工場の石炭引受け員たちに何回か貨車を提供したことがある。結局、彼もタルカーチといえる。ところが彼より専門的に仲介を行う人が存在する。タルカーチの最も発達した形でもある。

　「彼らは、ある工場の資材引受け員という職責についているが、これは名目にすぎない。彼らは1年中、工場に出勤さえしない。その工場が必要とする資材を、必要とする量だけ、年に1回、持ってきてくれたらそれで終わりだ。それでも彼らは一年中ずっと出勤したことになり、配給ももらう。彼らは何よりも、顔が広い人である。社会安全部[29]、検察を始め、あちこちでコネを持っている。彼らは、A工場の物を引き出す時にはXコネを、B工場の物を引き出す時にはYコネを利用するというようなやり方である。彼らは私より専門的な仲介人である。多数の企業のために、さらに個人のためにも働く。私が住んでいたY郡にはそんな人が、10人ぐらいであった」（亡命者M氏）。

4　財務管理と企業

　北朝鮮の企業でも利潤という概念がある。「北朝鮮の企業もコスト[30]、利潤を計算することはする。ところが、企業所での無駄が多すぎるため、企業の収入・支出のバランスが合わないのが多い。北朝鮮の企業長のうち、利潤を出そうと努める企業長はあまり多くない。もちろん、実務者の中のだれかが企業長にアドバイスすることはあるだろう。こうこうやれば赤字ですと。私もそうしたことがある。しかし、党からいわれた通りにやれ、と批判された」（亡命者D氏）という。

　国家が必要なものは、赤字が発生しても、国家が助けながら生産させる（亡命者G氏）。党から、ある製品を生産するよういわれたら、たとえ損失が不可避である見通しでも、それを生産しなければならない。その製品が必要な企業（需要企業）に支障を与えてはならないからである（いわゆる連帯生産）。それが累積されると、赤字になる。そして銀行からの借金がたまっていく（亡命者D氏）。したがって、企業が黒字を出そうと努める風景は想像しにくい。

　ところが1980年代末か90年代始めから独立採算制が本格的に導入されてからは、状況は多少変わった。その以前は独立採算制が導入されても形式に過ぎない場合が多かった。亡命者E氏によれば、独立採算制企業と指定されていたが、国家のさまざまな制限処置のため、実際には独立採算制が適用できなかったケースが少なくなかった。たとえば、企業所の銀行口座と国庫は形式的には別のものにされているが、実際には企業所の銀行口座に入っているお金を、国庫が自由に使うことができるようにしたという。

　亡命者L氏の証言は独立採算制実施以前と以降の違いを明確に示している。「私が勤めた貿易会社の江原道支社は、89年までは予算制であったが、90年から独立採算制になった。そして90、91年は計画を120％達成した。だから従業員にボーナスで商品(テレビ、生地、自転車など)を与えた。企業内で運営資金もより多くなって、船一隻を購入した。……予算制なら、計画を超過達成するか否かに関係なく、固定された収入を得る。ボーナスはあるが少ない。そして利潤が出ても国家が吸い上げる。お金が国家財政に入る。もちろん赤字が出ると、国家が埋めてくれる。企業運営資金も限度が定められている」ということである。

　したがって企業の行動に、ある程度変化が生じるのは当然のことである。亡命

者K氏は、「独立採算制の導入で、計画超過分に対する利潤は企業が自由に処分できるようになったから、私の工場でも利潤を出そうと努めた。私の場合、設備改造・自動化などを通じてコストを削減することに力を入れた。ただしそれ以外はできることは何もなかった」という。

　銀行取引きにも変化が生じた。「今月、何か生産しようと思っているが、お金がないとしよう。そうすると銀行から借りるしかない。ところが銀行からの貸出しは本当に難しい。だから賄賂を使う。ここでも『事業』が必要である。銀行との関係がよくないと、企業は生き残ることができない。銀行も、現金がないから」（亡命者K氏）という。昔は逆であった。金日成は1963年11月28日に行った演説で「銀行業務で現われている基本的な欠陥は、国家資金の貸し出しに慎重を欠いていることです。……いま一部の銀行支店は、融資額が多ければ実績が上がるものと考え、貸し出し限度を超過しないからといって機関、企業所にむやみに融資しています。……国家資金の浪費と焦げ付きを助長しているのです。……そのため企業所の支配人は資材を必要以上に確保しておこうとし、未成品や半製品を大量に抱えていても、何の責任も感じなくなるのです」（『経済管理2』555〜556頁）と批判したことがある。

　そして少なくとも90年代には北朝鮮でも、企業の「死亡」はあるというのが亡命者たちの一致して証言するところである。もちろん「企業が倒産することはない。社会主義だから。生産を中止し、そのまま続くだけである。これは個人の誤りではない。国家の誤りである」（亡命者D氏）という。亡命者B氏が1995年5月から96年8月まで所属していた北青郡建材工場は90年代初めから工場が完全にストップした状態であった。もはや国家はすべての企業の生存を保障するわけではない。もちろん国家は重要であると判断される企業に対しては責任を負う。亡命者D氏は、「ほかの工場は死なせても、我が工場は死なせなかった。国家は戦争動員の予備物資として銅の生産に力点を置き、それを裏付けるのがわが工場であったからである。十分ではなかったが、動力・資材をある程度保障してくれた」という。亡命者K氏も、「独立採算制にもかかわらず、わが工場が赤字になった、お金がなくなったとしよう。だが、我が工場は金正日のプレゼント製造工場であるから、動かさなければならない。その時、国家がお金をすこしくれる」という。

企業長を始め、企業幹部が如何に頭を使うのか、企業経営活動をうまく行うのか、によって企業が生き残るか、死ぬかが決められるというのが、亡命者たちの一致して証言するところである。

第4節　バーゲニング・モデルと北朝鮮の企業

バーゲニング・モデルは、北朝鮮の企業行動を説明できるか。そうだとすればどこまで説明できるのか。亡命者証言を手がかりにして推論してみよう。

前述したように、社会主義企業について、「従順な行政的付属物」、「バーゲニング（ないし騙し合い）」、そして「ソフトな予算制約（ないし馴れ合い）」という3つのモデルを設定することができる。

まず、北朝鮮の企業行動と「ソフトな予算制約」モデルでの関連性を調べてみよう。1980年末か90年代初め以前は事実上、予算制が圧倒的であったから、赤字が出ても政府から埋めてもらえた。企業にとって、予算はある程度「ソフト化」されている。ところが、80年末か90年代初めから独立採算制が本格的に実施されることによって、企業環境は大きく変わった。多くの場合、企業が生き残るか、死ぬかは、企業自身の手にかかってきた。それにより予算は「ハード化」されたといえる。

では「従順な行政的付属物」モデルはどうであろうか。下記の2つのケースでの企業行動は「従順な行政的付属物」モデルによって説明されるところが多い。第1に、企業が行政機関あるいは党組織による直接の命令や強制によって動いている場合である。特に金日成、金正日と直接関連がある命令の場合、企業側のバーゲニングの余地はほとんどない。亡命者G氏は、「北朝鮮では金日成、金正日と直接関連したものは徹底に統制・監督を行う。緻密である。企業にとってほかのものは疎かに扱うことができるが、金日成、金正日関連のものは、決してそうしてはいけない」という。そのよい例が「主席フォンド」の生産である。「主席フォンド生産の命令が降ろしてくると、企業は、どんな手段を使ってもやり遂げねばならない。また実際にそうする。能力が足りなくても指示された生産命令を履行する。主席フォンドの生産ができなかったら、党秘書、企業長、さらに担当職場長

まで直ちに首になるからである」（亡命者G氏）という状況である。

　第2に、優先度の高い産業、特に軍事産業の場合である。軍事産業は、資金・資材・技術・人力が最優先的に供給されるというのは、亡命者たちの一致して証言するところである。亡命者E氏は、計画作成段階で、各生産単位は自分の必要資材量を申し込むが、軍事部門はだいたいそのまま反映・認可されるという。行政とバーゲニングする必要が、ほかの企業より少ない。もちろん、全然ないわけではない。経済全般に資材が不足しているからである。たとえば「主席フォンド」を得るためのロビーは十分考えられる。また「計画遂行率に対する査定の場合をみよう。民需部門に対しては、計画未達成に対して、『承認』はしないが、『黙認』はすることもある。時には賄賂も通じる。しかし、軍事産業に対しては『黙認』とか『妥協』とかは一切ない。軍事第一主義であるから」（亡命者D氏）という。監督・統制が徹底に行われている軍事産業の生産に関してはバーゲニングの可能性はきわめて少ない。

　このように北朝鮮の企業行動の一部は「従順な行政的付属物」モデルによって説明できるにもかかわらず、本章の第3節でみた通りに、企業活動の主な柱である計画編成、生産、補給と関連した活動は、基本的に、旧ソ連・東欧の企業と同様、企業と行政側との垂直的なバーゲニング、企業とほかの企業または個人との水平的なバーゲニングによって行われていた。企業の生産可能性の過小申告、投入財の過大要求、そして国家の「ラチェット原則」、「よい指標」を獲得するための国家との交渉といった、いわゆるプランバーゲニング現象、計画達成のための企業の恣意的な生産物構成変更、生産物の他企業への適期・適量引き渡しへの無関心などは、北朝鮮で広く行き渡っている。特に資材補給を巡る企業活動はほとんどバーゲニングによって行われていたといえる。計画線を通じた行政機関・他企業との交渉、計画線以外のルートを通じた交渉、そしてそのための人脈・賄賂の利用、ロビー活動、様々な半合法・非合法的活動、タルカーチの活躍といったことなしには、企業の運営はできなくなった。

　したがって、北朝鮮でも、3つのモデルのうち、バーゲニングモデルによって説明されるところが最も多いといえるだろう。特に民需部門の企業はそうであるといえる。それはなぜか。基本的には北朝鮮も旧ソ連・東欧と同様、「刺激非両立

性」の問題を抱えていたからである。既に見たとおりに中央、中間行政機関、党組織、企業長、労働者の目的関数はかなり違う。中央は、企業運営に限ってみると、個々の企業が公式ルール・規則を守りながらすべての計画課題を達成し、社会全体が1つの工場にように運営されることに利害関係があって、企業長・労働者にひたすら中央の命令に従うことを要求する。ところが企業長は生産課題の達成のみならず、現在の地位の維持・昇進、失敗・処罰の危険の最小化などに利害関係がある。労働者は一所懸命働くより、党から批判されることなく静かに楽に暮らすことに利害関係がある。中間的行政機関・党組織の関係者も、企業に対する「監督者」の役割のみならず、現在の地位の維持、上部からの叱責・処罰の危険の最小化などに自分の利害がかかっている。金日成が、少なくとも1960年代から絶えずに「国家の法秩序と規則を違反し、国家と人民の利益を損う古い資本主義思想」とか「他人は計画を達成するか否かに構わずに、国家財政はどうであれ、自分の部門、地域、企業だけが計画を達成すればそれでいいという機関本位主義、地方本位主義」などの「反革命的思想毒素」を指摘し、強く批判し続けた[31]ことは、まさにこの状況の反映である。

　また亡命者たちは、首尾一貫していない計画、不完全・不正確な計画に、特に信頼できない公式補給制度に悩まされていたという。実際の企業運営において、計画当局は企業に対して、計画当局の決定、指令（企業の課題）の実行手段の保障、特に資材補給について完全に責任を負おうともしなかったし、完全に責任を負うこともできなかった。また計画当局が指令を下達する時にも、企業が指令を遂行可能であると予め判断したわけでもなかった。こうした中央と企業間の決定（あるいは指令）―責任関係の曖昧な状態は、旧ソ連・東欧と同様、処理されるべき情報量と情報処理能力との間のアンバランスから生じるものである。金日成が繰り返し「計画当局の最も主な欠陥は、人民経済のどの部門にどんな種類の生産設備がどれほどあり、その生産能力がどの程度のものかをはっきり知らず、科学的な検討もなしに経済の指導をしていることである」（『著作選集6』404頁）とか「計画が形式的に樹立されている」（『経済管理3』15頁）とかを指摘・批判し続けたことはまさにそのためである。したがって北朝鮮の企業としては、第1節で説明した旧ソ連・東欧企業と同様、国家指示に従うと、失敗（計画未達成）する危険が大

きいから、中央と交渉する必要性を強く感じており、しかも交渉ができる条件は既に備えられていた。

ただし1980・90年代の北朝鮮は、上記の2つの要因だけでは説明きれない。企業にとっては行政機関・他企業とバーゲニングする必要性と可能性がより多くなったともいえる。そしてその空間は、国家によって広げられた面が多い。これは本章の第2節でみた「地方または企業レベルでの自力更生」である。

「自力更生」「自体解決」とは文字どおり企業が自ら資材を調達するということであるが、集権的計画経済で、しかも計画の一元化、細部化によってより集権度の強い集権制を目指していた北朝鮮で、企業がどこで資材を求めるべきなのか。ほかの企業や、個人を通じて、つまり非公式的に、また闇市場で解決する以外の方途はない（亡命者F氏、M氏、S氏）。これこそ「水平的バーゲニング」である。

その代わりに「今は、以前と異なり、査定というのは、相当にゆとりが多くなった」（亡命者G氏）ということが起る。「言い逃れはいくらでも作られる」というのは、亡命者たちの一致して証言するところである。さらに「工場側は、生産能力調査・査定に来た人に対して、時には『貴方達は資材も保障してくれないのに、こんなことを査定して、何をするつもりなのか』と反発することもある。彼らもわれわれに、あれをやれ、これをやれ、と言える立場ではない」（亡命者K氏）という話まで出てくる。企業が国家とバーゲニングができる余地は以前より広くなったといえる。

では北朝鮮の企業が、旧ソ連・東欧の企業と同様、基本的にバーゲニング・モデルによって説明されるとすれば、その意味は何か。第1に、そのバーゲニングのプロセスが個人的あるいは集団的な要因に影響されるところが大きいことである。バーゲニングによる計画化の危険性は、国家の利益にかまわずに、自分の企業や個人の利益のために、計画を恣意的に操作できる空間を提供するということである。したがって、資源配分の意思決定において個人的・集団的要因が多く入り、相当な量の資源が、国家の意図に反する方向に、計画された資源配分とは違う方向で配分されるということである。その分、国家全体の資源配分における浪費・非効率はいっそう大きくなる。

第2に、中央が立てる計画の不正確さ、不整合性がより大きくなり、企業の計

画目標未達成の確率はより大きくなる。企業の生産能力の隠蔽のため、計画当局は生産目標がどの程度過小策定か過大策定か知らない。物資補給の計画の場合も同じである。したがって、ある企業は資材が余るが、ある企業は足りないことになる。計画の基本的な諸部門である生産、資材補給、投資間の不一致はより大きくなる。計画での誤りは、ある企業の目標達成の失敗を招き、それは他の関連企業に次々に波及していく「補給の連鎖反応」をもたらす。一方では計画の実行段階では、ある企業での、需要を無視した、生産ミックスの恣意的な選択、他の企業への適期・適量の引き渡しへの無関心、生産目の品質の低下、資材の抱え込み、さらに工場の資材・設備の盗み取り、工場の資材・生産物の横流しなどが、他の企業の目標達成の失敗を招き、それはまた第3、第4といった他の関連企業に次々に波及していく「補給の連鎖反応」ないし「生産のボトルネックの連鎖反応的」によってさらに増幅される。

「89年末から90年初めにかけて起きたことである。干拓地に水を供給するために全国的に水路工事をするよう指示が与えられた。ところがなかなか進まなかった。理由を調べてみた。構造物工事の方が問題であった。人力は十分であったが、彼らは手を引いて遊んでいた。セメント、鋼材が供給されなかったからである。セメント工場に行って理由を追及した。ところがセメントはたくさん生産され、積み上げられていた。輸送ができなかったことである。輸送の方にいって調べたが、彼らは貨車が足りないと答えた。貨車製造工場に行って調べてみたが、彼らは金額計画は達成したが現物計画は達成しなかった。つまり貨車のかわりに荷車、そば機械などで金額計画を達成した。鋼材が足りなかったので、少ない原料で値段が高いものを選んだといういいわけであった。鋼材工場に行って鋼材を生産しなかった理由を追及したら、彼らは石炭と鉱石が供給されなかったからと答えた。どうして石炭と鉱石を生産できなかったのか。電気がないからである。どうして電気が生産できなかったのか。石炭がないからである」(亡命者H氏)。

現在の北朝鮮では、このような例が数多く存在するというのが亡命者たちの一致して証言しているところである。エルマンによるランプの例は、上記の現象の理解に役に立つ。ある企業が配分機関Aからはランプのほやを計画分の100%、機関Bからはランプの台を60%分、機関Cからはしんを50%分、機関Dからはラン

プの灯口20%分を受け取るといったことは不可避に起こる。その場合、ランプは、計画分の「20%」しか生産できない。生産量は、最も少ない量（比率）が供給されたその原料の供給率に合わせるしかない。もちろん、ほやの80%、台の40%、しんの30%は、思わぬ「余分」になり生産に利用されないままほこりをかぶってしまう（エルマン（1982）55頁）。

　上記の例でみれば、鋼材工場の場合、たとえば石炭が計画分の60%、鉱石が計画分の40%供給されたとすれば、鋼材は計画分の「40%」しか生産できない。「水平的バーゲニング」を通じて石炭・鉱石を追加に調達したとしても、生産量は、最も少ない量（比率）が供給されたその原料の供給率に合わせるという点は変わらない。そのような状況は、鋼材を投入財として使う貨車製造工場にも起りうる。貨車製造工場の例のように、計画された品目と違う品目を生産すると、その計画された品目を供給されるようになっている企業の生産量はさらに低下するだろう。このようにして、資材不足が一段と深刻な資材不足をもたらす「不足の深化現象」が生じているのが北朝鮮の現状であるといえよう。

第5節　小　　結

　本章では、主に亡命者との面談結果に基づいて、1980・90年代を中心に、北朝鮮の企業行動様式を整理してみた。北朝鮮の企業の行動も、全部ではないが、多くの場合、バーゲニング・モデルによって説明できるといえる。つまり政府との「垂直的バーゲニング」と他の企業または個人との「水平的バーゲニング」は、北朝鮮の企業行動の、全部ではないが、多くを説明できるということである。こうした点からみると、北朝鮮における企業の行動と、旧ソ連・東欧経済における企業の行動は共通点が多いといえるだろう。

　ただし、北朝鮮の企業行動と旧ソ連・東欧の企業行動との相違点がないわけではない。この問題について最後に検討することにする。

　まず、北朝鮮の企業にはバーゲニングがどの程度広く行き渡っているのか、つまり実際の企業運営におけるバーゲニングの程度である。1980・90年代の北朝鮮は1960年代より、また本格的な経済改革以前の旧ソ連・東欧よりバーゲニングが、

特に「水平的バーゲニング」がより広範にかつ頻繁に行われる可能性がある。「資材がさほど不足していなかった60年代にも企業は資材をすこし抱え込んでいたし、当局の許可なしに他の企業と資材取引を時々行った。もちろん80・90年代程度ではなかった」(亡命者Ⅰ氏)とか「私が働いた高陽建材工場は、85年か86年当りに公式的な補給計画達成率は60～70％程度であった。残り30～40％は、工場が『自体解決』した」(亡命者F氏)とか「私はある工場を、91年から94年まで経営したが、その間国家から資材を供給されたのはほんのわずかである。ほとんどを『自体解決』した」(企業長出身の亡命者K氏)という証言からもその可能性が考えられる。

2番目としては、1980・90年代の北朝鮮の企業は1960年代に比べて、「従順な行政的付属物」としての企業の行動は減らずに、依然として残存している。上記の1番目の特徴との関連でみれば、一方では、企業と国家・他企業または個人とのバーゲニングが広範に存在し、しかも拡大されていたにもかかわらず、相変わらず上部からの直接的な強制、命令はまだある程度効き目があって、企業はそれに忠実に従っているということである。特に、「主席フォンドなど」の生産をはじめ、金日成・金正日と関係があるものはそうである。「主席フォンドなど」のようなものは旧ソ連・東欧には存在しなかった。また軍事産業に対し、国家は、資材・人力を優先的に保障しながら生産の監督・統制の徹底化に力を入れるから、軍事産業の企業行動の多くは、「従順な行政的付属物」として説明できる。90年代前半か半ばには、民需工場の稼働率は非常に低い(10～30％)が、軍需工場はほぼフル稼動しているのが、亡命者たちの一致して証言しているところである。こうした民需と軍需の極端なアンバランスは旧ソ連・東欧ではみられなかったものである。

そうした2つの企業行動の特徴の原因を探るためには、制度的な企業環境と現実的な企業環境の両方に注目せざるをえない。まず第2節でみた通りに、北朝鮮は旧ソ連・東欧と同様、集権的な企業管理運営システムである。ところが、北朝鮮の指導部は旧ソ連・東欧より集権度の高い集権制を推し進めてきた可能性が高い。より集権度の高い集権制を推し進めると、中央の情報処理負担はより大きくなり、社会全体の情報量と情報処理能力との間のアンバランスは、旧ソ連・東欧より深刻になる可能性が高い。そして中央と企業間の決定─責任関係はより曖昧になる。さらにある限度を超えて過度の集権化を推し進めると、逆に制御能力を

失って、計画経済自体が1つの「擬制的なもの」あるいは外見上のものに過ぎなくなる。

　北朝鮮の指導部の企業運営のやり方も視野に入れるべきである。それはまず、優先度、優先順位による経済運営である。さらにそれは、時々「計画の無視」現象も伴うという点で注目に値する。もちろん、「優先度」現象は旧ソ連・東欧でもみられたが、亡命者たちが伝えるかぎり、少なくとも80年代から北朝鮮の指導部は、ほかの社会主義経済より明確に、「優先度」を前面に押し出して経済を運営しようとしたといえるだろう。

　平常の経済計画の遂行過程で「優先度」を前面に押し出して経済を運営するやり方であれば、平常の計画遂行の過程で突出した重点課題に「最優先順位」を与え、経済を運営するやり方である。こうした生産・建設での「優先度」は、資材供給での「優先度」によって裏付けられなければならない。これは遅くとも80年代から存在した「主席フォンドなど」である。「主席フォンドなど」は全部ではないが、相当の部分が、当初の計画にはなかったものである。「資材供給順位は、主席フォンド、金正日指示分、政務院指示分、そして国家計画分の順になっている」（亡命者E氏）とすれば、国家計画は指導部の意思より優先度が低いことになる。企業にとっては、国家計画によって予定されている資材の供給を受ける可能性がいっそう低くなることを意味する。金日成は以前、「国家計画は誰も変えることができず、また破ることもできない『国家の法』である」[32)]といったことがあるが、金日成をはじめとする北朝鮮の指導部は、自ら「国家の法」を破る行為を繰り返してきたということである。

　そして「主席フォンドなど」の多くは、優先度が高い分野の割り前になる。その代わりにほかの企業に対しては「自力更生」を強調する。国家がすべての資材に関して責任を負わないという意志の表明でもある。さらに80年代末か90年代に入ってからは、独立採算制が本格的に導入され、国家は企業に対して財務的に責任を負わないということを言明する。ところが優先度が高い部門の企業は依然として国家から財務的にも助けられる。90年代に入っては、北朝鮮の指導部は優先度の低い産業・企業に対しては、すこし誇張した表現を使うと、「手を引いた」といえるだろう。

こうした北朝鮮指導部のやり方は、基本的に資材不足と関係がある。亡命者たちが経験したところ、資材不足を強く感じ始めたのは、70年代半ばごろからである。したがって資材不足がより深刻になるにつれ、「優先度」による企業運営はますます強くなったといえる。あるいは平常の国家計画では、企業に資材が供給されるという保障がないという現実に気が付いたかも知れない。

70年代から繰り返し展開された、企業の計画目標の繰り上げ達成運動を図る「速度戦」も、国家指導部による、ある種の「計画の無視」と見なさなければならない。せっかく企業計画目標を設定したのちに、計画目標の繰り上げ達成運動を図るということは、それも恒常的ともいえるほど繰り返すということは、国家が事前に立てた計画そのものを自ら否定・無視することに他ならない[33]。

この問題と関連した亡命者K氏の証言は注目に値する。「70年代には資材がないから、作業ができなかったという話はなかった。70年代以降からが問題だった。金正日が政治に介入してから速度戦というのが出てきた。ところがこの速度戦というのは、次の会計年度の原資材まで費やすものだった。それから経済的な波動がもたらされた。当然、お互いにかみ合っていた企業らが動けなくなった。それから下り坂だった」[34]ということである。

別の側面からみると、企業にとって、計画目標を繰り上げ達成するためには、計画分以上の資金・資材・労働力を確保しなければならない。計画分以上の資金・資材・労働力の調達は、公式的に保障されていないから、これらの調達をめぐる地域間、部門間、企業間の競合は、当然、「力」の論理によって支配されることになる。力がない部門に回される資金・資材・労働力はもっと少なくなるということである。地域間、部門間、企業間などの不均衡が助長されることになる。

集権度の高い集権制の推し進めによって国家計画が「擬制化」されると、非公式領域が拡大せざるをえない。これに輪をかけるのが、「主席フォンドなど」、「速度戦」、「企業レベルの自力更生」といったものである。したがって「国家計画が計画どおりに執行されない。特に力がない部門は、そうである」(亡命者E氏)ことになる。そうすると、力がない部門は、自ら、非公式領域で資材を解決するしかない。ここから「水平的バーゲニング」がますます拡大されることになる。「水平的バーゲニング」の拡大は国民経済の非公式領域の拡大につながる。「現在の北朝

鮮において計画は形式にすぎない」ということは亡命者たちが一致して証言しているところである。

　また「優先度」を前面に押し出した企業運営は、北朝鮮特有の政治体制、つまり本書でいう「唯一体制」によって支えられたという点も指摘する必要がある。資材調達の優先順位システムの1つが「主席」フォンドと名づけられている点がよい例である。

　ではこのような北朝鮮の企業行動の議論が、北朝鮮経済研究に示唆するところは何であろうか。

　第1に、「バーゲニング」、特に水平的バーゲニングの広範な存在および拡大は、中央集権的計画制度の機能不全の現われでもある。現実の中央集権的計画経済は、時間が経つにつれ、制度的に不具合が発生し、次第に機能不全の状態に落ちる。北朝鮮の場合、こうした傾向に輪をかけたのが、より集権度の高い集権制の推進、「計画の無視」的性格をも持っている政策、つまり速度戦と、優先順位を前面に押し出した政策（「主席フォンド」等）、企業レベルの自力更生政策である。中央集権的計画制度の機能不全は、前述した、企業行動と関連した様々な浪費・非効率を伴う。

　第2に、現在の極端な物不足、資材難について、いままでは主に、社会主義圏の崩壊による貿易関係の断絶、天然資源の乏しさ、外貨不足などのマクロ的要因が指摘されてきた。しかし、現在の北朝鮮の極端な資材難は、ミクロ的にみると、生産能力に関する過小申告、投入財に関する過大要求、需要を無視した財の供給、他の企業への適期・適量の引き渡しへの無関心、企業における投入財・労働力の過剰な抱え込み等による浪費と費用の過大さ、新技術導入や開発意欲の欠如といった企業行動における様々な浪費、非効率にも原因があるのではないかと思われる。特に、これらによってある企業の目標達成の失敗が他の企業の目標達成の失敗を招き、それがまた他の関連企業に次々に波及していく「補給の連鎖反応」、資材不足が一段と深刻な資材不足をもたらす「不足の深化現象」が北朝鮮で生じていることは重要である。このような面まで視野に入れることによって北朝鮮の極端な物不足に対する理解が深まると思われる。

1) 本章は、梁文秀（1999）を修正・加筆したものである。
2) 社会主義企業のモデルについては、たとえば、Buck（1982）、中村靖（1992）、中兼和津次（1988）などを参照。
3) Berliner（1957）pp. 23-24, 114, 225, 318-319, 322を参照。
4) グラニック（1961）第2章、第18章、Granick（1983）pp. 223-257を参照。
5) ノーブ（1971）第1章、第6章を参照。
6) 中村靖（1992）4頁、第2章、第3章を参照。
7) コルナイ（1984）173〜177頁、Kornai（1992）、pp. 122-124を参照。
8) 詳しくはノーブ（1971）38、110〜111、296頁、Berliner（1957），ch. 12を参照。
9) 本書での「垂直的バーゲニング」は、コルナイのいう「垂直的バーゲニング」と多少違う。バーゲニングの原因を、コルナイは政府と企業との親子関係に求めているが、本稿では、後述するように、政府と企業との利害関係の相違などで求めている。
10) 中兼和津次によると、「ソフトな予算制約（ないし馴れ合い）」モデルでは、国家と企業との親子関係を想定するために、国家と企業の利害関係がだいたい一致するという。
11) Berliner（1957）p. 262.
12) 企業の経営権限と責任の所在が最終的に企業長に帰する制度。
13) すでに計画が実施されている途中で突出した重点課題のために、国家計画そのものが修正を余儀なくされる場合もある。計画遂行中の計画修正が、混乱を引き起こすというのは想像に難しくない。もちろんそのなかで長期的な課題は、翌年以降の計画に反映されることもある。
14) 「10大展望目標」での10項目の目標値と第2次7ヵ年計画の84年目標値と比較は、後藤富士男執筆、「10大展望目標の提示」、小此木政夫編（1997）291頁参照。
15) もちろん優先順位の問題は北朝鮮固有のものではなく、社会主義経済の普遍的現象である。国民経済計画（物資バランス計画）の実行過程において、バランスの達成は、計画の過ちを吸収できるバッファあるいは非優先部門（典型的に消費財）の存在を必要とする。実際に計画の実行過程で何か隘路が生じたら、非優先部門にしわ寄せすることで処理できた（詳しくはGregory & Stuart（1980）pp 133-134、佐藤経明（1975）、76頁参照）。ただし70年代以降の北朝鮮はこの面で目立っていたのは確かである。ほかの社会主義国では「主席フォンド」のようなものは存在しなかった。
16) もちろん、北朝鮮の住民は企業幹部より、直接、党の幹部になることを好んだという（亡命者K氏の証言、「帰順者争点対談5」、『統一韓国』1996年6月）84頁）。
17) 亡命者D氏とK氏によると、北朝鮮の企業は、企業の規模、企業の重要度などによって、特級連合企業所、1級連合企業所、1級企業所、2、3、4、5、6、7級企業所の順に分類されているという。
18) ある種の強制労働。
19) 「帰順者争点対談5」（『統一韓国』1996年6月）86頁。
20) たとえば、『経済管理3』196〜197頁、600頁参照。
21) 「帰順者争点対談7」（『統一韓国』1996年8月）88頁。
22) 亡命者たちは前者を「指標別計画」と、後者を「額上計画」と呼んでいた。

23) 北朝鮮のことばでは「協同生産」。
24) たとえば、1977年7月19日の金日成の演説、『経済管理5』123～125頁参照。
25) 「帰順者争点対談5」(『統一韓国』1996年6月) 87頁。
26) 同上。
27) 亡命者たちは、筆者と面談する途中で「事業」ということばをよく使った。特に賄賂を使いながら資材をもってくる場合とか、銀行からお金を借りる時などに、「事業をする」というように表現した。企業活動を行うための様々な半合法・非合法活動を指すのではないかと思われる。
28) 「帰順者争点対談5」『統一韓国』(1996年6月) 87頁。
29) 一般治安維持の機能を担当している機関。日本・韓国などでいう警察に相当する。
30) 北朝鮮のことばでは「ウォン単位」。
31) たとえば、『経済管理3』266、544～546頁参照。
32) 1969年7月のある演説(『経済管理3』602頁)。
33) このことと関連して、小牧輝夫は、「速度戦」をしばしば展開して極端な繰り上げ達成を図ることは、経済計画そのものの意味を失わせることにもなると述べている(小牧輝夫執筆、「速度戦」、小此木政夫編 (1997) 239頁)。
34) 「帰順者争点対談⑤」『統一韓国』(1996年6月) 88頁。

第5章　経済開発と対外経済関係

　北朝鮮の対外経済政策の基本原則は「自力更生」である。一見したところ、北朝鮮の対外経済関係は簡単に捉えられるものとみえるかも知れない。しかし決して、そうではない。

　北朝鮮当局は、第2章でみたとおりに、「自力更生」を標榜しながらも対外貿易そのものを否定することではなかった。国内経済の苦境とともに貿易の重要性が強調されてきたことも確かである。ただし北朝鮮の対外貿易は「自立的民族経済建設」という原則によって方向付けられている。さらに北朝鮮の政策当局は、時々「自力更生」原則に反する政策を展開したこともある。旧ソ連・中国から援助・借款を得るために努力してきた。一時期は西側からも借款を得たこともある。さらに莫大な累積債務も抱え、厳しい外貨制約に直面している。また90年代初めの社会主義圏の崩壊は北朝鮮の貿易の急激な萎縮をもたらした。

　本章では、このように多岐に渡る北朝鮮の対外経済関係が経済開発に及ぼした影響を調べること、いいかえれば北朝鮮の経済開発の対外的な側面を検討することを課題にする。ただし外国直接投資誘致をはじめてとする「経済開放」問題は第6章で扱うことにする。

　以下、第1節では、北朝鮮の貿易政策をはじめ、いくつかの側面から北朝鮮の貿易構造を検討してから、貿易の成果にも触れることにする。第2節では、対外貿易、無償援助・借款、外債と経済成長との関係について検討する。第3節では、エネルギー自給政策に焦点を合わせ、「自力更生」戦略が国内経済、経済開発にどのような影響を及ぼしたのかを調べてから、本章の議論をまとめることにする。

第1節　対外貿易の構造、成果

　北朝鮮の対外貿易が経済開発に及ぼした影響を論じるためには、まず北朝鮮の貿易そのものについて調べてみる必要がある。本節では北朝鮮の貿易政策をはじめ、貿易規模の推移、貿易の地域別・商品別構造とその変化等いくつかの側面から北朝鮮の貿易構造を検討することにする。それと同時に、貿易収支の慢性的な赤字と累積債務の増加に代表される、貿易の成果の問題にも簡単に触れることにする。

1　貿易政策
(1)　貿易政策の基調と貿易原則

　第2章でも述べたように、北朝鮮の貿易政策は、自立的民族経済建設という経済開発戦略によって方向づけられる。つまり対外貿易は自立的民族経済建設とその発展に徹底に服務し、自立的民族経済の土台に基づいて対外貿易を発展させるということである(『経済辞典1』(1985年版) 464～465頁)。また北朝鮮では、貿易は「国家独占」[1]によって、また計画に基づいて、行われている。これは生産手段が国有化された中央集権的計画経済のもとでは当然のことであろう。こうしたことから、次のような貿易原則が導かれる。

　第1は、「有無相通ずる原則」と輸入優先主義である。北朝鮮において対外貿易は基本的に、経済計画の執行のため動員される国内資源の需給バランスを補完する手段として位置付けられている。金日成は、「それぞれの国は、基本的なもの、多く要求されるものは自分で生産し、少なく要求されるものや足りないもの、自国で生産できないものは有無相通ずる原則に基づいて、外国との貿易を通じて解決しなければなりません(『著作撰集4』(日本語版) 616頁)」といっていた。公式文献でも、対外貿易の役割と関連し、「輸出商品を適時に実現し、わが国の自立的民族経済建設と国防建設に必要な物資を輸入・供給することで、社会主義的拡大再生産過程を円滑にし、その発展を促すのに積極的に寄与する[2]」と述べられている。つまり、あくまで輸入が優先視される。輸出は輸入のための外貨の調達手段

という副次的な意味を持つにすぎない。公式文献でも「社会主義国家は輸出を、有無相通ずることの原則で実現しており、……我が国で輸出は、それ自体にも目的があることではなく、外貨を獲得し、商品輸入を保障するための手段である(『経済辞典2』(1970年版) 241頁)」と明記されている。

第2は、「平等・互恵の原則」と輸出入均衡主義、バーター貿易主義である。北朝鮮は貿易での平等・互恵の原則を強調しており、特に貿易による対外的従属を強く批判している。金日成は、「朝鮮民主主義人民共和国政府は、プロレタリア国際主義の原則と完全な平等および互恵の原則に基づいて、外国と経済関係を結び、対外貿易を発展させていくのでしょう(『著作撰集4』(日本語版) 616頁)」といっている。また前述したように、輸出は輸入をファイナンスする手段にすぎない。したがって対外貿易においては輸出入均衡主義が1つの原則になっている。例えば金日成は「わが国では国家唯一貿易制度が実施され、輸出入取引きが計画的に発展している条件で、輸出と輸入の均衡が系統的に保障されている[3]」と述べている。このような輸出入均衡主義は一般的に多国間均衡が達成される前に2国間均衡が優先的に達成されるべきだということが原則になっている。北朝鮮は、このような貿易収支の2国間均衡を保障するため、原則的に双務的な貿易協定と支払協定を締結し、それによるバーター貿易を行っている。

では、このような原則ははたしてどの程度守られてきたのだろうか。まず、輸入優先主義は一貫して守られてきたということを指摘する必要がある。この点は北朝鮮の貿易を理解するうえで重要なところである。ところがそれ以外の原則は時間がたつにつれ、次第に守りにくくなった。もちろん、資本主義国家との貿易の増大とともに北朝鮮自身がこれらの原則を緩和した面もあることは否定できない。しかし、北朝鮮の経済事情の悪化がこれらの原則の維持・順守を困難にした。何よりも、1970年代以降の貿易赤字の拡大と累積債務の増加は、北朝鮮経済が抱えている、原則と現実との乖離を端的に物語っている。この問題については後述する。

(2) **貿易政策の展開**

北朝鮮は1960年代末まで対外貿易政策の基調として自力更生の原則による自立

的民族経済建設路線を固持し、対外貿易については最小の範囲・規模で制限してきた。また政経一致の原則により社会主義国との貿易を中心としてきた。もちろん社会主義国家からの援助の急激な減少のため、60年代後半から資本主義国との貿易にも目を向け始めたが、それはまだ副次的なものにすぎなかった。

このような貿易政策の基調は1970年代に入ってから変化の兆しを見せた。北朝鮮は70年代の前半、資本主義先進諸国からの大規模な借款などの導入による大量の機械・プラント等資本財の輸入に乗り出した。画期的な政策だったともいえる。それについては様々な原因が指摘されている。すなわち、①中国・旧ソ連からの援助の中断、②技術水準の立ち後れと生産施設の老巧化、③当時速い経済成長を遂げ始めた韓国に対する対抗心④70年代前半のいわゆる「東西デタントムード」等の条件下で、6ヶ年経済計画（1971～76年）の目標達成のためとられた政策的措置だったといわれる[4]。しかし1970年代のいわゆる「石油ショック」の余波で、北朝鮮の主力輸出商品である鉛・亜鉛等非鉄金属の国際価格の暴落、先進資本主義国の非鉄金属輸入の削減による輸出減少で直面するようになる。それに代わる外貨獲得資源があまりなかったのみならず、70年代半ばには今までの先進資本主義国からのみならず、社会主義国からの借款もほとんどなくなったので、累積貿易赤字はただちに外債へ切り替えられ、その負担が大きくなり、債務償還不履行の状態に置かれることになった。

また国内的には、1970年代末から「生産の正常化」が繰り返して要求されるようになる。たとえば金日成の1979年の「新年の辞」に続いて1980年の「新年の辞」でも登場した。もちろん、「生産の正常化」に対する金日成の要求は以前にも出されたことがあるが、「新年の辞」で2年連続登場したのは、きわめて異例のものである。また金日成は、1979年の「新年の辞」で、「対外貿易の発展に多大な力を向けなければならない」と対外貿易の重要性を強調し、特に「人民経済の全ての部門で輸出品を優先的に生産しなければならない」と述べ[5]、事態の深刻さを間接的に認めた。

貿易拡大の政策方針は80年代に入っていっそう強化される。1984年1月の最高人民会議の第7期3回大会で採択された「南南協力と対外経済事業を強化し、貿易を一層発展させることについて」という決定には、1980年代末まで、年間輸出

額を現在より4.2倍拡大するという目標を設定した。またそのため、輸出源泉の拡大、貿易の多様化・多角化、信用第一原則の徹底的な順守等を強調した[6]。いわゆる「友好的な資本主義諸国」との貿易を発展させることも強調された。同じ年である1984年、合弁法を制定に、外国人直接投資の誘致を通じて対外経済上の隘路を乗り越えようとしたのもこのような脈絡で理解できる。また上記の決定では、5〜6年以内に対社会主義諸国貿易を現在の10倍に拡大するという目標が提示された。

それと同時に累積債務問題に悩まされ、中ソの協力を得るために努力してきた北朝鮮は、やっと80年代半ばに成果を挙げるに至った。84年5〜6月、金日成はソ連（60年代以来初めてのこと）と東欧諸国を訪問し、翌年ソ連と貿易・経済協力協定を結んだ。86年には中国とも貿易協定を結ぶことになった[7]。80年代半ば以降、いわゆる「友好的な資本主義諸国」との貿易を発展させることも強調されたが、中ソ両国からの支援の約束を得てからは、西側への期待、西側への輸出努力は相対的に弱いものになった。かくして80年代半ば・後半は、社会主義国との貿易、特に対ソ貿易が再び最重視された時期になった。

そして80年代からは、国際分業の制限的な容認、貿易の国家独占原則の緩和などの面で、対外貿易政策が部分的に変化の兆しを示すようになる。これらの問題は、第6章で対外開放を論じる際に、詳しく述べることにする。

90年代に入っては社会主義崩壊等のため、北朝鮮は厳しい対外経済情勢に直面し、貿易政策の変化を余儀なくされる。1993年末の最高人民会議では、第3次7ヶ年計画（1987−93年）以降の3年を緩衝期と設定しながら、貿易第一主義を農業第一主義、軽工業第一主義とともにこの時期の3大主要課題として掲げるに至った。

2 対外貿易の構造

(1) 貿易規模の推移

北朝鮮は自国の貿易統計を公式に発表していないので、世界の各機関、研究者は貿易相手国が発表した統計資料を利用して北朝鮮の貿易統計を推定している。もちろん、各機関の推定方法の違い等によって推定結果の差が出て来る（**附表A−1**参照）。ただし、各機関の推定値のあいだには、第2章でのGNP推定値で見ら

れたような大差はない。ここでは韓国政府の推定値に基づいて、貿易総額を中心に、北朝鮮の貿易規模の推移を簡単に調べることにする。

まず、70年以降の輸出入規模の変化の激しさが目立っている。図5－1、図5－2にも示されるように、北朝鮮の貿易規模はおおざっぱにいって、71年から90年までは、2～4年ごとに周期的に大幅な増加とその後の大幅な減少を繰り返してきたとみられる。世界の政治経済状況、北朝鮮の内部事情、特に指導部の意思によって激しい変化を示していたといえる。68年から前年比10％台の増加率を示していた北朝鮮の貿易は、73、74年に急増する（73年には前年比28.8％、74年には47.8％増加）。これは資本主義先進国から機械・プラントの大量の輸入によるものである。ところが75年から77年まで貿易は3年連続減少に転じる（特に76年には前年比19.9％減少）。73～75年の3年間に、毎年20％以上の高い伸び率を示した輸出は、北朝鮮の主力輸出商品である鉛・亜鉛等非鉄金属の国際価格の低下等のため、76～77年は大幅に減少し、北朝鮮当局は累積債務の増加および債務償還の困難のため75年から輸入を減らしたからである。

ところが、第2次7ヶ年計画が始まる1978年と、また10年ごとに開かれ、しかも金正日を後継者として公式的に認めた党大会があった1980年とその直前の1979年に、機械・設備を大量に輸入し、3年連続貿易量が20％以上増えた。これは再び外債問題を引き起こし、81年の貿易は前年より17.3％減ることになった。その後、北朝鮮の輸出入規模は旧ソ連との関係改善努力等で85年から再び増え始め、毎年10％以上の増加率を示す。それが89年から再び若干減少となり、91年旧ソ連の崩壊とともに急激に萎縮した。91年の貿易額は90年に比べ41.4％減り、その後も90年の水準の回復できず、減少傾向を示している。

対ソ貿易の急減の原因としては、第1に、旧ソ連の市場経済化過程で、北朝鮮とソ連との貿易の決済方式が、いわゆるバーター的な精算勘定からハードカランシーによる取引に変わったということ、第2に、ソ連の経済自体が非常に混乱して、輸出と輸入の力がなくなったこと等が挙げられる。特に北朝鮮にとって、社会主義圏の崩壊は、かなりの分の、輸出市場の喪失を意味した。旧ソ連は崩壊直前である1990年に、北朝鮮の全輸出市場の57％を示していて、旧ソ連と東欧を合わせるとそのシェアは62％に至っていた。ところが北朝鮮が社会主義諸国に輸出

図5-1 北朝鮮の対外貿易の推移

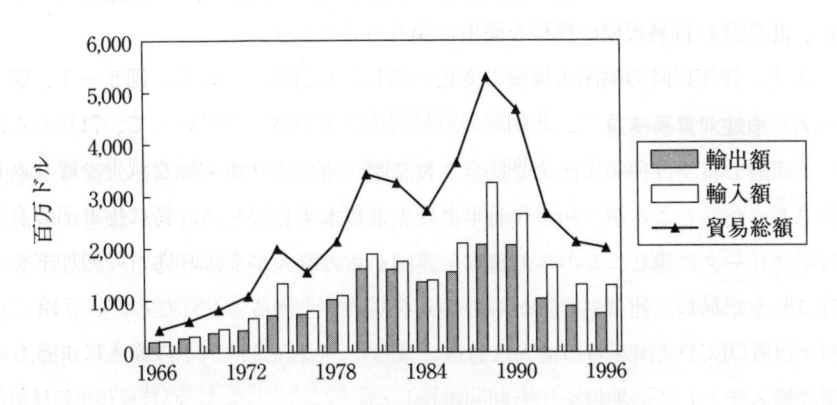

注：韓国政府の推定値。
出所：附表A-1参照。

図5-2 北朝鮮の輸出・輸入の前年比増減率の推移

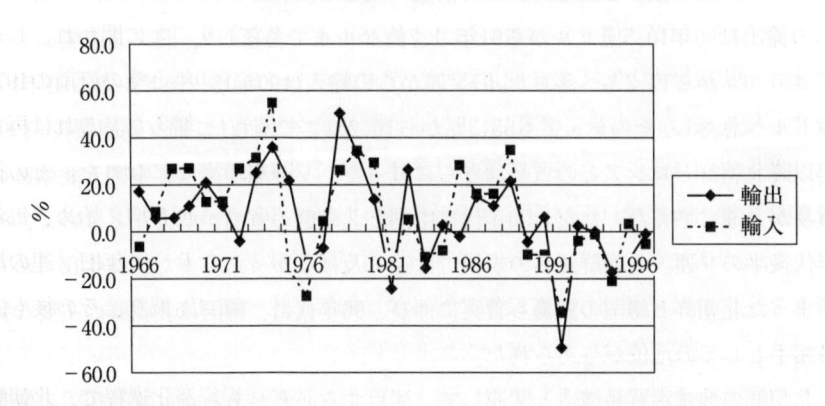

注：韓国政府の推定値。
出所：附表A-1参照。

していた商品の多くはいわゆるソフト・グッズ（soft goods）[8]で、国際市場での販売が難しいものであった。

(2) 地域別貿易構造

北朝鮮の貿易は1960年代まで社会主義諸国、特に旧ソ連・中国との貿易が圧倒的であった。ところが、70年代前半には先進資本主義国との貿易が急速に増え、74年にピークに達し、この年の資本主義国からの輸入が全体貿易で占める比重は57.7％を記録し、社会主義国からの輸入を初めて上回ることになった。しかし、75年以降OECD諸国からの輸入は急速に減った。それに対して、日本は北朝鮮の主要な輸入先としての地位を相当期間維持した。

80年代、特に80年代後半は、前述したように、輸出・輸入の両面にわたって、再び社会主義国、特に旧ソ連への依存度が大きくなる時期である。ところが90年代に入って旧ソ連を中心とした社会主義圏の貿易体系の崩壊に直面し、北朝鮮は貿易量の急激な減少とともに、貿易構造の大きな変化を余儀なくされた。旧ソ連への輸出は90年10.5億ドルから91年 1.7億ドルまで急落し[9]、旧ソ連市場のシェアは57.0％から17.2％へ落ちた。旧ソ連からの輸入は90年15.2億ドルから91年1.8億ドルへ急落し、そのシェアも55.3％から10.2％まで落ちた。旧ソ連崩壊後、1992年以降北朝鮮とロシアとの貿易はさらに減った。ソ連崩壊後は、中国と北朝鮮の貿易が急速に増えた。ただし90年代に中国と北朝鮮の貿易が増えたとはいえ、80年代後半のソ連・北朝鮮貿易の規模では遠く及ばなかった。また1988年10月から始まった北朝鮮と韓国の貿易も着実に伸び、90年代に、韓国は北朝鮮の主要な貿易相手としての地位が与えられた。

北朝鮮の地域別貿易構造と関連して、注目する必要がある点は貿易相手の偏重現象である（附表A－2、A－3参照）。90年代以前は、旧ソ連・中国・日本の3国に集中し、北朝鮮の貿易の半分以上がこの3国と行われた。さらにOECD諸国からの大規模の輸入があった70年代前半、開発途上国への輸出が活発だった70年代の後半を除いては、北朝鮮の貿易の3分の2がこの3国と行われた。これらの3国に対する依存性は輸出の面より輸入の面で目立っている。また90年代には中国、日本、韓国の3国に集中しており、北朝鮮の貿易の半分以上がこの3国と行われ

ている。特に90年代には中国が最大の輸入先（全輸入の3割〜4割）の地位を占めている。

(3) 商品別貿易構造

ここでは北朝鮮の輸出・輸入の商品構成の推移を調べてみることにする。ただし、資料の制約のため、1953〜69年、1970〜91年、1993〜96年に分けて調べることにする（附表A−4、A−5、A−6、A−7、A−8、A−9参照）。

1953〜69年には、機械・装備類が最も重要な輸入品であった。燃料と燃料用油類の輸入は50年代末から大きく増えはじめ、少なくとも59年からは2番目のシェアの輸入品になった。コークスと原油が主な品目であった。輸出の場合、50年代の前半・半ばは鉱物が圧倒的であったが、少なくとも59年からは鉄と非鉄金属が最大の輸出品になった。

1970〜91年には、50年代末と60年代とほぼ同じように、鉱物性燃料、潤滑油、これらに類するもの（SITC大分類3番、以下燃料類と略す）、機械および輸送用機械（SITC大分類7番、以下機械類と略す）が2大輸入商品であった（図5−3参照）。これらの品目は少なくとも1980年代の半ばまでは、北朝鮮の輸入のおよそ半分以上を占めた。1975年までは、機械類が最も大きい輸入品であったが、1976年以降は、コークスと原油が中心になっているSITC 3が、北朝鮮の第一の輸入品になってきた。これらに次ぐものは、原料別製品（SITC 6）である。特に原料別製品は、80年代後半からこのシェアが急上昇し、89年には機械類、燃料類を抜いて第一の輸入品として登場した。これは、衣類を中心にした雑製品（SITC 8）の輸出の急増に対応するもの、つまり衣類輸出のための糸、織物の輸入の急増によるものである。

輸出の面では、原料別製品（鉄鋼製品、鉛、亜鉛などの非鉄金属、セメントなど。SITC 6）が圧倒的な比重を占めた（図5−4参照）。80年代半ばまでは40％を超えており、特に77年には59.1％まで上がった。それに次ぐ輸出品としては食料品および動物（SITC 0、以下食料品等と略す）、食用に適しない原材料（SITC 2、以下原材料と略す）が挙げられる。前者は米、野菜、海産物が中心であり、シェアは一部の期間を除いて10〜15％を占めている。後者はマグネシアクリンカーが中心品

図5－3　北朝鮮の主要品目の輸出実績：1971～91年

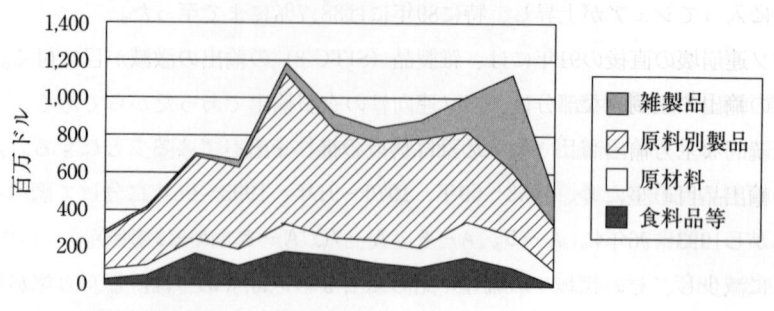

凡例：
- 雑製品
- 原料別製品
- 原材料
- 食料品等

注：1971～85と1987～89と1991は、推定者、推定方法の違いにより、データが非連続的になる。
出所：附表A－6参照。

図5－4　北朝鮮の主要品目の輸入実績：1971～91年

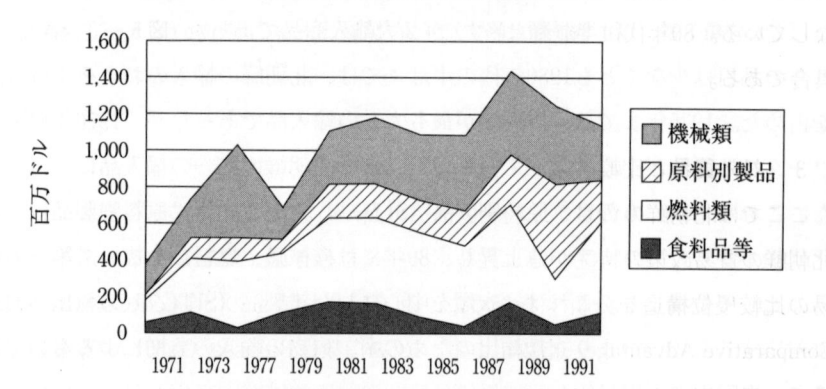

凡例：
- 機械類
- 原料別製品
- 燃料類
- 食料品等

注：1971～85と1987～89と1991は、推定者、推定方法の違いにより、データが非連続的になる。
出所：附表A－7参照。

目になっており、シェアはおよそ10%前後で動いてきた。雑製品（SITC 8）も80年代に入ってシェアが上昇し、特に89年には38.7%にまで至った。

旧ソ連崩壊の直後の91年には、雑製品（SITC 8）の輸出の激減が目に付く。雑製品の輸出の圧倒的な部分は、旧ソ連向けの衣服輸出であったからである。そして伝統的な主力輸出商品であった原料別製品が、輸出実績は減少したものの、最大の輸出品目の座に復帰した。

しかし1993～96年には、卑金属とその製品（以前の時期の原料別製品）の輸出がさらに減少し、その代わりに繊維製品の輸出は一定の水準を維持し、94年からは繊維製品が最大の輸出品目になっている。輸入の面では、食料・エネルギー事情の悪化を反映し、コメ、小麦粉などの植物性生産品の輸入が増えており、原油などの鉱物性生産品も最大の輸入品目の地位を維持している。

このように、北朝鮮の輸出入は、その商品構造が単純すぎること、また長いあいだあまり変わらなかったことが特徴として指摘できる。80年代半ばまでは、輸入においては機械設備、原油・コークスが、輸出においては原料別製品が主流をなしている。80年代後半以降は、ここに衣類輸出と糸、織物の輸入が加えられた具合である。

3　対外貿易と比較優位

ここでは北朝鮮の貿易を比較優位構造の面から簡単に検討することによって、北朝鮮の貿易政策の特性ないし貿易パターンを導き出すことにする。ある国の貿易の比較優位構造を分析するために、よく使われるものとしてRCA（Revealed Comparative Advantage）指数がある。RCA指数はBalassa（1965）が考案したもので、自国内での相対的な比較優位品目と比較優位構造の変化を示すという点で有用な指標である。RCA指数は次のように定義される。

$$RCA_{ij} = \frac{X_{ij}/X_{it}}{X_{wj}/X_{wt}}$$

ここでX_{ij}はi国のj商品の輸出額を、X_{it}はi国の全商品の輸出額を、X_{wj}はすべての国（世界）のj商品の輸出額を、X_{wt}は世界のすべての商品の輸出額をそれぞれ表わす。したがって、RCA指数は、i国の全商品の輸出額でj商品の輸出額

が占めるシェアと、世界の全商品の輸出額でj商品の輸出額が占めるシェアとの比率を表わす。このRCA指数が1より大きいというのは、i国のj商品の輸出シェアが全世界のj商品の平均的な輸出シェアを上回るということなので、i国はj商品の輸出において相対的に比較優位を有しているといえる。逆に、このRCA指数が1より小さいというのは、i国のj商品の輸出シェアが全世界のj商品の平均的な輸出シェアを下回るということなので、i国はj商品の輸出において相対的に比較劣位を有しているといえる。このように、RCA指数の大きさは、該当商品の相対的な輸出能力の大きさを示すともいえる。

ところが、与えられた産業分類で、同一産業の商品を輸出したり、輸入したりする場合がありうる。こうした産業内貿易の存在は、同じ産業内で比較優位と比較劣位を同時に顕示する問題点を抱えている。この問題点を解消するためには、輸出か輸出のみをもって分析するより、純輸出をもって分析する方が適切であろう。

ある産業の(輸出額－輸入額)／(輸出額＋輸入額)で定義[10]される純輸出比率は、貿易特化指数とも呼ばれる[11]。これは、同じ産業内で比較優位を持っている商品の輸出が、比較劣位を持っている商品の輸入を超過する程度を示す。これは定義により－1から＋1までの値を持つ。－1の場合は、ある産業が輸出は一切行わず、輸入のみを行う状態である。完全輸入特化ともいえる。輸出が増え、輸出と輸入が均衡に達すると、その値は0になる。輸出が輸入を上回ると、その値はプラスになる。＋1は輸入は一切行わず、輸出のみを行う状態である。完全輸出特化ともいえる。したがって、その値が大きくなるほど、比較優位の度合いが高いと解釈することができる[12]。

本書では、こうしたRCA指数と貿易特化指数をもって、北朝鮮の貿易の比較優位構造を簡単に調べてみることにする。

上記の式によって、北朝鮮の主要輸出商品のRCA指数と貿易特化指数を計算した結果は附表B－1、B－2に示した[13]。それらを簡略化したものが図5－5、図5－6である。図5－5には、4つの主要輸出商品について1970～91年のRCA指数を求めた結果を、図5－6には、4つの主要輸出入商品について1970～91年の貿易特化指数を求めた結果を示した。より長期間にわたる、北朝鮮の全世界に対

する商品別輸出入額は、大分類でなされているものしか得られないので[14]、RCA指数と貿易特化指数も、SITC大分類以上に細かく分類するのは困難である。また図5－7には、HS大分類に基づいて商品を分け、2つの主要輸出品について1987～96年の貿易特化指数を求めた結果を示した。そして図5－5、5－6と図5－7は商品分類方式が異なる点に注意する必要がある。

　北朝鮮の比較優位構造は、1980年代半ばまであまり変わらなかった。80年代後半と90年代初めに多少変化が生じたといえる。

　RCA指数の場合、1970～91年の全期間を通じてみると、比較優位の度合いが

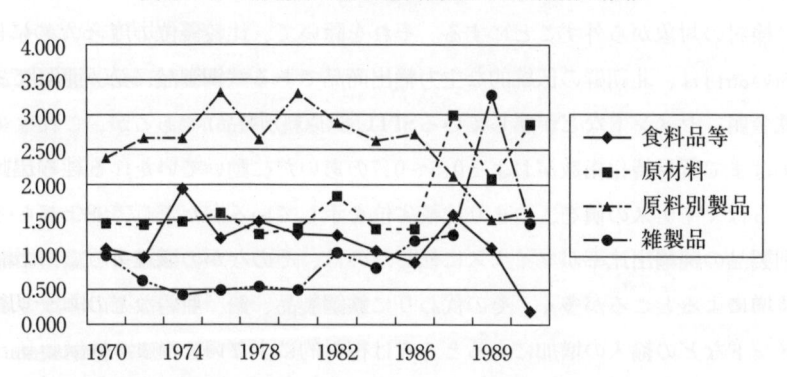

図5－5　北朝鮮の主要輸出商品のRCA指数の推移

出所：著者計算

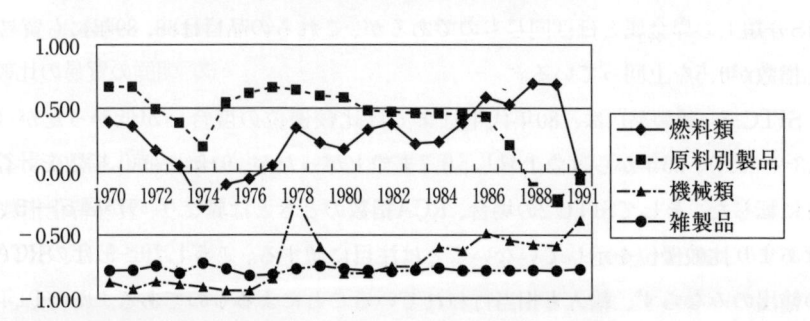

図5－6　北朝鮮の主要輸入商品の貿易特化指数の推移：1970～91年

出所：著者計算

もっとも高い品目は、北朝鮮の伝統的な輸出主力商品である鉄鋼製品、鉛、亜鉛などの非鉄金属、セメントなどが属しているSITC 6（原料別製品）である。RCA指数が87年まで2を上回っており、89、91年には若干下がったがそれにしても1.5を越えている。その次がSITC 2（原材料等）で、86年までは1.5前後で動いており、87年からは2を超えた。そしてSITC 8（雑製品）は86年からRCA指数が1を超え、89年には3.3程度を示した。北朝鮮の場合、80年代後半のSITC 8輸出は繊維類が中心となっている。またSITC 0（食料品等）が1前後を動きながら時々若干の比較優位を示している。

貿易特化指数の場合、SITC 1（飲料およびたばこ）が、70年代に＋1（完全輸出特化）を示していたが、北朝鮮の輸出で占めるシェアが1％ぐらいにすぎないので、検討の対象から外すことにする。それを除いて、比較優位の度合いがもっとも高い品目は、北朝鮮の伝統的な主力輸出商品である鉄鋼製品、鉛、亜鉛などの非鉄金属、セメントなどが属しているSITC 6（原料別製品）であるが、これは80年代半ばまで貿易特化指数がおよそ0.5〜0.7のあいだに動いていた。ところが1988年からはマイナスの値を、つまり比較劣位を示している。ただし、88年からの原料別製品の純輸出比率がマイナスに転じたのは、そのなかの繊維糸と織物の輸入の急増によるところが多く、その代わりに鉄鋼製品、鉛、亜鉛などの非鉄金属、セメントなどの輸入の増加によるところは相対的に少ない。つまり鉄鋼製品、鉛、亜鉛などの非鉄金属、セメントなどは88〜89年にもある程度比較優位を維持していたといえる。こうしたことは図5－7からも窺える。SITC分類上のSITC 6（原料別製品）のなかに入っている鉄鋼製品、鉛、亜鉛などの非鉄金属、セメントは、HS分類上の卑金属とほぼ同じものであるが、これらの品目は88、89年にも貿易特化指数が0.5を上回っている。

SITC 8（雑製品）は、80年代半ばまでは比較優位の度合いが低かったが（－0.3〜＋0.4）、86年からは急上昇し、0.7まで上がったが、91年にはいきなりマイナスに転じた。そしてSITC 2の場合、RCA指数のときとは異なり、貿易特化指数ではあまり比較優位を示していないことは注目に値する。こうしたことは、SITC 2の輸出のみならず、輸入も相当行われていることによるものである。ただし、これがSITC 2内での北朝鮮の主力輸出商品であるマグネシアクリンカーの輸入に

図5—7　北朝鮮の主要輸出商品の貿易特化指数の推移：1987〜96年

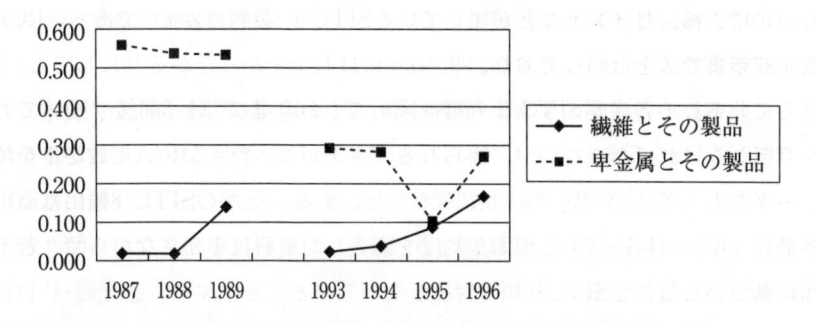

```
0.600
0.500
0.400
0.300                              ◆ 繊維とその製品
0.200                              ■ 卑金属とその製品
0.100
0.000
     1987 1988 1989  1993 1994 1995 1996
```

注：1987〜89年のデータは崔信林（1991）の推定結果としてSITC分類方式に従っており、1993〜96年のデータは大韓貿易投資振興公社（1994）、大韓貿易投資振興公社（1996）の推定結果としてHS分類方式をとっている。ところが、崔信林（1991）ではSITC中分類までできているので、その一部は、再分類作業によって、HS大分類と合わせることができる。これにより制限的であるが、80年代後半と90年代前半・半ばをつなぐことができる。ただし、1990〜1992年についてはデータが得られない。
出所：著者計算

よるものか、ほかの品目の輸入によるものかは不明である。

図5—7には北朝鮮の90年代の代表的な輸出商品である繊維とその製品（以下繊維類と略す）、卑金属とその製品（以下卑金属類と略す）を示した。1989年と1994〜96年の北朝鮮の最大の輸出品目である繊維類は、さほど比較優位の度合いが高くないというのは注目に値する。また卑金属類は、87〜89年には0.5〜0.6で動いてきたが、90年代に入ってからは、0.3以下まで低下したことも目に付く。

したがって図5—5、図5—6、図5—7を合わせて大雑把にいうと、北朝鮮が長期間にわたって、もっとも高い比較優位を持っていた品目は、SITC分類では原料別製品、HS分類では卑金属類である鉄鋼製品、鉛、亜鉛などの非鉄金属、セメントであるといえる。そしてマグネシアクリンカーが属しているSITC 2（原材料）もある程度比較優位を有していたといえる。そして、繊維類（SITC分類では雑製品のなかに含まれている）が80年代後半から新しい比較優位品目として登場したが、卑金属類よりは比較優位の程度が低いといえる。

では北朝鮮の貿易は比較優位原則によって行われたといえるのか。その問題の検討のためには、まず北朝鮮の生産要素賦存比率を求めて北朝鮮が相対的に労働

が豊富か、資本が豊富かを判断しなければならないが、得られるデータがほとんどないので、検討はきわめて困難である。ただし、一般的にみて北朝鮮が相対的に資本が豊富な国とはいいにくい。

さらに北朝鮮の各産業の要素集約度を求めてその産業が労働集約か、資本集約かを判断しなければならないが、得られるデータがまったくない。ここでは韓国のデータをもってこの問題を調べてみることにする。ただしSITC分類に基づいて各品目（あるいは各産業）の要素集約度を調査した資料は手元にないので、別の分類に基づいた資料をSITC分類と対照しながらみることにする。金光錫・朴勝禄(1988)は、韓国の製造業を38業種に分類し、各産業の総付加価値に対する労働所得比率と資本所得比率などを計算した。彼らによると、1963～70年の場合[15]、非鉄金属の労働所得比率は33～43％であり、資本所得比率は57～67％である。鉄鋼の場合、労働所得比率は35～45％、資本所得比率は55～65％である。その他の非金属鉱物の場合、労働所得比率は34～38％、資本所得比率は62～66％である。反面、衣服製造業は、労働所得比率は52～63％、資本所得比率は37～48％である。そうして結果をそのまま北朝鮮に適用すると、卑金属類産業は資本集約的な産業とみることができる。周知の通りに、繊維産業は代表的な労働集約的産業である。

したがって、おおざっぱにみて、北朝鮮は相対的に労働が豊富な国でありながら、資本集約産業である卑金属類産業に比較優位をもっているといえるだろう。そうすると、北朝鮮ではヘクシャ・オリーンの定理（各国は、その国に豊富に存在する生産要素を集約的に使う産業に比較優位を持つ）が当てはまらないといえるだろう。もちろん、80年代後半から新しく登場した繊維産業は代表的な労働集約的産業といえるが、この点まで考慮すれば、北朝鮮でヘクシャ・オリーンの定理が全く当てはまらないとも言いにくくなる。ただし前述したように、北朝鮮の繊維産業はまだ比較優位の度合いが低いということを念頭におく必要がある。

もちろん、北朝鮮の政策当局が比較優位原則に基づいて貿易政策を展開したわけではない。ただし、労働が豊富な国は労働集約的な産業に比較優位があるはずなのに、北朝鮮の現実はそうではないということからも、北朝鮮の貿易政策が経済的な効率性の原則から離れているということが窺える。

4 国際収支と対外負債

　ある国民経済の海外部門との取り引きは国際収支に記録される。(狭義の) 国際収支は総合収支を指す。総合収支は基礎収支と短期資本収支に分けられる。基礎収支はまた経常収支と長期資本収支に分けられ、経常収支はさらに貿易収支、貿易外収支、移転収支に分けられる[16]。したがって、ある国の国際収支を全般的に把握するためには、これらの項目を総合的に分析・評価する必要がある。しかし、周知の通り、北朝鮮は対外取引に関する統計をほとんど発表していない。貿易収支は貿易相手国の発表統計から推定できるとはいえ、貿易外収支については全然知られていない。移転収支も一部 (確認できる無償援助等) のみであり、長期資本収支も一部 (確認できる借款) しか把握できない。ここでは国際収支の構成項目の一部にすぎない統計資料をもって、北朝鮮の国際収支の動向・問題点、ひいては外債問題に触れることにする。

(1) 貿易収支

　まず、北朝鮮の貿易収支の長期趨勢を概観することにする。北朝鮮は建国以来1996年まで一部の年を除いてほとんど毎年、貿易赤字を記録してきた。特に韓国統一院は、北朝鮮が1968年以降は毎年、例外なく貿易赤字を示しているとみている。韓国開発研究院、米CIA、日本貿易振興会も、毎年ではないが、傾向的に赤字を示しているとみている(附表A－1参照)。このように、貿易収支の慢性的な赤字を免れていないのが北朝鮮の貿易の大きな特徴といえる。

　では、どの程度の赤字なのだろうか。貿易収支比率、つまり貿易規模(輸出プラス輸入) に対する貿易赤字額(輸出マイナス輸入) の比率を調べてみよう。図5－8にも示したように、1970年以前はおよそ10％以下の水準であったが、輸入が急に増えた73～74年には20％を超え、30％まで上昇した。それが輸入の急減した75年からは低下し、77年以降は10％以下にまで押さえられた。しかし、輸入が再び増え始めた85年から15％を超え、87年以降は (90年の13.0％を除いて) 毎年20％を超えている。こうしたことからも、北朝鮮にとって貿易赤字の負担が如何に大きかったかというのが窺える。

　北朝鮮の貿易収支を地域別に分けて調べてみると表5－1の通りである。全期

図5-8 北朝鮮の貿易収支比率の推移

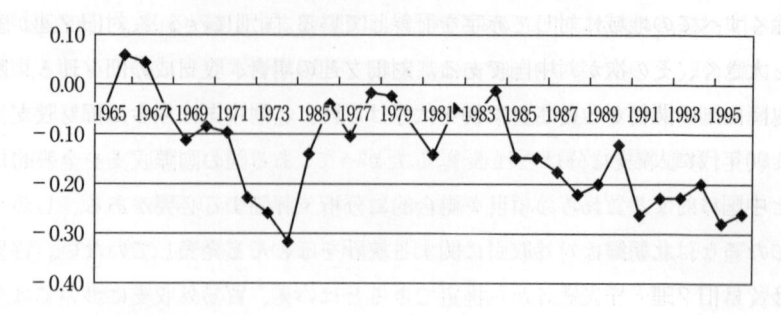

注:韓国政府の推定値に基づいている。
出所:著者計算

表5-1 北朝鮮の地域別貿易収支

(単位:百万ドル)

	旧ソ連	中国	その他の旧社会主義国	韓国	日本	OECD[1]	開発途上国
1946~50	−80	n.a.	n.a.		n.a.	n.a.	n.a.
1951~60	−43	−413	−173		−2	−2[2]	—
1961~70	−325	−304	−2		52	−75[3]	15[4]
1971~80	−634	−599	−8		−1,080	−691	891
1981~90	−3,138	−565	−199	29[5]	−758	−791	−622
1991~94	−486	−1,355	−48	580	93	−382	−618
1995~96	−59	−851	10	271	149	−267	−84
合計[6]	−4,765	−4,087	−420	880	−1,546	−2,208	−418

注:1946~70と1971~94と1995~96のあいだには、推定者、推定方法の違いにより、データが非連続的になる。
1) 日本を除く、2) OECD国との貿易収支と開発途上国との貿易収支の未分離の金額、
3) この金額のうち、1961年の8.7百万ドルはOECD国との貿易収支と開発途上国との貿易収支の未分離の金額。
4) 1962~70、5) 1989~90、6) n.a.は除く
出所:附表A-2、A-3と同じ。

間を通してみると、北朝鮮の貿易収支は表に7つに分けられた地域のうち、韓国を除くすべての地域に対して赤字を記録している。国別にみると、対旧ソ連がもっとも大きく、その次が対中国である。対旧ソ連の場合、金日成の旧ソ連・東欧訪問以降両国の関係が改善された80年代半ば以降、対中国の場合は旧ソ連が崩壊した90年代に大幅の貿易赤字を記録したということは注目に値する。さらに旧ソ連と中国に対する貿易赤字は北朝鮮の全貿易収支赤字の70.5%を占めている。こうしたことは北朝鮮の貿易構造の脆弱性を示すものでもある。また北朝鮮の貿易の多くは旧ソ連・中国との政治・外交的関係に影響されるところが非常に大きいということを示している。

(2) 経常・基礎収支と対外債務

　北朝鮮の対外債務不履行事態が発生し、北朝鮮の対外負債問題が表面化したのは、1974年半ば頃からと知られている[17]。いい換えれば、以前の時期にはそのような問題がなかったかまたは表面化しなかったということになる。貿易赤字がこの時期に急に増えたとはいえ、北朝鮮は建国以来慢性的な貿易赤字状態に置かれていたのに、なぜこの時点で外債問題が表面化したのだろうか。関連資料がほとんどないが、貿易以外の対外取引に注目する、ひいては貿易収支のみならず、経常・基礎収支にも注目する必要性はここから出て来る。

　表5－2を見れば、なぜ70年代の前半以前は外債問題が発生しなかったかについておおよそ見当がつくだろう。まず、50年代は貿易収支赤字の規模も小さかったばかりでなく、無償援助額もそれを大きく上回ったので、経常収支が黒字であった可能性が考えられる。それに加えて借款もあったので、基礎収支の黒字も十分考えられる。60年代に入ると、無償援助はなくなる。その代わりに、60年代に集中的に行われた、在日朝鮮人の北朝鮮への移住（1959年末から1967年末まで88,611名）とともに北朝鮮へ流入した資金（金額はどの程度か知られていないが）がこの時期の貿易赤字を埋めた可能性、したがって60年代も経常収支が黒字であった可能性が考えられる。借款も継続されたので、基礎収支も黒字であった可能性も十分考えられる。

　しかし、70年代に入ると、無償援助も中断され、また北朝鮮への移住してくる

表5－2　北朝鮮の貿易と無償援助・借款

(単位：万ドル、％)

	輸入(A)	輸出(B)	貿易赤字(C)	無償援助(D)	外資(E)	D／C	E／C
1946～49	10,600	7,630	2,970	—	5,300	—	178.5
1950～53	4,200	3,100	1,100	14,325	26,717	1,302.2	2,428.8
1954～56	13,480	11,080	2,400	74,735	74,735	3,114.0	3,114.0
1957～60	67,080	50,200	16,880	38,784	63,884	229.8	378.5
1950～60	84,760	64,380	20,380	127,844	165,336	627.3	811.3
1961～70	257,350	243,020	14,330	—	42,668	—	297.8
1971～77	601,000	422,000	179,000	—	205,960	—	115.1
1978～84	1,057,000	934,000	123,000	25,870	55,485	21.0	45.1

注：A、B、Cは韓国統一院の推定値。ただし、1946～48、1950～52、1954については推定値がないので、上の統計にはこれらの年度分が含まれていない。E（外資）は無償援助プラス借款。
出所：A、B、Cは附表A－1より計算。D、Eは慶南大学校極東問題研究所(1979)、377頁（原資料は、中央情報部 (1974)、『南北韓経済力比較』第Ⅲ券、E.I.U, Quarterly Economic Review, 1st Quarter, 1976, 3rd Quarter, 1977)、『北韓経済統計集(1946～1985年)』、809～810頁より計算。

在日朝鮮人からの資金もほとんどなくなり[18]、貿易赤字はただちに経常収支赤字につながった可能性が考えられる。70年代前半・半ばに、旧ソ連とOECD諸国から借款が導入されたが、それは貿易赤字額を若干上回る程度であった。また50・60年代に導入した借款の償還の負担も次第に大きくなった可能性も考えられる。基礎収支が赤字であった可能性が十分考えられる。こうした時点で対外債務不履行事態が発生した。さらに77年以降は借款導入額が急激に減った。その状況で貿易赤字が持続し、基礎収支の赤字の持続が避けられないことになり、累積債務の増加、外債問題の深刻化をもたらしたと考えられる。

(3) 累積債務問題

北朝鮮の外債の規模や償還条件等に関しては公式の発表資料が一切ないので、正確な内容は知られていない。GNP等と同じように、世界の各機関によって推定されているだけである。主に80年代以降を対象にしているが、相対的に体系的に推定値を発表しているのは、韓国政府とOECDである（表5－3、5－4参照）。

第5章 経済開発と対外経済関係 *217*

表5－3 北朝鮮の外債規模：韓国政府の推定

(単位：億ドル、%)

	1980	1985	1987	1989	1990	1992	1994	1996
1．社会主義国			24.1	40.4				
そのうち旧ソ連			18.3	39.4				
中国			5.8	1.0				
2．資本主義国			28.0	27.4				
そのうち日本			4.5					
その他の国			14.5					
借款団銀行			9.0					
3．合計	22.3	29.0	52.1	67.8	78.6	97.2	106.6	120.0
4．外債／GNP	16.5	19.2	26.9	32.1	34.0	46.1	50.3	56.1

出所：ファン・イガク (1992) 228頁（原資料は、統一院『北韓経済概要』1989、90頁および1990、25頁）／統一院 (1995) 234、236頁／統計庁 (1995) 237頁／民族統一研究院 (1993) 395頁／『北韓GDP推定結果』各年度。

表5－4 北朝鮮の外債規模：OECDの推定

(単位：百万ドル)

	1982	1984	1985	1987	1989	1990
1．長期負債	3,349	2,872	2,954	3,581	3,716	3,775
そのうちOECD諸国と資本市場	436	312	360	371	187	185
C.E.E.C.[1]	2,913	2,560	2,595	3,210	3,529	3,589
2．短期負債	512	388	618	651	739	943
そのうち銀行	158	166	326	259	331	451
輸出信用	354	222	292	392	408	492
3．合計	3,861	3,260	3,572	4,232	4,456	4,717

注：1）中東欧 (Central and Eastern European countries)、ただし、旧ソ連も含む。
出所：OECD, *Financing and External Debt of Developing Countries*, (1991) 135頁、(1992) 145頁。

　70年代については、各機関によって散発的・断片的な推定が行われた。これらを合わせてみると、北朝鮮の外債問題が表面化した時点である76年末の外債規模は20億〜24億ドルとみられる[19]。

　80年代はやや複雑である。表5－3、表5－4にも示されるように、韓国政府とOECDの推定値を直接比較可能な年は85〜90年だけであるが、両者のあいだに

は相当の差がある。85年には韓国統一院の推定値が29.0億ドルで、OECDの35.7億ドルを下回ったが、86年以降は逆転し、韓国統一院の推定値がOECDのそれを上回るようになった。さらにそのギャップは段々広がっており、90年には韓国統一院のもの(78.6億ドル)がOECDのもの(47.2億ドル)より31.4億ドルも大きくなっている。つまり、韓国側は北朝鮮の外債が80年代の後半に急激に増えた(86～90年の年平均増加率22.1％)とみているのに対し、OECD側はこの時期に緩慢に増えた(5.7％)と見ているともいえる。

　国別、地域別には両者の直接比較はやや難しい。OECDの推定値は短期負債については国別、地域別分類を行わなかったし、長期負債もOECD国と非OECD国(旧ソ連も含む中東欧)とに分けただけである。韓国統一院も国別、地域別分類を行なったのは86～89年だけであり、それも88、89年は社会主義国と資本主義国に分けただけである。とにかく韓国側の推定によると、87年は外債52.1億ドルのうち、対資本主義国負債(28.0億ドル)が対社会主義国負債(24.1億ドル)より若干多かったが、89年には逆転された。対資本主義国負債(27.4億ドル)は87年とほぼ同じであるが、対社会主義国負債(40.4億ドル)が急増し、前者が後者を大きく下回るようになった。

　北朝鮮にとって外債がどの程度の負担であったかを示す指標の一つとして考えられるのがGNPに対する外債の比率であろう。90年代の外債のみならず、GNPに対する推定値は韓国のものしかないので、ここでも韓国側の統計に頼らざるをえない。外債／GNP比率は80年には16.5％であったが、毎年徐々に上昇し、86年には20％を越え、23.4％に達した。それ以降は、前年比若干低下した88年を除いて、毎年大幅に上昇し、94年以降は外債がGNPの半分以上を占めるようになった。

　では北朝鮮の外債負担、外債償還能力は国際的にみてどの程度であろうか。外債と輸出額の比率、外債とGNPとの比率という2つの指標をもって、北朝鮮と他の国とを比較してみた結果は表5－5に示した[20]。北朝鮮は、95年の場合、外債とGNPの比率の面では、低所得経済平均および低位中所得経済平均より高い。それより注目すべきことは外債と輸出額の比率である。それは低所得経済平均および低位中所得経済平均はいうまでもなく、北朝鮮より外債／GNP比率が高い東欧などよりはるかに低い。つまり、北朝鮮は外債規模に比べ輸出規模が小さすぎると

第5章 経済開発と対外経済関係　*219*

表5－5　北朝鮮の対外債務の国際比較

(単位:%)

	外債／輸出		外債／GNP	
	1980年	1995年	1980年	1995年
北朝鮮	142.9	1,621.6	16.5	56.1
中国	n.a.	77.3	2.2	17.2
ハンガリ	n.a.	174.2	44.8	72.8
メキシコ	232.4	170.5	30.5	69.9
インドネシア	n.a.	202.9	28.0	56.9
低所得経済（中国、インドを除く）平均	96.8	183.9	16.3	38.7
低位中所得経済平均	84.6	142.6	22.4	39.9

注：北朝鮮の輸出、GNP、対外債務は韓国政府の推定値。低所得経済、低位中所得経済は世界銀行の分類。
出所：北朝鮮は表2－2、附表A－1、表5－3、他の国は、The World Bank, *World Development Report 1997*, pp 246-247.

いうことである。北朝鮮の外債問題の深刻さは国際的にみても明らかである。

　ではこのような累積債務問題をもたらした原因は何であろうか。北朝鮮は貿易赤字がただちに外債につながるという構造的な欠陥を持っていることは前述した通りである。それに関連して指摘しておきたいのは、北朝鮮の建国期から継続的に導入してきた借款の償還がうまくいかず、結局外債につながり、累積債務の増加の原因の1つになったということである。この問題は本章の第2節で具体的に検討する。

第2節　貿易、無償援助・借款、外債と経済開発

　対外経済関係と経済開発との関係は開発経済学で長い間議論されてきた重要な問題である。ところが、北朝鮮については今まであまり議論されたことがない。これは基本的に資料の制約に原因がある。本節ではこの制約に対処する1つの工夫として、このテーマについて多くの途上国を対象に行われた、開発経済学における既存の研究成果の一部を活用してみることを考えた。既存の学説に鑑みて北

朝鮮をみたらどうなるかを探ることによって、北朝鮮の経済開発と貿易、無償援助・借款、外債との関係について把握することを本節の基本課題にする。

1 「エンジン説」、「handmaiden説」のあてはめ

ここではいわゆる「エンジン説」、「handmaiden説」のあてはめを基本軸に設定したい。資料の制約が大きい状況で、経済成長における貿易の役割に対する2つの対立的な学説のうち、どちらが北朝鮮の現実にあてはまるか、あるいはより近いかを論じることによって、北朝鮮の経済・貿易について把握したい。

(1) エンジン説、handmaiden説とは[21]

文字通り、貿易は成長のエンジンの役割を果たすというのが前者であり、それに対して貿易は成長の侍女(handmaiden)にすぎないというのが後者である。リーデルは、エンジン説を大きく分けて、需要志向(demand-oriented)モデルと供給志向(supply-oriented)モデルとに分類した[22]。輸出が成長に影響を与えるメカニズムに関する考え方の違いは、成長に対する制約が主に需要側にあるとみるか、それとも供給側にあるとみるかによって生じるからである。まず、供給志向モデルでは、成長は資本・労働の供給の増加、技術進歩に依存する。また特定の輸入投資財は国内で代替不可能である。したがって生産設備の拡大能力は輸入能力に依存し、また輸入能力は輸出能力に依存することになる。つまり輸出─→投資財(あるいは中間投入物)の輸入─→経済成長というメカニズムが想定できる。それに対して需要志向モデルは二重経済としての途上国経済を想定する。そこには伝統セクター(生産資源、主に労働が、過小雇用か失業の状態に置かれている)と輸出セクター(伝統セクターと最小のリンクを持っている)がある。したがって、輸出セクターが伝統セクターからの無制限に供給できる労働を吸収しながら拡大する時のみ、経済が成長できる。その時、先進国の成長あるいは需要のほかの外部的決定要因が何より重要である[23]。

需要志向モデルのカテゴリーに属するNurkse (1961)は「エンジン説」に基づいて「輸出ペシミズム論」を展開した。彼によると、19世紀において貿易は何よりも「成長のエンジン」であった。つまり、その時期の貿易は、経済発展の過程

を世界の中心地から周辺地に伝達し、周辺地の経済開発を促進する役割を果たした。ところが20世紀に入ると、中心地の実質所得は活発に上昇したが、一次産品への需要の増大率がそれに及ばず、中心地の成長率が周辺地に伝達されなくなった。つまり、20世紀はもはや「成長のエンジン」ではなくなったのである。彼が貿易を通じた外向的発展戦略から、国内市場の拡張を基盤とした内向的発展戦略への転換を主張したのも、そのためであり、彼の有名なバランス成長論もその延長線上である。

Lewis（1980）の「エンジン説」もヌルクセのそれと多くの共通点を持っている。ただし、政策方向の面でかなり違う。彼によると、途上国の成長率は常に先進国の成長率に依存してきた。つまり、先進国の経済成長─→先進国の輸入の増加─→途上国の輸出の増加─→途上国の経済成長ということである。しかし、1970年代半ば以降、先進国の成長率が緩慢になり、成長のエンジンの減速が避けられなくなった。したがって新しいエンジンの燃料として周辺国相互間の貿易拡大が必要になったと、彼は論じた。

これらに対して、いわゆる「handmaiden説」の代表的論文としてはKravis（1970）が挙げられる。前述したように、ヌルクセは19世紀では「貿易は成長のエンジン」であったが20世紀ではそうでなくなったと述べたが、それに対してクラヴィスは20世紀は言うまでもなく19世紀でも「貿易は成長の侍女（handmaiden）」であったと主張した。彼は特に、1950年代と60年代を通して世界市場での途上国輸出のシェアが低下したと指摘し、その原因を需要側より供給側で求める方が妥当だという見解を示している。つまり、それはヌルクセの指摘したような「海外需要の失敗」ではなく、「低開発の固有の、国内の供給側の問題」であるということである。とりわけ国内の供給側諸条件が政策手段によって貿易を阻害する方向でバイアスされている場合、たとえ極めて有利な海外需要条件があったとしても自動的に供給側の問題が解決されるわけではないと論じた。

彼によると、貿易は成長に影響を与える多くの要因の一つにすぎず、また多くの場合、支配的な変数ではない。「成長のエンジン」というより、「成長の侍女」という方が貿易の役割をよりよく説明できるというのが彼の主張である。彼は開発途上国の経済成長の原動力として、外部的要因よりも内部的要因を、また需要

サイドよりも供給サイド（資源の可動性(mobility)に影響を与える内部的ファクター）を強調している。

クラヴィスがヌルクセに対する批判に焦点を合わせたのに対し、Riedel (1984)はルイスへの批判に焦点を合わせた。彼はルイス等の「エンジン説」が、先進国の経済成長と途上国の輸出成長との間の安定的・機械的関係の存在を前提にしていたと指摘する。彼はしかし、第2次大戦後の途上国の輸出品目多様化現状、特に製造業製品輸出シェアの増大を指摘し、これによって先進国の経済成長と途上国の輸出成長との関係、ひいては途上国輸出に対する対外的制約が弱くなったと主張する。彼はまた自らの統計分析結果に基づいて、途上国の製造業製品の輸出パフォーマンスを決定することは需要側要因より供給側要因であり、また途上国の原料輸出と先進国の実質所得との関係は不安定だと主張した。したがって、先進国の経済成長と途上国の輸出成長との安定的・機械的関係という前提が否定されると、「エンジンとしての貿易」の概念を維持するのが困難になる。むしろ「成長の侍女 (handmaiden)」としての貿易というメタファーがより理論的に訴えるものがあり、また1960年代および70年代の経験により適用可能性が高いというのが彼の結論である。

(2) 因果関係分析

ここでは北朝鮮の経済現実に、「エンジン説」、「handmaiden説」をあてはめるため、輸出、輸入、GNP等いくつかの経済変数間の因果関係を調べてみることにする。こうした因果関係の検定にあたってはいわゆる「シムズ (Sims) テスト」を使うことにする（シムズ・テストを利用した因果関係分析モデル、使われたデータなどについては附録Dを参照）。

北朝鮮の輸出入とGNPとの因果関係分析結果を簡単にまとめると表5－6のとおりである（詳しくは附表C－1、C－2参照）。1960～96年の場合からみてみよう。輸入額とGNP水準との間には、一方的因果関係ではなく、双方的因果関係が見られる。つまり輸入がGNPに影響を与えるばかりでなく、GNPも輸入に対して影響を与えるという相互規定的関係にあるといえる。ただし、輸入増減率とGNP増減率とのあいだには何の因果関係も見られない。それに対して輸出額とGNP水

第5章 経済開発と対外経済関係 223

表5-6 北朝鮮の輸出入とGNPとの因果関係

	輸出→GNP		GNP→輸出		輸入→GNP		GNP→輸入	
	データ1	データ2	データ1	データ2	データ1	データ2	データ1	データ2
1960～96年								
ラグ1年	○	×	○	×	○	×	○	×
ラグ2年	○	×	×	×	○	×	○	×
ラグ3年	○	×	×	×	○	×	○	×
ラグ4年	○	×	×	×	○	×	○	×
ラグ5年	×	×	×	×	×	×	○	×
1960～90年								
ラグ1年	×	×	×	×	○	×	×	×
ラグ2年	×	×	×	×	×	×	×	×
ラグ3年	×	×	×	×	×	×	×	×
ラグ4年	×	×	×	×	×	×	×	×
ラグ5年	×	×	×	×	×	×	○	×
1960～78年								
ラグ1年	×	×	○	×	×	×	○	×
ラグ2年	×	×	○	○	×	×	○	×
ラグ3年	×	○	○	×	×	×	○	×
1979～96年								
ラグ1年	○	×	×	×	○	×	○	○
ラグ2年	○	×	×	×	○	○	×	○
ラグ3年	×	×	×	×	○	×	×	○

注：データ1は輸出入額、GNP。データ2は輸出入・GNPの前年比増減率。○、×は統計的に有意な因果関係の有無。

準との場合は一方的因果関係が見られる。GNP─→輸出の因果関係は見られないが、輸出─→GNPの因果関係は見られる。それだけをみると、一見したところ、輸出成長がGNP成長をもたらすという、つまり「貿易は成長のエンジン」という仮説が北朝鮮の現実にも当てはまるという印象が与えられるかもしれない。

今度は対象期間をすこし変えることにする。90年代を除いて、1960～90年までを調べてみよう。1960～96年には輸入額─→GNP水準の関係が見られるが、1960～90年には、輸入額─→GNP水準の関係が見られるとも、見られないとも、

いいにくくなる。輸出とGNPとのあいだにも、1960〜96年には輸出額──→GNP水準の関係が見られるが、1960〜90年には、輸出額──→GNP水準の関係が見られない。91〜96年の6年間を抜くだけで、相当異なる結果が出ている。

次に1960〜96年を2つの時期に分けてみよう。まず輸入額とGNP水準との関係をみると、1960〜78年にはGNP──→輸入の関係のみ見られるが、1979〜96年には逆に輸入──→GNPの関係のみ見られる。輸出額とGNP水準との関係をみると、1960〜78年にはGNP──→輸出の関係のみ見られるが、1979〜96年には逆に輸出──→GNPの関係のみ見られる。

以上の簡単な考察から、1960〜78年と1979〜96年とのあいだに、あるいは1990〜96年のあいだに、輸出入とGNPとの関係に何か変化が起ったのではないかというインプリケーションが得られる。ところが、1979〜96年はかなり異質的な2つの期間を含んでいる。1979〜90年は、輸出入額が前年比増加と減少を繰り返しながら長期的には増加傾向を示しており、GNP水準も、マクロ経済が低迷の状態にあるにせよ、長期的に増加傾向である。その点では以前の時期である1960〜78年も同じである。それに対し、1991〜96年は、旧ソ連の崩壊の余波で、輸出入額とGNP水準ともに減少傾向を示している時期である。

輸出とGNPとの関係に、1979〜90年の時点で何か変化が起ったとはいいにくい。なぜなら、1960〜78年に、つまり輸出もGNPも増加傾向を示していた時期に、輸出──→GNPの関係が見られなかったのに、その後の1979〜90年に、いきなり輸出──→GNPの関係が見られたと見なす根拠はきわめて希薄であるからである。さらに、前にも述べたように、1970年代後半と1980年代の北朝鮮は、マクロ・ミクロ経済の状態が以前より悪くなったからである。したがって、1991〜96年に、つまり輸出もGNPも減少傾向を示していた時期に、輸出──→GNPの関係が見られるようになったとみる方がより適切ではないかと思われる。

そうだとすれば、90年頃を境にして貿易とGNPとの関係に変化が生じたといえるだろう。ただし、90年代以前と90年代には一種の非対称性が存在する。90年以前は輸出増加がGNP成長をもたらさなかったという点で輸出──→GNPの因果関係が見られなかったが、90年以降は、輸出減少がGNP減少をもたらしたという点で輸出→GNPの因果関係が見られるということである。

ではなぜこのようなことが起きるのか。ここで輸出─→投資財（あるいは中間投入物）の輸入─→経済成長というメカニズムを想定する。90年代以前の北朝鮮は、輸入─→経済成長の回路が働いたかどうかはっきりしていないし、さらに輸出─→輸入の回路が働かなかった可能性が高い。その代わりに、90年代は、輸出─→輸入の回路のみならず、輸入─→経済成長の回路も働いていた可能性が高い。なぜなら1960〜96年には輸入額─→GNP水準の因果関係が見られたが、1960〜90年にはその関係が見られるとも、見られないとも、いいにくいからである。また北朝鮮の輸出入規模は90年以前には激しい変動を示し、慢性的な貿易赤字を示しながら赤字規模自体も激しく変動していたが、90年代には輸出入規模が、安定的に減少傾向を示しており、貿易赤字も4〜7億ドル水準で維持されているからである。

したがって、輸出成長が前述のメカニズムを通して経済成長をもたらすという「エンジン説」の供給志向的モデルが、90年代以前の北朝鮮にはあてはまらない可能性がここから出てくる。「エンジン説」の需要志向的モデルは上記のモデルでは検定できない。既存の研究成果を借りることにする。朴進(1994)は、1980〜92年の北朝鮮の輸出規模の推移を①世界貿易規模要因、②貿易相手国の市場規模要因、③北朝鮮のマーケット・シェア要因、④関連要因に、分けて調べた。そして彼はその時期は、貿易相手国の市場規模要因よりも、北朝鮮のマーケット・シェア要因（輸出能力）が北朝鮮の輸出額を決めてきたことを明らかにした。したがって、「エンジン説」の需要志向的モデルが北朝鮮の現実を説明する可能性はあまりないといえる。

では「成長の侍女（handmaiden）説」についてはどうであろうか。北朝鮮の輸出の供給側の要因に対する資料がないので何ともいい難い。ただし、上記の因果関係分析結果によると、1960〜78年には、GNP─→輸出の一方的因果関係が見られる。「handmaiden説」のあてはめの可能性の一端をここで見出すことができる。結局、90年代以前の北朝鮮の場合は、どちらかというと、「エンジン説」より「handmaiden説」の方がよりあてはまるといえる。それに対し、90年代の北朝鮮は、一種の「逆エンジン説」、つまり貿易はマイナス成長のエンジンの役割を果たすという仮説が当てはまると思われる。

では中国の場合はどうであろうか。表5－7には、中国についてのシムズテス

表5-7 中国の輸出入とGNPとの因果関係

	輸出→GNP		GNP→輸出		輸入→GNP		GNP→輸入	
	データ1	データ2	データ1	データ2	データ1	データ2	データ1	データ2
1952～77年								
ラグ1年	×	×	×	×	×	×	×	×
ラグ2年	×	×	×	×	×	×	×	×
ラグ3年	×	×	×	×	×	×	×	×
ラグ4年	×	×	×	×	×	×	○	×
ラグ5年	○	×	○	○	×	×	○	×
1952～95年								
ラグ1年	○	×	○	○	○	×	○	○
ラグ2年	○	×	○	○	○	×	○	×
ラグ3年	○	×	○	○	○	×	○	×
ラグ4年	○	×	○	○	○	×	○	×
ラグ5年	○	×	○	○	○	×	○	×

注:データ1は輸出入額、GNP。データ2は輸出入・GNPの前年比増減率。輸出入・GNPは元建て。すべてのデータはGNP deflatorで実質化。○、×は因果関係の有無。データはState Statistical Bureau of the People's Republic of China and Institute of Economic Research Hitotsubashi University (1997)および『中国統計年鑑』各年度より
出所:中兼和津次(1999)より

ト結果が示されている。まず1952～95年をみると、輸出額とGNP、輸入額とGNPとのあいだには、それぞれ双方的な因果関係が見られる。ところが、1952～77年、つまり改革・開放以前の時期には、輸出額とGNP、輸入額とGNPとのあいだに、因果関係があるとはいいにくい。改革・開放以前の中国においても、北朝鮮と同様、「貿易は成長のエンジン」という仮説は当てはまらないといえる。

ただし、北朝鮮は慢性的な貿易赤字に苦しんで、さらに貿易赤字の大きさの変動も激しかったのに対し、改革・開放以前の中国は、傾向として輸出・輸入の均衡状態が維持されてきたということは指摘する必要がある。そして表5-7にも示したように、改革・開放以前の中国においては、輸入→GNPの因果関係が見られない。したがって、輸出→投資財(あるいは中間投入物)の輸入→経済成長というメカニズムを想定した場合、改革・開放以前の中国は、輸出→投資材の輸

入の回路は働いたかもしれないが、輸入──経済成長の回路は働かなかったのではないかという示唆が得られる。

では60年代から90年代以前までの北朝鮮は、「handmaiden説」の方がよりあてはまっており、90年代の北朝鮮は、一種の「逆エンジン説」が当てはまるという上記の分析結果のインプリケーションは何か。第1に、北朝鮮の経済政策における貿易の位置付けである。つまり、北朝鮮の政策当局にとっては国内経済の急成長が最優先とされ、重工業を中心にする国内経済の成長に資源配分の最優先順位を与えた。貿易というのはその後に出てくるものであった。旧ソ連の専門家たちが「北朝鮮工業化の反輸出指向性」を指摘したこと(ソ連科学アカデミ世界社会主義経済研究所 (1985) 229頁)もこのような脈絡で理解できる。第2に、貿易が振るわなかったから成長できなかったという北朝鮮の政策当局の言い訳にはそれなりの根拠があると認められる。北朝鮮側は第3次7ヶ年計画(1987～93年)の失敗の主な原因として、社会主義圏崩壊による貿易規模減少を挙げている。前述した分析結果が、90年代の北朝鮮は、一種の「逆エンジン説」が当てはまるという示唆を与えている点そのものは、北朝鮮側の主張と矛盾しない。ただし、北朝鮮側の主張どおりに、貿易減少が90年代の経済難の決定的な原因であるかどうかには、本書の別のところで詳しく検討することにする。第3に、90年代の経済難の主な原因が貿易萎縮にあるとしても、逆にこれから貿易が活発化されても、経済が回復するという保障はないということである。前述した分析結果は、90年代以前の北朝鮮経済において、貿易は「成長のエンジン」より、「成長の侍女」であることを示唆しているからである[24]。

2 貿易と経済成長

ここでは、北朝鮮でどちらかというと「エンジン説」より「handmaiden説」があてはまる背景の一部を取り上げることにする。特になぜ北朝鮮では輸出が経済成長にあまり貢献できなかったのかという問題を検討したい。まず、貿易とマクロ経済の量的関係を貿易依存度の推移を中心に調べてみることにする。

(1) 貿易依存度の推移

北朝鮮の貿易依存度は、図5－9を見れば分かるように、一概に言いにくい。長期的に見れば、若干低下傾向を示しているか、あるいは横ばい状態に近い。およそ20％前後の水準で動いてきたといえるだろう。ただし短期的には、特に70年代と90年代は変動の激しさが目立っている。70年代は先進資本主義国からの輸入の急増と、その直後の外債問題の台頭による輸入の急減のためであり、90年代は社会主義圏崩壊による貿易量の急減のためであるということは前述した通りである。

北朝鮮の貿易依存度をほかの社会主義国のそれと比較すればどうなるか。まず、中国と比較してみよう。図5－9にも示されるように、北朝鮮の貿易依存度は改革・開放以前の中国のそれよりは高かった。北朝鮮の貿易依存度は一部期間を除いて、およそ20％前後で動いてきたのに対して改革・開放以前の中国はおよそ10％前後で動いてきたといえるからである。

次に東欧諸国と比較してみよう[25]。表5－8にも示されるように、北朝鮮は60年代は輸出、輸入ともに東ヨーロッパ国家に劣らないほどの伸び率をみせたが、国民所得の伸び率が東ヨーロッパ国家より高かったので、輸出増加率と国民所得増加率の比率、輸入増加率と国民所得増加率の比率は東欧国家に比べ若干小さい。つまり、この時期、北朝鮮では国民所得の１％成長は輸出1.2％増加と輸入1.3％増加を随伴したが、東欧では国民所得１％成長は輸出1.15～1.64％増加と輸入

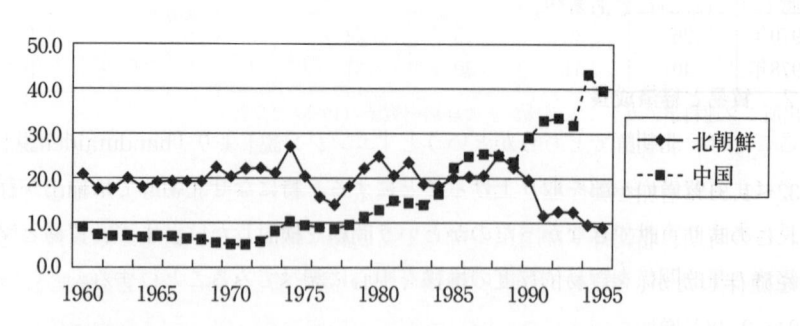

図5－9　北朝鮮と中国の貿易依存度の推移

注：貿易額とGNPとの比率
出所：北朝鮮は表5－6と同じ。中国は表5－7と同じ

表5−8 北朝鮮と東欧の輸出入、国民所得の比較

	ブルガリア	ハンガリー	東ドイツ	ポーランド	ルーマニア	チェコスロヴァキア	北朝鮮
1. 1961−70年 (1960年=100)							
輸出	345	263	208	270	256	196	289
輸入	286	256	222	244	303	204	313
国民所得	210	170	153	180	223	154	240
輸出／国民所得	1.64	1.55	1.36	1.50	1.15	1.27	1.20
輸入／国民所得	1.36	1.51	1.45	1.35	1.36	1.32	1.30
輸出／輸入	1.20	1.03	0.94	1.11	0.84	0.96	0.92
2. 1971−80年 (1970年=100)							
輸出	380	391	297	366	159	294	256
輸入	387	381	309	404	502	306	222
国民所得	196	162	159	163	241	157	215
輸出／国民所得	1.94	2.41	1.87	2.24	1.90	1.87	1.19
輸入／国民所得	1.97	2.35	1.94	2.48	2.08	1.99	1.03
輸出／輸入	0.98	1.30	0.96	0.91	0.91	0.96	1.15

出所:ソ連科学アカデミ世界社会主義経済研究所(1985)225頁

表5−9 北朝鮮と東欧の輸出・国民所得の比率の比較

(単位:％)

	ブルガリア	ハンガリー	東ドイツ	ポーランド	ルーマニア	チェコスロヴァキア	北朝鮮
1970年	26	38	25	22	22	24	10
1978年	40	54	30	31	17	29	10

出所:ソ連科学アカデミ世界社会主義経済研究所(1985)227頁

1.32〜1.51％増加を随伴した。70年代に入るとその格差はさらに広がることになる。この時期、北朝鮮では国民所得の1％成長は輸出1.19％増加と輸入1.03％増加を随伴したが、東欧では国民所得1％成長は輸出1.87〜2.41％増加と輸入1.94〜2.48％増加を随伴した。国民所得での輸出のシェア、つまり輸出依存度を比較してみればより明瞭になろう(表5−9参照)。1970年で既に北朝鮮の輸出依存

度と東欧のそれは2.2～3.8倍の差が存在したが、78年には1.7～5.4倍まで広がった。したがって、北朝鮮の貿易依存度は改革・開放以前の中国よりは高かったが、東欧諸国よりは低かったといえる。

(2) 国内需要充足と輸出

これからは、なぜ北朝鮮では輸出が経済成長にあまり貢献できなかったのかという問題を検討することにする。

北朝鮮では、輸出は国内需要の充足より優先度が低いものであった。この問題は前の因果分析結果のインプリケーションの第1番目のことに他ならない。金日成は1962年のある演説で「非鉄金属鉱物の生産、非鉄金属鉱山の開発が消極的に進められているのに、鉛、亜鉛、銅などの非鉄金属に対する国内需要は年々増大する一方なので、結局、輸出量が減少するほかありません（『経済管理2』399頁）」と述べた。政策的に輸出よりも国内需要の充足が優先とされていることを示している。また金日成は1965年のある演説で、現在金属工業省をはじめ少なからぬ生産部門各省が、輸出品計画の遂行において主人としての態度に欠けており、輸出品生産を軽視していると指摘した。特に、一部の省は、輸出品生産をしてもしなくてもかまわないものと考えており、はなはだしい場合、金属工業省のある幹部は、内閣決定に明確に指摘されているにもかかわらず、輸出品を国内に回すよう企業所に押し付けた（『著作集19』127～128頁）と非難した。ところが金日成の指摘・批判にもかかわらず、こうした現象はなくならなかった。金日成の1980年の演説でも、「いま一部の経済幹部は、輸出品の生産を無責任に行っているばかりか、原料、資材が多少不足ぎみになると、外国に引き渡すことになっている原料、資材を削り取って利用している（『経済管理5』495～496頁）」と非難するところがみられる。さらに同じ演説では、「最近、鋼材の国内需要を円滑に満たすために、鋼材輸出を制限する措置をとった」という内容も目に付く[26]。

それに関連して指摘できることは工業製品の生産と輸出の相関関係があまり高くないことである（表5－10参照）。注目に値するのは機械製造工業の場合である。全工業生産で機械製造製作工業が占める比重は大きく増大（60年の21.3%→80年の33.7%）したがって、全輸出業の比重はそのまま（60年5.3%、80年5.5%）であっ

第5章 経済開発と対外経済関係   231

表5−10 北朝鮮の工業製品の生産と輸出

(単位:%)

	工業生産での比重		輸出での比重	
	1960年	1980年	1960年	1980年
工 業 総 量	100.0	100.0	100.0	100.0
そのうち、鉱業と金属工業	12.1	20.0	46.5	42.6
機械制作工業	21.3	33.7	5.3	5.5
化学工業	5.4	5.4	12.1	1.6
建設資材工業	5.9	7.0	5.9	21.0
繊維工業	16.8	18.0	3.7	7.5
食料品	19.4	9.0	6.3	14.7
その他	19.1	6.9	20.2	7.1

出所:ソ連科学アカデミ世界社会主義経済研究所(1985) 215頁

た。これは総工業生産での機械製造工業のシェアの増大が総輸出での同産業のシェアの増大を随伴した東欧国家とはかなり違うものであった。旧ソ連側はこの事実に注目し、ここで北朝鮮工業化の反輸出指向性が現われたと指摘した(ソ連科学アカデミ世界社会主義経済研究所(1985) 229頁)。それに加えて、鉱業と金属工業は生産でのシェアは大きく増えたが、輸出でのシェアは若干低下した。食料品の場合、生産でのシェアは大きく減ったが、輸出でのシェアは2倍以上増大した。

(3) **輸出主導発展の条件**

ここでは、なぜ北朝鮮では輸出が経済成長にあまり貢献できなかったのかという問題をマイヤー(1995)が提示した「輸出主導発展(Export-Led Development)の条件」[27]との関連のもとで検討することにする[28]。

マイヤーの問題意識は、輸出セクターの成長が国内経済の他のセクターへ移転し(carry-over)、また国内経済の幅広い発展をもたらすための条件は何かということである。彼によると、輸出が発展の推進力になるためには輸出セクターが、経済の他の部門と分離された飛び地(enclave)にならないことが重要である。その代わりに、輸出セクターからの刺激を拡散させ、経済の他の部門の反応を作り出す統合プロセスを築かなければならない。その統合プロセスは輸出セクターの

新しい技術、知識、労働者訓練等を拡散させる、いわゆる「学習効果」、輸出セクターへの投入要素の供給産業の成長を刺激する「後方連関効果」等によって条件づけられる。ところが北朝鮮の場合、前に述べた、工業製品の生産と輸出の相関関係があまり高くないことから、輸出セクターが飛び地になっている可能性が考えられる。それで「学習効果」、「(後方) 連関効果」も期待し難い状況と思われる。

Meierはまた輸出収入の安定性を強調する。外貨収入での混乱は発展プロセスを非連続的なものにするということである。実質所得、政府収入、資本蓄積、資源配分、輸入能力への攪乱効果は外貨収入の変動幅の程度に依存する。ここでは第1節での記述を想起する必要がある。つまり、北朝鮮の貿易の大きな特徴の1つは輸出入規模の変動の激しさ、慢性的な貿易赤字である。北朝鮮が安定的に外貨を獲得してきたとはいえない。

Meierはそれに加えて、輸出収入の分配にも目を向け、輸出収入の分配が輸入品より国産品を消費する性向の人々にどの程度有利になるか、輸出収入の貯蓄に起因する投資がどの程度生産的になるか等を強い統合プロセス、したがって輸出主導発展の条件として挙げている。北朝鮮の場合、これに関連する資料が全くないので確認できない。Meierはまた、国内経済が輸出セクターからの刺激に反応するメカニズムにも注目し、市場の不完全性・非経済的障壁の度合も強い統合プロセス、したがって輸出主導発展の条件として挙げている。全般的にみると、北朝鮮は輸出セクターから他の部門への刺激も、その刺激に対する、他の部門の反応も強くなかったといえる。結局、北朝鮮において輸出成長が経済成長をもたらすことができなかった原因の1つはここにもあるように思われる。

(4) 外国為替ギャップ

ここでは、なぜ北朝鮮では輸出が経済成長にあまり貢献できなかったのかという問題をリンダー (1967) の「外国為替ギャップ論」[29]に鑑み、検討することにする。

彼は途上国での貿易の効果を論じるにあたって、内外均衡の同時達成・維持の可否の問題を提起した。国内均衡は現存生産能力および成長潜在力の完全利用と、

外部均衡は国際収支の均衡と定義される。Linderによると、多くの途上国では内外均衡の同時達成・維持がほとんど不可能である。それはなぜか。

　彼は途上国では輸入の最小量と輸出の最大量が存在すると主張する。輸入面において、国内の生産資源を完全に利用するのに必要な投入輸入（資本財）の一定の大きさがあり、これを切り詰めることはできない。輸出面においては、非弾力的な外国需要に依存する一次産品輸出のみならず、2次産品にも輸出最大量が存在する。彼の「代表的需要の理論」によると、先進国で需要される財は途上国の経済構造には合わず、途上国でのこの財の生産は不利になり、途上国が生産するのに適した（効率的に生産できる）財は先進国では需要されない。このように、輸入最小量と輸出最大量が存在するとすれば、もしある国で前者が後者を上回るようになっていたとすると、その国は厳しい外国為替ギャップに直面することになる。投入輸入の必要量の充足の問題は要素比率問題につながる。つまり、途上国では国内要素と投入輸入とのあいだに代替の可能性が制約されているため、投入輸入の不足は現存資源の不完全雇用をもたらし、また一層の資源蓄積を挫折させる。その場合は貿易利益（彼の表現を借りると、「成長の超エンジン」）は潜在的なものになる。輸出は「先導」部門であるよりもむしろ、「遅行」部門になるというのが彼の主張である。

　では北朝鮮はどうなるか。北朝鮮が慢性的な貿易赤字と外債問題で苦しんできたのは前述した通りである。厳しい外国為替ギャップの可能性は十分考えられる。輸入最小量の存在の可能性も考えられる。石油もないし、技術水準も低い低開発小国であり、また輸入が燃料、機械・装備類に集中してきたからである。輸出最大量の存在は一概で言いにくい。Linderの「代表的需要の理論」による輸出最大量の存在の説の妥当性はさておき、北朝鮮の輸出量の推移からみると、輸出最大量が存在するかどうかは言いにくい。ただ、政策当局が考えたほどには増えなかったといえる。また輸出は常に輸入を下回ってきた。

　したがって、Linderのいう投入輸入の必要量は充足できなかったといえる。実際、北朝鮮は外債問題のため輸入を意図的に減らしたこともあり、また外貨制約のため、輸入が制限されてきた。これと関連して注目に値することは北朝鮮の工場の稼働率の持続的な低下の問題である。70・80年代から問題になりつつ、ます

ます深刻化しているこの問題には実に様々な原因があるが、その一つとして挙げられるのは原資材の不足と設備の老朽化である。つまり、Linderのいう拡張輸入は言うまでもなく、維持輸入（操業輸入＋再投資輸入）も足りない状況である。北朝鮮は結局、Linderが想定した、$MI+>MI>+X$（ただし、$MI+$は投入輸入の必要量、MIは実際の投入輸入、Xは実際の輸出）となり、内部不均衡と外部不均衡が同時に存在する状況に置かれていた可能性がある。北朝鮮で輸出が経済成長にあまり貢献できなかった原因の一つはここにもあるように思われる。また、前に見たとおり、「エンジン説」（特に供給志向モデル）が北朝鮮の現実にあてはまらない可能性はここからも提示される。

(5) 集権システム、稼働率、貿易の連関

　ここでは、なぜ北朝鮮では貿易が経済成長にあまり貢献できなかったのかという問題を集権システムまで視野に入れ、集権システム、稼働率、貿易の連関という枠組みで検討することにする。このことは前述した、リンダーの外国為替ギャップ論とも関係がある。

　まず、集権システムの機能不全と稼働率の低下との相互関係を調べてみよう。金日成は1982年12月2日のある演説で、生産が正常化されていない状況を指摘し、その主な原因を計画化が正しくなされていないことに求めた（『著作集37』323頁）。また金日成は、1984年11月13日のある演説で、生産が正常化されていない主な原因として、資材保障、連帯生産、輸送がうまく行っていないことを挙げた。特に経済規模の拡大に伴う企業数の激増、経済管理責任幹部の主観主義、官僚主義によって資材保障活動が円滑に行われず、企業が計画を遂行できないケースが少なくないと指摘した（『著作集38』347〜348頁）。

　金日成の指摘も一面妥当性はあるが、問題の所在は中央のみにあるのではない。本書の第4章で見たとおりに、計画編成段階での政府と企業とのバーゲニングによって国家計画の不整合性、不正確さがより大きくなって、企業にとって目標達成の失敗の確率がより大きくなる。さらに計画の実行段階では、ある企業での需要を無視した、生産ミックスの恣意的な選択、他の企業への適期・適量の引き渡しへの無関心などが加えられ、その企業の生産品を投入財として使う他の企業

第5章 経済開発と対外経済関係　235

の生産活動に支障を与え、計画目標達成の失敗をもたらす。それはまた第3、第4といった他の関連企業に次々に波及していく「補給の連鎖反応」によって増幅される[30]。かくして数多くの工場の稼働率の低下がもたらされる。北朝鮮でいう「生産が正常化されていない」状況である。第4章で見たとおりに80・90年代の北朝鮮の企業にとって、こうしたことは広く行き渡っている。このことをもたらす上記の諸原因は、「集権システムの機能不全」に他ならない。

かくして集権システムの機能不全によってもたらされた、稼働率の低下が、今度は集権システムのさらなる機能不全をもたらすことになる。

経済全般の稼働率の低下は、企業にとっては、自分が必要とする資材が適時に適量が供給される可能性がさらに低くなったということを意味する。さらに国家は、資材不足が次第に拡大していた状況のもとでも、成長速度を緩めずに、そのまま高成長政策を持続した[31]。金日成も1980年3月5日のある演説で、「国家計画委員会が動員力のある計画を立てようとして、主観的にあまり高い計画を作成した」(『著作集35』26頁)と批判したことがある。このように「人民計画の作成にあたって、原料と燃料、動力の条件を具体的に見積もって裏付けのあるものにせず、当て推量で作成し」(『著作集37』323頁)、さらに「(国家計画委員会は)原油と石炭バランスが合わないことを十分承知のうえで計画をいいかげんに作成して」(『著作集35』26頁)いたため、企業にとって垂直的・水平的バーゲニングの誘因はより大きくなり、これは集権システムのさらなる機能不全につながることになる。

次いで稼働率低下──輸出減少──輸入減少──稼働率低下という連関を調べてみよう。特別な輸出振興政策を展開しない限り、稼働率が低下すると、輸出が減るのは当然のことであろう。またすでに見たとおりに、稼働率低下などによる資材不足の状況で、輸出より国内需要充足が優先され、外国に輸出することになっている原料、資材を削り取って国内で利用することもしばしばあった。輸出減少は輸入に対する制約要因として働く。第1節で述べたように、北朝鮮の輸入は原油・コークス・機械類が主流をなしているため、輸入不振・減少は稼働率の低下をもたらした。

次いで累積債務──輸入減少はすでに述べており、本節の最後のところに詳しく論じる予定である。

図5－10 集権システム、稼働率、貿易の連関

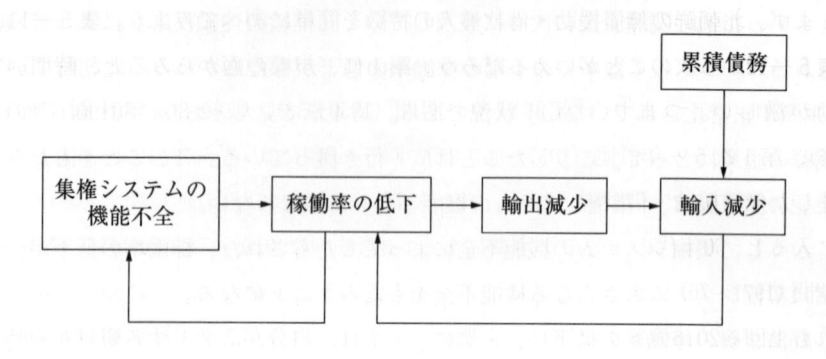

```
                                              累積債務
                                                 │
                                                 ▼
┌──────────┐    ┌──────────┐    ┌──────────┐    ┌──────────┐
│集権システムの│──▶│稼働率の低下│──▶│ 輸出減少 │──▶│ 輸入減少 │
│ 機能不全  │    │          │    │          │    │          │
└──────────┘    └──────────┘    └──────────┘    └──────────┘
      ▲                ▲                              │
      └────────────────┴──────────────────────────────┘
```

以上の連関を図5－10に示した。集権システムの機能不全は稼働率の低下をもたらし、また稼働率の低下は集権システムの機能不全をもたらすことになる。また稼働率の低下は輸出を減少させ、輸出減少は輸入を制約し、それが稼働率の低下をもたらすという連関を考えることができる。さらに累積債務は輸入減少をもたらし、それはまた稼働率の低下をもたらすことになる。したがって図5－10は、北朝鮮で、集権システムのもとで対外経済関係が経済開発に及ぼした影響、対外部門と対内部門の関係を、稼働率の低下に焦点を合わせて説明するのに有効である。時期的には輸出・輸入ともに、また稼働率も明らかな減少傾向を示した80年代前半の北朝鮮の状況の説明に役に立つ[32]。

ただし、断っておきたいことは、図5－10は北朝鮮の対外経済関係と経済開発との関係の一面を説明するだけで、全部を説明できるわけではないということである。たとえば輸出減少の原因は稼働率低下だけではない。北朝鮮では、輸出減少と累積債務が必ずしも輸入減少につながったわけではない。輸入減少の影響は稼働率低下だけでもない。これらの問題は後でもう一度述べることにする。

3　無償援助・借款、外債と経済成長

ここでは、北朝鮮の経済開発における無償援助・借款の役割を検討することにする。

第5章　経済開発と対外経済関係　237

(1) 無償援助・借款導入の特徴

　まず、北朝鮮の無償援助・借款導入の特徴を簡単に調べてみよう。**表5－11**、**表5－12**から次のことがいえるだろう。第1に、規模の面からみると、時期別変動が激しい。つまり、「朝鮮戦争」期間 (1950～53)、戦後3ヶ年計画 (1954～56)、第1次5ヶ年計画 (1957～60) の50年代 (正確には50～60年) に16.5億ドルに達した無償援助・借款導入額は、第1次7ヶ年計画及びその延長期である60年代に入ると、50年代の4分の1水準である4.3億ドルに急減する。これが6ヶ年計画期間 (1971～76) に入って急激に増え、60年代の5倍水準の、さらに50―60年のそれも上回る20.6億ドルに達した。しかし、これは第2次7ヶ年計画期 (1978～84) には再び大きく減り、5.6億ドルまで落ちた。

　第2に、50年代は導入された無償援助・借款のうち、無償援助が全体の77.3%を占め、圧倒的に多かったが、60年代からは姿を消してしまう。第2次7ヶ年計画期 (1978－84) に一時的に再登場するだけである。つまり60年代以降は償還の負担がかかる借款が主流であった。無償援助・借款の導入先をみると、旧ソ連・中国等社会主義国家が大部分である。ただし、6ヶ年計画期 (1971－76) はOECD国家が新しい外資供与国として登場し、またこの時期は社会主義国家より多くの借款を北朝鮮に提供した。

　第3に、無償援助・借款導入額と予算収入を単純に比較してみると、1950～60年は18.2%、特に戦後3ヶ年計画期は31.1%に達した[38]。そのうち、無償援助と予算との比をみると、1950～60年は14.1%、戦後3ヶ年計画期は31.1%であった。しかし、この無償援助・借款と予算との比率は第1次7ヶ年計画の60年代には1.3%へ急落する。これが6ヶ年計画期に3.7%まで上昇するが、50年代のそれ (18.2%) には遠く及ばない。さらにこれは第2次7ヶ年計画期には0.4%まで落ちてしまった。

(2) 無償援助・借款のマクロ経済的効果

　援助の経済的根拠と援助の経済的効果に関する理論的枠組みの代表的なものの1つとして、ギャップ理論、特にチェネリー＝シュトラウトなどの「ツーギャップ」理論が挙げられる。その理論によると、途上国が一定のGNP成長率を達成す

第2節 貿易、無償援助・借款、外債と経済開発

表5−11 北朝鮮の無償援助・借款関連指標

(単位:万ドル、%)

	政府予算 (A)	国家基本建設投資 (B)	無償援助 (C)	借款 (D)	C／A	C+D／A	C／B	C+D／B
1945〜49	n.a.	n.a.	—	5,300	n.a.	n.a.	n.a.	n.a.
1950〜53	122,988	n.a.	14,325	12,392	11.6	21.7	n.a.	n.a.
1954〜56	240,499	89,250	74,735	—	31.1	31.1	83.7	83.7
1957〜60	542,942	166,667	38,784	25,100	7.1	11.8	23.3	38.3
1950〜60	906,429	n.a.	127,844	37,492	14.1	18.2	n.a.	n.a.
1961〜70	3,322,238	893,151	—	42,668	—	1.3	—	4.8
1971	572,734	182,883	—	26,700	—	4.7	—	14.6
1972	669,396	214,414	—	35,400	—	5.3	—	16.5
1973	774,713	272,973	—	48,400	—	6.2	—	17.7
1974	1,042,214	376,042	—	52,000	—	5.0	—	13.8
1975	1,206,906	487,500	—	42,900	—	3.6	—	8.8
1976	1,315,191	585,417	—	560	—	0.04	—	0.1
1971〜76	5,581,154	2,119,229	—	205,960	—	3.7	—	9.7
1978〜84	15,179,312	n.a.	25,870	29,615	0.3	0.4	n.a.	n.a.

注:AとBは北朝鮮の公式統計と韓国側の推定値(単位は北朝鮮ウォン)を次の公式為替レートでドルに換算したもの。1949〜70:1ドル=1.20北朝鮮ウォン(1949〜59の公式為替レートは1ドル=0.95〜1.20北朝鮮ウォン程度と知られている。ここでは便宜上1ドル=1.20北朝鮮ウォンを適用した。)1971〜73:1.11、1974〜77:0.96、1978:0.93、1979:0.84、1980:0.86、1981:0.92、1982:0.97、1983:1.02、1984:1.20。

出所:A)『北韓経済統計集(1946〜1985年)』146頁(原資料は、北朝鮮の年度別予算決算報告書)より計算.。
   B) 1954〜60は『北韓経済統計集(1946〜1985年)』168頁(原資料は、『朝鮮中央年鑑』各年度)より、1961〜70は北韓研究所(1979)310頁(原資料は、極東問題研究所)より、1971〜76は極東問題研究所(1980)328頁より計算。
   C,D) 慶南大学校極東問題研究所(1979)377頁(原資料は、中央情報部(1974)、『南北韓経済力比較』第Ⅲ券、E.I.U, Quarterly Economic Review, 1st Quarter, 1976, 3rd Quarter, 1977)／『北韓経済統計集(1946〜1985年)』809〜810頁。
   その他は筆者計算。

表5―12　北朝鮮の期間別・国別の無償援助・借款導入

(単位:万ドル)

	旧ソ連	中国	その他の社会主義国家	OECD国家	合計
1946―49	5,300	―	―	―	5,300
1950―60	71,325	50,850	43,161	―	165,336
1961―69	19,668	10,500	3,500	―	33,668
1970	8,700	―	―	300	9,000
1971	25,000	―	―	1,700	26,700
1972	15,000	―	―	20,400	35,400
1973	10,900	―	―	37,500	48,400
1974	12,000	―	―	40,000	52,000
1975	18,600	―	―	24,300	42,900
1976	400	160	―	―	560
1978―84	29,615	25,870	―	―	55,485
合計	216,508	87,380	46,661	124,200	474,749

出所:慶南大学校極東問題研究所 (1979)、377頁 (原資料は、中央情報部 (1974)『南北韓経済力比較』第Ⅲ券、E.I.U, Quarterly Economic Review, 1st Quarter, 1976, 3rd Quarter, 1977) /『北韓経済統計集 (1946～1985年)』809～810頁。

る過程では、投資所要額と国内で動員可能な貯蓄額との間に、また所要輸入額とそのために必要な外貨(あるいは輸出能力)との間に、ギャップが生じ、それが成長のボトルネックとなる可能性が大きいという。有・無償援助とその他の外貨流入はその2つのギャップ(貯蓄不足と外貨不足)を埋めることにより、目標成長率達成のために必要な投資財源の確保という機能を果たす[33]。

　理論的には、途上国はある時点で、その2つのギャップのうち、ある1つが「制約的」ないし「支配的」になることになっている。そして実際には多くの途上国は、外貨不足が支配的である。単純なツーギャップモデルでの外貨ギャップは次のように定式化できる。

　　$m_1 I + m_2 Y - E \leqq F$

　ただし、m_1は投資の輸入誘発係数(多くの途上国は30～60%)、m_2はGNPに対する限界輸入性向(普通の場合、10～15%)、Eは輸出の外生の水準、Fは資本導入で

ある（Todaro（1994）pp543-544）。

　ここでは、北朝鮮での無償援助・借款の経済的効果を調べてみる簡単な工夫として、北朝鮮も多くの途上国の場合と同じであるとの仮定のもとで、上記の式を利用し、事後的な外貨ギャップの大きさを計算し、無償援助・借款の規模と比較してみることにする。投資(国家基本建設投資に代える)、GNP、輸出がともに得られる時期は61年から76年までである。1961～70年には、事後的な外貨ギャップは28.1億～67.8億ドルになり、その時期の無償援助・借款導入額は4.3億ドルである。ギャップの6.3～15.3%に当たる。また1971～76年には、事後的な外貨ギャップは69.5億～153.7億ドルになり、その時期の無償援助・借款導入額は20.6億ドルである。ギャップの13.4～29.6%に当たる。

　次いで、無償援助・借款と貿易、投資の関係を調べてみよう。北朝鮮自身は、無償援助・借款の用度に関する資料を一切公表しなかったので、無償援助・借款の提供者（特に旧ソ連側）による断片的な記述が推論の1つの手がかりになりうる。50・60年代の工業化の初期段階での社会主義国家からの無償援助と借款は相当部分が輸入設備に対するものであった[34]。例えば、戦後3ヶ年計画(1954～56年)の時期、北朝鮮の輸入のうち、無償援助と借款で得た商品のシェアは77.6%に至る[35]。

　北朝鮮では、輸入の相当部分が資本財である。例えば、61～70年には全輸入額の32.5%が資本財（原材料を含めない）であり、71～75年には先進資本主義国からの輸入額の36.5%が資本財(原材料を含めない比率。原材料を含めると57.8%)であった（慶南大学校極東問題研究所（1979）363、367頁）。これがほかの途上国と同様、援助・借款で賄われるところが大きかったのだろうか。

　まず、貿易赤字規模[36]と無償援助・借款額を単純に比較してみよう。本章の第1節の表5－2にも示したように、1950年代には無償援助は貿易赤字の6倍、無償援助・借款は8倍に至っていた。1971～77年には無償援助・借款が貿易赤字を若干上回る規模になった。それが1978～84年に入って、無償援助が貿易赤字の21.0%、無償援助・借款が貿易赤字の45.1%まで落ちた。したがって、無償援助だけでも50年代の貿易赤字を、無償援助と借款を合せると、60年代全期間と70年代前半までの貿易赤字を埋めることができるほど巨額であった。また、時系列デー

タが得られる唯一の時期である70年代前半に限ってみれば、71〜75年に、前期の借款導入額と今期の輸入額との間に、また今期の借款導入額と今期の輸入額との間に、相関関係が確認できた（相関係数はそれぞれ0.911、0.873）。この時期は北朝鮮が西側から大規模な借款・延払輸入のもとで大量の資本財を輸入した時期である。

次に無償援助・借款と投資の関係をみてみよう。まず、無償援助・借款額と投資額（国家基本建設投資）を単純に比較してみよう[37]。表5—11に示したように、この比率は戦後3ヶ年計画期には83.7％と非常に高かったが、第1次5ヶ年計画期には23.3％へ落ちた。もちろん、まだ高い水準である。しかしこれは60年代に入って1.3％まで急に低下したが70年代前半に入って5％前後まで上昇した。これが70年代後半からは再び低下した。少なくとも50年代は、無償援助・借款が投資の相当部分を占めるほど巨額であった。また、時系列データが得られる唯一の時期である70年代の場合、1971〜75年には、前期の借款導入額と今期の国家基本投資額の間に相関関係が確認できた（相関係数0.962）。同時に北朝鮮自身と旧ソ連側の断片的な記述からも、両者の関連性が窺える。

「戦後3ヶ年計画（1954〜56年）期間中、投資額のうち、無償援助が占める比率は73.1％に達した[38]。」

「70年代後半までは、国内資本蓄積の立場で北朝鮮へ借款の提供の方式を通じて北朝鮮経済に補助的な資本投資の出所として対外経済関係が導入された[39]。」

「1957〜60年の産業化の初めの段階で国民経済の強化の結果、資本蓄積の国内的源泉が拡大しており、対外的要因の投資機能が多少縮小した[40]。」

北朝鮮で無償援助・借款は、少なくとも50年代と70年代前半は、投資資金の主要な源泉の1つであったといっても差し支えないだろう。

次に経済成長率と無償援助・借款の関係を調べてみよう。50年代の無償援助・借款の経済成長への寄与は、統計的な裏付けはできないものの、十分考えられることである。(1)外資の規模の大きかったこと（予算収入の40％程度）、(2)外資のうち、無償援助が圧倒的に多かったこと（77.3％）、(3)社会主義建設初期ということもあり、経済全体に活力があった時期であること、(4)1954年からは戦後復興期であったこと等がその原因として指摘できる。

70年代はどうであろうか。71〜75年には前期の借款導入額と今期のGNPとのあいだに相関関係が確認できた(相関係数0.949)。また今期のGNP水準が前期の借款導入額と今期の借款導入額によって決められるという仮定に基づいて最小二乗法による線形回帰分析を行った結果は表5—13に示されている。今期の借款導入が今期のGNPに影響を与えるという関係は確認できなかった。前期の借款導入が今期のGNPに影響を与えるという関係は確認できた。これは相関関係分析結果とだいたい一致する。ただここではダービン＝ワトソン比が大きく、データに自己相関の可能性がある。統計分析対象期間の短さという欠点はあるが、同期間中には、借款導入が経済成長に貢献した可能性がないわけではない。

　もちろん北朝鮮において無償援助・借款導入が経済成長に貢献したとは言い切れない。なぜなら既存の多くの研究は、援助と経済成長の関係が国によって大きく異なることを示しているからである[41]。両者の関係は正の相関であったり、負の相関だったりする。成果をあげた援助もあれば、無駄になったり、ほとんどインパクトを与えなかった援助もある。援助もそうであるが、償還の負担もある借款は言うまでもない。それはなぜか。外資投入がその国の国民所得の成長に連結するまでにはいくつかの環節を経過しなければならない。つまり、一定の経済成長率の達成には投資のある増加分を必要とし、その一部が外資に補塡されたとしても、それが必ずしもある程度の成長率をもたらすとは限らない。特定部門への投

表5—13　北朝鮮の借款とGNPとの関係：回帰分析結果

	FC (t)	FC (t−1)	決定係数	D・W
ケース1　GNP (t)				
1971—75年	−5.92 (−0.67)	18.15* (3.35)	0.932	3.394
1970—76年	−5.57 (−2.97)	13.98** (6.30)	0.934	3.053
ケース2　GNP (t)				
1971—75年	0.22 (0.72)	−0.12 (−1.34)	0.643	2.993
1971—76年	0.26* (2.91)	−0.12 (−2.09)	0.811	3.226

注：1) ケース1は外資、GNPの絶対水準をもって、ケース2は前年比増加率をもって分析。
　　2) D.Wはダービン＝ワトソン比を、括弧内の数字はt値を、*は5％有意水準を、**は1％有意水準をそれぞれ表わす。

資は生産性を急速に引き上げる場合もあると同様、ほかの部門では緩慢な改善しかみられない場合もある。つまり投資増大(あるいは資本増大)と経済成長率との間には、一律的な、あるいは安定的な関係が存在しない可能性である。これらの問題まで解明されると、無償援助・借款導入と経済成長との関係をはっきりいえるが、北朝鮮の場合、関連資料がないので検討はきわめて困難である。

(3) 外債と経済成長

ここでは元利金の償還の問題まで含めて、借款のマクロ経済的効果について簡単に触れることにする。借款が国内投資の財源になり、経済成長に貢献できるという時の借款は、実はその年の全借款導入額ではなくて、借款導入額で元利金償還額を除いた金額を指すからである。一般的に借款導入の初期には償還の負担が少ないため、導入借款の大部分が投資に回され経済成長に貢献する。だが一定期間が経ち、元利金償還が本格化すると、導入借款のうち、投資に回される割り当ては減りつつ、経済成長に対する寄与度も少なくなる[42]。

北朝鮮の場合、いつから借款の満期が到来し、償還の負担が次第に大きくなったかは明らかではない。50年代は償還の負担がない無償援助が圧倒的であり、満期到来の借款も少なかったというのが一般の観測である。だが少なくとも70年代には償還の負担が相当のものであったと見てもいいだろう。なぜなら前にも述べたように、北朝鮮の対外債務不履行事態が発生したのが1974年のことであり、その2年後の1976年の時点での北朝鮮の外債規模は20億〜24億ドルといわれるからである。

その場合、輸出は輸入をファイナンスするという従来の機能に加えて、償還時期が到来した借款(対外債務)をもファイナンスするという新しい機能が与えられる。旧ソ連の専門家たちも、北朝鮮が輸出を通じて得た収入を、機械・原資材等の輸入のための支出に充てると同時に対外債務の償還のために使ったと指摘している(ソ連科学アカデミ世界社会主義経済研究所(1985) 206頁)。借金を返すため、お金を借りる(いわゆる、借款の借り換え)場合もあった(特に70年代後半以降は、旧ソ連と中国から)。この場合も、相当部分は現金ではなくて現物で、つまり北朝鮮の商品の供給によって借款の償還が行われた。たとえば旧ソ連は1976〜80年の間に返

済すべきであった従来の債務・延滞金の返済のため、改めて4億ルーブルの新規借款を設定したが、これは1981年から10年間にわたり、北朝鮮の生産品を旧ソ連側に供給することによって返済するようにした[43]。ただしこのような形がどの程度であったかは関連データがないので確認できない。

それと関連して指摘しておきたいのは、輸入に対する影響である。つまり、そうでなくても輸入をファイナンスする外貨（輸出で稼ぐ外貨）も足りないのに、債務を返済する負担[44]まで重なったため、結局輸入をさらに減らさざるをえなかったということである[45]。もちろん関連資料が得られないので確認はできない。しかし、すでに導入された借款の満期が到来したが、償還能力の欠如（輸出不振による外貨不足）による対外債務不履行および債務累積が輸入（ひいては資本財輸入を媒介にして投資）に対する厳しい制約を媒介に経済成長に悪影響を与えた回路の存在の可能性は十分考えられる。

次に外債の償還という視点で調べてみよう。長期的な観点での外債償還能力は経済成長率、限界貯蓄率、輸出伸び率の3つの要因によって決まるという。また「ツーギャップ」理論の考え方によれば、外資に依存しない、あるいは外債の返済が終わった、自律的成長過程への移行の条件は、①貯蓄の投資に対する超過、②輸出の輸入に対する超過である[46]。北朝鮮の場合、貯蓄に関する資料がほとんどないので、貯蓄については検討できない。輸出については、前にも述べたように、北朝鮮の貿易の大きな特徴の1つは慢性的な貿易収支赤字である。したがって北朝鮮が外資償還能力を持っていたとは言いにくい。北朝鮮の外債問題はこのような脈絡でも理解できる。

第3節 「自力更生」戦略とその成果：エネルギー自給政策を例に

第2章で述べたように、北朝鮮の「自力更生」戦略は多岐に渡るものである。ここではエネルギー自給政策に焦点を合わせ[47]、自力更生戦略とその成果を検討することにする。いいかえれば、エネルギー自給政策が国内経済、経済開発にどのような影響を及ぼしたかを調べてみることである。もちろん北朝鮮のように石油資源を有していない国では、たとえ自力更生を標榜していたとしても、エネル

ギーの一定の輸入を余儀なくされるから、エネルギーは「自力更生」政策の「自己限界的」な存在といえる。こうした面とともに、本節ではエネルギー自給ないしは「自力更生」を守るため、払わなければならなかった莫大なコストに注目する。これは、特に社会主義圏崩壊後、顕在化した。したがって自力更生の議論は、社会主義圏崩壊の影響とも関係がある。

1 エネルギー自給自足政策の成果、限界
(1) エネルギー部門への投資政策とその成果

　北朝鮮のエネルギー政策は、北朝鮮政府が「自力更生」原則を必死に守ろうとした典型の1つである。このエネルギー政策の目標は国内にある天然資源の利用の最大化にある。言い換えればエネルギーの自給度を最大とすることである。そしてエネルギーの輸入を最小の水準で抑制することである。このような政策方針下で、国内に比較的豊富に埋蔵されていた石炭を、エネルギー源の主な柱とし、また北朝鮮の自然条件上、比較的豊富に利用できる水力を、2番目のエネルギー源とする政策を展開してきた。これについては後述する。

　ここではまず、エネルギー投資政策を検討することにする。北朝鮮のエネルギー政策の特徴の1つは、エネルギー部門に対する集中投資である。表5-14に示したように、工業部門の国家基本建設投資での発電・石炭工業、鉱業のシェアを見ればおおよそ見当がつく[48]。ただし、資料の制約のため、対象期間は60年代前半までに限定される。まず、単純に1954年と64年を比較してみると、発電のシェアは9.4%→11.5%、石炭は4.2%→14.7%、鉱業は9.8%→19.4%と、それぞれ大幅に増大した。64年にはこれらの3つの部門に対する投資が工業全体に対する投資の45.6%にまで上昇する。このような集中投資の背景には、エネルギーの自立に対する北朝鮮政府の強い意志があったといわれているが、旧ソ連の専門家たちは、エネルギー部門の遅滞現象がすでに60年代初めに深刻に現われたことも指摘した（ソ連科学アカデミ世界社会主義経済研究所（1985）100頁）。

　ではエネルギー部門に対する集中投資は一定の成果を収めたのか。資料の制約のため、間接的に類推してみるしかない。表5-14と表5-15を使って、つまり投資でのシェアと産出でのシェアを比較してみることである。ところが表5-14

246 第3節 「自力更生」戦略とその成果:エネルギー自給政策を例に

表5-14 北朝鮮の工業部門の国家基本建設投資の部門別構成

(単位:%)

	1954年	1954 ~56年	1957 ~60年	1961年	1963年	1964年
重 工 業	81.0	81.1	80.6	69.7	68.2	73.8
そのうち、発電	9.4	14.4	11.9	11.1	14.6	11.5
石炭	4.2	5.3	9.6	9.9	12.6	14.7
鉱業	9.8	8.2	16.3	16.3	17.5	19.4
金属	6.8	7.0	10.5	6.2	5.8	6.1
機械	9.3	7.7	12.4	9.1	10.1	11.1
化学	6.3	7.6	6.7	10.9	3.4	4.4
軽 工 業	19.0	18.9	17.4	30.3	31.8	26.2
そのうち、紡織	4.0	5.4	5.8	3.7	8.7	5.5
食料品	0.9	2.0	3.1	5.2	5.2	4.2

出所:『北韓経済統計集(1946~1985年)』186~187頁(原資料は、年度別朝鮮中央年鑑)

表5-15 北朝鮮の工業総生産額の部門別構成

(単位:%)

	1946	1949	1953	1956	1959	1960	1963	1967
発 電	3.4	1.6	0.6	0.7	0.3	0.3	0.2	
燃 料	4.6	4.1	0.7	1.8	1.3	1.3	1.2	
鉱石採掘	6.7	8.1	9.3	6.1	3.9	4.0	3.2	
冶 金	9.5	11.0	1.8	8.6	6.2	6.8	7.4	
機械製作及び金属加工	5.1	8.1	15.3	17.3	20.6	21.3	25.6	31.4
化 学	10.1	9.5	3.1	4.7	5.5	5.4	8.3	
紡 織	5.5	11.4	25.7	18.4	17.4	16.8	18.6	
食料品及び嗜好品	27.2	19.4	18.5	13.2	15.6	14.4	13.7	
その他	27.9	26.8	25.0	29.2	29.2	29.7	21.8	

出所:『北韓経済統計集(1946~1985年)』382~383頁(原資料は、年度別朝鮮中央年鑑)

と表5-15では、部門の分け方に若干の差がみられるため、ここにも問題がないわけではない。だが表5-15から、発電、燃料、鉱石採掘の3つの部門がすべて、シェアをますます落としていたことは確認できる。したがって2つの表をあわせてみると、エネルギー部門は投資に比べ産出が非常に低く、つまり資本効率が悪かった可能性が考えられる。旧ソ連の専門家たちも類似の見解を示し、採掘部門

が工業構造に占める地位が産業発展の基本土台としての意義に照応していないと述べ、1946年から1976年までの30年間、採掘産業の成長スピードは全体工業生産量の増大スピードより2.6倍立ち遅れたと指摘している（ソ連科学アカデミ世界社会主義経済研究所(1985)100頁）。こうしてみると、エネルギー部門に対する集中投資はあまり成果を収めなかったといっても差し支えないだろう。

(2) 石炭中心のエネルギー供給構造の構築と石炭生産の伸び悩み

北朝鮮は石炭中心のエネルギー供給構造を作り上げた。表5―16、5―17をみればすぐ分かるように[49]、北朝鮮のエネルギー供給の圧倒的な部分は石炭が占め

表5―16　北朝鮮のエネルギー供給構造：IEA推定値

(単位：千TOE[1])

	石炭				石油	水力	総供給
	生産	輸入	輸出	供給[2]			
1972	19,604	316	35	19,885	749	2,681	23,314
1973	21,390	250	28	21,612	797	2,792	25,201
1975	23,460	249	47	23,662	1,204	3,686	28,552
1981	26,340	472	78	26,734	2,447	5,138	34,319
1983	27,990	1,425	31	29,384	2,779	5,808	37,971
1985	29,025	1,733	31	30,727	3,112	6,255	40,094
1987	29,543	1,733	31	31,244	3,355	6,523	41,122
1989	30,368	1,733	31	32,069	3,556	7,938	43,563
1991	31,095	1,733	307	32,520	3,555	7,332	43,407
1992	31,095	1,733	307	32,520	3,555	7,332	43,407
年平均伸び率							
1973～92	2.33	8.88		2.49	8.10	5.16	3.16
1973～77	4.72	4.19		4.73	10.73	7.83	5.32
1978～86	2.01	18.09		2.48	11.36	5.77	3.45
1987～92	0.86	0.00		0.67	1.34	2.09	0.95

注：1）TOEはTon of Oil Equivalent（原油相当トン）
　　2）石炭の供給＝石炭の生産＋輸入－輸出
出所：1973～89は、張栄植（1994）、157～166頁（原資料は、IEA (International Energy Agency)、*Energy Statistics and Balances*および (*Computer Data Disk*))／1991～92は、*IEA, Energy Statistics and Balances of non-OECD countries 1991-1992*, 1994, p379。

第3節 「自力更生」戦略とその成果：エネルギー自給政策を例に

表5－17 北朝鮮のエネルギー供給構造：韓国統一院の推定値

(単位：千TOE)

	石炭	石油	水力	その他	総供給
1965	8,519	351	1,797	1,185	11,853
1970	13,118	764	2,404	1,810	18,095
1985					25,028
1987					26,603
1989	20,654	2,322	3,754	2,012	28,742
1990	19,513	2,251	3,901	1,627	27,292
1991					23,463
1992	15,476	1,520	3,550	1,288	21,834
1994	12,623	823	3,460	675	17,581

出所：統一院（1995）126、128、130頁、統計庁（1995）216～217頁。

ている。

それに関連し、北朝鮮が石炭中心の政策を展開し始めた1940年代後半および1950年代は、「石油の時代」が到来する以前の時期であったということは指摘する必要がある。つまり、北朝鮮のみならず、世界のほかの国々も石炭中心のエネルギー消費構造を持っていた。たとえば、1950年の場合、世界のエネルギー生産の59％が石炭・亜炭であった。そして石炭と石油の地位が完全に逆転したのは1967年のことである[50]。それと同時に、国内に石炭が豊富に埋蔵されていた条件のもとで、「自力更生」の原則に基いて登場した石炭中心のエネルギー政策は、それなりの合理性があったといえる。ところが固体燃料から流体燃料への「エネルギー革命」の過程で、世界のエネルギー消費・生産構造は、石油中心へ変わった。にもかかわらず、北朝鮮は従来の石炭中心政策を固執した。

しかし、この石炭の生産が伸び悩んできたという点に北朝鮮当局の悩みがある。まず、北朝鮮のエネルギー生産、総供給の推移を調べてみよう。表5－16を見ればすぐわかるように、1972～92年のあいだ、北朝鮮のエネルギーの総供給(国内生産＋輸入－輸出)の伸び率は継続的に低下してきた。経済計画期間別(緩衝期を含む)に分けてみると、1973～77年の5.32％から、1978～86年には3.45％へ、また1987～92年には0.95％へ落ちていた[51]。

このようなエネルギー総供給の伸び悩みは、エネルギーの国内生産の伸び悩み

によるところが多い。国内生産の伸び率の動きをみると、1973～77年の5.12％から、1978～86年には2.60％へ下がり、さらに1987～92年には1.08％へ落ちている。そしてエネルギーの国内生産の伸び悩みは北朝鮮の最大のエネルギー源である石炭の国内生産の伸び悩みによるところが多い。石炭の生産の伸び率は1973～77年の4.72％から、1978～86年には2.01％へ下がり、さらに1987～92年には0.86％へ落ちていた[52]。

石炭の生産不振の原因は何か。長期間の採掘による、炭坑の坑道の深部化と装備の老巧化、目標志向的増産政策の限界等で求められるのが通説である[53]。ただし、張栄植の見解は違う。石炭生産能力の限界によるものよりは、①マクロ経済の停滞による石炭生産の停滞、②石油と水力が石炭を代替したからということである（張栄植（1994）29、92頁）。関連資料がほとんどないので、どちらが正しいか判断し難い。ただ、通説は供給側の原因を、張栄植の2番目のもの（「代替説」）は需要側の原因を指摘しているという程度はいえるだろう[54]。

(3) **石油使用の増加とエネルギー輸入依存度の上昇**

北朝鮮政府の石油消費抑制方針にもかかわらず、北朝鮮の石油供給量（＝石油輸入量）は大幅に増大してきた。1973～92年の20年間、石油供給の年平均伸び率は8.10％に達し、石炭供給(2.49％)、水力供給(5.16％)、エネルギー総供給(3.16％)を大きく上回った。特に、石炭の輸入は石炭の生産の増加率が低くなった第2次7ヶ年計画期（1978～86）に大幅に増えたのに対して、石油がそれ以前の時期、つまり6ヶ年計画期（ここでは73～77年）から年平均10％以上の高い増加率を見せてきたことに注目する必要がある。つまり石油の輸入の増大の原因は、石油需要の増大(特に石油需要増大の不可避性)にある。これは、第1に、石炭で代替できない部門(特に自動車、船舶等交通部門)の拡大である。特に社会主義経済の共通の現象でもある輸送部門の隘路に、後述する北朝鮮独特の「電力過大消費構造」による鉄道輸送負担の過重が加えられ、トラクターの需要が増えざるをえなかった。第2に、世界的趨勢が「炭主油従」から「油主炭従」に変わるなかで、外国から導入された機械等が石油を使うことが多くなったことである。なお、このような石油供給の急増のため、北朝鮮の全エネルギー源での石油のシェアは、1972年の

表5-18 北朝鮮のエネルギーの輸入依存度の推移

(単位:千TOE、%)

	国内生産 (A)	輸入 (B)	輸出 (C)	総供給 (D=A+B-C)	輸入依存度 (B/D)
1972	22,284	1,065	35	23,314	4.6
1973	24,182	1,047	28	25,201	4.2
1975	27,146	1,452	47	28,552	5.1
1981	31,478	2,919	78	34,319	8.5
1983	33,798	4,204	31	37,971	11.1
1985	35,280	4,844	31	40,094	12.1
1987	36,065	5,088	31	41,122	12.4
1989	38,306	5,288	31	43,563	12.1
1991	38,427	5,288	307	43,407	12.2
1992	38,427	5,288	307	43,407	12.2
年平均伸び率					
1973〜92	2.76	8.34		3.16	
1973〜77	5.12	8.95		5.32	
1978〜86	2.60	13.26		3.45	
1987〜92	1.08	0.89		0.95	

注:国内生産:石炭、水力、輸入:石炭、石油、輸出:石炭
出所:表5-16と同じ。

3.2%から1992年は8.2%まで上昇した。

石油消費の不可避性は、精油工場と石油化学工場の建設からも窺える。北朝鮮は1959年、第7ヶ年計画を樹立する際、旧ソ連の援助で年間200万トンの精油能力のウンギ精油工場(現在はスンリ化学連合企業所)を建設するという計画を立て旧ソ連と経済技術協定を結んだ。ところがこの協定はソ連との関係が悪化したために中断され、7年後1967年にこの協定の実施協定を再び締結し、1973年に1段階工事が完了した。また1976年にはボンファ化学工場(現在年間200万トンの精油能力)が中国の支援で着工された。また1968年から石油化学工場である青年化学綜合工場(現在はナンフン青年化学連合企業所)の建設がスタートし、70年代には西側からの設備導入によって工場建設が促された。

かくして、表5-18をみればすぐ分かるように、北朝鮮のエネルギーの輸入依存度は継続的に上昇してきた(少なくとも、統計で確認できる1972年からは)。特に第

2次7ヶ年計画が始まる1978年以降の上昇が目立っており、83年には初めて10%を超えた。ただし85年以降は12%前後で足踏み状態である。もちろん、12%というエネルギーの輸入依存度は決して高い水準のものとはいえない。むしろ国際的にみてかなり低い方であろう。ただしここで注目したいのは、1972年から92年までの20年のあいだ、エネルギー輸入依存度が、4%から12%へ上昇したことである。特に北朝鮮が自力更生を標榜し、エネルギーの自給度を高めるために必死に努力してきたにもかかわらず、輸入依存度がかなり上昇した。もちろん石炭の生産の伸び悩みによる石炭輸入増加にも原因がある。だが表5－18にも示されているように、北朝鮮において輸入エネルギーの3分の2以上が石油であり、北朝鮮の石油は全量を輸入に依存しているので、北朝鮮のエネルギー輸入依存度の増加の最大の原因は、石油需要の増大である。

(4) 電力過多消費構造の形成

北朝鮮のエネルギー自給政策は、独特なエネルギー消費構造を作り上げ、経済に致命的な影響を及ぼした。これは「電力過多消費構造」の形成である[55]。この構造は、第2章で述べた、植民地期に形成された「電力過多消費構造」を継承・発展させた面が多い。すでにある程度形成されていたこの構造に、工業化初期の豊富な電力事情（初期条件）と北朝鮮の「自力更生」（開発戦略）という変数が加えられ、これらの要因の複合作用によって北朝鮮独特の電力過多消費構造が作り上げられ、経済開発に大きな影響を及ぼした。

まず、北朝鮮におけるいくつかの工業製品の生産工法を簡単に調べることにする。第1に、硫安肥料。北朝鮮では植民地時代から多くの肥料が生産されたが、その中で最も多く生産されたのが硫安肥料である。硫安肥料はまず水素をつくり、その水素からアンモニアをつくるが、水素をつくる時に莫大な電力を大量に消費する電気分解法が採用された。北朝鮮はそれをそのまま踏襲したのである。第2に、粉鉄法。北朝鮮では鉄の生産量が不足しているため、粉鉄という方法をよく用いた。この方法は日本の技術者も「不合理な方法」であることを認識しつつも、戦時で鉄の生産量を増やすためにやむなく使った方法である。鉄鉱石を粉にして、石炭の粉と混ぜ合わせ、コンクリートミキサーのような回転炉で焼く。この方法

で取り出される粉鉄は、完全な鉄ではないので、電気炉に入れて再び作業をしなければならない。非常に電気を食う旧式の工法である[56]。

第3に、「ビナロン」。北朝鮮は「ビナロン」という繊維を独自の技術で生産していると大々的に宣伝している。この「ビナロン」はカーバイトが原料である。カーバイトは石炭と石灰石と電力さえあれば生産できる。「自力更生」戦略にピッタリの事業で、このため北朝鮮ではビナロン工場が大々的に建設された。ところがカーバイトの生産には非常に多くの電力が消費される。第4に、石灰窒素肥料。北朝鮮ではまた石灰窒素という化学肥料も生産していた。これもカーバイトが原料で、ポリ塩化ビニル樹脂、酒精、その他様々なものをカーバイト法で生産していた。これも「自力更生」戦略である[57]。

工業製品だけではない。輸送手段の場合、「自力更生」戦略にしたがって、石油の使用を極度に抑えるしかなかったが、まさにそのため、電力への依存がさらに強まった。たとえば、ガソリンが貴重なため、市内バスもトロリーバスにした。貨物輸送も石油を消費するトラックの代わりに鉄道に大きく依存するようになった。鉄道輸送量を増やすためには機関車を大型化するしかない。その方法としては、大型のディーゼル機関車を使うか、電気機関車に変えなければならない。北朝鮮は石油の使用を避けるために後者の道を選んだ。かくして北朝鮮はよりいっそう、電力に依存するようになった。こうした電力過多消費構造が電力不足[58]をもたらすことはいうまでもない。

かくして電力供給拡大が緊急の課題になりつつある状況のもとで、北朝鮮は6ヵ年計画期間（1971〜76年）中、火力発電所を大々的に建設し、火力と水力の割合を50対50まで高めようとしていた。水力発電の割合が高いと、季節によって発電量の増減が大きく、工場の稼働に深刻な支障を与えることになるからである。具体的には北倉火力（120万kW）、平壌火力（50万kW）、清川江火力（20万kW）、雄基火力（20万kW）、清津火力（15万kW）等の建設が計画された。もちろん燃料は北朝鮮産の石炭である。ところが、200万kWの電力をつくるためには500万トンの石炭が必要となるという[59]。これは6ヵ年計画期間中の石炭生産目標（5千万トン）の1割に当たる規模である。

つまり、発電量を増やすためには、その分、石炭を増産しなければならない。

石炭を増産するためには、人力と機械・資材が必要となる[60]。さらに石炭を増産するためには、電気の供給が増えなければならない。もし経済全般が電力不足の状態に置かれているとすれば、(電力増産のための)石炭増産のための電力供給が十分ではなくなり、石炭生産は思ったほど伸びず、結局発電量もそれほど増えないだろう。

さらに、石炭が不足して電気生産が減り、電気が足りないので石炭生産ができなくなるという悪循環が発生することもありうる。こうしたことは、まさに今日の北朝鮮の状況である、と亡命者たちは伝えている。たとえば、亡命者K氏は、「行政機関の人が鋼材工場をたずねて、鋼材生産目標を達成しなかった理由を追及するとしよう。鋼材工場の人は、鉱山から鉱石が供給されなかったからだと答える。では、どうして鉱石が生産できなかったのか。電気がないからだ。どうして電気が生産できなかったのか。石炭がないからだ。どうして石炭が生産できなかったのか。電気がないからだ」と述べている。

2 社会主義崩壊の影響：エネルギー輸入とマクロ経済との関係の視点

(1) 社会主義崩壊のエネルギー面での衝撃

社会主義崩壊が北朝鮮経済に与えた衝撃の代表的なものの一つがエネルギー輸入問題である。これは輸入物量と輸入価格の両面にわたるものである。

北朝鮮は80年代末頃に、原油輸入の3分の2ほどを旧ソ連と中国に依存してきた。これが、1990年から旧ソ連と中国が北朝鮮に対して原油代金のハード・カレンシでの決済、国際市場価格水準への引き上げを要求したので、北朝鮮の原油輸入は急激に減るようになる。旧ソ連が崩壊した1991年には、旧ソ連からの原油導入量は90年の10分の1まで急減した(表5-19参照)。その影響でその年の北朝鮮の原油導入量は、前年対比22.8％減少した[61]。実際に、91年以降の旧ソ連からの原油導入はほとんどなくなったともいえる。

91～93年の中国からの原油輸入は、量的には大きな変化がみられない。80年代末と90年代初めを通して100万～110万トン水準を維持している。対中国輸入の場合、問題になったのは物量より価格の方であった。つまり、91年から既存のいわゆる「友好価格」がなくなり、国際市場価格水準まで引き上げられるようになっ

第3節 「自力更生」戦略とその成果:エネルギー自給政策を例に

表5－19 北朝鮮のエネルギー輸入量:1989～93年

(単位:千トン、%)

	1989	1990	1991	1992	1993
原油合計	2,539	2,453(− 3.4)	1,894(−22.8)	1,426(−24.7)	n.a.
中国	1,073	1,063(− 1.0)	1,102(3.7)	1,006(− 8.7)	1,033(2.7)
旧ソ連/ロシア	506	410(−19.0)	42(−89.8)	−(−)	62(−)
イラン	920	980(6.5)	750(−23.5)	220(−70.7)	n.a.
リビア	40	―	―	200	n.a.
石炭・コークス合計	2,536	2,619(3.3)	2,097(−19.9)	1,565(−25.4)	2,091(33.6)
中国	1,597	1,792(12.2)	1,913(6.7)	1,493(−22.0)	1,751(17.3)
旧ソ連/ロシア	939	827(−11.9)	184(−77.8)	72(−60.9)	340(372.2)

注:1) 括弧内の数字は前年比増減率
　　2) ソ連/ロシアの統計は原資料の違いにより91年以前と92以降のあいだ、データの非連続性の存在の可能性がある。そのため、ソ連/ロシアおよび合計の92年の前年比増減率は解釈に注意を要する。
出所:(A)(B)1989～91は、日本貿易振興会(1994)『北朝鮮の経済と貿易の展望』(1993年版) 52頁(原資料は、『中国海関統計』、『ソ連対外経済関係』)/1992～93の中国は、中国海関総署、『1992年中国海関統計年鑑』(中) 210頁、『1993年中国海関統計年鑑』(中) 258頁、1992～93のロシアは、ロシア連邦国家統計委員会・対外経済関係省『1993年ロシア連邦貿易統計年鑑』(ジャパン・プレス・フォト訳) 326頁。
　　(C)(D)『北韓経済指標集』126頁(原資料は、統一院『南北韓経済現況比較』各年度および『北韓経済綜合評価』各年度、『北韓GNP推定結果』各年度)。

た。つまり、表5－20にも示されるように、1990年までは中国の対北朝鮮原油輸出単価は、中国の対世界原油輸出単価の3分の2以下であったが、1991年には両者の差はほとんどなくなり、むしろ92年からは前者が後者を若干上回るようになった。

原油のみならず、石炭、コークスの輸入も激減した。90年の262万トンから91、92年には210万トン、157万トンにまで落ち、93年には209万トンへ回復したが以前の水準には遠く及ばない。このように、社会主義崩壊は北朝鮮のエネルギー不足を一層深刻化させたといえる。

(2) エネルギー消費構造

社会主義崩壊によるエネルギー輸入激減が北朝鮮経済に与えた影響を調べてみ

第5章 経済開発と対外経済関係

表5−20 中国の対北朝鮮原油輸出:1986〜93年

		1988	1989	1990	1991	1992	1993
対北朝鮮	数量	1,202	1,073	1,063	1,102	1,006	1,033
	金額	75,534	64,600	61,310	139,347	138,077	139,874
	単価	62.8	60.2	57.7	126.1	137.2	135.4
対世界	数量	26,045	24,388	23,979	22,600	21,507	19,434
	金額	2,557,182	2,750,059	3,401,861	2,956,790	2,774,490	2,408,801
	単価	98.2	112.8	141.9	130.8	129.0	123.9

注:1) 単位は数量が千トン、金額が千ドル、単価がドル/トン。
　　2) 単価は単純に金額を数量で除したもの。
出所:1988〜90は、日本貿易振興会(1992)『北朝鮮の経済と貿易の展望』(1992年版)59頁(原資料は、『中国海関統計摘要』、『中国海関統計年鑑』各号)/1991〜93は、中国海関総署、『1992年中国海関統計年鑑』(中)210頁、『1993年中国海関統計年鑑』(中)258頁より計算。

るためには、北朝鮮でエネルギーがどのように使われているか、つまりエネルギーの消費構造を検討する必要がある。

まず、表5−21をみればすぐ分かるように、産業部門の比重が圧倒的に多いのが注目に値する。1972年には全エネルギーの93.0%が産業部門に使われ、その後シェアが少しずつ減ってきたが、1991年の時点でも84.6%がこの部門で消費されている。交通部門のシェアは同期間3.3%から8.2%へ拡大された。家庭部門は1%にも及ばない低い水準を維持している[62]。

エネルギーの用途別シェアをエネルギー源別にみてみよう。まず石炭の場合、1990年に産業およびその他の部門のシェアが72.6%、発電部門が21.1%、その他(コークスの製造、石炭液化等原料製品のため投入されるもの)が12.7%になっている。確定はできないが産業用の比重が大きいと思われる。またここで注目したいのは、発電部門のシェアが1971年の9.5%から1990年には21.1%まで増大したということである。北朝鮮の場合、1960年代前半ごろは火力発電と水力発電の比は1対10であったが、その後火力発電の増加率が水力発電のそれを大きく上回り、1970年代後半からは両者の比が4対6になった。つまり、一般的に石炭の輸入減少は、石炭自身のエネルギー源としての供給減少のみならず、火力発電を媒介にしたエ

表5—21 北朝鮮のエネルギー消費構造

(単位:千TOE、%)

	産　　業		交　通	家　庭	その他	総消費
	鉄　鋼	合　計				
1972	1,528(8.1)	17,461(93.0)	626(3.3)	37(0.2)	655(3.5)	18,779
1973	1,515(7.5)	18,793(92.9)	670(3.3)	37(0.2)	728(3.6)	20,228
1975	1,563(7.0)	20,533(91.3)	938(4.2)	73(0.3)	946(4.2)	22,490
1977	1,851(8.0)	20,906(90.8)	963(4.2)	75(0.3)	1,091(4.7)	23,035
1979	2,015(8.1)	21,882(88.4)	1,525(6.2)	146(0.6)	1,200(4.8)	24,753
1981	2,145(8.3)	22,592(87.3)	1,786(6.9)	188(0.7)	1,316(5.1)	25,882
1983	2,405(8.5)	24,664(86.9)	1,996(7.0)	220(0.8)	1,509(5.3)	28,389
1985	2,470(8.5)	24,703(85.5)	2,207(7.6)	240(0.8)	1,753(6.1)	28,903
1987	2,470(8.4)	25,025(85.0)	2,333(7.9)	261(0.9)	1,827(6.2)	29,446
1989	2,470(8.1)	25,924(84.7)	2,490(8.1)	272(0.9)	1,935(6.3)	30,621
1991	2,470(7.9)	26,375(84.6)	2,563(8.2)	280(0.9)	1,954(6.3)	31,172

注:エネルギー消費=エネルギー供給—総損失、ただし総損失=熱転換損失+その他の損失。括弧内の数字は総消費に占めるシェア。

出所:張栄植(1994)44頁(原資料は、IEA、*Energy Statistics and Balances*, 1992)。

ネルギーの供給減少をも招き、この二つのルートにより経済にインパクトを与えるが、北朝鮮ももはや後者のインパクトも無視できなくなった。

石油は交通部門のシェアが圧倒的であるのが特徴である。1990年には石油製品の72.5%が、つまり4分の3程度が交通部門で使われた。次が産業部門(19.6%)、家庭およびその他の部門(7.9%)であった。1971年と比べてみると、交通部門のシェアが10.9%ポイント減った代わりに、産業部門のシェアが7.5%ポイント、家庭およびその他の部門が3.4%ポイント増えた。

(3) マクロ経済への影響

社会主義崩壊による北朝鮮のエネルギー輸入の激減が、マクロ経済にどのような影響を与えたかを正確にとらえることは、特に影響の度合を測ることは不可能に近い。関連資料がほとんどなく、とくに産業連関表といったものが全くないからである。いくつかの限られた資料に基づいて類推してみるしかない。その場合、対外条件の変化が対内部門に与えるインパクトの度合が、いくつかの対内条件に

よって違うということを明らかにしたい。

　まず、注目すべきことは、第2章でも述べたように、北朝鮮の産業構造が重工業中心の産業構造になっていることである。ところが北朝鮮の工業別エネルギー消費量に関する資料は得られない。ここでは北朝鮮の資料の代理として、中国の資料（産業連関表）を利用し、エネルギーと他産業と連関を考えてみることにする。中国は北朝鮮と同じく、重工業優先政策をとってきており、また中国は旧ソ連より発展水準の面で北朝鮮に近いからである。

　表5－22にも示されるように、金属・機械等の重工業は紡織・食品等の軽工業よりはるかに多いエネルギーを使っている。中国政府側も、重工業のエネルギー使用は軽工業の場合の2倍以上になると指摘している（佐々木信彰他編訳（1991）205頁）。したがって重工業中心の産業構造がただちにエネルギー多消費産業構造を意味することになる。北朝鮮におけるエネルギー問題の深刻さの原因の一つはここからも導きだされる。旧ソ連の専門家たちも類似の指摘をしている。つまり、エネルギー供給が十分に増大しなかったにもかかわらず、工業においてエネル

表5－22　重工業と軽工業のエネルギー消費量の比較：中国のケース

	重　工　業		軽　工　業	
	金属工業[3]	機械工業	紡織工業	食品工業
1．投入係数[1]				
石炭採掘業	0.0259	0.0030	0.0015	0.0016
石油・天然ガス採掘業	0.0030	0.0004	0.0000	0.0000
電力工業	0.0466	0.0149	0.0062	0.0038
石油加工業	0.0154	0.0086	0.0013	0.0011
2．レオンチェフ逆行列係数[2]				
石炭採掘業	0.0786	0.0313	0.0130	0.0099
石油・天然ガス採掘業	0.0327	0.0219	0.0134	0.0112
電力工業	0.0959	0.0515	0.0261	0.0172
石油加工業	0.0461	0.0328	0.0171	0.0183

注：1）原文では直接消耗係数
　　2）原文では完全消耗係数
　　3）原文では金属精練・圧延加工業
出所：『1987年度中国投入産出表』50～53、62～65頁

ギー集約生産(非鉄金属、化学、建築資材産業等)の比重が増大したのがエネルギー問題を深刻化させたということである(ソ連科学アカデミ世界社会主義経済研究所(1985)102頁)。さらに、すでに述べたとおりに、北朝鮮のエネルギー自給政策は「電力過多消費構造」を作り上げたという点も注目する必要がある。

また北朝鮮は、前述したように、ほかの国に比べ産業用の比重がはるかに大きいことに注目する必要がある。たとえば、1990年現在、北朝鮮のエネルギー消費での産業用のシェアは82.1%に至っていたのに対して、韓国のそれは42.5%に止まっていた。エネルギー輸入減少によるマクロ経済の衝撃がどちらにおいて大きいかは自明である。

1990年という時点の問題も重要である。つまり、この時点での北朝鮮のエネルギー需給構造とマクロ経済構造がどうなっていたかということである。北朝鮮自身の1970年代初めと比較してみると、何よりもエネルギー輸入依存度の上昇(4%から12%へ)が目立つところである。輸入依存度が12%である時の外部の衝撃(輸入量の激減)と輸入依存度が4%である時のそれとはかなり違うというのは、言うまでもない。それに加えて、指摘すべきことは北朝鮮のエネルギー不足(あるいはエネルギー難)は90年から始まったことではないことである。いつからかははっきり言えないが、少なくとも社会主義崩壊の以前の時期にも存在したというのが通説である。IEAの資料によると、80年代半ば以降、88年を除いて、エネルギー供給の前年比増大率が2%前後の水準まで落ちた。したがって平常の状態ではなく、エネルギー不足に苦しんでいた時点で社会主義崩壊に伴うエネルギー輸入の激減の衝撃を受けたということである[63]。また80年代末と90年はマクロ経済の状態もあまりよくなかった。第2章で記述したように、北朝鮮のマクロ経済は70年代後半または80年代前半から成長鈍化が現われ始め、長いあいだ低迷の状態が続いてきた。この時点で社会主義崩壊に伴うエネルギー輸入の激減の衝撃を受けた。

結局、ほかの国より産業用エネルギーの比重が大きく、さらに重工業中心のエネルギー多消費型産業構造、電力過消費工業構造を持っている国が、エネルギー不足で苦しんでいる時に、さらにマクロ経済の低迷の状況で外部から大きなショックを受けたといえる。統計的な裏付けはできないものの、インパクトの度合がかなり大きかったことを窺わせる。

その結果、何が起こったのか。資料の制約のため、全貌は把握できない。それに関連して指摘できるのが、第2章で述べた工場の稼働率の低下である。これは70年代か80年代から問題になりつつあり、さらにますます深刻化してきた。またこの問題の原因はエネルギー難だけでもない。エネルギー難の深刻化は、既に存在した工場の稼働率の低下趨勢をより加速化したといえる。北朝鮮のマクロ経済が90年からマイナス成長を続けているのはエネルギー輸入の激減によるエネルギー難の深刻化と深くかかわっていることは確かであろう。もちろん、対外部門の対内部門への衝撃の波紋が大きかったのは、対外部門のショック自体が大きかったことにも原因がある。しかし、既に存在していた、対内部門の諸問題のためでもあるということ、いいかえれば外部の衝撃にきわめて脆弱な構造が既に作り上げられたことに注目する必要がある。なお、こうした外部の衝撃に脆弱な構造の形成の原因の1つとして、すでに考察した、エネルギー自給政策ひいては自力更生政策の影響を指摘しなければならない。

第4節 小　結

　以上のような考察に基づいて北朝鮮の対外経済関係が経済開発に及ぼした影響を整理することにする。
　まず、貿易を見てみよう。貿易の経済開発促進効果を簡単にまとめると、次のとおりである。①貿易は輸出を通じて稼いだ外貨によって、国内に不足している中間財・資本財を輸入し、経済成長に貢献できる。②特に途上国において、資本財の輸入は、外国から先進技術を導入するための主なルートとして機能する。③貿易は様々な連関効果を通して国内経済の成長力を高めることができる。④貿易は国際競争圧力を通じて効率・生産性を上げることができる。⑤貿易は比較優位に基づいて行われれば、特化（専業化）の利益をもたらすことができる。
　ところが北朝鮮では、貿易のこうした効果がそれほど発揮されなかった。もちろん③、④、⑤の効果を上げなかったことは、やむを得ない面もある。北朝鮮は基本的に「自力更生」原則のもとで消極的な貿易政策を展開してきたと見なされるべきである。ソ連の圧力にもかかわらず、コメコンへの参加を拒否した。北朝

鮮の貿易依存度は改革・開放以前の中国よりは高いが、東欧諸国より低い。北朝鮮当局は、輸出振興政策をとったわけでもないし、比較優位原則に基づいて貿易を展開したこともないからである。すでに見たように、北朝鮮の政策当局にとっては国内経済の急成長が最優先とされ、重工業を中心にする国内経済の成長に資源配分の最優先順位を与えた。貿易というのはその後に出てくるものであった。輸出は国内需要の充足より優先度が低いものであった。とはいえ、北朝鮮の貿易政策が経済的な効率性の原則から離れていることは否定できないだろう。

もっとも問題になったのは、①、②の効果が発揮できなかったことである。特に①のことが、北朝鮮側が公式的に追求したにもかかわらず実現できなかったということは、北朝鮮の貿易政策が、北朝鮮側の基準によっても成果を上げなかったことを意味する。実際に、輸出不振および累積債務、つまり外貨難により中間財・投入財の輸入が厳しく制限され、経済成長に大きなマイナス要因として働いた。これは集権システムの機能不全との相互作用のもとで工場の稼働率の低下をもたらした。この傾向は、社会主義圏の崩壊によって加速化された。また北朝鮮は70年代前半、先進資本主義諸国から資本財を大量に導入することを除いては主に旧ソ連から資本財を導入したが、それも外貨制約のため限界があった。それは、その分だけ技術進歩を阻害する要因として働いていた（第3章参照）。

①、②の効果が発揮できなかったことは累積債務によるところは大きい。累積債務増加の最大の原因は慢性的な貿易赤字である。これは貿易政策ひいてはマクロ経済政策とも深くかかわっている。

基本的にエネルギー源の国内供給が足りなく、資本も不足しており、技術水準も低位にある低開発経済が、たとえ自力更生を求めるとしても、工業化を進めるためには、中間財・資本財等に対する輸入需要の持続的な拡大は避けられない[64]。さらに北朝鮮の場合、政策当局が政治的な理由で、自分の輸出能力を考慮せず、機械・設備の輸入を急に増やしたことがあった（1973—74年、1978—80年）。いわゆるdemonstration effectである。それに対し、多くの場合、輸入をファイナンスするための輸出額は、輸入額に追い付けなかった。

もちろん、北朝鮮は輸出拡大のため力を注いできた。しかし、期待通りにいかなかった。北朝鮮の輸出入は、その商品構造が単純すぎること、また長いあいだ

第5章　経済開発と対外経済関係　*261*

あまり変わらなかったことが特徴であり、特に輸出品目は鉄・非鉄金属といった数少ない原料、半製品に限られている。貿易相手も旧ソ連、中国、日本の3国に偏重されていた。さらに製造業は基本的に国内需要の充当を目的にしたため、製品の質といった国際競争力にはあまり関心が払われなかった。

　また資本主義市場進出のための、より積極的な貿易拡大政策は、旧ソ連・中国との関係改善を通じた支援の獲得への努力によって制限された。北朝鮮にとって、社会主義国家、特に旧ソ連と貿易というのは、政治的・外交的紐帯の経済的表現にすぎなかった。いわゆる「経済論理」に基づいたものではなかった。旧ソ連側は、北朝鮮の膨大な貿易赤字をかなりの分、事実上放任することによって、北朝鮮の経済開発を支える、いわゆる「隠された援助 (hidden aid)」の役目を果たしていて[65]、旧ソ連の崩壊以降の90年代には中国が代わりに、従来の旧ソ連の役割を果たしている。ただし両国からの支援が恒常的なものでも、輸入需要を十分満たせる程度でもなかった。

　累積債務の増加の2番目の要因は、北朝鮮が建国期から継続的に導入してきた借款の償還がうまくいかず、結局外債につながったということである。北朝鮮では50年代と70年代前半、少なからぬ無償援助・借款が導入され、これは投資資金の主要な源泉の1つとして機能した。ただし50年代は償還の負担がない無償援助が圧倒的であったが、70年代にはすべてが借款であった。そしてすでに導入された借款の満期が到来したとき、償還能力の欠如（輸出不振による外貨不足）により対外債務不履行事態が発生し、その後も輸出不振が続き、累積債務が増加するようになった。

　次いでエネルギー自給政策の例を挙げ、自力更生戦略とその成果、経済開発に及ぼした影響などを整理することにする。北朝鮮は石炭中心のエネルギー供給構造を作り上げたが石炭の生産が伸び悩み、エネルギー供給不足がもたらされた。またエネルギー自給政策は「電力過消費構造」の形成、したがって電力不足をもたらした。かくして貿易に対する依存度を押えるため、「自力更生」を貫くため、国内経済は莫大なコストを払わなければならなかった。さらに政策当局の石油消費抑制方針にもかかわらず、石油消費量は増大し、エネルギーの輸入依存度は上昇し続けた。社会主義圏崩壊のダメージが大きかったのは、すでに外部の衝撃に

脆弱な構造が作り上げられていたことにも原因があるが、こうした構造が形成されたのは、前述した、エネルギー自給政策ひいては自力更生政策によるところが少なくない。

　実際に、自力更生の問題は、大国と異なり、小国にとっては非常に難しい問題である。たとえば、中国の場合、1960年の中ソ決別以降、積極的な地質探査に乗り出し、多くの大規模油田が発展され、石油生産が急激に伸び、1970年代には石油輸入国から石油輸出国に変わった（エクスタイン（1980）310頁）。ところが北朝鮮は、国内に石油資源がなく、エネルギー自給政策のもとでもエネルギーを自給できなかったので、ソ連崩壊による原油輸入激減は、ただちに深刻なエネルギー難をもたらすことになった。

---

1) 北朝鮮のことばでは、「国家単一貿易体系」。これは、国家が、または国家の監督のもとに該当機関が対外貿易を行う体系である（『経済辞典1』（1985年版）465頁）。
2) 慶南大学校極東問題研究所（1979）88頁（原資料は、『経済辞典1』（1970年版）688頁）。
3) 慶南大学校極東問題研究所（1979）117頁（原資料は、『経済辞典1』（1970年版）692頁）。
4) 小牧輝夫は、それらのうち、3番目の要因を強調している。彼は、北朝鮮のこの時期の、西側諸国からのプラント導入による大規模な工業基地の建設といった構想は6ヶ年計画の当初計画にはなかったと指摘し、方針転換の根底には韓国に対する抵抗心が強く働いたとみている（小牧輝夫（1986）98～99頁参照）。
5) 玉城素は、このような「輸出優先主義」が打ち出されたのは、建国以来初めてのことであり、これは、単に6ヶ年計画の目標達成の後遺症として残された対外債務問題を解決しようということだけでなく、その解決もできないままに、さらに新たな輸入拡大をしない限り「生産正常化」を実現できない現実に迫れたためであると指摘している（玉城素（1983）126頁参照）。
6) 李賛度（1995）26頁（原資料は、国土統一院『北韓最高人民会議資料集』第Ⅲ集（1988）1083頁）。
7) こうした中ソからの「事前保障」があったから87年、第3次7ヵ年計画を開始することが可能になったのである（室岡鉄夫（1993）94頁参照）。
8) 社会主義国家のあいだの貿易商品は、ハード・グッズとソフト・グッズに分けられるが、前者は国際競争力を有して、資本主義圏でも売れるものであるが、後者は質的に劣っているため、資本主義圏では売れにくい商品であった（高日東（1995）17頁参照）。
9) 1991年のソ連との貿易の急減は、この年から適用された、ルーブルの対ドル為替レートの300％切下げを考慮する必要がある。つまりルーブルを基準とした輸出額は変わらな

かったとしても、ドル建て輸出額は、ルーブルの切下げによって3分の1水準へ減少するしかない。北朝鮮の対ソ連輸出統計は、北朝鮮のウォン建て輸出額をドルに換算したものではなく、旧ソ連の対北朝鮮輸入額から逆算されたもので、ルーブルを基準としてドルに換算されたということを想起する必要がある。ところが、1991年の北朝鮮の対ソ連輸出額は90年の6分の1水準である。つまり為替レートの問題を考慮しなくても、輸出が半分に急減したことになる。

10) Balassa & Bauwens (1988) p. 7、大川一司・小浜裕久 (1993) 293頁参照。
11) たとえば、李賛度 (1995) 69頁参照。
12) また純輸出比率の−1から＋1までの変化を、一定期間の時系列データを利用すると、一つの貿易パターンを説明できる。つまり、ある産業が完全輸入（−1）から始まって、国内生産を通じて輸入代替が行われてから、次第に輸出が増え、完全輸出（＋1）まで達する過程を説明できる。
13) 原データは、北朝鮮の場合、附表A−6、附表A−7と同じであり、全世界の場合、国連の『貿易統計年鑑』、各年度である。
14) ただし崔信林 (1991) は、1987〜89年の3年間についてSITC中分類までデータを整理しておいた。
15) 北朝鮮と韓国の工業発達水準の差をできるだけ縮めるために、韓国の60年代のデータをとった。60年代は、北朝鮮と韓国の工業発達水準の差があまりなかったか、むしろ韓国の方が若干遅れていたかのような時期といわれている。もともと金光錫・朴勝禄 (1988) では、1963〜83年のデータが整理されている。
16) 浅子和美他、『マクロ経済学』（新世社、1993) 316頁。
17) 詳しくは慶南大学校極東問題研究所 (1979) 515、520〜521頁参照。
18) 70年代にも在日朝鮮人の北朝鮮移住は続いたがその規模は大幅に減り、たとえば71〜73年は2千名に止まった。
19) アメリカ国会は北朝鮮の対外債務が1970年に5,500万ドルを記録してから、74年には7億2,500万ドルへ急増したと見ている。またアメリカCIAは1976年末の時点で、北朝鮮の対外負債は24億ドルで、そのうち、14億ドルは先進資本主義諸国に対する債務であり、10億ドルは社会主義諸国に対する債務と推定している。そしてアメリカのNew York Times紙と韓国統一院は同じ時期に対し23億ドルと、西ドイツのHandelsblatt紙は20億ドルと推定した（慶南大学校極東問題研究所 (1979) 516頁参照）。
20) 短期的な償還能力を測る尺度としてよく使われるDebt Service Ratioは北朝鮮の場合、算出ができない。Debt Service Ratioは該当年の元利金償還所要額と国際収支上の経常収入（商品とサービスの輸出）の比で求められるが、北朝鮮の場合、該当年の元利金償還所要額が知られていないからである。
21) エンジン説、handmaiden説に対する整理は、G.M. Meier (1995)、絵所秀紀 (1991) によるところが多い。
22) Riedel (1988)、pp 28-29。またマイヤーもdemand-motoredモデルとsupply-motoredモデルと分けて見ている。Meier (1995) p. 460。
23) エンジン説の起源はA. Smith、J.S. Mill等古典派経済学者までさかのぼるが、本稿ではあそこまで立入る余裕がない。

24) ただし、上記の分析は一定の限界をもっている。まず、分析の対象になったデータの信頼性の問題である。基本的に韓国政府の推定値にすぎない。また実質ベースではなく名目ベースである。これに加えて、因果関係分析方法の問題もある。両説を当てはめるにあたって、使われた変数の数が少ない。さらにモデル自体も2変数モデルである。きわめて単純化された面があることは否定できない。これは何よりも資料の制約のためである。なお、二つの変数のみをもって輸出と経済成長の因果関係を分析した先行研究として、例えば、Chow (1987)、Jung and Marshall (1985) がある。

25) 以下の記述で使われる、北朝鮮に関する統計は旧ソ連側のものである。本書で使われてきた韓国側の統計とかなり違う。しかし、北朝鮮と東欧の比較のためには同一推計機関による統計を使わざるをえない。

26) こうしたことは「信用」の問題につながる。金日成が繰り返し「何よりも貿易では信用が第一である」と強調したのは、まさに上記の現象の反映である。金日成は、貿易において信用を失う主な原因は、生産部門の各省が輸出品生産を軽視し、輸出品を期限内に生産できないところにあると指摘(『著作集19』127～128頁)した。

27) Meier (1995) pp. 465-469参照。

28) もちろんこのような分析には一定の限界がある。前述したとおり、北朝鮮の貿易依存度は低い方であり、また輸出拡大に努力したことはあるが、輸出主導発展戦略をとったとは言えないからである。北朝鮮が標榜した自力更生政策は開発経済学的な観点でみれば、むしろ輸入代替政策に近い。

29) S.B. Linder (1967) ch II参照。

30) 第4章でエルマンのランプの例を挙げるとき述べたように、社会主義経済における企業は、もっとも低い供給水準の資材によって企業の産出水準が規定される。

31) たとえば1985年の工業総生産額の目標は前年対比12%成長とされていた(『著作集38』、391頁)。ところが、北朝鮮の工業総生産額(実績)の発表は1983年度分から中断された、つまり工業生産実績が悪くなったというを想起すれば、こうした目標は達成可能性がきわめて低い、現実性がない無理なものであったといわざるをえない。

32) 80年代後半は、輸出・輸入ともに増大傾向を示した時期であった。また後述するように、図5－10に、社会主義圏の崩壊という変数を付け加えれば、90年代の北朝鮮の状況の説明に有効である。

33) 絵所秀紀 (1991) 18～19頁、松井謙 (1979) 109～110頁参照。

34) もちろん、物的な機械・設備の導入のみならず、いわゆる「技術協力」のための支払い等も借款によって賄われた。

35) ソ連科学アカデミ世界社会主義経済研究所 (1985) 201頁。ただし、これが北朝鮮の全輸入を指すか、北朝鮮の旧ソ連からの輸入のみを指すかは明らかではない。

36) 北朝鮮の経常収支に関するデータが一切ないので、貿易収支に代えることにする。ただし、北朝鮮の指導部が、無償援助・借款で得た資金をすべて貿易(輸入)に使ったわけではないということは考慮すべきである。

37) もちろん、導入された外資が投資以外のところ、特に消費に使われた可能性は十分あり、また実際そうである。たとえば、戦後3ヶ年計画期(1954～56年)は、いわゆる「朝鮮戦争」(1950～53年)直後の復旧期という特殊性もあって、住宅、公共施設、病院、学

校の復旧のための設備、食料品・医療品等相当の消費財も援助によって提供された。
38) ソ連科学アカデミ世界社会主義経済研究所（1985）201頁（原資料は、『解放後わが国の人民経済発展』（ピョンヤン、1960年）123頁）
39) 同上書206頁。
40) 同上書202頁。
41) 前述した、ギャップモデルも、いくつかの限界があるが、特に途上国サイドの援助吸収能力を度外視している点を指摘する必要がある。絵所秀紀（1991）19頁参照。
42) もちろん元利金償還の財源は導入外資だけではない。
43) ナタリア・バザノバ（1992）34～35頁（原資料は、『ソ連邦と人民朝鮮の関係』343～348頁）。
44) もちろん、北朝鮮は累積債務を返済するために、どの程度積極的であったのかについては、疑問の余地がある。ただし北朝鮮側の債務返済の積極的な意志がなかったとしても、債務は輸入に対する厳しい制約として働く。
45) 河合弘子(1997)も70年代の貿易代金の未払いやソ連に対する債務支払い等から原材料やエネルギーの輸入を必要量確保できない状況になったと述べ、そのような可能性を指摘した。
46) 詳しくは、朴昇（1977）248頁、松井謙（1979）113～115頁参照。
47) こうしたエネルギー自給政策とともに、「自力更生」のスローガンのもとで進められたのが、国内技術・国産原料を利用する新しい工法・工業製品の開発である。こうした傾向は50年代末から現れたが、外貨難が深刻になった70年代末以降顕著になった。その代表的なものがいわゆる「主体の鉄」である。

北朝鮮の鉄鋼工業でもっとも問題となっていたのが、製鉄の原料であるコークスである。いままで朝鮮半島ではコークス原料である瀝青炭の埋蔵が確認されていないので、北朝鮮では毎年大量の瀝青炭を旧ソ連・中国から輸入してきたが、そのための外貨負担が大きすぎた。こうした問題の解決のために北朝鮮は高価な輸入瀝青炭の比重を減らし、自体生産の無煙炭の使用比重を増やすための方法として「主体の鉄」という、無煙炭を利用した新しい製鉄法開発に力を入れていた。しかし、それはうまくいかなかった。こうしたことは次のような金日成の話からも窺える。

「われわれは国内燃料に依拠する冶金工業を発展させるために、焼成炭工場を建設しましたが、さほどの効果を発揮していません。」（1980・3・5『著作集35』16頁）。

「わが党は、我が国でコークス用炭を生産できない状況のもとで、国内燃料をもって金属工業を発展させることについての方針を提示したが、政務院と金属工業部門の責任働き手は、条件が備えられていないと文句を言いながら主体的な鉄生産基地を構築するための闘争を積極的に展開しませんでした。その結果、鉄鋼材事情が緊張するようになりました」（1984・3・13『著作集38』251頁）。

48) ただし、鉱業では石炭のようなエネルギー源の採掘のみならず、鉄・非鉄金属のような非エネルギー源の採掘も含まれているが、この統計では両者が分離されていない。また鉄・非鉄金属の採掘はほかの産業への原料の提供、輸出基盤の拡充という意味もある。したがって後述する、鉱業への投資増加の狙いはエネルギー生産増大のみではないことに注意する必要がある。

49) 北朝鮮のエネルギーに関する統計は、北朝鮮のエネルギーに関して最も多く統計(推定値)を発表しているIEA (International Energy Agency) のものを中心に使うことにする。時には、韓国政府の推定値と合わせて使うこともある。もちろん、IEAの統計も問題がないわけではない。何よりも多くの項目において、数値が何年間変わらないケースがある。例えば、石炭の輸入量は1985年から92年のあいだ、変化が全くない。特に90年以降、石油の輸入量が大きく減ったというのが一般的な観測であるが、ここには89～92年の5年間、同じ数値が載せられている。また石炭をTOE (原油相当トン) に換算する際、北朝鮮の石炭が、品質が悪い「低質炭」という事実があまり反映されておらず、したがって石炭生産量が過大評価された可能性も高い。それに関連し、『北韓経済指標集』は、IEAの統計は、絶対値には問題があるが、エネルギー供給構造とエネルギー供給伸び率の把握には活用できると述べている(『北韓経済指標集』119頁)。

50) 『経済学大辞典』(東洋経済新報社、1980年) 39頁。

51) ここでIEA統計と韓国統一院統計(表 5 -17参照)との若干の差がみられる。韓国政府の統計は対象年度が少ないから、一部期間でしか比較できない。例えば、86～89年の年平均増加率はIEAが2.10％、韓国政府が3.52％、90～92年の年平均減少率はIEAが0.12％、韓国政府が8.76％であった。特にIEAは、90年は前年比減少であったが、91年には増加勢に変わって、92年は足踏みだと見ているが、韓国側は、90～92年の3年連続、前年に比べ大幅の減少とみている。両機関の統計の違いは総供給量においてもみられる。たとえば、IEAは北朝鮮のエネルギー総供給量が85年4千万TOE、90年4千3百万TOEに達したとみているが、韓国政府は同期間、それよりはるかに少ない2千5百万TOE、2千7百万TOEに止まったとみている。

52) もちろん、エネルギー源の輸入はかなり増えた。輸入の増加率は1973～77年の8.95％を示し、さらに1978～86年には13.26％まで上がった。ところが1987～92年には急に0.89％へ落ちた。そして、1973～92年のあいだに、輸入が相当増えたが、生産の伸び悩みを補填できる程度ではなかった。

53) 例えば、丁宇鎮 (1996) 65～66頁。

54) すぐ後で見るように、石炭生産の不振の原因はそれだけではない。

55) 以下の「電力過消費工業構造」の形成に関する本書の記述は、呉源哲 (1995) によるところが多い。彼は、北朝鮮のエネルギー問題の核心は、電力過消費工業構造にあると強調している。

56) このように第1と第2は、植民地時代の技術をそのまま踏襲した例である。

57) 北朝鮮では70年代初め当時、カーバイトを年間約50万トン生産していたという。そのためには約30万kWの火力発電所をさらに一つ建設しなければならない計算になるという (呉源哲 (1995) 28～29頁参照)。

58) 北朝鮮の電力不足を現わす一つの例がいわゆる「交差生産」である。交差生産とは、動力消費を地区別に交差させることである(亡命者D氏)。一緒に同じ時間帯で工場を動かせると、莫大な電力が消費されるから、ある地区の工場は何時から何時まで何kWを消費し、その時間が過ぎたら他の地区へ回せということである。成川郡地方産業工場で勤めたことがある亡命者S氏は、「82年までは交差生産の違反に対する取締がそれほど厳しくなかったが、84年からは厳しくなった」と述べた。

59) 呉源哲（1995）30頁参照。
60) つまり、「電力増産─→石炭増産─→人力や機械・資材の増産」という資源動員の輪が広がったのである。これを指して呉源哲は、北朝鮮のように、貧しい資源しか持たない国が自力更生・自給自足政策をとったときに陥る自縄自縛であると評価した（呉源哲（1995）30頁）。
61) 92年には、イランからの原油輸入の激減で、北朝鮮の原油導入量は、さらに減った。
62) 表5─21に含まれていない薪炭を考慮すると、家庭部門のシェアは3～4％まで上がるが、依然として低い水準である。
63) たとえば、丁宇鎮（1996）は、1980年代半ばから石炭生産の不振により北朝鮮のエネルギー供給体系が乱され始め、1990年代始めに決定的なエネルギー難に直面するようになったとみている（丁宇鎮（1996）65～68頁）。
64) 次のような金日成の話からも、そうした状況を窺える。
「われわれに切実に必要なもののうち、まだわが国にないものが少なくない。まずコース炭がない。技術革命と工業化を実現するためには、また燃料油が必要だ。トラクターと発動船を動かして畑を耕し、海に出て魚網を張るためにも燃料油は必要だ。また生ゴム、石こう、硫黄、綿花などの原料も必要だ。工業化を実現するためには、国内で生産できない機械設備も輸入しなければならない」（1962年、『経済管理2』396～397頁）。
「燃料や原料を外国から輸入しなければならない。以前は何万トンかの燃料油を輸入すれば十分であったが、いまでは何十万トンも輸入しなければならない。そうしなければ、日増しに増大する燃料に対する人民経済の需要を円滑に満たすことができない。鉄鋼生産量の急速な増大に伴い、コークス用炭の需要もそれだけ増大している」（1965年、『著作集19』131頁）
65) Moiseyev（1991）p. 78、室岡鉄夫（1993）95頁参照。

第6章 制限的な「改革」・開放政策

旧ソ連・東欧では1950年代後半から、非連続的であるが、経済改革の試みが行われてきた。そして1989年後半の東欧の政治的激動、1991年後半のソ連崩壊以降は、急速な体制転換が進められている。中国は1978年から改革・開放に乗り出している。

北朝鮮の場合はどうなっているのか。基本的には従来の伝統的な集権的計画経済を維持している。もちろん改革・開放の試みがなかったわけではない。しかしきわめて制限的なものであったといわざるをえない。本章では、北朝鮮の制限的な「改革」・開放をめぐる動きの軌跡を跡付け、北朝鮮が本格的な改革に踏み切れなかった原因、そして制限的な改革・開放的措置の内容、その成果と制約要因を検討しようとする。

以下、第1節では、改革・開放とは何か、改革・開放はなぜ必要なのかといった問題を整理し、第2節では北朝鮮の制限的な改革的措置の歴史的展開を検討し、第3節では、北朝鮮の制限的な開放政策の内容、成果、制約要因を検討してから、本章の議論をまとめることにする。

第1節 改革・開放の必要性：旧ソ連・東欧、中国の経験から

経済改革とは何か。経済改革については様々な定義、定式化がなされている[1]。本書では、経済改革は、社会主義経済制度の大幅な変更のことで、市場メカニズムの利用、あるいは市場経済的要素の導入がその変更の中核にあり、また集権的システムの分権化を伴うものと捉えることにする。ただし、従来の社会主義の枠組みを超える程度の経済制度の大幅な変更は「改革」というよりも「体制転換」、「体制移行」と呼ばれる方が適切であろう。

では、集権的計画経済にとって、経済改革はなぜ必要なのか、あるいは必然的なのか。これは何よりも集権的計画経済のゆきづまりに起因するといえる。旧ソ連・東欧・中国などの集権的計画経済は、程度の差こそあれ、国の生産力を発展させ、かつ国民の生活水準を高めるうえで大きく立ち後れてきた。別の側面からとらえると、マクロ・ミクロの両面で膨大な無駄が生まれ、生産性が伸び悩んでいた、つまり経済の効率的な運営の面で大きな問題を抱えていたということである。こうしたことは、集権的計画経済システムの重大な欠陥によるところが多い。その欠陥とは、(1)処理されるべき情報量と情報処理能力との間のはなはだしいアンバランス、(2)刺激非両立性(incentive incompatibility)の存在、あるいは社会内部に存在する異なった利害関係の調整の難しさ、(3)能動的精神と欲望の創出の失敗である。

(1)と(2)は数多くの研究者によって指摘されてきた欠陥であり、これらについては本書の第4章で既に述べた。ここでは(3)を簡単に見てみよう。

(3)を強調している代表的な研究者である中兼和津次によれば、社会主義計画体制のある意味での最大の失敗は、上記の「刺激非両立性」の問題にも絡んで、社会や経済をダイナミックに発展させる精神あるいは欲望と、その精神を生み出す制度的装置がないことである。計画の理想はリスクや不確実性をなくすことであるから、リスクに挑戦する人間類型は求められないし、生まれないのである。シュンペーターがいうとおり、資本主義の本質が「創造的破壊」にあるとすれば、社会主義計画経済は、そうした破壊は扱えないし、許されないのである(中兼和津次(1999)206〜207頁)。ブルス&ラスキのいう「保守的近代化」の概念は、中兼和津次のいう「能動的精神と欲望の創出の失敗」と重なるところがある。ブルス&ラスキは、ソビエト・タイプ発展戦略の帰結を「保守的近代化」と名付けた。これは一方では後進性の克服の点での否定しがたい進歩を、他方で変化を求める継続的性向、近代化された経済によってそれ自身のさらなる勢いを生み出そうとする性向の欠如を反映している概念である（ブルス&ラスキ(1995)50〜51頁）。

次に経済開放の問題を検討することにする。対外経済開放は多方面にわたるものである。これはモノの開放（貿易）、資金の開放（外資導入）が中心であるが、人の開放（海外からの観光客や企業関係者の訪問）も欠かせない要素である。では経済

開放はなぜ必要なのか。あるいは開放の意義・目的は何だろうか。

　社会主義諸国の場合、国内資金不足の補塡の必要性、既存企業の陳腐化した技術、設備の改造、効率化の必要性ということが、対外経済開放への圧力を形成したといえる。経済的に立ち遅れていた社会主義国にとって、先進資本主義国で開発された技術を導入することは経済を急速に発展させるための不可欠な要素であり、また外国の資本・設備を導入することによって容易に資本形成ができるからである。

　貿易の拡大は、企業または国民経済が国際競争にさらされることでもある。ある製品が国際市場に輸出できるということは、その製品が価格・質の面で国際競争力を有していることになる。国内市場での競争よりも国際市場での競争がはるかに激しい。企業または国民経済は技術革新や新製品の開発、制度改善、産業間の資源の再配分などを通じての生産性の上昇努力をせざるをえない。こうして貿易の拡大は、国際競争圧力によって効率性の改善を強いられることになる。

　では改革と開放はどのように関連し合うのか[2]。一言でいえば、改革と開放は、車の両輪の関係にあるといえる。ワンセットになっているともいえる。改革ということが効率化をキーワードとするものであれば、様々な制度的欠陥に起因する内在的な改革圧力が、一方で開放を必然化し、その開放がさらにまた改革を要求しているという構造になっている。また改革（制度改革）が対外開放の国内的条件を整備・提供し、対外開放は制度改革を国際的側面から支援し、促進するという関係になっているともいえる。

第2節　北朝鮮における制限的な「経済改革」政策の展開

　この節では、北朝鮮の制限的な「経済改革」の軌跡を跡付け、整理することにする。

　関連資料の不足のために、正確な時期区分はきわめて困難であるが、手元にある資料に基づいて大雑把に時期区分を試みると、北朝鮮の「改革」をめぐる動きは、次の4つの時期に分けることができよう。第1期は1983年以前の時期である。この時期は、「経済改革」と関連した動きがほとんど現れなかった時である。第2

期は、1984年から85年までである。この時期は「経済改革」の兆しが現れ始める時である。第3期は、86年から88年までである。この時期は、「経済改革」の兆しからの後退期である。第4期は、1989年以降の時期である。制限的であるが、「経済改革」的要素がある政策が再び現れ、現在に至っている。

1 1983年以前

　第2章で述べたように、北朝鮮において「地方分権化」の試みは2回、つまり1950年代末と80年代初めに、それぞれ行われた。これらの地方分権化措置は、短命に終わった。中央集権、地方分権をめぐっての改革は、いわば政府機構内部の権限移動にすぎないこと、企業に対する行政的統制という枠内を出るものではないことを改めて指摘する必要がある。

　「経済改革」において重要なことは、企業に一定の権限を与える、企業分権化改革である。ところが北朝鮮において企業分権化改革はきわめてわずかである。さらに地方分権化改革と企業分権化改革がセットになって実施されたことはない。

　企業分権化措置と若干関連がある連合企業所が、1974年に試験的に導入されたことは第2章で述べたとおりである。しかしこの制度は、集権制をより強化する面も多く、特に北朝鮮指導部が計画経済運営上の諸問題に対処するための方法として、市場型の分権化に代わる代替案として選択したともいえる。

　北朝鮮の場合、企業分権化措置と関連があるものとして注目に値するのは、独立採算制をめぐる動きである。北朝鮮において独立採算制の歴史はかなり長い。実施範囲は不明であるが、1946年から導入され、実質的にはどうであれ、名目的には長いあいだ維持されてきた。

　独立採算制[3]とは、国営企業所が自己の収入で支出を補償し、国家に利益を与えることが原則となっている[4]。ただし北朝鮮における独立採算制の核心的内容は、企業の利益金を国家と企業の間にどのように分配するべきか、つまり分配比率の問題であった（亡命者E氏）。いいかえれば、企業は利潤の一部を企業内に留保し、それを固定資本投資、流動資金、ボーナスなどに使うことができるようになっているが、制度的に、また実際にどの程度まで企業が自由に使えるのかということである。そのことは、国家が企業にどの程度の権限を与えるのか、つまり「企業

分権」、企業の相対的独自性の問題と大いに関係している。また企業に対する物質的刺激とも関わっている問題である。

いくつかの断片的な資料と亡命者たちの証言を合わせてみると、1980年代半ばか後半までは、独立採算制は制度と現実のあいだに相当な乖離があったようにみえる。すなわち、実際に企業に認められる留保利潤はきわめて少なく、企業利潤の大半は国家予算に吸い上げられた。独立採算制は名目だけのものになったともいえる。

たとえば、金日成は1973年のある演説で、「独立採算制は、企業所の経営活動の結果に対する物質的関心の原則を基礎にしており……独立採算制を正しく実施してこそ、生産者の生産意欲を一層高めることができます」といいながらも「独立採算制の実施にあたって国家の収入をたえず増大させる原則を徹底的に守ることが極めて重要です」(『著作選集6』397頁)といった。同演説で金日成は、「独立採算制を実施するからといって、国家の収入を無視してはなりません。われわれがかつて、一部企業所の幹部を批判したのは、彼が独立採算制の実施を口実に国家の収入を軽視したからです」と述べた。企業に対する物質的刺激とか一定の自律性を与えるより、国家収入の増大が優先されていたことが読み取れる。実際に企業に求められたのは、「国家財産を大事に扱い、管理して、節約闘争を展開して」(『経済辞典1』(1985年版) 443頁) 収益を上げ、国家に捧げることであっただろう。

また第4章でも述べたように、独立採算制企業と指定されていたが、国家のさまざまな制限処置のため、実際には独立採算制が適用できなかったケースが少なくなかったと亡命者たちは伝えている。たとえば、企業所の銀行口座と、国庫とを形式的には別のものにしていたが、実際には企業所の銀行口座に入るお金を、国庫が自由に使うことができるようになっていた (亡命者E氏)。

また正確な推移は不明であるが、表6－1をみれば分かるように、企業所基金積立の限度額の比率は、傾向的には、70年代までは縮小してきたといえる。ただし、1986年4月の政務院決定第20号により、超過利潤からの企業所基金への積立限度額が増額された。

1980年代初めまでの動きを整理するとき、貿易と関連したものにも触れる必要がある。従来の北朝鮮の貿易は、「国家独占」の原則に基づいて、貿易部および対

表6-1 企業所基金積立比率の推移

超過利潤	計画利潤	
10～90%	0.5～12%	1960年4月
13～50%	0.5～10%	1962年6月
～20%		1973年末
～50%		1986年4月

出所：姜日天（1987a）64頁、姜日天（1987b）62頁（原資料は、『経済知識』（1960・4）39頁、『経済知識』（1962・6）24頁、『社会主義企業所財政』金日成綜合大学出版社（1976）156頁、朝鮮民主主義人民共和国政務院決定第20号（1986・4・22））。

外経済事業部の統制の下で、社会主義諸国の「貿易公団」に相当する国営商社によって行われてきた。ところが、「1970年代末から80年代初めにかけて、貿易部をはじめすべての生産部門の部・委員会に貿易会社を組織して直接取引を行う権限を与え、各道の行政区域単位にも地方貿易の形で辺境貿易やその他の貿易を行う権限を与えた」[5]という。ただし、「貿易部は、すべての輸出入取引についての価格の決定、国際機構を通じての検閲・統制、輸入の許可などについて直接的権限を掌握している」[6]となっている。貿易の「国家独占」原則が緩和されたことは読み取れるが、貿易の分権化という表現にふさわしい程度の政策的措置であったかどうかは不明である。

2　1984～85年

1984年からは、改革の兆しが見られ始めた。1984年という年は、北朝鮮の内外政策において画期的な年であった。「8・3人民消費品創造運動」の導入、独立採算制の強化といった対内経済改革的政策、合弁法という対外経済改革的政策が打ち出されたのは、1984年のことであった。ただし亡命者たちの証言を合わせてみると、当時は具体的な改革的措置よりも、改革の必要性などに関する議論が盛んに行われる雰囲気があったようである[7]。

では、なぜ1984年からこうした動きが現れ始めたのか。この点ははっきり知られていない。ただしこれと関連し、次の2点は指摘する必要がある。第1に、1984

第6章　制限的な「改革」・開放政策　275

年は、北朝鮮の第2次7ヶ年計画（1978～84年）が終わる年である。その計画は北朝鮮の公式発表とは異なり、計画目標が未達成されたところが多いというのが一般的な観測である[8]。実際北朝鮮当局は計画終了後、2年間（85・86年）の調整期を設けることにした。すでに見たように、北朝鮮の経済成長率は60年代から鈍化し始め、70年代前半に一時回復したが70年代後半か80年代前半から悪くなった。特に長い期間、時系列統計を発表してきた工業総生産額については83年度分から発表が中断されたことからも、この時期の経済苦境を伺える。

　第2に、金日成は1980年代前半、中国・旧ソ連、東欧を訪問し、これらの国の経済状況と雰囲気を自分の目でみる機会があった。1980年5月にルーマニアとユーゴスラビア、82年9月には中国、1984年5月から7月までは旧ソ連、東ドイツ、ハンガリーなどの8カ国を訪問した。金日成はこの期間中、ほかの社会主義国が北朝鮮より発展していた様子をみて相当な衝撃と刺激を受けたようである[9]。

　1984年からスタートした「8・3人民消費品創造運動」はこうした雰囲気のなかで登場した。これは北朝鮮が生活必需品不足を打開するために進めている消費品生産増大運動である。すなわち、各企業、家庭に組織された「生活必需品職場・作業班」、「家内作業班」で、企業の副産物、廃棄物、地方のレベルで集めた遊休原料・資材を利用し、消費品を生産することである。そしてその生産に必要な原料・資材、設備、労働については国家（中央）が保障しない、つまり地方レベルで「自力更生」（あるいは「自分で解決」）する仕組みになっている点に大きな特徴がある。「国家計画に入っていない製品」を生産する、中央の計画経済の枠外に存在する経済的存在である。

　この運動のきっかけは、金正日が1984年8月3日に行った「住民たちに対する商品供給事業を改善することで提起されるいくつかの問題について」と題する談話である。彼の指示は次の2つである。第1に、生活必需品の生産のために各企業、家庭に「生活必需品職場・作業班」、「家内作業班」、「副業班」などの組織を多数設立し、消費品生産により力を入れることである。これは、既に1950年代から存在してきた組織を拡大するよう金正日が指示したことである[10]。第2に、こうした組織から生産された消費品を消費者に直接販売する「直売店」を平壌の各地域に設立することである。この「直売店」は従来存在していなかったものである。

そして金正日の指示以降、直売店は、全国的規模で拡大された[11]。

「8・3人民消費品創造運動」は、(1)中央計画以外の領域での消費品の生産、(2)市場（marketplace）の存在という2つの点で改革的性格を帯びているといわれる[12]。特に後者、つまり「直売店」の設置に「8・3人民消費品創造運動」の画期的性格がある。こうした消費品は、中央の生産割当て、中央の資材補給、中央の価格設定といった中央の管理・統制から離れていて、地方の党組織と行政機関に自律性が与えられている。そして地方レベルでのインセンティブは、地方的に生産され、その地方の消費者に直接販売される「直売店」を通じて制度化されている[13]。

それに同時に、この頃は制度的に独立採算制を強化しようとする一連の措置がとられた。特に独立採算制の適用範囲の拡大が目立っている。金正日は1984年3月に、「独立採算制に関する規定を現実の要求に合うよう一層完成させ、企業において独立採算制を徹底して具現するようにしなければならない」と指示した。しかも同年6月には、事務機関を除く非生産部門機関、企業所を完全独立採算制または半独立採算制によって管理運営する画期的な措置がとられたという[14]。85年の連合企業所の全面的導入とともに、連合企業所レベルでの独立採算制と、個別企業レベルでの独立採算制が同時に実施される「二重独立採算制」がとられるようになった。

また84・85年には独立採算制の強化と並行して経済管理における「経済的テコ」の重視方針が打ち出された。たとえば85年4月の予算報告で「経済管理において価格、利潤、原価のような経済的テコを正しく利用し、賃金、賞金を通じてその物質的刺激を正しく適用する」ことが求められた。さらに、この頃労働新聞では企業の独自性、自立性の拡大を主張する議論が提起されるに至った。「企業所により大きな独自性が付与されるようになれば、経済的テコの適用範囲が広まり、経済実践において、その利用の効果が高まる」「企業所の自立性が強化され、計画作成事業を企業所が主導して進め、企業所自体が立てる計画指標の範囲が広がれば、経済的テコの利用の意義は、一段と大きくなる」[15]といったことである。

3 1986〜88年

ところが、86年からは、こうした改革的雰囲気が一気に冷えるようになる。合弁法はそのまま続くが、経済管理における改革的措置の核心的要素であった独立採算制の強化はウヤムヤになる。たとえば、86年5月には、労働新聞で「独立採算制を実施するからといって、経済管理において、物質的刺激の意義を過剰に強調したり、それだけを全面に押し立てたりするならば、広範な大衆の革命的高揚へと呼び起こすことはできない」という主張が載せられた[16]。また87年4月、最高人民会議でなされた李根模総理の第3次7ヵ年計画報告では「政治事業を軽視し経済技術事業と物質的刺激を中心として経済を管理運営するなら、経済機関、企業所の活動家と勤労者のなかに機関本位主義と個人利己主義を助長し、社会主義制度の優越性を発揮できず、経済建設に重大な後禍をもたらすことになる」と指摘された。

それには1985〜87年のソ連・中国における改革政策の展開の様子[17]が大きな影響を及ぼした。北朝鮮指導部は、ソ連・中国における経済改革の実施が、政治改革実施と民主化への要求へと波及・連動していく様相をみてショックを受けたかもしれない。北朝鮮指導部としては「経済改革」議論にブレーキをかけざるをえなかったと思われる。

このような指導部の心境の変化は、「主体思想教養におけるいくつかの問題について」と名付けられた、1986年7月の金正日の談話に鮮明に表れた。同談話が一般に公表されたのは、そのちょうど1年後の87年7月であり、その間、公表が差し控えられたのは、同談話の内容が中国・ソ連を刺激することに配慮したためといわれる。たとえば、「大国や先進国だからといって、いつも正しい道を歩むものではなく、それらの国の経験だからといって、それがすべて我が国の実情に合うものではない」などの内容が含まれている。さらに同談話には未公表の部分（第3章）が存在し、そこにはソ連・中国の体制改革を批判する内容が含まれていた[18]といわれる。

4 1989年以降

ところが、経済的状況がより厳しくなるにつれ、80年代末か90年代初めかに、

独立採算制の本格的な導入、個人副業の奨励、「新しい貿易体系」の導入、自由貿易地帯（経済特区）といった一連の政策がとられるようになる。さらに90年代半ばには「新しい分組管理制」が導入された。これらは企業の自主性の拡大、物質的刺激の拡大、対外開放の拡大といった点で以前より進んだ形の改革的政策といえる。90年代の北朝鮮は、資本主義的要素が相当導入されたというのが、亡命者たちの一致して証言しているところである。ただし、これらの措置の多くは、北朝鮮側が公式的にはあまり言及していないという意味で、隠された改革（hidden reform）的性格[19]を帯びているといえる。

(1) 「8・3人民消費品創造運動」と個人副業の奨励

1989年5月政務院は「8月3日人民消費品生産及び処理に関する規定（暫定）」（以下「8・3規定」と略す）を承認した[20]。そしてこの運動の5周年になる1989年8月3日に、北朝鮮当局は運動の成果と関連し、直売店販売額が毎年20.8％ずつ伸び、88年には国営商業網の消費品流通額の9.5％に達していたと発表した[21]。

筆者が会った亡命者たちの証言を合わせてみると、80年代後半からか、90年代からかははっきりしていないが、「8・3人民消費品」の生産・販売において、地方のレベルのみならず、企業のレベルでも、少なくない自律性が与えられているように思われる。

何よりも生産品目の決定、販売価格の設定に関して企業側に自律性が与えられている。ただし、企業は、この運動で稼いだ収入の一部を国家に納める義務を負っている。「地域によって異なるが、だいたい収入の20～25％を国家に捧げるようになっている」（亡命者D氏、Q氏）。もちろん、「8・3人民消費品」の生産は、国家から企業に降りてくる「計画」には入っている。ただしこれは金額のみのことである。つまり、たとえば、A企業は従業員一人当たりに毎月、いくら（たとえば5ウォンずつ）を「8・3人民消費品創造運動」で稼ぐように指示が与えられるが、どのような品目を生産するかについては企業側に任されている（亡命者D氏、M氏、Q氏）。

そして価格は、事実上、市場価格になっている。「直売店に出ている商品は、需要者と価格を交渉して合意に達すると、その価格で売ることができる」（亡命者D

氏）し、「企業は自分の『8・3消費品』がよく売れなければ値下げをするし、自分の製品がよく売れれば値上げをする」（亡命者Q氏）ことになっている。いいかえれば、国家は、国定価格以外の価格を認めたわけである。ところが、直売店の価格がかなり上昇することを見て、国家は介入した。亡命者D氏によれば、91年か92年あたりに、金日成は、直売店の販売価格は、国定価格の150％を越えてはならないと指示したという。

また1989年に、もう1つの画期的な処置が登場する。1989年8月に政務院は「家内作業班、副業班管理運営および家内便宜奉仕事業に関する規定(暫定)」（以下「個人副業規定」と略す。またこの規定によるすべての活動を「個人副業」と呼ぶことにする。）を承認した[22]。同規定は、3ヶ月前に登場した「8・3規定」より一歩進んだ要素がある。「8・3規定」では適用対象が、明確に書かれていないが、機関、企業所、協同団体で組織される家内作業班[23]、副業班[24]、家内便宜奉仕員[25]となっているようにみえる。それに対し「個人副業規定」では、適用対象が「機関、企業所、協同団体と都市・労働者区の家頭人民班[26]といったところで組織された家内作業班、副業班、家内便宜奉仕員、協同組合食堂、家内畜産班」と明記されている。特に「個人副業規定」では、家頭人民班で家内作業班を組織することを強調しているし、協同組合食堂、家内畜産班は、従来存在していなかったもので、この規定で初めて登場したものである。さらに「8・3規定」の目的は、細小商品、日用必需品の生産拡大となっているが、「個人副業規定」には、これらに加え、「食料品加工・生産」の拡大が登場する。

また家内作業班、副業班、家内便宜奉仕員、協同組合食堂、家内畜産班が生産した製品は、「8・3人民消費品」と同様、「直売店」に渡すようになっているが、その価格は「生産者と直売店のあいだの合意」による価格となっている。さらに「住民たちの個別注文によって奉仕した時には、その価格を当事者のあいだの合意によって定める」ことになっている。さらにこれらの組織の規模は「3人以上」となっている。いいかえれば3人さえ集まれば、こうした活動が可能であるということである。事実上個人レベルで活動ができるようになった。もちろん政府の許可は必要である。かくしていくつかの面で市場的要素を取り入れたという点で、この措置の画期的性格が見られる。

ただし、こうした「個人副業」も、「8・3人民消費品創造運動」と同様、企業の副産物、廃棄物、地方のレベルで集めた遊休原料・資材を利用し、消費品を生産することである。生産に必要な原料・資材、設備、労働については国家（中央）が保障しない、つまり地方レベルで「自力更生」（あるいは「自分で解決」）する仕組みになっている点に大きな特徴がある[27]。「国家計画に入っていない製品」を生産する、中央の計画経済の枠外に存在する経済的活動である。

しかし、こうした画期的な「改革」的政策も、特に90年代はあまり成果を収めていないようである。「極端な物不足の状況で、うまくいくはずがない」（亡命者D氏）。「『8・3消費品』の原料である工場の副産物、廃棄物というのも、工場がある程度稼動しているときに可能である。現在のように工場の稼働率がきわめて低い状況では、工場の副産物、廃棄物そのものが、きわめて少ない。『8・3消費品』の源泉がなくなることである」（亡命者H氏）。時にはこうした事態まで生じる。「『8・3消費品』だといって、手袋、ほうき、焚き付けなどを作ろうといわれたが、原料もないし、作れない。だから自分のお金で闇市場で買って、国家に捧げる。コネがある人は国営商店で買って捧げる。これが直売店に入って、住民に売られる。このようにグルグル回るだけである」。

また既に述べたように、「個人副業」は、生産に必要な原料・資材を、あくまで地方レベルで（そして実際には個人レベルまで）「自力更生」する仕組みになっている。集権的計画経済下で、生産要素市場も存在しない状況の下で、原料・資材の「自力更生」とはいったい何を意味するのか。副産物や廃棄物といった遊休資源あるいはリサイクルを利用するか、森林の無許可伐採に頼ることもできるが、問題は、企業の資材・生産物の横流しまたは不法的な耕作、闇市場に頼りがちであるということである。

亡命者N氏（女性。公式的な職業は靴工場労働者）の場合、家でパン、餅、ノリマキ、餃子といった食べ物を作って、「畜産家内班」へ売っていた。小麦粉といった原料は、闇市場で購入した。彼女は機械を使わずに、パンを作ったが、機械を使ってパンを作る人もいる。パン機械はロシアや中国から非合法的に入る。「畜産家内班」というのは、個人が食べ物を作って、売るように国家が認めたものである。ただし、自分が住んでいる地域別に組織されている「畜産家内班」に加入（登録）

しなければならない。そして1年に2回、ただで豚を国家へ捧げる義務がある。その人たちが多様な種類の食べ物を作る能力がないから、彼女が作ったものを買って、自分たちが作ったものと一緒に、売店のようなところで販売するということである。もちろん彼女は畜産家内班に登録せずに、つまり非合法的に活動した。そして非合法的に作った食べ物が合法的な飲食売店に渡され、一般市民に合法的に販売されることである。合法と非合法とが複雑に絡み合っているということである。

「家内副業の場合、90年代の極端な物不足、工場の稼働率の極端な低下のため、その源泉（副産物、廃棄物）が限界に突き当たる。ただし農産物は例外である。非合法的な耕作地があるから。そこで収穫した農産物を利用して、食べ物を作って（ここまでは非合法）、家内副業を行う（ここは合法）ということである」（亡命者H氏）という。

このことと関連しているが、前述の「個人副業規定」にはいくつか目を引くところがある。「家内作業班、副業班等は……（国家）計画と契約でかみ合せられた副産物と廃棄排泄物、または生産計画と労力を別にもらって生産した地方の原料・資材を利用してはいけない」とか「該当機関では所属家内作業班、副業班成員がアルミニウム製品、毛布、皮靴、家具をはじめ、専門工場で生産する指標など、規定で禁止された業種を展開することがないよう統制事業を強化すべきである」となっている。実際、こうした非合法活動が行われていた現実の反映とみられる。さらに「家内作業班、副業班といった組織で重要なことは家内作業班、副業班成員を適期に登録することである」となっている。これは登録せずにこうした活動を行う人が存在する現実（たとえば、亡命者N氏）の反映でもある。

こうしてみると、89年、「個人副業規定」の制定によって国家が「個人副業」を許容したのは、公式経済の機能不全による消費品、配給食糧不足によって非公式経済活動、特に非合法的な第2経済活動が活発になったことに対する国家の対応という面が多いのではないかと思われる。すでに起っている変化をそのまま放置してはいけないと判断したから、その変化を事後的に追認し、法律を制定して、その変化を法が定めた範囲内でおさめ、国家が変化の動きを統制しようとした措置ではないかと思われる。

(2) 独立採算制の本格的な導入

第4章で述べたように、亡命者たちの証言を合わせてみると、1980年代末か1990年代初めからは、建て前ではなくて、実際に、独立採算制が本格的に、かつ以前より広い範囲で実施されたようにみえる。

亡命者L氏が勤めた、ある貿易会社の江原道支社は89年までは予算制であったが、90年からは独立採算制になった。彼によれば、予算制なら、計画を超過達成するか否かに関係なく、固定された収入を得る。ボーナスはあるが、少ない。そして利潤を出しても国家が吸い上げる。もちろん赤字が出ると、国家が埋めてくれる。企業運営資金も限度が定められている。しかし、独立採算制のもとでは、企業が計画を超過達成すれば、それだけ企業運営資金を増やすことができる。さらに社長の決心によって、従業員に個人の業績によって差等的にボーナスを与えることもできる。つまり年間13万ドル稼いだ社員にはカラーテレビを、12万ドル稼いだ社員には黒白テレビを、11万ドル稼いだ社員には自転車を与えるというやり方である。

企業長出身の亡命者K氏によれば、90年代の独立採算制では、労働者の給料のみならず、企業長の給料も上がるようになっている。生産計画遂行率によって給料が決められる。「たとえば、計画を130％達成したとしよう。では100％分についてはすべての利潤額を国家が持っていく。残り30％分（計画超過遂行分）については資材費、電気料などを差し引いてから純粋な利潤額が出ると、これは全てが企業の割り前になる。企業が自由に処分可能である。相当なものである。だから刺激になる。私の場合、労働者にボーナスか商品で使った。ただ賃金には限度があった」という。したがって、90年代の独立採算制によって、企業経営に、制限的であるが、ある程度の自律性が与えられており、しかも経営者、従業員には物質的なインセンティブが働くようになったといえる。

しかし、あまり成果を挙げなかったケースもある。ある靴工場で働いた亡命者N氏の経験である。1990年に独立採算制が導入された。自分が働いた分だけ、お金をもらう、という話を聞いて、皆一生懸命働いた。しかし、後で賃金をもらって驚いた。賞金は帳簿上にあるだけ、実際に彼女の手には入らなかった。国家にお金がないということであった。1980年代後半、自動車修理工場で働いた亡命者

S氏の場合、独立採算制の実施で賃金が下がった。資材不足が深刻になり、計画目標を達成できなかったからである。亡命者K氏も、「計画をより多く遂行したかったが、資材がなかった」という。改革的な措置がとられたにもかかわらず、国にお金が足りなくて、資材が極端に不足して、その効果が制限的になっている。さらに第4章で指摘したように、90年代の激しいインフレーションのために、お金の購買力が極端に低下したことも、独立採算制の効果を制約する要因として働いた[28]。

(3) 貿易の分権化

1991年には貿易の分野でも改革的措置がとられ、「新しい貿易体系」が登場するに至った。この制度は「対外経済委員会はもちろん、生産を担当した委員会、部、道に貿易会社を設置し、自ら貿易を遂行する」ことができるようになった[29]。つまり生産を担当する、政務院傘下の部、委員会、そして地域の行政単位である道に、対外貿易権限が委任されたといえる。そして「新しい貿易体系」の下では、「委員会、部、道が自身の部門、地方で生産した物を直接売り、また必要な物を直接買う」ことになっている。つまり輸出のみならず、輸入も認めている。さらに「各地方の生産能力と自然経済的条件を検討して輸出入計画を立て、自分が立てた貿易計画に基づいて貿易契約を結ぶ」ようになっている。少なくとも制度的には貿易の分権化といってもいい措置がとられたとみられる。

90年代初めに外貨稼ぎ事業所(一種の貿易会社)で勤めたことがある亡命者R氏は、「80年代初めから地域別に数多くの外貨稼ぎ事業所が設立された」と覚えている。そして外貨稼ぎ事業所は遅くとも90年代初めからは実際上独自に外国と貿易を行ったという。

指摘しておくべきことは、こうした事実上の貿易の分権化は、「自力更生」と密接な関係があるということである。つまり、道あるいは郡のレベルで、輸出源泉を自ら探して、外貨を稼ぎ、「食べる問題」と「着る問題」を自ら解決することが求められた。亡命者M氏は、「私が住んでいた平安南道陽徳郡(人口5万人)は、90年代初めから郡そのものが独立採算制になった。以前は国家が1年12ヶ月分の配給を保障してくれたが、それからは国が1年に10ヶ月の配給のみを保障し、残り

2ヶ月分は、郡が外貨稼ぎなどを通じて『自体解決』するよう、金日成が指示した」という。そしてこの郡の外貨稼ぎ事業所は、独自的に松茸、ドングリ酒などを日本へ輸出して外貨を稼ぎ、コメを買って郡の住民に配給したという。

またこれらは、非合法的な第2経済活動の拡大を助長・促進する役割を果たした。

外貨稼ぎ事業所で勤めたことがある亡命者L氏の証言である。「外貨稼ぎ事業所はほぼ独立的に国内で輸出源泉を動員して、輸出する。われわれの力だけでは輸出源泉を動員するのに限界があるから、ときには、非合法的に輸出源泉を動員する。たとえば、水産協同組合というのがあるが、そこで所属している漁船が、捕らえた明太を組合に報告せずに、船内で作業をして明太子を作って、隠密に外貨稼ぎ事業所に売り渡す。その際、外貨稼ぎ事業所では彼らに、お金ではなく、商品（お酒、タバコ、靴など）を提供するから、彼らには十分なインセンティブになる」という。

外貨稼ぎ事業所で勤めたことがある亡命者R氏は、合法的な組織体が非合法的な活動を行う例を提供している。「もともと輸出禁止品目がある。ところがそれほど守られない。たとえば、銅。国家が銅の貿易を禁止しており、銅貿易は摘発されると銃殺に処されることもある。にもかかわらず、外貨稼ぎ事業所は銅貿易を行う。もちろん密貿易である。収益性がもっとも高いからである」という。「その場合、銅は国内でヤミで調達する。たとえば、銅を多量に使う工場で盗み取ったもの」である。

(4) 新しい分組管理制

1996年には、農業部門でも改革的措置がとられるに至った。新しい分組管理制の導入である。従来の分組管理制は1966年から北朝鮮のすべての協同農場で実施されてきたもので、協同農場における生産の最下部単位である分組（通常農場員10～25人で構成）に一定の土地、労働力、農機具などを固定的に与え、国家計画にしたがって面積当たり収穫高計画と労働日投入計画を与えたうえ、計画を遂行した程度に応じて労働日を再評価し、それに該当する分配を行う方式で運営する（『経済辞典1』(1985年版) 651頁）ことになっている。

表6－2　新・旧分組管理制の比較

	従来の分組管理制	新しい分組管理制
分組構成	10～25人。協同農場員自身の能力と要求を考慮し、老・長・青年を配合する原則で構成。	7～8人。主として家族・親戚で構成。
生産計画	該当年の国家的な目標に沿って各農場に指標が与えられる。	過去3年間（例えば、93～95年）の平均収穫高と93年以前の過去10年間の平均収穫高を合わせてその平均値をとって、その年の生産計画にする。分組単位の生産計画を設定。
処分権	計画超過達成分については国家が買い付けする。たとえば、コメ1kgは60チョン。	計画超過達成分については処分権が分組に与えられる。これは分組メンバー同士で分け合うことも、第3者に売ることもできる。

出所：『朝鮮新報』1996・11・14、1996・12・12／金錬鉄(1997) 55頁（原資料は、『朝鮮新報』1997・7・16）を総合。

　これが1996年に入って改善される形で、一部の協同農場で試験的に導入され、翌年から全国の協同農場で実施されることになった。新しい分組管理制と従来の分組管理制の違いは、表6－2に示したように、第1に、分組の規模の縮小(10～25人→7～8人)、第2に、過去3年間（例えば、93～95年）の平均収穫高と93年以前の過去10年間の平均収穫高を合わせてその平均値をとって、その年の生産計画にすること、第3に、計画超過分は分組が自由に処分できるということである。

　実は北朝鮮の協同農場では、1960年から「作業班優待制」という一種のボーナス制が実施されていた。これは分組の上の単位である作業班(50～100人で構成)ごとに設定された優待基準（生産計画）を超過達成すれば、その超過達成分全量を該当作業班に分配する制度である。その優待基準は過去3年間の生産実績の平均より若干低く設定されることになっている。したがって、新しい分組管理制は、この作業班優待制を分組のレベルに引き下げて実施しようとした面がある。さらに分組の規模を縮小し、インセンティブを付与する単位がより小さい規模になっているし、しかも主として家族・親戚で構成することになっている。また計画の超

過達成分全量を現金ではなく、現物で分配を受け、分組メンバー同士で分け合うことも、しかも第3者に売ることもできるようになっている。こうした超過分に対する自由処分権は新しい分組管理制のもっとも大きな特徴[30]で、協同農場で生産された穀物を、自由市場[31]で売ることを国家が公認したという点で画期的である。インセンティブの強化という面からは、以前よりかなり進んだ制度といえる。

ただし、新しい分組管理制の成果についてはまだ知られていない。インセンティブの強化という面から、以前よりかなり進んだ制度というのは、確かである。ただし、制度的にはそうであっても、実際にはどうなっているのか、まだはっきりしていない。ただし、新しい分組管理制が機能するかどうかは、生産計画が妥当な水準で設定されるかどうか、また質と量の面で労働日の公平で客観的な評価ができるかどうかにかかっている。特に第4章で述べたように、実際に労働日の公平で客観的な評価はきわめて難しい。これは分組管理制の制約要因として働く。もちろん、分組が主として家族・親戚で構成されるなら、この問題はさほど重要な問題ではなくなる。

新しい分組管理制は、ある程度改革的な要素を含んでいるが、中国の農業改革には及ばない。中国は1978年の3中全会で、直接の生産現場である生産隊の自主権を尊重するよう強い指示が出され、その後各地で様々な生産管理方式＝生産責任制が出現した。その中に「包産到戸」や「包干到戸」といわれる個人経営方式があった。前者は、生産隊による統一的な指導計画・分配を前提として、耕地を各戸に配分し、生産（生産量・生産費・労働点数）を請負う。生産超過分はすべて自分のものとなる。後者は、耕地を生産隊から請負い、完全な経営権を持つ。土地以外の生産手段も個人所有となり、作付計画や生産投資までも各戸が行う。国に対する農業税と食糧の供出義務、そして生産隊に対して公共積立金、公益金を上納すれば、あとはすべて自分のものとなる。土地に対する所有権が認められないだけで、実質的な「個人農」である[32]。

北朝鮮の新しい分組管理制は、初歩的な「包産到戸」形態ともいえるだろう。中国は生産・分配の単位が個別農家であるが、北朝鮮は分組、つまり集団となっている。北朝鮮側も、「分組管理制は、完全な個人農を追求した中国の『各戸経営請負制』とは異なり、分組という集団の利益を追求する集団主義を具現してい

る」[33]と強調している。

　北朝鮮の場合、「改革」というより既存の制度の「改善」という性格のものである。しかも所有制にはまったく変更がない。所有制と関連しては、改革とは正反対の動きも見られる。生産手段の協同的所有から全人民的所有への移行、つまり国営農場が進められている。1994年12月に、万景台区域国営農場(平壌市)と粛川群農業連合企業所(平安南道)が誕生した。つまり一方では、あくまで共産主義の理想に向かって社会主義革命を進めるという原則的立場を堅持しているのである。

第3節　北朝鮮における制限的な経済開放政策の展開

　北朝鮮における、制限的であるが、対外開放政策の展開は、大きく2つの時期に分けてみることができる。第1期は1984年からの合弁事業の展開期である。第2期は1991年からの自由貿易地帯(経済特区)の展開期である。

1　第1期：合弁事業

　1984年1月の最高人民会議で採択された「南南協力と対外経済事業を強化し、貿易を一層発展させることについて」という決定には、社会主義国と「我が国(北朝鮮)の自主権を尊重し、我が国に友好的である資本主義諸国」との経済合作、技術交流を発展させる方針が打ち出された。この方針にしたがって同年9月、最高人民会議常設会議で「合弁法」[34]が制定され、施行された。これは北朝鮮の歴史のなかで画期的な出来事であった。それまでにも北朝鮮はソ連や中国など旧社会主義諸国とは経済合作を実施していたが、対外関係はもっぱら貿易が中心であった。しかし、北朝鮮側が資本主義諸国に対しても合作の窓を開いたことは、従来の路線を大幅に変え、経済開放に向かって行くものと受け止められた。

　ところが、合弁法は期待通りの成果を収めたとはいいにくい。韓国側の推計によると、1984年の合弁法発表以来1993年末まで北朝鮮が外国の企業と投資誘致契約を締結したのは144件で、金額として1億5千万ドル水準にすぎない[35]。そのうち、92.4％に達する133件が在日朝鮮人企業との合弁(いわゆる「朝朝合弁」)[36]であり、旧ソ連・中国はもちろん西側の投資はほんのわずかである。

もちろん合弁事業の成果がまったくないわけではない。北朝鮮の合弁事業の圧倒的多数が「朝朝合弁」であっても、それによる輸出の増大と外貨獲得、先進技術の導入による国内生産技術の向上、合弁企業の進出による雇用の増大などの効果があったとは十分考えられる。ただし、進出企業の数も少ないし、規模も小規模であるので、その効果が制限的になる。

合弁法の制定・実施が外国企業の本格的な進出につながらなかった原因としては、後でも詳しく述べることにするが、北朝鮮の累積債務問題が未解決であった上に、北朝鮮に関する情報がきわめて限られており、北朝鮮の対外経済信用度が低いなど、投資リスクが大きかった、道路・鉄道・港湾などのインフラの未整備、石油・電気などのエネルギー供給の不安定などが指摘できる。特に北朝鮮が標榜している朝鮮式社会主義の根幹をなす主体思想や自力更生方式に基づく「ウリシキ（われわれ方式）」の思考・やり方[37]が、合弁事業の大きな障害要因であったことは指摘する必要がある。

たとえば、金日成は「経済分野で資本主義的方法を受け入れることは、結局滅亡に至る道である。……われわれが外国と合弁・合作事業をしようとする基本目的は、外国の技術と資金を利用することにある。したがって外国との合弁・合作は外国から技術と資金を出してもらって、企業管理はわれわれが担う方向で進めるべきである」[38]といっていた。また朝鮮国際合弁総会社の金成煥社長は、「共和国は、合弁事業を……我が国の社会主義経済の実情にあわせて、特に金日成主席が提示した大安の事業体系の要求にあわせて推進していこうとしている。」[39]といっていた。つまり、北朝鮮側が合弁事業を通じて得ようとしたのが、資本主義国の資本と技術のみで、資本主義の経営方式はむしろ警戒の対象であった。したがって、「大安の事業体系の要求にあわせて」、党が、合弁企業の管理を掌握し、「資本主義による汚染」を極力防ぐように努めたのである。「朝朝合弁」の代表的な会社であるモランボン合弁会社の社長であった全鎮植氏は、「合弁法では、外国企業に合弁会社の経営権、人事権、所有権を認める。合弁会社の最高意思決定機関は理事会である、と出ている。……法律どおり施行すれば、成功間違いなしだった。ところが現実は違う」（全鎮植（1994）108頁）といっている[40]。

2　第2期：羅津・先鋒自由貿易地帯

　北朝鮮政府は1991年12月28日、政務院決定によって、中国・ロシアと国境を接する豆満江（中国名は図們江）下流の羅津・先鋒地域に「羅津・先鋒自由経済貿易地帯」（経済特区）を設置した。これは北朝鮮の対外経済政策の歴史において画期的な出来事である。そして「羅津・先鋒自由経済貿易地帯」は、いままで北朝鮮の対外開放政策の中核になっている。この地帯の概要は表6－3の通りである。北朝鮮が目指しているのは、単なるフリーゾーンではない。同地帯は、何よりも国際的な中継貿易貨物輸送基地となることを開発の主軸に置いており、あわせて輸出加工基地や観光・金融サービス基地となることを目指している点に最大の特色がある。

　同地帯内では特恵的な投資優遇政策が実施され、さらに資本主義的な経営も認められている。金正宇対外経済協力推進委員長は、1996年7月の東京投資セミナーで「外国人投資家は、この地帯内での事業管理方式、経営方法について自由選択

表6－3　羅津・先鋒自由貿易地帯の概要

設　置	1991年12月28日　政務院決定第74号による
対象地域	羅津・先鋒市（直轄市）746平方キロメートル（当初は621平方キロメートル）
開発の方向	(1)　国際的な中継貿易貨物輸送基地、(2)　総合的な輸出加工基地、(3)　観光・金融基地として開発。 羅津港・先鋒港とともに、同地帯に隣接する清津港も自由貿易港に指定。第1段階（2000年まで）と第2段階（2010年まで）に分けて段階的に建設。
外資の形態	合弁、合作、単独投資の3形態
投資国の制限	なし（国家はすべての外国人が投資した資本と財産、企業運営を通じて得た所得などを法的に保護する。）
特恵措置	外資100％投資の容認、関税免除、企業所得税の減免、低い所得税率（14％、奨励業種は10％）、土地は50年間貸与、ビザなしの入国許可など
関係法令	外国人投資法、自由経済貿易地帯法を基本法とし、関係法令を制定

出所：小牧輝夫（1997）38頁、小此木政夫編（1997）366～367頁。

権を持つ。外国人投資家は資本主義的であれ、社会主義的であれ、管理運営方式を自分で選ぶことができ、彼らの合法的な経済活動に国家は干渉しない」[41]と述べた。彼はまた「この地帯内では、一部大衆消費品を除いてすべての商品の価格は、売り手と買い手の合意により決まる市場価格体系が適用される。……外国人投資企業は国家計画体系の影響を受けずに、自由な生産・販売活動をすることができる」、つまり「同地帯は市場経済原理によって管理運営される」ことを明らかにした。ただし彼は、同地帯外は、従来通りに社会主義計画経済原理によって管理運営されることも明らかにした。

　また注目されるのは、羅津・先鋒自由経済貿易地帯の経済活性化のため、同地帯内に限定して実施されたと伝えられる一連の画期的な措置である[42]。第1に、1996年6月から外貨交換に特別なルールが適用され、為替レートが他地域の1ドル＝1.6ウォンから1ドル＝200ウォンへ、百分の一に切り下げられた。第2に、中国と国境を接する元汀里に朝中両国が共同運営する自由商業地帯である「元汀里共同市場」をオープン（1997. 6. 17）した。第3に、国家または地方政府所有企業が完全な独立採算制に移行できるようにし、その場合、国家・地方からの統制を離れ財政支援はなくなるが、経営は企業自身が責任を負い、利益の処分は企業で自由に行えるという。第4に、住民が個人で生産、販売、サービスなどの企業活動を行うことを認めた。

　実は、北朝鮮が1984年当時、合弁法を制定したときには、「経済特区」は否定されていた。北朝鮮側は合弁法の制定が、中国の模倣ではなく、自らの創意によるものであることを立証するためか、「経済特区は我が国の実情に適していない。我が国は経済特区の設定も見越していない」[43]とした。その理由としては「石炭・銅・亜鉛などの共同開発のために合弁しようとすれば、それらを掘る地域で合弁すれば足りる。……軽工業部門で合弁をするとすれば、都市ですれば足りる。あくまで合弁当事者の合意に基づいて、任意の場所で合弁することができる」と説明した。しかしこの説明はあくまでも表面上の理由で、実際には経済特区の設定によってもたらされる決定的な弊害、つまり資本主義経済における競争原理や市場経済の導入、それに伴う合理的で自由な経済経営思想の浸透による「精神汚染」を恐れたからである。

北朝鮮が以前には否定していたにもかかわらず、1991年に入ってこうした経済特区の設置に踏み切った背景としては次のようなことが考えられる。第1に、前に述べたように、84年に制定した合弁法による外資誘致が期待通りに進まず、限界性を見せていたことである。第2に、社会主義圏の崩壊で対外経済の面で大きな打撃を受け、対外経済関係の方向転換を模索する必要が生じたことである。第3に、中国の経済特区の成功にも影響されたことである。第4に、折りから国連開発計画（UNDP）が中国、ロシア、北朝鮮の3ヶ国を中心にする豆満江地域の国際的な経済開発を提唱したことである[44]。

　羅津・先鋒自由経済貿易地帯の建設と投資誘致は、1995年頃からようやく本格化した。金日成大学の金秀勇教授は東京投資促進セミナーの演説で、1996年6月まで49件で3億5千万ドルの投資契約を締結し、そのうち22件が契約履行段階に入り、3,400万ドルが投資されたと述べた[45]。また金正宇対外経済協力推進委員長は、1997年1月のスイス「ダボス世界経済フォーラム」で、1996年末までの総投資契約額は9億ドルで、そのうち1億ドルの投資が実際に履行されたと述べた[46]。契約金額ベースで見る限り、1984年の合弁法による外資誘致よりよい成績を挙げたといえる。また合弁法の場合と異なり、在日朝鮮人による投資が圧倒的なシェアを占めていることでもない。しかし今まで誘致した外国投資は、香港、中国、タイや海外同胞などが中心で、欧米諸国や日本、韓国からの投資があまり進んでいない。またこれまでの投資は道路、通信、ホテルなどのインフラとサービス関係が中心で、輸出加工工業団地の建設はまだほとんど進んでいない。

3　外資誘致不振の原因

　北朝鮮の外資誘致不振は、開放政策を展開している中国、ベトナムと比較すれば、より明瞭になる。中国は1978年改革開放政策を展開して以来1994年まで投資誘致件数22万1,718件で投資契約額は3,033億ドルを記録しており、ベトナムは1988年から94年まで投資誘致件数1,176件で111億6千万ドルの投資誘致の成果を挙げた。それに対し、北朝鮮は合弁法による投資誘致が1993年まで1億万ドル、羅津・先鋒自由経済貿易地帯による投資誘致が1996年まで9億ドル（契約ベース）にとどまっている。北朝鮮の外資誘致がこのように不振を免れていない原因は何

か。

　その前に、北朝鮮の羅津・先鋒自由経済貿易地帯の開発意志などについて触れる必要がある。朴貞東（1996ｂ）は、羅津・先鋒自由経済貿易地帯の設置が、北朝鮮の最高権力機関である労働党ではなく、韓国の内閣に当たる政務院で決定されたこと、さらに同地帯の設置の発表以来数年が経った現在でも労働党がまだ公式的な立場を表明していないことを例に挙げ、政策路線をめぐって党・政・軍のあいだに少なくない葛藤が存在していると主張している。したがって羅津・先鋒自由経済貿易地帯の開発も限界を持たざるを得ないということである。それに対し、ドン・ヨンスン（1997）は、北朝鮮の意思決定メカニズムからみて、党の決定なしに政務院が独自的に地域開放のような重要決定を行うというのは想像しにくいと述べている。彼は、北朝鮮側の「羅津・先鋒をわが式の自由経済貿易地帯に作り上げるのは、朝鮮労働党が堅持している原則的要求である」[47]という記述を引用、同地帯の設置が党の決定事項であることを主張している。

　ただし、羅津・先鋒自由経済貿易地帯の場合、北朝鮮の指導部内で路線対立があるか否かという問題よりも、金日成の「遺訓」になっている面を強調する必要がある[48]。同地帯の開発は、金日成が死亡直前の1994年6月14日の関係部門幹部協議会で建設が進んでいないことを厳しく批判し、推進を強く指示しており、いわゆる「遺訓」となっている。金日成死後の金正日体制が「遺訓政治」を展開しており、さらに羅津・先鋒自由経済貿易地帯の開発を金日成の「遺訓」として推進すれば、指導部内で路線対立の余地も少なくなるという点を考慮にいれる必要がある。羅津・先鋒自由経済貿易地帯に対する北朝鮮側の開発意思そのものは確固としたものとみてもいいだろう。

　にもかかわらず外資が来ないのが現状である。以下では中国・ベトナムとの比較を中心に北朝鮮の投資環境および外資誘致不振の原因を探ることにする[49]。

　まず、検討すべきことは外国企業にとって北朝鮮への進出はどの程度のメリットがあるのか、いいかえれば北朝鮮の投資先としての魅力度である。たとえば、中国の場合、改革・開放の初期に外国企業は、中国投資の政治的リスクがあったにもかかわらず、人口10億の中国市場の潜在力を狙い、中国に進出した。東欧諸国の場合、新しい市場とEU市場進出のための生産基地という狙いがあった。ベト

ナムの場合、原油をはじめとする資源開発、東南アジア進出の前哨基地という狙いがあった。ところが北朝鮮の場合、内需市場としての魅力も、輸出生産基地としての魅力も少ない。もちろん、北朝鮮が外国企業にとって、東北アジア進出の拠点の確保や外国資本の進出がほとんど行われていない地域という面からみて、メリットが全然ないとはいえないが、さほど大きなメリットとはいいにくい。さらに90年代の持続的なマイナス成長と最近の深刻な食糧難などからみて、市場としての北朝鮮の魅力は貧弱なのである。

今度はリスクの面、つまり政治・社会的安定度の面あるいは対外的信用度の面からみてみよう。周知の通りに中国・ベトナムは、改革開放時代に政治的・社会的に、比較的に安定していたといえる。ところが北朝鮮は90年代に金日成の死亡、金正日の権力承継遅延、核疑惑、韓国との対峙状況の持続、深刻な食糧難、未解決の累積債務などによって、外国企業にとっては、政治的・社会的に不安定な国、信頼しにくい国と認識されている。したがって北朝鮮の対外信用度はきわめて低い。アメリカ議会傘下会計検査局（General Accounting Office）の各国別対外信用度調査で北朝鮮は170ヶ国のうち、167位を記録した。また「Euromoney」紙（1995年9月）は、国家安全度（Country Risk）の調査対象181ヶ国のうち、北朝鮮を179位に評価していた。同調査で中国は38位、ベトナムは69位であった。

それに関連して改革・開放の意志を指摘する必要がある。中国・ベトナムは国家指導部のみならず、一般国民まで改革・開放の意志が広く行き渡っており、こうしたことを外国企業は高く評価している。ところが北朝鮮の指導部にはまだ改革・開放の意志が見られない。羅津・先鋒自由経済貿易地帯の設置は部分的・制限的開放で、これは改革なしで現在の深刻な経済難を凌ごうとする、その場しのぎの措置にすぎないといえる。

次に実際の企業活動のミクロ的な面からみてみよう。まず、北朝鮮の外国投資企業に対する所得税はベトナムのそれと大差がないが、中国よりはすこし低い。一般地域では中国が33％であるが、北朝鮮、ベトナムともに25％であり、経済特区では中国が15％、北朝鮮が14％になっている。北朝鮮の羅津・先鋒自由経済貿易地帯での賃金（月給）水準は約100ドル（最低賃金75ドル）で、中国よりは低いが、ベトナムよりは高いといわれている。労働者雇用の場合、中国、ベトナムで

は外資企業は独自に労働者を採用できるが、北朝鮮では外国企業が労働行政機関と契約を結び、その契約によって採用・解雇することになっている。また中国、ベトナムでは外国投資企業の内需販売が制限されていないが、北朝鮮では独自の内需販売が制限されている。中国・ベトナムの場合、外国投資企業が独自に物資購入を決定できる権利を持っているが、北朝鮮は物資購入の際、国内物資の優先購入の強制原則が適用されている。このように、賃金・税制といった面で若干の有利性はみられるものの、企業活動のミクロ的な面を総合的に考慮すると、投資環境は中国・ベトナムより劣っているといえる。

インフラは北朝鮮の脆弱な分野である。中国・ベトナムもインフラ不足が外資誘致の障害要因であるが、中国では改革・開放の進展に伴い、インフラ建設に大規模投資が行われており、インフラ施設も拡大されている。北朝鮮は鉄道、道路、港湾などが未整備のうえ、石油・電気などのエネルギー供給の不安定による輸送上の隘路も加えており、特に通信分野はもっとも劣悪な状態に置かれている。

最後にいわゆる「海外同胞資本」をみてみよう。中国の場合、1994年の外国人投資のうち、三胞資本（台湾同胞、香港およびマカオ同胞、その他の華僑・華人）が占めるシェアは70％で、237億ドルに達している。北朝鮮の場合、合弁法による外資誘致のうち、在日朝鮮人（朝鮮総連系）によるものが90％で、1億5千万ドルに及ばない。羅津・先鋒自由経済貿易地帯に一部の在米同胞の資本が入っているが小規模投資にすぎない。そして韓国資本の参加もわずかである。このように中国の「三胞資本」は中国進出に積極的であったが、韓国資本および北朝鮮の海外同胞資本は北朝鮮進出に消極的であった。それはなぜなのか。いくつかの理由があるが、第1に、中国・台湾は政経分離の原則を暗黙的に堅持したが、北朝鮮・韓国は政経分離原則が事実上排除されてきたこと、第2に、華僑・華人はその総数が2千6百万人[50]で、特に東南アジアで相当な経済力を持っている人が多いが、北朝鮮の海外同胞は数百万人にすぎないし、また華僑・華人程度の経済力を持っていないことなどが考えられる。

第4節 小　結

　実際、北朝鮮では「経済改革」とか「経済開放」ということばはいっさい使われていない。これはタブーである[51]。「われわれは鎖国政策を実施したことはないので、「開放」政策は必要もない、むしろアメリカなどが封鎖政策を行ったために対外経済関係の発展が阻害された」という立場である。また金日成は、1988年1月のある演説で、「われわれには、明確な路線と方針があるため、改革とか改変をする必要がありません。……われわれは以前、間違っていたこともないし、わが人民は党の路線と政策をすべて支持しているだけに、改革をする必要がありません。間違っていることがあれば改革をするわけであるが、すべてうまくいっているのに、どうして改革をするのでしょうか」（『経済管理7』71頁）[52]といったことがある。

　90年代に入って経済低迷が続いているにもかかわらず、経済の基本路線は従来と変わっていない。あくまで社会主義経済体制を堅持し、市場経済化を拒否するという公式的立場に変更はない。金日成の死亡後金正日が出した、初めての著作とされる『社会主義は科学である』（1994年12月）のなかで、金正日は「お金で人間を動かす資本主義的な方法に依拠するようになると、人々の革命的熱意と創造的積極性を高めることができないばかりか、社会主義体制自体を変質させて危険に陥る結果をもたらすようになる」と指摘した[53]。そうした公式的な立場は、その後の金正日の公式的な談話やマスメディアの論調に一貫している。

　ただし、北朝鮮の現実を理解する際、こうした公式論調だけで判断するのは危険である。北朝鮮指導部としては食糧難、エネルギー難、外貨不足に対処する必要があり、対症療法をとらざるを得ない。そのためには、建て前としては従来の立場を堅持しながら、実際には、ある程度改革・開放的な措置をとるしかない。ただし改革・開放的措置の範囲と程度はきわめて制限的である。

　北朝鮮の歴史を振り返ってみると、実際の経済管理運営において現れた様々な問題点を、北朝鮮指導部が知らなかったとはいいにくい。しかし彼らは、問題の主な原因を、働き手の党性・階級性・革命性の不足、上部の指導・監督の不足に

求めた。したがって問題点に対する国家の対応の基本方向は、党と行政の両面にわたる監督・統制の強化、思想教育の強化にならざるをえなかった[54]。

　1984年になってようやく「経済改革」の兆しが現れ始めた。ところが、この動きは一時的であった。86年からは、こうした改革的雰囲気が一気に冷えるようになる。これが、経済的状況がより厳しくなるにつれ、80年代末か90年代初めかに、一連の改革的措置が現れた。独立採算制の本格的な導入、「個人副業」の奨励、「新しい貿易体系」の導入、自由貿易地帯（経済特区）といった一連の政策がとられ、さらに90年代半ばには「新しい分組管理制」が導入された。これらは企業の自主性の拡大、物質的刺激の拡大、対外開放の拡大といった点で以前より進んだ形の改革的政策といえる。

　これらの措置は既に述べた独立採算制の例でみられるように、一定の成果を挙げたのは否定できないだろう。しかし期待どおりの成果を挙げたとはいいにくい。制度的な改革が行われても、マクロ経済状況が厳しいので、効果が限られていた。そして、以前よりは進んだとはいえ、「新しい分組管理制」のように、あくまで既存の制度の改善措置にすぎないものが多い。第1節でみたような、「改革」と呼ばれるほどの政策はまだ出されていない。

　「個人副業」の奨励の例でみられるように、一部市場経済的要素が導入されたとしても、それはあくまで国家の計画経済以外の領域においてであった。「国家計画に入っていない製品」を生産する、中央の計画経済の枠外に存在する経済的活動に限られた。計画経済の枠内はだいたい従来のシステムの骨格がそのまま維持された。このことは、80年代半ば以降の北朝鮮における改革的措置の特徴の一つである。

　地域または企業に貿易権限を与えたこと、いいかえれば貿易の分権化は、「地域または企業レベルの自力更生」とワンセットになって進められた。これは非合法的な第2経済活動を助長・促進する結果をもたらした。ただし、個人副業の奨励の場合、非合法的な第2経済活動が活発になったことに対する国家の対応という面が多いのであろう。すでに起こっている変化を事後的に追認し、法律を制定して、その変化を法が定めた範囲内でおさめ、国家が変化の動きを統制しようとした措置ではないかと思われる。もちろん結果的には、国家は、非合法的な第2経

済活動の拡大にブレーキをかけることができなかった。

　開放の場合はどうであろうか。北朝鮮では、制限的であれ、いくつかの開放政策がとられたが、外資誘致はあまり成果を挙げていない。その理由は、合弁事業の場合、北朝鮮側が開放政策をとりながらも、「資本主義による汚染」を極力防ぐために、党が合弁企業の管理を掌握しようとしたことなどが考えられる。経済特区の場合、北朝鮮の、投資先としての魅力度の低さ、低い対外的信用度、脆弱なインフラなどが考えられる。

　仮に、外資誘致にある程度成功を収めるとしても、その効果は制限的にならざるをえない。第1節でみたように、改革と開放は本来コインの裏表のようなもので、お互いに分離して実施できない性格のものである。改革・開放が同時に進行するときにのみお互いに相乗効果を発揮して成功できる。周知の通りに中国の場合、開放政策と同時に改革政策を実施した。ところが、北朝鮮は開放政策（それも制限的開放）は展開しようとするが、まだ本格的な改革政策は実施していない。「改革なき開放」あるいは「改革なき部分的開放」ともいえる。

　では、北朝鮮の指導部は、なぜ本格的な経済改革・開放に踏み切れなかったのか。なぜ改革・開放がきわめて制限的な範囲でしか実施されなかったのか。

　たとえば、北朝鮮で公式的には独立採算制を強調し、この制度を積極的に導入したが、現実では制度どおりに運営されなかった。北朝鮮指導部がこの制度を実際に適用することに強い危惧を持っていた。「金日成、金正日も、独立採算制の成果については認めている。ただ否定的効果もあると見ている。個人利己主義を助長する、資本主義思想が浸透する怖れがある（亡命者E氏）」ということである。北朝鮮指導部は、企業の「自由化」、経済の「資本主義化」を強く警戒したともいえる。

　84・85年の改革雰囲気が86年から一気に冷えたことの背景にも北朝鮮指導部の強い危惧があった。すでに述べたように、84、85年に改革的な傾向を帯びた政策の展開を試みていた北朝鮮指導部にとって、そのような政策の先行国であった旧ソ連、中国における85年以降の事態の推移は、改革的政策の見直しの必要性を痛感させるものであった。北朝鮮指導部は、経済改革の実施は政治改革の実施へと波及・連動しかねないものであること、政治改革の実施においては民主化の問題

が不可避であること、これらの改革は一旦開始された以上、指導部の思惑を越えて加速化されかねないこと、などの教訓を得たのであろう。

　北朝鮮の指導部が、本格的な経済改革・開放に踏み切れなかったのは、主体思想、特に革命的首領観の影響も無視できない。全知全能の首領、首領の完璧さから派生する論理は、首領の指導の無欠陥性、無誤謬性を生み出す。これは間違っている政策が後で修正されずに、繰り返し実施される危険性を孕んでいるし、実際そうであった。経済実績が悪化したにもかかわらず、従来のやり方がそのまま維持されたこと、いいかえれば北朝鮮の戦略、体制の硬直性はここからも出てくる。

　むしろ本格的な経済改革・開放を展開するというのは、従来の開発戦略が間違っていた、過ちがあったということを北朝鮮の指導部が、自ら認める結果になるから、本格的な経済改革・開放に乗り出せない面もあるかもしれない。

　政治制度は経済成果の達成にとって、あるいは経済開発戦略の形成・展開にとって、1つの与件、つまり1つの環境要因である。反面、経済開発戦略が成功するか否か、または経済成果がどうなっていたかは、政治制度に跳ね返ってくる。しかし北朝鮮ではそうでなかった。経済苦境は政治制度に跳ね返ってこなかった。いくら経済成果が悪くなっても、それに政治体制は、全くとはいえないが、それほど影響を受けなかった。虚弱な経済体制とは比較にならないほど堅固な政治体制が作り上げられたからである。

---

1) たとえば、中兼和津次は、経済改革を、あらゆる面での市場化 (marketization) の推進ととらえている。中兼和津次 (1992 a) 28頁。またKornaiの概念化によれば、改革と呼ばれることができる変化の条件としては、第1に、①公式的支配イデオロギーまたは共産党支配による権力構造、②国家所有権、③官僚的調整メカニズムといった三つの要素のうち、1つ以上で変化が生じ、第2に、その変化は少なくとも「適当に急進的」(moderately radical)であるが、システムの完全な変革までは至らないことが挙げられる。Kornai (1992) pp. 361, 388。

2) 改革と開放の関連性については、たとえば、上原一慶(1987)13〜20頁、劉進慶(1990) 183頁参照。

3) 独立採算制と対比する概念は、予算制である。予算制とは、国家予算から資金をもらい、事業を保障する企業管理運営方法である(「『国営企業所の独立採算制に関する規定』

について（上）」、『月間朝鮮資料』1985年11月号、24頁）。これは北朝鮮の『民主朝鮮』が同名の解説記事を1985年2月13日、3月1日、7日、20日、4月4日、24日、5月1日の7回にわたって連載した内容を、全訳したものである。
4) 同上書24頁。
5) 北朝鮮の社会科学院世界経済・南南協力研究所の金正基副所長が1988年5月に平壌で開かれた「朝鮮関係専門学者の国際科学討論会」で「朝鮮の対外経済関係について」というタイトルで報告した内容（『月間朝鮮資料』（1990・4）62頁）。
6) 同上書62頁。
7) 1984・85年当時、平壌で大学に通っていた亡命者G氏は、社会の指導層には改革に関する議論が多かったが、一般市民にまで拡散された程度ではなかったと伝えている。
8) たとえば、小牧輝夫（1986）参照。
9) 亡命者H氏も類似した話をしている。
10) この点を指摘したのは後藤富士男である（後藤富士男（1998）219頁参照）。
11) 後藤富士男は、1984年からの「8・3人民消費品創造運動」の展開がどの程度本格化し、継続されたのかは不明であると述べている。84年に生じた経済政策の新傾向は、全体的に86年から88年まで一時トーンダウンしたといわれるし、この運動が金正日によって提起されてから5年もたった時点で政務院が関連規定を承認したからであるという（後藤富士男執筆、「'人民生活重視'の強調」、小此木政夫編（1997）299～302頁参照）。
12) Hy-Sang Lee (1992) pp. 47, 50—51, Doowon Lee (1996) pp. 322—323を参照。
13) Hy-Sang Leeは、北朝鮮当局は、公式的には改革の必要性を認めたくないから、「8・3人民消費品創造運動」を革新的な、しかし指令経済ないし「主体の経済」の自然な分枝として見なしている。したがって彼は、この運動を隠された改革（hidden reform）と名付けている（Hy-Sang Lee (1992) p. 52）。
14) 坂井隆（1993）230～231頁（原資料は、『労働新聞』1985・6・16）。
15) 同上書230～231頁（原資料は、『労働新聞』）1985・8・4）。
16) 同上書234～235頁（原資料は、『労働新聞』）1986・5・3）。
17) ソ連では、1986年2月ゴルバチョフが、共産党書記長に就任後初めての党大会において、「根本的改革」の実施を訴えた。彼はさらに、同年7月の演説で、そのような改革が、経済のみならず、政治、思想、党のあり方をも対象にするものであることを明らかにした。そして翌年1月の党中央委員会総会においては、民主化の推進が正面から取り上げられた。中国では、86年3月開催された全国人民代表者大会第6期第4回会議において、政治体制改革問題が議題になったのを皮切りに、同問題を巡る議論が活発化し、さらに指導部の思惑を越えて拡大した。その結果、同年12月から翌年1月にかけ、上海、北京などにおいて、民主化を要求する大規模な学生デモが発生した。しかも、中国指導部は、このような事態発生の責任を負わせて胡耀邦総書記を解任しながらも、政治体制改革の実行という路線自体は堅持・推進したのである（坂井隆（1993）233～234頁）。
18) 坂井隆（1993）243頁（原資料は、伊豆見元「北朝鮮の国際情勢認識と我が国の選択」『東亜』1989・8）。
19) 既に述べたように、Hy-Sang Lee (1992)は「8・3」を隠された改革（hidden reform）と名付けている。

20) 『民主朝鮮』1989・5・27。
21) 金錬鉄（1995）179頁（原資料は、『労働新聞』1989・8・3）。
22) 『民主朝鮮』1989・8・11および8・21。
23) 都市と労働者区の労働者、事務員の扶養家族、主に家庭婦人で組織される。その扶養家族が工場で原料・資材、半製品、排泄物を家へ持っていって加工し、製品を生産する生産組織形態（『経済辞典1』（1985年版）49頁）。
24) 工場、企業所、協同農場で、従業員たちの生活上の便宜と人民の生活向上のために、基本生産作業班以外に組織される基層生産組織の一つの形態。工場の基本労力ではない家庭婦人と年寄りなどの労力を中心に野菜生産、畜産、便宜施設運営等を行う（『経済辞典1』（1985年版）637頁）。
25) 家で遊んでいる家庭婦人と年寄り、社会保障者が人民の生活上便宜を保障しながら副収入を得る目的で行う個人副業経理の一つの形態である家内便宜奉仕業に従事する人々。加工、修理、衛生等の便宜業を行う（『経済辞典1』（1985年版）49～50頁）。
26) 住民組織。普通の場合、15～20世帯で構成。
27) にもかかわらず、これらの組織は、「8・3人民消費品創造運動」と同様、収入の一部を、国家に納める義務を負っている。
28) もちろん、そもそも社会主義企業にとって、独立採算制は制限的な意味しかもたないことも事実である。その理由は、第1に、マクロ経済の価格構造がその独立採算制のような計算を疑わしいものにすること、第2に、このような価値計算の結果は、企業の現在および将来の方向にほとんど影響を持たない。将来の生産目標は一般に現行利潤の関数ではないからである（グレゴリー＆スチュアート（1987）231頁参照）。
29) 高日東（1995）20頁（原資料は、リ・シンヒョウ、「新しい貿易体系の本質的特性と優越性」『経済研究』1992・4）。
30) クォン・キョンボク（1997）71頁、『朝鮮時報』1996・10・31参照。
31) 北朝鮮のことばでは「農民市場」。
32) 詳しくは、たとえば、小島麗逸編（1988）74～75頁参照。
33) 『朝鮮時報』1996・10・31。
34) 北朝鮮のことばでは「合営法」。
35) ナムグン・ヨン（1997）58頁（原資料は、韓国統一院）。
36) 朝鮮総連の合弁事業推進委員会のある関係者によると、おおざっぱにみて、1996年まで140件程度の契約が結ばれ、そのうち100件程度が実際に操業し、1996年現在70件程度が操業中であるという（申志鎬（1996a）259頁参照）。
37) この点を強調している研究としては、宮塚利雄（1993）が挙げられる（宮塚利雄（1993）128～131頁参照）。
38) ドン・ヨンスン（1997）332～333頁（原資料は、『著作集44』16頁）。
39) 宮塚利雄（1993）130頁（原資料は、『朝鮮時報』1988・12・22）。
40) 「朝朝合弁」がうまくいかなかった、より具体的かつ実務的な理由については、申志鎬（1996a）を参照。
41) 田中良和（1997）27頁。
42) 詳しくは小此木政夫編（1997）37～38頁参照。

43) 北朝鮮の中央人民委員会経済政策委員会の尹基福副委員長の発言（『月間朝鮮資料』1984年12月号、25頁）。
44) これに関連し、キム・イクスは次のような興味深い指摘をしている。北朝鮮が1991年末に、羅津・先鋒地域に自由経済貿易地帯を設置することを発表したのは、1990年7月長春で開かれた東北アジア地域開発会議で中国が発表した琿春開発計画に対応するという意味が強いということである。中国の琿春開発計画が速いテンポで進められ、北朝鮮がそれにうまく対処できない場合には、豆満江地域開発に対する主導権を中国側が握ることになる。それで、中継貿易基地としての潜在力が大きい羅津・先鋒地域が活用されずに、さらに中国に東海（日本海）への進出の機会だけを与えることになり、北朝鮮側はインフラ拡充のための外資誘致という面でも不利になるだろうという認識が働いたということである。ナムグン・ヨン（1997）58～59頁（原資料は、キム・イクス（1994）『豆満江地域開発事業と韓半島』対外経済政策研究院）。
45) ナムグン・ヨン（1997）72頁（原資料は、金秀勇、「羅津・先鋒自由経済貿易地帯投資環境の優位性について」1996・7・15）。
46) ナムグン・ヨン（1997）73頁（原資料は、『朝鮮日報』1997・2・3）。
47) リ・シンヒョ「羅津・先鋒自由経済貿易の主要特徴とその展望」『経済研究』1997・4（平壌、社会科学出版社）。
48) 小牧輝夫（1997）も、この点を強調している。
49) 北朝鮮の外資誘致不振の原因に関する以下の記述はナムグン・ヨン（1995）、ナムグン・ヨン（1997）、ドン・ヨンスン（1997）、朴貞東（1996b）によるところが多い。
50) 海外に移住した中国人のうち、中国国籍を保有している人は華僑、現地の国籍を持っている人は華人と呼ばれる。90年代初めに、華僑は200万人、華人は2,400万人程度と知られている（遊仲勲編（1991）『世界のチャイニーズ』（サイマル出版会）2～3頁参照）。
51) 小牧輝夫執筆、「経済の現状と活性化の条件」小此木政夫編（1997）36頁参照。
52) 1990年4月のある談話でも、ほぼ同じ内容が登場する（『経済管理7』325頁参照）。
53) 小牧輝夫執筆、「経済の現状と活性化の条件」小此木政夫編（1997）35～36頁。
54) このような諸処置は多方面に渡るものであり、70年代半ばの「3大革命小組」の企業への大々的な派遣および監視・監督、1975年の国家査定（検閲）委員会の新設などの「検閲」制度の強化が代表的な例である。

第7章 結　論

　ここでは、北朝鮮経済に関する従来の研究の流れの中での本稿の位置づけを念頭に置きながら、本稿の2つの研究課題に対する議論をまとめることにする。

1　北朝鮮の経済低迷のメカニズム

　北朝鮮の経済実績は、長い目でみれば、成長率の長期低下傾向である。50年代に高速成長を記録した北朝鮮経済は60年代から成長が鈍化し始め、70年代前半一時的に回復したが、70年代後半もしくは80年代前半から再び下がり、長いあいだ低迷の状態が続いている。北朝鮮経済は、90年代に入ってからさらに悪くなった。90年からはマイナス成長が続いており、深刻な食糧難、工場稼働率の落ち込み、極端な物不足が現れている。「公式経済」は機能不全に陥り、いわゆる「第2経済」が急速に拡大している。本書では、こうした北朝鮮の経済開発実績を、総じて「経済低迷」と呼ぶことにした。

　北朝鮮側は、現在の経済の厳しい状況の主な原因として、過度な軍事費負担と社会主義圏崩壊による貿易関係の断絶を挙げている。果たして、そうであろうか。すでに見たように、これらの要因が北朝鮮経済にマイナスの影響を及ぼしたのは事実であるが、これらは経済低迷の原因の一部にすぎない。

　では北朝鮮経済はなぜ、いかにして低迷するに至ったのか。これが本書の1番目の課題である。いいかえれば、北朝鮮の経済低迷のメカニズムを解明することである。ここには開発論的視点と経済体制論的視点が入っている。これらの2つの視点による、北朝鮮における経済低迷メカニズムの具体的な検討は、従来の研究でほとんど試みられなかったところである。

　本書は、経済実績は、初期条件、開発戦略（ひいては局面交替）の帰結という視点から、また初期条件、開発戦略と経済実績の間に介在する関係を「開発メカニ

ズム」としてまとめるステップに重点を置いて上記の課題に取り組んだ。

まず、北朝鮮の経済開発の歴史的遺産ないし初期条件は正負の両面を持っている。プラスの面としては、豊富な地下資源、水力資源、植民地時代の工業化を通じて形成された物的・人的資産等があり、特に、南朝鮮に比べて経済開発の初期条件が有利であった点である。マイナスの面としては、解放による日本との関係の断絶、国土の分断、朝鮮戦争による破壊、低い教育水準、アメリカとの対峙、石油資源の不在などが挙げられる。また植民地時代の工業化によって形成された電力過多消費産業構造は時間が経つにつれ、経済開発を阻害するマイナス要因として働いた。

こうした初期条件のもとで、国力指向型要素が強い経済発展という目的を実現するために、中央集権的計画システムという制度的基盤のうえで、自力更生、精神的刺激優先・大衆路線、高蓄積・強蓄積による急速な工業化、重工業優先発展等優先順位に基づく選択的成長といった手段を用い、経済開発戦略を展開した。ところが、北朝鮮指導部の意図に反して、現在の経済低迷を迎えるようになった[1]。

初期の高速成長以降の時期の、長期間にわたる経済低迷現象を説明するためには、まず初期の高速成長を簡単に調べてみる必要がある。まず、次のような金日成の発言を見てみよう。

「戦後の初期には破壊された工場、企業所や生産施設の復旧が基本でしたが、いまでは新しい建設が基本になりました。…5カ年計画(1957～60年)までは(工場が)自力で集めて使える資材の予備が多くありました。…また、その当時は外国の物質的・技術的援助も少なくありませんでした。しかし最近では、動員できる遊休資材は以前に比べ著しく減りました。また、外国の援助もほとんどなくなりました」(1965・3・26『経済管理3』118頁)。

「当時(1950年代)は労働者を集めて煽動講演などを1回行うだけでも多くの遊休資材や遊休労働力が引き出され、生産はぐんぐん伸びました。しかし、現在は当時と事情が違います」(1962・1・6『経済管理2』229～230頁)。

こうした金日成の認識に沿って考えると、50年代の高速成長を支えてきた要因は戦後復旧期という特殊条件、社会主義諸国からの大規模な無償援助、大衆の自

生的エネルギーなどにまとめることができよう。そしてこれらの要因の消滅は、転じて成長の減速をもたらすことになる。実際、北朝鮮の60年代からの成長鈍化はこうしたロジックでかなり説明できる。しかし、これらは成長鈍化ないし低迷の一部を説明できるだけで、全部を説明できるわけではない。

　高速成長を機能的に支えてきた要因、たとえば高蓄積メカニズム、中央集権的計画制度などが次第に機能不全になり、成長を制約しながら、高速成長以降の時期に新しく登場した要因（たとえば政策・外部環境的要因）との相互作用によって、「経済開発メカニズム」が「経済低迷メカニズム」へ転化し、これが自己運動として展開していく一連の流れを考察する必要がある。

　そのプロセスは、以下の3つの図を中心にまとめることができよう。ただし、これらの図は主に1970年以降から今日までを対象にしたものである。また3つの図は北朝鮮の経済開発総過程を異なる側面からとらえたものでもあり、固有の循環メカニズムをそれぞれ有している。ただしそれぞれ独立したものとはいえない。図同士に重なり合い、繋がっているところも少なくないからである。

　図7－1は、北朝鮮の高蓄積メカニズムが、時間が経つにつれ、次第に低蓄積メカニズムへ転化していく流れを、きわめて簡略化して示したものである。特に

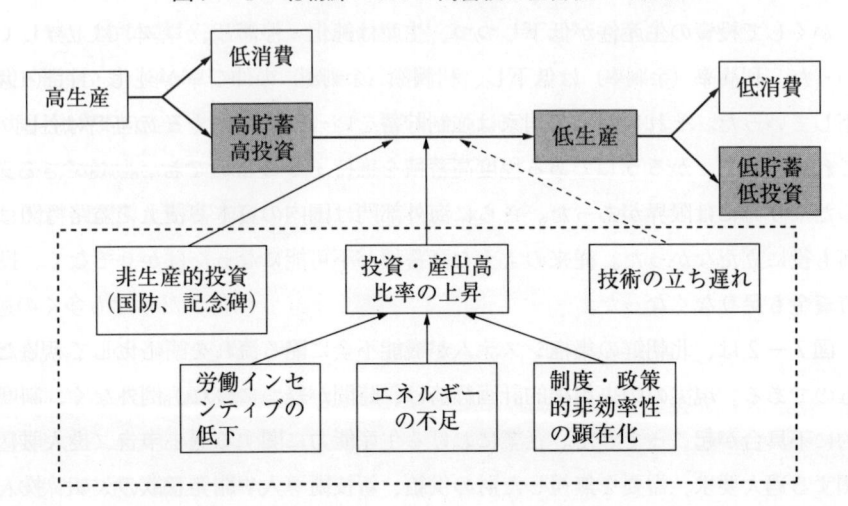

図7－1　北朝鮮における高蓄積の低蓄積への転化

高蓄積の低蓄積への転化は、一気に行われたことではなく、時間をかけて、20年・30年という長期間にわたって進行されたということを強調する必要がある。

　北朝鮮では、賃金、価格に対する厳格な統制、直接的物量的統制など様々な手段を通じて、労働者・農民の犠牲のうえ、高い水準の蓄積率を達成することができた。消費犠牲の強制的蓄積メカニズムは経済開発初期にはそれなりに動いていた。

　ところが強制蓄積メカニズムによって高蓄積を遂げたが、生産ではそれに照応する成果を収めにくくなった。これは多額の軍事支出、記念碑的建造物の建設ラッシュといった過大な非生産的投資、技術の立ち遅れにも原因があるが、投資・産出高比率（資本係数）が次第に上昇してきたことによるところが大きい。

　投資・産出高比率の上昇には様々な原因がある。図7－1には、制度・政策的非効率性の顕在化、エネルギー不足、労働インセンティブの低下という3つの要因を示した。この制度・政策的非効率性の顕在化は、集権システムの機能不全（後述）によるところが大きく、労働インセンティブの低下は、高蓄積・強蓄積メカニズムによる労働者・農民の犠牲の累積、大衆の自生的エネルギーの消滅によってもたらされた面が大きい。また図には示さなかったが、制度・政策的非効率性の顕在化等によって重工業優先戦略の有効性が低下したことも、高蓄積を遂げたが、生産ではそれに照応する成果が出なかった原因の一つである。

　かくして投資の生産性が低下しつつ、生産は鈍化・停滞し、コストは上昇していった。利潤率（余剰率）は低下し、利潤額（余剰額）の伸び率が鈍化・停滞・低下していった。それに対して国家は強制貯蓄をいっそう強化する方向で対応した。これによって、かろうじてある程度高蓄積を維持することができた。だが、そうしたやり方には限界があった。さらに海外部門は国内の資本蓄積上の隘路打開に何も役に立たなかった。従来のような高蓄積が不可能になったばかりでなく、投資資金も足りなくなった。

　図7－2は、北朝鮮の集権システムが機能不全に陥る流れを簡略化して示したものである。現実の中央集権的計画経済は、時間が経つにつれ、例外なく、制度的に不具合が起こってきた。企業における生産能力に関する過小申告、投入財に関する過大要求、需要を無視した財の供給、新技術導入や開発意欲の欠如、投入

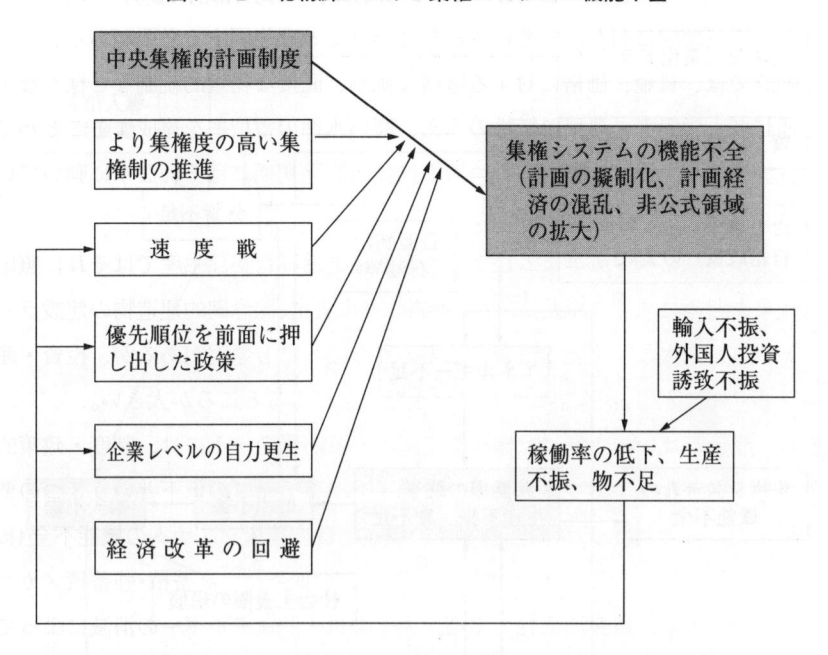

図7−2 北朝鮮における集権システムの機能不全

```
中央集権的計画制度 ──┐
                    │
より集権度の高い集    │
権制の推進 ──────────┼──→ 集権システムの機能不全
                    │    （計画の擬制化、計画経
速度戦 ──────────────┤    済の混乱、非公式領域
                    │    の拡大）
優先順位を前面に押   │           ↑
し出した政策 ────────┤        輸入不振、
                    │        外国人投資
企業レベルの自力更生 ─┤        誘致不振
                    │           ↓
経済改革の回避 ──────┘    稼働率の低下、生産
                         不振、物不足
```

財・労働力の過剰な抱え込み等による浪費、非効率、費用の過大さは時間が経つにつれ、より顕著に現れたものである。北朝鮮の場合、こうした傾向に輪をかけたのが、より集権度の高い集権制の推進、「計画の無視」的性格をも持っている政策、つまり「速度戦」と、優先順位を前面に押し出した政策（「主席フォンド」等）、企業レベルの自力更生の強化といった北朝鮮独特の政策である。かくして計画の擬制化、計画経済の混乱、非公式領域の拡大といった集権システムの機能不全がもたらされた。

さらに集権システムの機能不全は、工場の稼働率の低下、生産不振、物不足をもたらす。工場の稼働率の低下は海外部門の制約からも起こる。さらに工場の稼働率の低下、物不足は、速度戦、優先順位を前面に押し出した政策、企業レベルの自力更生政策をいっそう強め、結局集権システムの更なる機能不全をもたらした。

図7−3は、北朝鮮の対内部門への対外部門の制約を示したものである。迅速

308 第7章 結　論

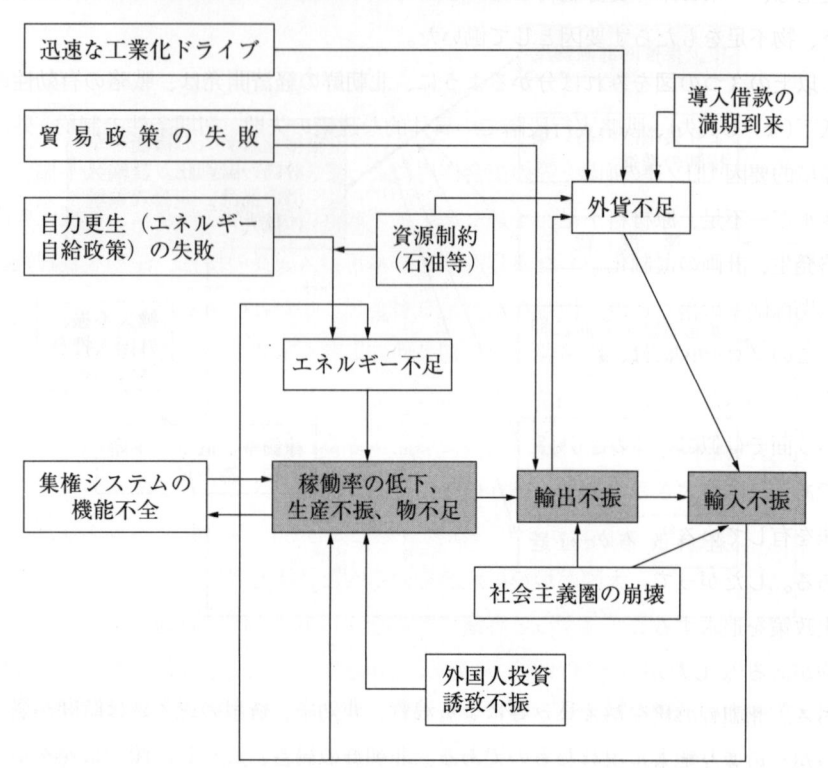

図7－3　北朝鮮における対内部門への対外部門の制約

```
迅速な工業化ドライブ ──────────────┐
                                  │        導入借款の
貿易政策の失敗 ──────────┐         │        満期到来
                         │         │           │
自力更生（エネルギー      │  資源制約          ↓
自給政策）の失敗 ─┐      │  （石油等）    外貨不足
                  │      │      │             │
                  ↓      ↓      ↓             │
               エネルギー不足                  │
                        │                      │
 集権システムの         ↓                      ↓
 機能不全 ──→ 稼働率の低下、→  輸出不振  →  輸入不振
               生産不振、物不足    ↑
                      ↑       社会主義圏の崩壊
                      │
                外国人投資
                誘致不振
```

な工業化ドライブ、貿易政策の失敗、石油資源不在などの初期条件の制約、導入借款の満期到来などによって外貨不足がもたらされ、輸入に対する厳しい制約として働く。集権システムの機能不全等による稼働率の低下、貿易政策の失敗によって輸出不振がもたらされたことも輸入に対する制約として働く。90年代初めの社会主義圏の崩壊は、北朝鮮の輸出・輸入の不振に拍車をかけ、輸出入の萎縮をもたらした。輸出入不振は、直接に、あるいはエネルギー不足を加速化することによって、稼働率の更なる低下、物不足の深刻化をもたらした。外国人投資誘致も不振を続け、国内の稼働率低下、物不足からの脱却に役に立たなかった。

対内部門への対外部門の間接的な制約、つまり対外部門への依存をおさえるための政策の影響も考慮する必要がある。すなわち、エネルギー自給政策等の自力

更生は、エネルギー資源制約とあいまってエネルギー不足をもたらし、稼働率低下、物不足をもたらす要因として働いた。

　以上の3つの図をみれば分かるように、北朝鮮の経済開発は、戦略の有効性の低下（ないし喪失）、戦略実行段階での具体的な政策の失敗、初期条件の制約、外部環境的要因（旧ソ連の崩壊）等の複合作用によって、外貨不足および輸入不振、エネルギー不足、原材料不足、インセンティブ低下、技術的立ち遅れ、蓄積上の隘路発生、計画の擬制化をもたらし、結局、マイナス成長の持続、深刻な食糧難、工場稼働率の落ち込み、極端な物不足を引き起こしたといえる。

　このプロセスには、経済開発の初期条件の影響も重要であることは確かである。すでに述べたように、初期条件の点からみて、北朝鮮は中国と違う。「低開発」という面では似ているが、いくつかの面で差がある。代表的なものは、国の大きさである。国の大きさは本来、それ自体として、経済開発にとって多くの重要な意味を有している[2]。大国はかなりの鉱物資源と大きな国内市場を持ちえるからである。したがって、大国が規模の経済や効率的な経済を犠牲にしないで、自力更生政策を追求することはずっと容易であろう。一方、小国は資源と国内市場に制約がある[3]。したがって自力更生の達成は、小国にとっては、非常に難しい問題である。北朝鮮の状況がまさにそうであった。特に、天然資源は比較的豊富であったが、重要なエネルギー源である石油が、鉄の重要な原料であるコークス炭がなかったことが致命的であった。

　初期条件の面では、北朝鮮はソ連とも相当違う。北朝鮮は、ソ連が工業化初期に有していた基盤とゆとり[4]、すなわち、若干の工業、かなりの技術、科学、相当に広範な鉄道網、食糧余剰といったものを持っていなかった。しかもわずかな工業化基盤も国土の分断によって制約され、さらに朝鮮戦争の際、相当破壊されてしまった。ソ連も豊富な天然資源と巨大な領土をもっている大国であるが、北朝鮮は小国であった。つまり、北朝鮮はソ連より不利な条件のもとで、ソ連と類似した戦略（後述）を展開したといえる。北朝鮮の経済開発過程がソ連より難しくなる可能性の一つはここから出てくる。

　とはいえ、すでに3つの図で見たように、北朝鮮の「経済低迷」の多くは、北朝鮮がとってきた開発戦略の有効性の低下（ないし喪失）によるところが大きい。

特に、1つの戦略の有効性低下はそれだけで終わらない。たとえば、集権システムの機能不全は稼働率の低下、生産不振をもたらすが、今度は稼働率の低下、生産不振がが集権システムの更なる機能不全をもたらした（図7－1、7－2参照）。また自力更生（エネルギー自給政策）の失敗は、エネルギー不足を、ひいては稼働率低下をもたらし、結局集権システムの更なる機能不全をもたらす。集権システム機能不全は翻って稼働率低下をもたらし、これは輸出不振、輸入不振につながり、結局稼働率のさらなる低下をもたらしたのである（図7－3参照）。

かくして個々の開発戦略、また開発戦略を構成する個々の政策が期待された成果を上げず、さらに時には意図しなかった結果をもたらし、ほかの政策にマイナスの影響を及ぼす。さらに時にはそれが元の戦略へ跳ね返ってくる相互作用によって、一種の悪循環メカニズムが形成されたことがきわめて重要である。このことは北朝鮮における経済低迷のメカニズムの形成・展開の説明に大いに役に立つ。

では、戦略がなぜ有効ではなかったのか。

まず、こうした戦略がいかにして形成されたのかを想起する必要があろう。つまり、第2章で述べたように、(1)旧ソ連の圧倒的影響力のもとでの旧ソ連の経験の機械的適用、「移植」、(2)植民地時代から引き継いだ若干の工業化基盤、豊富な水力資源・鉱物資源といった初期条件、(3)国内政治的・国際的環境（特に50年代）という背景の下でこうした戦略が形成された。

実際に、国家レベルの自力更生論は、政策の経済的根拠がきわめて希薄であり、政治的・軍事的必要性によるものである。しかも、小国の自力更生は大国のそれよりはるかに難しく、そもそも無理がある戦略であった[5]。精神的刺激・大衆路線戦略も、経済的というより政治的な必要による面が多い。もちろん経済的根拠がないわけではない。「人間は精神的刺激さえあれば奇跡も創造できる」「人間は努力さえすれば何でもできる」という条件が満たされれば、経済的効果を上げることができるし、北朝鮮指導部はそのように信じてきた。また実際、社会主義建設初期には上記の条件が満たされた。ところが、時間が経つにつれ、上記の条件が満たされなくなり、この戦略の有効性が低下した。

重工業優先戦略は何よりも、軍事的必要によるものである。ただし理論的には

一定の条件が満たされれば、長期的に経済成長に貢献する、という経済合理性はある。ところが社会主義諸国の現実では、その条件が満たされなかった。その代表的なものは、理論的には一定不変と仮定されていた生産性・効率が、実際には持続的に低下してきたことである。高蓄積・強蓄積戦略も理論的には、それなりの経済合理性がある。ところが社会主義諸国の現実では、投資・生産高比率の持続的な上昇のため、その戦略の有効性が大きく損なわれた。そして投資・生産高比率の持続的な上昇は、重工業優先戦略の有効性の損傷と同様、制度的・政策的非効率、とりわけ中央集権的計画制度に内在する非効率によるところが多い。

既に述べたように、中央集権的計画経済は、時間が経つにつれ、制度的に不具合が起こり、様々な浪費・非効率がより顕著に現れる。集権的計画経済は、経済の規模が小さく、経済関連が比較的単純な段階で、大量の人的・物的資源を一定の戦略部門に集中投入して短期間に工業化を達成するのに適しているが、経済の規模が大きくなり、経済関連が複雑な段階に入ると、その有効性が大きく低下する。

さらに、すでに述べたように、開発戦略の実行段階で現れた具体的な、北朝鮮独自の政策、たとえばより集権度の高い集権制の推進、「計画の無視」を伴う、優先度を前面に押し出した経済運営、「速度戦」、企業レベルの自力更生といったものは、中央集権的計画制度の機能不全を促した。80年代の大々的な記念碑的建造物の建設ラッシュは投資資金不足を加速化した。こうした政策は、北朝鮮特有の政治体制、つまり本書でいう「唯一体制」の維持・強化及び最高指導者の恣意性と深く関わっている[6]。かくして経済開発戦略が実行段階で政治によって歪められ、経済実績の更なる悪化をもたらしたともいえる。

戦略の非有効性が判明になると、戦略を修正すれば、問題は緩和できる。ところが北朝鮮の指導部は戦略の修正、つまり局面交代を試みなかった。従来の戦略を固守し、特に本格的な改革・開放にはきわめて消極的であった。その最大の原因は政治的問題にある。実際に社会主義国における経済改革の問題は、経済的問題である以上に、政治的問題である。北朝鮮指導部は、経済改革の実施は政治改革の実施へと波及・連動しかねないものであること、これらの改革は一旦開始された以上、指導部の思惑を越えて加速化されかねないことを誰よりもよく知って

いた。

　北朝鮮指導部の問題認識も指摘しなければならない。金日成は、経済運営において現れた様々な問題点の原因を、体制の欠陥ではなく、個人の思想上の問題点に求めていた。この問題は後述する。北朝鮮が本格的な改革・開放に乗り出せずに、従来の戦略を固守したのも、経済開発戦略が政治の論理によって歪められ、経済実績の更なる悪化をもたらしたもう1つの例といえる。

　かくして、北朝鮮の開発戦略は、(1)スタートの時点からある程度経済的に不合理な要素を内包していて、(2)戦略実行の段階で、特に社会主義経済という現実的条件のもとで、時間が経つにつれ、その有効性が次第に低下し、(3)また戦略の実行段階で、具体的な政策が政治によって歪められるところもあって、(4)さらに初期の開発戦略の非有効性が明白になったにもかかわらず、初期の開発戦略がそのまま、さらにほかの社会主義諸国より長い期間、持続的に進められた。このことは北朝鮮における経済開発戦略の有効性低下・喪失のプロセスでもある。

　結局、個々の開発戦略（及び政策）が、その有効性が低下し、または機能不全になり、その影響をお互いに与えたり受けたりし、さらに初期条件および外部環境との相互作用も加えられ、いくつかの悪循環メカニズムが作り上げ、展開してきた。このことが北朝鮮における経済低迷のメカニズムの形成と展開の多くを説明する。

2　北朝鮮社会主義経済の普遍性・特殊性と経済低迷の原因

　次に、本書の2番目の課題である、北朝鮮社会主義経済の普遍性と特殊性についてまとめてから、それとの関連のもとで、北朝鮮の経済低迷の原因をもう一度論じることにする。

　高蓄積による急速な工業化、重工業優先発展、中央集権的計画制度といった北朝鮮の経済開発戦略の基本骨格はスターリン戦略とほぼ同じである。そして自力更生論と精神的刺激優先・大衆路線・大衆運動は、スターリン戦略とは異なっている点[7]であるが、完全な北朝鮮独自のものとはいいにくい。これらは中国の毛沢東戦略のそれに近いといえる。北朝鮮の独自性を認めるとしても、北朝鮮の戦略がスターリンのそれにかなり近いということを覆すほどではない。

具体的な政策のレベルで北朝鮮独自のものがあるのは確かである。「自力更生」のもとで進められた「主体の鉄」といった原料自給政策、また石油に対する依存度を抑えるために電力への依存を強めた政策などがその例である。だが一見して北朝鮮独自のものとみえるかもしれない政策のなかで、より集権度の高い集権制の推進、「計画の無視」を伴う、優先度を前面に押し出した経済運営、「速度戦」、改革・開放の回避といったものも、完全な北朝鮮独自のものとはいいにくい。ほかの社会主義国でもあったものを北朝鮮指導部がより強く、広範に展開した面が多い。いいかえれば、北朝鮮社会主義経済にとって「特殊性」のかなりの部分は、「普遍性」の延長線にあるといってもいいだろう。

またすでに見たように、北朝鮮の開発戦略があまり有効ではなかった原因の多くは、その戦略の制度的基盤でもある中央集権的計画制度の有していた非効率と大いに関係している。

したがって、北朝鮮の経済低迷の原因を考えるとき、北朝鮮の戦略の特殊性よりは、普遍性を強調すべきではないかと思われる。つまり、中央集権的計画制度、そしてその制度とセットになって進められた戦略、いいかえれば社会主義諸国が共通に進めた、集権制特定的(system-specific)戦略、およびその戦略の失敗が、北朝鮮の経済低迷をもたらした、最も大きい原因であると思われる。そして北朝鮮の特殊性、つまり北朝鮮独自の戦略・政策の失敗は、第2義的な原因、いいかえれば北朝鮮の経済低迷を深めた原因として働いたと思われる。とはいえ、北朝鮮の戦略の特殊性が経済低迷に与えた影響を軽視してはいけない。

次に、北朝鮮社会主義経済の特殊性について、もう少し立ち入って検討することにする。北朝鮮社会主義の特殊性(独自性)を論じるさいに、ほかの社会主義国をいくつかのタイプに整理しておくことが有効であろう。

経済を発展させるためには、あるいは経済困難から脱却するためには、どうすればいいのか。社会主義諸国には3つの考え方・政策があったとみられる。第1は、技術を変えれば、つまり先進技術を取り入れればいいという考え方・政策である。第2は、社会主義という枠を維持しながらも制度を改革すればいいという考え方・政策である。第3は、人間の意識・思想を変えればいいという考え方・政策である。これらによって社会主義諸国を3つのタイプに分けることができる。

もちろん社会主義諸国はこの3つの面を持ち合わせていた。ここでの分類・類型化は、上記の3つの側面のうち、どちらが優勢であったかによるものである。

第1のタイプ、つまり技術重視タイプの代表的な国は旧ソ連である。そうした政策の代表的なものは、計画化・管理の自動化によってその効率を高めようとする試みである。ここで中核的役割を果たすのがASU（自動化管理システム）である。これは情報の収集、伝達、処理ならびに管理・制御操作が自動化されたシステムである。これは企業レベルのもの、各地域レベルのもの、各部門レベルのものがある。旧ソ連では、ASU開発の実験的な作業は第8次5カ年計画（1966～70年）中に始まった。この時期に414のASUが国民経済の様々な部門に導入され、その数は第9次5カ年計画（1971～75年）には、2,364まで増えた[8]。また1970年代には、OGAS（全国的自動システム）の樹立を目的とする、巨大な研究プログラムが着手されるまでに至った。ところが、ASUは、計画化作業の一層の集権化を必要としたものであり、旧ソ連ではASUの導入とともに集権制がさらに強まった。

第2のタイプ、つまり制度重視タイプに属する国としては、1950・60年代の東欧、特にハンガリーが挙げられる。旧ソ連の集権的計画経済制度が「移植」された東欧諸国では、この制度の欠陥が明らかになるにつれ、制度の変更を通して経済困難からの脱却を図った。ただし1950年代後半のいわゆる経済改革の「第1の波」には、集権制の根幹に触れる程度ではなかった。より本格的な制度変更が行われた1960年代半ば・後半の経済改革の「第2の波」は、(1)集権化から分権化への移行、企業の権限・自主性の拡大、(2)中央が企業に働きかける方法（経済規制方法）が直接的・行政的方法から間接的・経済的方法に重点を移したこと等によって特徴づけられる[9]。こうした面で目立った国はハンガリーであった。新しく導入された制度は、「誘導市場モデル」と呼ばれていた。社会主義経済の枠内での市場の導入の試みであり、労働市場と資本市場は排除し、商品市場だけをビルトインした計画経済であった[10]。

第3のタイプ（思想重視）に属する国は、改革・開放以前の中国である。毛沢東が思想を重視・強調したことはよく知られていることである。彼は、人間の能力は無限であり、精神的刺激さえ与えられれば奇跡をも作り出せると考えていた。彼は、客観的条件が悪くても人間の意志、精神によってその条件を克服できると考

えていた。いわゆる「主観能動性論」である。中国で「大衆路線」が強調され、数多くの「大衆運動」が展開され、大衆のエネルギーを引き出し、経済建設に投下しようとしたことも、こうした「思想重視」と深く関わっている。

では、北朝鮮はどうであろうか。北朝鮮も中国と同様、第3のタイプ(思想重視)に属するといえる。

すでに述べたとおりに、「社会主義社会で生産力発展を力強く押し進める決定的な要因は人々の革命的熱意である」(『著作集23』446頁)とか「大衆路線を具現するためには…大衆の政治・思想意識を絶えずに高めなければならない」(『著作撰集4』(日本語版) 323頁)とか「速度戦の展開において最も重要なことは思想革命である」(『経済辞典2』(1985年版) 89ページ)とか「自力更生するためには、何よりもまず思想で主体を立て、勤労人民大衆を自主的な思想意識、主体の世界観で武装させなければならない」(『経済辞典2』(1985年版) 206頁)とされている。北朝鮮が中国と同様、自力更生論と精神的刺激優先・大衆路線を展開したこと[11]も、こうした思想重視政策の反映でもある。

本章で、1番目の課題について論じた際、例と挙げた金日成の発言、つまり50年代と60年代の経済開発条件の違いについての言及においても、彼は結局、思想・教養事業の強化によって問題を解決しようとした。さらに、金日成は、経済運営において現れた様々な問題点の原因を、体制の欠陥ではなく、個人の思想上の問題点に求めていた。金日成は「党性・階級性・革命性の不足」、「古い思想の残滓」、「消極性と保守主義」、「機関・地方本位主義」を指摘・批判し続けていた。また集権制の欠陥に明らかになったにも関わらず、既存の体制・戦略を固守しながら、その代わりに思想革命を呼び掛け続けた。たとえば、経済低迷が続いていた1987年1月3日のある談話で金日成は、社会主義諸国での改革ムードを強く非難するとともに、経済部門責任幹部らに、事大主義と敗北主義に反対しながら自力更正・刻苦奮闘の革命精神を発揮することを呼びかけた(『経済管理7』2～16頁)。

では北朝鮮では、なぜ思想を重視・強調したのか。もちろん、生産力の発展より生産関係の改造を先行させた北朝鮮的条件、あるいは生産力が低い条件での社会主義革命の遂行という北朝鮮的条件の産物という面もあるだろう。だがそれよ

りは、北朝鮮独特の政治体制、つまり「唯一体制」を正当化する論理という面の方が強い。つまり革命と建設で人間の思想的要因が決定的意義を持つとすれば、人民大衆の意識水準を高めることが重要な課題になり、それは人民大衆の利益を代弁する卓越した指導者がなければ遂行できないという論理である[12]。金日成が、経済運営において現れた様々な問題点の原因を個人の思想上の問題点に求めた原因も政治的である。開発戦略・体制の欠陥を認めることは、自分の権威の損傷に他ならないからである。

工業化初期には、主体思想は動員イデオロギーとしてある程度機能した(たとえば「千里馬運動」の成功)。特に主体思想は民族主義的要素が強かったのでいっそうそうであった。ところが社会主義建設初期の思想とそれ以降の時期の思想はかなり違う。北朝鮮も例外ではない。

はたして体制に内在する問題点が、思想で、思想の力で解決できるだろうか。物的・客観的拘束性が思想の力でどこまで打破できるだろうか。問題の本質はそのまま放置し、全く異なるところから解決を求めると、時間が経つにつれ、問題がさらに悪化されるだけである。金日成は、毛沢東と同様、思想に力を入れすぎたが、結果的にたいへんコストがかかった。あまりにも人的・物的コストが大きかった。結局、北朝鮮の経済低迷は、毛沢東末期の経済困難と同様、思想重視政策の失敗という面がある[13]。

---

1) もちろん軍事力強化および国防建設という目的は達成されただけに、北朝鮮の開発戦略が完全な失敗とはいいきれない。
2) 北朝鮮の自力更生戦略が有効でなかった主な原因の1つは、初期条件、つまり小さい領土をもっていた「小国」であったことである。
3) たとえば、エクスタイン (1980) 391〜392頁参照。
4) ソ連の工業化の初期条件については、たとえば、ノーブ (1971) 461頁、ブルス&ラスキ (1995) 35〜37頁参照。
5) 石炭中心のエネルギー供給構造構築というエネルギー自給自足戦略は、少し事情が違う。豊富な石炭資源に基いたエネルギー自給自足戦略は、当時が「石炭の時代」であっただけに、当時としてはそれなりの合理性があった。ところが、60・70年代の「エネルギー革命」の過程で、「石油の時代」へ変わったが、北朝鮮は従来の石炭中心政策を固執した。エネルギー自給自足戦略を評価する際に、初期条件を無視した面よりも、時代(ある

いは全世界)の流れを無視した面、ないし戦略の硬直性が強調されるべきではないかと思われる。

6) 旧ソ連より集権度が高い集権経済体制を推し進めたことも、旧ソ連より集権度が高い集権的政治体制を推し進めたことの延長線上にあるといえる。「速度戦」の推進の背景には、50年代の「千里馬運動」の大成功の記憶の影響もあったが、大衆運動それ自体が有している属性を見失ってはいけない。「速度戦」は思想論と社会の動員化に基づいて進められるものである。これは集権的政治体制を強化する面がある。80年代に集中的に行われた、各種記念碑的建造物の建設ラッシュは、最高指導者の威信と国家の自主性・団結力を内外に誇示するためのものである。さらに、その多くは、金正日の発起により、さらに金正日の陣頭指揮により進めらた。内外に金日成の後継者として金正日を認知させるための、金正日の実績作りの面もある。

7) ただし旧ソ連も、「自力更生」程度ではないが、消極的な貿易政策をとり、また輸入代替を強調していた。

8) エルマン (1982) 69頁 (原資料は、『ソ連邦国民経済統計集』1975年版、172頁)。

9) もちろん旧ソ連でも同じ時期に、経済改革が行われた。1965年からのコスイギン改革がそれである。しかしソ連での改革は東欧諸国のそれに比べ不徹底なものであった。さらに1968年のチェコ事件を契機に、コスイギン改革は形骸化された。

10) 詳しくは、西村可明 (1995) 10〜13頁参照。

11) もちろん第2章で述べたように、北朝鮮の大衆路線は、中国のそれと若干違う。

12) このことは北朝鮮政治の議論において重要なテーマでもある (たとえば、鐸木昌之 (1992) 122〜123頁、イ・ゾンソク (1995b) 35〜36頁参照)。

13) もちろん上記の3つのタイプのうち、どれでも社会主義経済の根本的な欠陥を直すことができなかった。

付　録

附録A　北朝鮮の貿易関連統計

附表A－1　各機関の北朝鮮貿易規模の推定値

(単位：百万ドル)

	韓国政府 (A)		韓国開発研究院 (B)		USCIA (C)		IMF (D)		日本貿易振興会 (E)	
	輸出	輸入	輸出	輸入	輸出	輸入	輸出	輸入	輸出	輸入
1960	154	166								
1965	208	233								
1966	244	219								
1967	260	240							166	166
1968	277	306					47	50	199	257
1969	307	389					69	106	229	334
1970	370	440	341	378	324	403	115	69	301	328
1971	410	500	313	558	333	581	79	75	244	486
1972	400	640	400	664	387	646	100	177	293	527
1973	500	840	484	894	522	867	156	350	386	706
1974	680	1,300	692	1,357	708	1,295	301	819	557	1,123
1975	820	1,090	807	1,155	827	1,110	353	573	622	916
1976	730	800	572	905	664	859	237	378		
1977	680	840	752	837	692	896	345	335		
1978	1,020	1,060	1,190	1,002	1,068	1,060	816	728		
1979	1,360	1,430	1,489	1,380	1,430	1,489	1,010	996		
1980	1,560	1,860	1,642	1,710	1,995	1,915	1,134	1,293		
1981	1,210	1,620	1,095	1,448			680	1,026		
1982	1,530	1,700	1,300	1,465			736	1,006		
1983	1,320	1,510	1,137	1,347			640	967		
1984	1,340	1,390	1,186	1,269			663	822	1,111	1,290
1985	1,310	1,780	1,285	1,900			645	853	1,130	1,717
1986	1,510	2,060	1,368	1,975			653	835	1,311	2,035
1987	1,670	2,390	1,558	2,491			787	1,177	1,469	2,568
1988	2,030	3,210	1,767	2,900			967	1,391	1,822	3,199
1989	1,910	2,890	1,617	2,670			865	1,251	1,686	2,905
1990	2,020	2,620	1,820	2,741			913	1,326	1,857	2,920
1991	1,010	1,710	887	1,720			688	1,504	850	1,633
1992	1,020	1,640	869	1,650			844	1,396	1,068	1,748
1993	1,020	1,620	909	1,666			883	1,533	977	1,772
1994	840	1,270	861	1,284			994	1,406		
1995	740	1,310					804	1,617		
1996	730	1,250					1,006	2,152		

注：(A)　1960～90は統一院の推定値であり、1991～96は韓国銀行の推定値。
　　(D)　1992年までは、旧ソ連との貿易が含まれていない。
出所：(A)　1960～69は『北韓経済統計集（1946～85年）』733、734頁／1970～90は『北韓経済指標集』147頁（原資料は、統一院『南北韓経済状況比較』、各年度、統一院『北韓経済綜合評価』、1988～92、統計庁（1995）『南北韓経済社会象比較』）／1991～96は、『北韓GDP推定結果』各年度。
　　(B)　『北韓経済指標集』148頁。
　　(C)　延河清(1986)292頁（原資料は、USCIA, *Handbook of Economic Statistics 1982*）
　　(D)　IMF, *Direction of Trade Statistics Yearbook*、各年度。
　　(E)　1967～75は日本貿易振興会（1977）20頁（原資料は、ジェトロ『海外市場』1977年3月号）／1984～90は『北朝鮮の経済と貿易の展望』(1991) 92～93頁／1991は『北朝鮮の経済と貿易の展望』(1994) 44～45頁／1992～93は『北朝鮮の経済と貿易の展望』(1995) 102～103頁。

附表A—2　北朝鮮の地域別輸出実績

(単位：百万ドル、%)

	旧ソ連	中国	ほかの旧社会主義国[1]	韓国	日本	OECD[2]	開発途上国
1955	40.8 (92.6)	3.2 (7.2)	0.1 (0.2)		—	—	—
1960	74.7 (50.8)	48.2 (32.8)	16.0 (10.9)		2.8 (1.9)	5.2[3] (3.5)	
1965	88.3 (41.9)	75.7 (35.9)	25.7 (12.2)		13.4 (6.4)	5.1 (2.4)	2.4 (1.2)
1970	135.9 (37.5)	49.3 (13.6)	68.4 (18.9)		31.3 (8.6)	68.3 (18.9)	10.1 (2.5)
1975	209.7 (26.0)	198.8 (24.6)	75.0 (9.3)		58.9 (7.3)	102.3 (12.7)	162.2 (20.1)
1980	437.3 (26.6)	303.3 (18.5)	125.0 (7.6)		163.7 (10.0)	262.5 (16.0)	349.7 (21.3)
1985	485.1 (37.7)	244.8 (19.0)	103.0 (8.0)		163.8 (12.7)	68.5 (5.3)	220.0 (17.1)
1990	1,047.4 (57.0)	124.6 (6.8)	93.1 (5.1)	18.7 (1.0)	273.0 (14.8)	96.0 (5.2)	186.0 (10.1)
1991	171.0 (17.2)	85.7 (8.6)	28.9 (2.9)	105.7 (10.7)	257.8 (26.0)	111.5 (11.2)	231.7 (23.3)
1994	40.0 (3.9)	199.2 (19.2)	21.0 (2.0)	176.3 (17.0)	293.3 (28.3)	138.9 (13.4)	168.1 (16.2)
1996	29.0 (3.2)	68.6 (7.5)	25.2 (2.8)	182.4 (20.1)	291.4 (32.1)	113.4 (12.5)	199.1 (21.9)

注：1955〜70年と1975〜94年と1996年のあいだには推定者、推定方法の違いにより、データが非連続的になる。またそもそも『北韓経済指標集』と大韓貿易投資振興公社（1997）では、北朝鮮の地域別輸出実績に韓国への輸出が含まれていなかったが、筆者が本表の作成のため、韓国への輸出も含めて再整理した。

1）1990以降は東ドイツを除く、2）日本を除く、3）OECDのシェアと開発途上国のシェアの未分離の金額

出所：1955〜70は、Soo-Young Choi（1991）312頁より計算／1975〜94は、『北韓経済指標集』150〜151頁、鄭盛植（1996）78頁（原資料は、統一院『月間南北交流協力』第55号、1996．1．）／1996は大韓貿易投資振興公社（1997）12〜14、24頁より計算。

附表A―3　北朝鮮の地域別輸入実績

(単位：百万ドル、%)

	旧ソ連	中国	その他の旧社会主義国[1]	韓国	日本	OECD[2]	開発途上国
1955	48.6 (34.2)	79.8 (56.2)	13.6 (9.6)		―	―	―
1960	43.4 (27.7)	74.1 (47.3)	31.5 (20.1)		2.0 (1.3)	5.5[3] (3.5)	
1965	98.8 (36.3)	106.7 (39.2)	26.9 (9.9)		18.2 (6.7)	20.7 (7.6)	0.8 (0.3)
1970	253.0 (58.3)	67.0 (15.4)	54.5 (12.6)		25.7 (5.9)	26.1 (6.0)	7.6 (1.8)
1975	258.8 (22.4)	284.1 (24.6)	92.0 (8.0)		199.8 (17.3)	274.8 (23.8)	45.8 (4.0)
1980	443.1 (25.9)	374.2 (21.9)	122.0 (7.1)		411.7 (24.1)	137.6 (8.0)	221.7 (13.0)
1985	785.5 (41.3)	239.0 (12.6)	85.0 (4.5)		271.8 (14.3)	100.9 (5.3)	417.7 (22.0)
1990	1,516.3 (55.3)	358.2 (13.1)	132.5 (4.8)	1.2 (0.04)	193.5 (7.1)	270.0 (9.8)	270.8 (9.9)
1991	176.1 (10.2)	524.8 (30.4)	56.8 (3.3)	5.5 (0.3)	246.4 (14.3)	293.1 (17.0)	422.5 (24.5)
1994	100.0 (7.7)	424.5 (32.6)	25.0 (1.9)	18.3 (1.4)	187.9 (14.4)	224.5 (17.2)	322.3 (24.7)
1996	35.8 (2.7)	497.0 (37.7)	13.3 (1.0)	69.6 (5.3)	227.0 (17.2)	253.7 (19.2)	222.8 (16.9)

注：附表A―2と同じ。
出所：1955〜70は、Soo-Young Choi (1991) 313頁より計算／1975〜94は、『北韓経済指標集』152〜153頁、鄭盛植 (1996) 78頁 (原資料は、統一院『月間南北交流協力』第55号、1996・1)／1996は大韓貿易投資振興公社 (1997) 12〜14、24頁より計算。

附表A-4　北朝鮮の輸出商品構成：1953～69年

(単位：%)

	1953	1956	1959	1960	1963	1964	1969
機械と装備	0.4	0.3	0.9	5.3	4.6	3.9	5.2
電気製品	2.2	0.1	2.4	—	2.3	1.6	n.a.
燃料と燃料用油	—	0.4	4.8	3.2	3.1	3.8	n.a.
鉱物	81.8	54.3	14.5	12.8	12.4	11.5	7.2
鉄と非鉄金属	9.0	30.9	33.4	43.7	46.3	49.9	39.6
化学製品	0.05	5.9	13.4	12.1	7.2	6.0	8.0
建材	—	—	1.9	3.3	n.a.	n.a.	10.0
繊維と織物	0.7	0.3	—	0.6	n.a.	n.a.	n.a.
農産品	3.9	3.6	13.7	10.2	8.8	11.0	12.2
腐敗性食品と奢侈品	0.1	1.3	12.2	6.3	n.a.	n.a.	n.a.
海産物	1.8	2.9	2.8	1.8	n.a.	n.a.	n.a.
その他	0.05	—	0.4	0.7	n.a.	n.a.	n.a.

出所：『北韓経済統計集（1946～1985年）』755頁（原資料は、1953～60年がU.S. Joint Publications Research Service, *Economic Report on North Korea*, 1996, pp. 73-74、1963～64年は『朝鮮中央年鑑』(1965) 483頁、1969年は車ビョンゴン「北韓の対外貿易とその特徴」『国際問題』（1972年10月）25頁）。

附表A-5　北朝鮮の輸入商品構成：1953～69年

(単位：%)

	1953	1956	1959	1960	1963	1964	1969
機械と装備	34.3	32.7	34.8	22.5	23.6	21.2	30.2
電気製品	8.6	7.7	5.4	1.6	1.9	2.2	n.a.
燃料と燃料用油	9.8	8.4	12.4	18.3	22.3	22.1	19.3
鉱物	0.2	0.5	0.8	1.0	6.0	4.6	n.a.
鉄と非鉄金属	7.2	11.8	10.1	7.0	9.5	9.8	8.7
化学・ゴム製品	9.8	7.5	6.2	6.2	11.5	11.8	8.2
建材	1.4	0.02	0.1	0.1	n.a.	n.a.	n.a.
パルプと紙製品	3.2	0.8	1.0	0.9	n.a.	n.a.	10.4
繊維と織物	3.9	13.0	5.2	2.6	n.a.	n.a.	n.a.
日用品	1.0	0.9	0.4	0.6	n.a.	n.a.	n.a.
農業福産品	0.2	6.3	7.7	19.9	9.1	2.1	10.0
腐敗性食品と奢侈品	0.2	1.2	1.2	5.8	n.a.	n.a.	n.a.
その他	19.2	9.2	14.7	8.5	n.a.	n.a.	n.a.

出所：附表A-4と同じ。

附表A—6　北朝鮮の品目別輸出実績：1970〜91年

(単位：百万ドル、%)

SITC	1970	1975	1980	1985	1987	1989	1991
0．食料品および動物	39.9 (11.0)	179.9 (21.8)	195.3 (12.0)	110.0 (9.0)	160 (12.6)	113 (8.6)	11.4 (12.5)
1．飲料およびたばこ	3.3 (0.9)	5.0 (0.6)	19.5 (1.2)	15.9 (1.3)	7 (0.5)	1 (0.1)	0.7 (0.07)
2．食用に適しない原材料	42.8 (11.8)	76.8 (9.3)	141.6 (8.7)	113.6 (9.3)	213 (16.9)	156 (11.9)	100.6 (11.3)
3．鉱物性燃料、潤滑油、これらに類するもの	14.1 (3.9)	42.9 (5.2)	73.2 (4.5)	55.0 (4.5)	74 (5.8)	31 (2.4)	63.5 (7.2)
4．動物性または植物性の油脂とろう	—	—	—	—	—	—	—
5．化学工業生産品	5.4 (1.5)	19.8 (2.4)	37.4 (2.3)	39.1 (3.2)	38 (3.0)	27 (2.0)	22.0 (2.5)
6．原料別製品	154.7 (42.7)	421.7 (51.1)	898.2 (55.2)	553.4 (45.3)	450 (35.5)	345 (26.2)	212.0 (23.9)
7．機械および輸送用機械	10.9 (3.0)	19.8 (2.4)	48.8 (3.0)	100.2 (8.2)	134 (10.6)	114 (8.7)	131.6 (14.8)
8．雑製品	23.5 (6.5)	25.6 (3.1)	63.5 (3.9)	103.8 (8.5)	186 (14.7)	510 (38.7)	141.6 (16.0)
9．その他	67.4 (18.6)	32.2 (3.9)	149.7 (9.2)	130.7 (10.7)	4 (0.3)	18 (1.4)	104.2 (11.7)

注：かっこ内は構成比。1970〜85と1987〜89と1991は、推定者、推定方法の違いにより、データが非連続的になる。

出所：1970〜85は、Soo-Young Choi (1991) 312、314頁より計算／1987〜89は、崔信林 (1991) 16頁／1991は大韓貿易振興公社 (1992) 15頁。

附表A—7　北朝鮮の品目別輸入実績：1970～91年

(単位：百万ドル、%)

SITC	1970	1975	1980	1985	1987	1989	1991
0．食料品および動物	39.5 (9.1)	52.2 (4.1)	160.5 (8.8)	48.2 (2.7)	114 (6.3)	53 (3.4)	169.6 (11.0)
1．飲料およびたばこ	—	—	—	1.8 (0.1)	6 (0.3)	7 (0.4)	8.8 (0.6)
2．食用に適しない原材料	28.6 (6.6)	73.8 (5.8)	195.2 (10.7)	114.3 (6.4)	160 (8.9)	99 (6.4)	156.4 (10.2)
3．鉱物性燃料、潤滑油、これらに類するもの	115.8 (26.7)	334.8 (26.3)	565.5 (31.0)	423.2 (23.7)	585 (32.5)	247 (16.0)	441.6 (28.7)
4．動物性または植物性の油脂とろう	4.8 (1.1)	6.4 (0.5)	14.6 (0.8)	17.9 (1.0)	10 (0.5)	11 (0.7)	—
5．化学工業生産品	14.7 (3.4)	49.7 (3.9)	100.3 (5.5)	98.2 (5.5)	122 (6.8)	86 (5.5)	79.5 (5.2)
6．原料別製品	29.5 (6.8)	128.6 (10.1)	229.8 (12.6)	203.6 (11.4)	294 (16.3)	525 (33.9)	237.5 (15.4)
7．機械および輸送用機械	157.0 (36.2)	518.2 (40.7)	425.0 (23.3)	417.8 (23.4)	440 (24.4)	421 (27.2)	292.0 (18.9)
8．雑製品	10.4 (2.4)	31.8 (2.5)	43.8 (2.4)	46.4 (2.6)	57 (3.2)	88 (5.6)	148.7 (9.7)
9．その他	33.0 (7.6)	72.6 (5.7)	82.1 (4.5)	414.3 (23.2)	14 (0.8)	12 (0.8)	6.9 (0.4)

注：かっこ内は構成比。1970～85と1987～89と1991は、推定者、推定方法の違いにより、データが非連続的になる。

出所：1970～85は、Soo-Young Choi（1991）313～315頁より計算／1987～89は、崔信林（1991）19頁／1991は、大韓貿易振興公社（1992）17～18頁。

附表A-8　北朝鮮の品目別輸出実績：1993～96年

(単位：百万ドル、%)

HS大分類	1993	1994	1995	1996
動物性生産品	70.6(6.9)	61.1(7.3)	83.4(11.3)	67.8(9.3)
植物性生産品	40.4(4.0)	111.2(13.3)	86.3(11.7)	51.9(7.1)
製造食料品、飲料、煙草等	8.2(0.8)	9.4(1.1)	n.a.	n.a.
鉱物性生産品	78.0(7.7)	75.2(9.0)	52.5(7.1)	58.4(8.0)
化学工業生産品	15.4(1.5)	24.5(2.9)	n.a.	n.a.
プラスチック・ゴム製品	15.9(1.6)	41.5(4.9)	12.2(1.7)	34.1(4.7)
紡織用繊維と製品	201.0(19.7)	198.8(23.7)	233.7(31.7)	210.5(29.0)
卑金属と製品	293.7(28.8)	187.8(22.4)	96.3(13.1)	88.2(12.1)
機械・電気電子類	64.2(6.3)	54.3(6.5)	57.2(7.8)	81.8(11.3)
運送機器	69.0(6.8)	2.4(0.3)	n.a.	n.a.
その他	164.1(16.1)	73.0(8.6)	114.5(15.6)	133.9(18.4)

注：かっこ内は構成比。
出所：大韓貿易投資振興公社（1995）15～16頁、大韓貿易投資振興公社（1997）16頁。

附表A-9　北朝鮮の品目別輸入実績：1993～96年

(単位：百万ドル、%)

HS大分類	1993	1994	1995	1996
動物性生産品	31.8(2.0)	6.4(0.5)	n.a.	n.a.
植物性生産品	142.4(8.8)	59.9(4.7)	122.3(9.3)	181.4(14.5)
製造食料品、飲料、煙草等	40.1(2.5)	31.6(2.5)	42.3(3.2)	51.8(4.1)
鉱物性生産品	335.4(20.7)	200.0(15.8)	286.3(21.8)	240.4(19.2)
化学工業生産品	99.6(6.2)	64.3(5.1)	81.6(6.2)	70.4(5.6)
プラスチック・ゴム製品	53.6(3.3)	42.4(3.3)	71.1(5.4)	68.4(5.5)
紡織用繊維と製品	194.2(12.0)	185.0(14.6)	197.2(15.0)	151.8(12.1)
卑金属と製品	162.2(10.0)	106.6(8.4)	78.8(6.0)	50.9(4.1)
機械・電気電子類	144.9(8.9)	178.0(14.0)	177.4(13.5)	144.4(11.6)
運送機器	139.9(8.6)	56.2(4.4)	61.1(4.6)	117.2(9.4)
その他	275.4(17.0)	338.3(26.7)	197.9(15.0)	172.9(13.8)

注：かっこ内は構成比。
出所：大韓貿易投資振興公社（1995）18～19頁、大韓貿易投資振興公社（1997）21頁。

附録B　北朝鮮の商品別RCA指数・貿易特化指数の計算結果

附表B-1　北朝鮮の商品別RCA指数の推移

	SITC0	SITC1	SITC2	SITC3	SITC4	SITC5	SITC6	SITC7	SITC8	SITC9
1970	1.112	0.800	1.439	0.508	0	0.247	2.446	0.127	0.980	n.a.
1972	0.976	1.205	1.423	0.638	0	0.554	2.680	0.130	0.627	n.a.
1974	1.965	0.524	1.475	0.291	0	0.455	2.680	0.144	0.420	n.a.
1976	1.234	0.876	1.573	0.287	0	0.454	3.336	0.057	0.483	3.824
1978	1.466	0.844	1.316	0.276	0	0.391	2.693	0.303	0.525	3.111
1980	1.305	1.247	1.387	0.190	0	0.316	3.356	0.118	0.509	3.693
1982	1.275	1.190	1.846	0.216	0	0.435	2.889	0.153	1.007	4.532
1984	1.029	1.503	1.395	0.279	0	0.497	2.677	0.273	0.816	6.438
1986	0.883	0.645	1.378	0.497	0	0.277	2.730	0.324	1.199	3.230
1987	1.574	0.525	3.029	0.506	0	0.338	2.175	0.312	1.272	0.118
1989	1.102	0.073	2.113	0.237	0	0.234	1.540	0.251	3.288	0.450
1991	0.193	0.075	2.862	0.776	0	0.322	1.666	0.464	1.442	4.736

出所：著者計算。

附表B-2　北朝鮮の商品別貿易特化指数の推移

	SITC0	SITC1	SITC2	SITC3	SITC4	SITC5	SITC6	SITC7	SITC8	SITC9
1970	0.005	1.000	0.199	−0.783	−1.000	−0.463	0.680	−0.870	0.386	0.343
1972	−0.060	1.000	0.138	−0.747	−1.000	−0.159	0.495	−0.863	0.160	−0.777
1974	−0.213	1.000	0.088	−0.728	−1.000	−0.263	0.202	−0.904	−0.279	−0.385
1976	−0.109	1.000	−0.054	−0.819	−1.000	−0.474	0.625	−0.936	−0.065	−0.345
1978	0.279	1.000	−0.005	−0.768	−1.000	−0.425	0.643	−0.206	0.353	−0.148
1980	0.098	1.000	−0.159	−0.771	−1.000	−0.457	0.593	−0.794	0.184	0.292
1982	0.136	0.680	0.056	−0.779	−1.000	−0.417	0.473	−0.742	0.377	0.271
1984	0.584	0.430	−0.110	−0.753	−1.000	−0.376	0.473	−0.589	0.240	0.309
1986	0.275	0.638	−0.115	−0.776	−1.000	−0.452	0.446	−0.464	0.597	−0.655
1987	0.168	0.077	0.142	−0.775	−1.000	−0.525	0.210	−0.533	0.531	−0.556
1989	0.361	−0.750	0.224	−0.777	−1.000	−0.522	−0.207	−0.574	0.706	0.200
1991	−0.874	−0.853	−0.217	−0.749	−1.000	−0.567	−0.057	−0.379	−0.024	0.876

出所：著者計算。

附録C　シムズ・テストによる北朝鮮の輸出入・GNPの因果関係分析

シムズ(1972)は、二変数モデルでの因果関係をテストする方法を開発した。彼によると、YをXの過去値と未来値に対して回帰することができ、またもし因果性がXからYへのみ動いていると、回帰でのXの未来値は、集合として、ゼロと非有意的に異なる係数をもつべきである。したがって、次のような分布ラグ線形方程式を設定することができる。

$$Y = F\ (X、Xの過去 i 年ラグ、Xの未来 i 年ラグ) \quad (1)$$
$$Y = f\ (X、Xの過去 i 年ラグ) \quad (2)$$
$$i = 1、2、\cdots n。$$

独立変数の未来値の回帰係数の集合がゼロという仮説の検定のために使われるF統計量は次のように計算できる。

$$F = \frac{(RSS_2 - RSS_1)/(df_2 - df_1)}{RSS_1/df_1}$$

ただし、RSS_1、RSS_2は(1)式と(2)式の残差平方和であり、df_1、df_2は(1)式と(2)式での自由度である。また時系列データの回帰分析は残差間の自己相関の可能性が高いため、すべての変数に対して事前的なフィルターリングをする必要がある。シムズは$(1-0.75L)^2$を提示した。ここでのL、L^2はラグ・オペレータである。

データは1960年から1996年までの北朝鮮の輸出、輸入、GNPの絶対水準、前年比増減率を使うことにする。これらについては北朝鮮側の発表資料がないので、またできるだけ長い期間を分析の対象にするため、韓国政府の推定値を利用することにする。これらのデータは**表2－7**、**附表A－1**に載せられている。ただし、北朝鮮GNPの推定方法が1990年度分以降変わったため、データの非連続性の存在という問題が発生する。この問題に対処するため、1989年度分に対する、新モデル体系による推定値（240億ドル）と旧モデル体系による推定値（211億ドル）との比率を利用し、90～96年度分の新モデル体系の推定値を、旧モデル体系の推定値に変換することにする。これにより、問題は完全にではないが、ある程度解消されると思われる。また輸出、輸入、GNPは名目ベースよりも実質ベースが望ましいが、北朝鮮の場合、輸出入物価指数とGNPデフレータに関する資料がないの

で、名目値を使わざるをえない。
　このようにして、北朝鮮の輸出入とGNPとの因果関係を分析した結果は**附表C－1、C－2**に示されている。

附録C　シムズ・テストによる北朝鮮の輸出入・GNPの因果関係分析

附表C－1　北朝鮮の輸出入とGNPとの因果関係：その1

	輸出→GNP		GNP→輸出		輸入→GNP		GNP→輸入	
	F統計量	因果関係の有無	F統計量	因果関係の有無	F統計量	因果関係の有無	F統計量	因果関係の有無
1960～96年								
データ1								
ラグ1年	2.00* (29,31)	○	2.03* (29,31)	○	3.24** (29,31)	○	3.59** (29,31)	○
ラグ2年	2.90** (25,29)	○	0.92 (25,29)	×	4.48** (25,29)	○	2.36* (25,29)	○
ラグ3年	2.13* (21,27)	○	0.89 (21,27)	×	4.43** (21,27)	○	2.02* (21,27)	○
ラグ4年	2.35* (17,25)	○	0.74 (17,25)	×	2.75* (17,25)	○	2.15* (17,25)	○
ラグ5年	1.39 (13,23)	×	1.61 (13,23)	×	2.09 (13,23)	×	2.64* (13,23)	○
データ2								
ラグ1年	0.52 (28,30)	×	0.21 (28,30)	×	0.76 (28,30)	×	1.39 (28,30)	×
ラグ2年	0.48 (24,28)	×	0.27 (24,28)	×	0.62 (24,28)	×	1.78 (24,28)	×
ラグ3年	0.32 (20,26)	×	0.25 (20,26)	×	0.68 (20,26)	×	0.98 (20,26)	×
ラグ4年	0.45 (16,24)	×	0.32 (16,24)	×	0.47 (16,24)	×	0.97 (16,24)	×
ラグ5年	0.55 (12,22)	×	1.55 (12,22)	×	0.44 (12,22)	×	0.94 (12,22)	×
1960～90年								
データ1								
ラグ1年	1.60 (23,25)	×	1.88 (23,25)	×	2.74** (23,25)	○	4.35** (23,25)	○
ラグ2年	2.04 (19,23)	×	1.38 (19,23)	×	2.12* (19,23)	○	5.97** (19,23)	○
ラグ3年	1.30 (15,21)	×	1.38 (15,21)	×	1.68 (15,21)	×	4.63** (15,21)	○
ラグ4年	0.95 (11,19)	×	0.97 (11,19)	×	1.18 (11,19)	×	2.27* (11,19)	○
ラグ5年	1.19 (7,17)	×	1.06 (7,17)	×	1.01 (7,17)	×	2.64* (7,17)	○
データ2								
ラグ1年	0.31 (22,24)	×	0.72 (22,24)	×	0.20 (22,24)	×	1.70 (22,24)	×
ラグ2年	0.56 (18,22)	×	0.61 (18,22)	×	0.24 (18,22)	×	1.97 (18,22)	×
ラグ3年	0.40 (14,20)	×	0.63 (14,20)	×	0.36 (14,20)	×	1.50 (14,20)	×
ラグ4年	0.64 (10,18)	×	0.23 (10,18)	×	0.28 (10,18)	×	0.92 (10,18)	×
ラグ5年	0.49 (6,16)	×	0.34 (6,16)	×	0.20 (6,16)	×	0.79 (6,16)	×

注：データ1は輸出入額、GNP、データ2は輸出入・GNPの前年比増減率、*は5％の有意水準、**は1％の有意水準、括弧内の数字は自由度。

附表C−2　北朝鮮の輸出入とGNPとの因果関係：その2

	輸出→GNP		GNP→輸出		輸入→GNP		GNP→輸入	
	F統計量	因果関係の有無	F統計量	因果関係の有無	F統計量	因果関係の有無	F統計量	因果関係の有無
1960〜78年								
データ1								
ラグ1年	1.61 (11,13)	×	12.06** (11,13)	○	2.41 (11,13)	×	4.79** (11,13)	○
ラグ2年	0.78 (7,11)	×	5.05** (7,11)	○	4.95** (7,11)	○	8.03** (7,11)	○
ラグ3年	1.83 (3,9)	×	23.82** (3,9)	○	2.38 (3,9)	×	78.31** (3,9)	○
データ2								
ラグ1年	0.23 (10,12)	×	2.25 (10,12)	×	0.38 (10,12)	×	0.63 (10,12)	×
ラグ2年	1.14 (6,10)	×	6.44** (6,10)	○	0.56 (6,10)	×	1.19 (6,10)	×
ラグ3年	31.91** (2,8)	○	1.90 (2,8)	×	1.00 (2,8)	×	2.62 (2,8)	×
1979〜96年								
データ1								
ラグ1年	3.06* (10,12)	○	3.89* (10,12)	○	4.20* (10,12)	○	3.42* (10,12)	○
ラグ2年	3.23* (6,10)	○	1.99 (6,10)	×	6.01** (6,10)	○	2.52 (6,10)	×
ラグ3年	1.23 (2,8)	×	0.54 (2,8)	×	5.97** (2,8)	○	1.19 (2,8)	×
データ2								
ラグ1年	1.81 (10,12)	×	1.32 (10,12)	×	3.97* (10,12)	○	3.06* (10,12)	○
ラグ2年	1.31 (6,10)	×	0.58 (6,10)	×	4.57* (6,10)	○	3.88* (6,10)	○
ラグ3年	1.45 (2,8)	×	0.43 (2,8)	×	2.77 (2,8)	×	19.47** (2,8)	○

注：データ1は輸出入額、GNP、データ2は輸出入・GNPの前年比増減率、*は5％の有意水準、**は1％の有意水準、括弧内の数字は自由度。

[参考文献]

1 ハングル及び朝鮮語文献・資料

(1) 韓国側文献・資料

姜命圭 (1994)「北韓の経済体制：中国との比較分析」李根編『発展・改革・統一の諸モデル―経済体制の国際比較―』21世紀ブクス

姜正模 (1996)「対外経済と貿易」北韓経済FORUM編『北韓経済論―理論と実際』法文社

慶南大学校極東問題研究所 (1979)『北韓貿易論』

高日東 (1995)「北韓の対外開放と南北経協の政策課題」『北韓の対外開放展望と経済的波及効果』(第5回北韓経済国際学術会議論文集) 韓国開発研究院。

コ・ヒョンウク (1993)「経済自立路線の業績と限界」『北韓社会主義建設の政治経済』慶南大学校極東問題研究所

国土統一院『南北韓経済現況比較』各年度。

国土統一院 (1986)『北韓経済統計集 (1946～1985年)』

国土統一院 (1988)『北韓のGNP推計方法解説』

クォン・キョンボク (1997)「北韓の農業改革：〝大苗〟栽培法と分組管理制改善」『月刊統一経済』1997年11月号現代経済社会研究院

極東問題研究所 (1974)『北韓全書』

極東問題研究所 (1980)『北韓全書』

金光東 (1991)「北韓の工場内労働団体活動と労働動員」『季刊・北韓研究』第2巻第4号

金光錫・朴勝禄 (1988)『我が国の製造業の生産性変化とその要因の分析』産業研究院

金基元 (1990)『米軍政期の経済構造』プルンサン

金錬鉄 (1995)「北韓経済政策変化の制限的性格：比較社会主義的接近」『季刊北韓研究』第6巻第1号

金錬鉄 (1996)「北韓の産業化過程と工場管理の政治 (1953—70)：〝首領制〟政

[参考文献]

治体の社会経済的起源」成均館大学校博士学位論文
金錬鉄（1997）『北韓の配給制危機と市場改革展望』三星経済研究所
金永圭（1980）「北韓のGNP産出方法」『統一政策』第6券第3、4号　国土統一院
金云根（1996）「農水産業」北韓経済FORUM編『北韓経済論―理論と実際』法文社
金潤煥（1972）「北韓の経済発展と工業化」高麗大学校亜細亜問題研究所『北韓経済構造』
金仁鎬（1998）『太平洋戦争期　朝鮮工業研究』シンソウォン
金一平（1987）『北韓政治経済入門』図書出版ハンウル
金正敏（1994）「北韓協同農場決算分配」『北韓』1994年12月号　北韓研究所
金俊輔（1970）『韓国資本主義史研究（II）』一潮閣
金台鎰（1993）『北韓国営企業所の管理運営体系』民族統一研究院
金学俊（1979）「分断の背景と固定化過程」宋建鎬他『解放前後史の認識』ハンギルサ
ナムグン・ヨン（1995）『北韓の経済特区投資環境研究：中国・ベトナムとの比較』民族統一研究院
ナムグン・ヨン（1997）「北韓経済開放政策の限界と可能性：経済特区政策を中心に」『月刊統一経済』1997年7月号　現代経済社会研究院
大韓貿易振興公社（1992）『1991年度北韓の対外貿易動向』
大韓貿易投資振興公社（1995）『1994年度北韓の対外貿易動向』
大韓貿易投資振興公社（1996）『1995年度北韓の対外貿易動向』
大韓貿易投資振興公社（1997）『1996年度北韓の対外貿易動向』
ドン・ヨンスン（1997）「経済開放政策」キム・ヨンスほか『金正日時代の北韓』三星経済研究所
リュウ・キルゼ（1993）「千里馬運動と社会主義経済建設」『北韓社会主義建設の政治経済』慶南大学校極東問題研究所
リ・ミンボク（1996）「北韓住民たちの個人化と体制変化可能性」『北韓』1996年7月号、北韓研究所

バザノバ（1992）『死んだドグマと実際的必要の間に：北朝鮮の対外経済関係、1945—1990』（ヤンジュンヨン訳『岐路に立つ北韓経済：対外経協を通して見る実状』1992　韓国経済新聞社）

朴昇（1977）『経済発展論』博英社

朴貞東（1996a）『北韓の経済特区：中国との比較』韓国開発研究院

朴貞東（1996b）「中国の外資導入政策成功と北韓の停滞」『月刊統一経済』1996年11月号　現代経済社会研究院

朴進（1994）「北韓の貿易推移と展望」『転換期の北韓経済』（第4回北韓経済国際学術会議論文集）韓国開発研究院

朴春三（1977）『対外経済協力面から見た北韓経済分析』国土統一院

バク・ヒョンズン（1994）『北韓的現象の研究：北韓社会主義建設の政治経済学』研究社

バク・ヒョンズン（1998）「北韓経済体制の変化と改革」『統一研究論叢』第7巻第2号

方燦栄（1995）『岐路に立つ朝鮮民主主義人民共和国』博英社

北韓研究所（1979）『北韓経済論』

北韓研究所（1983）『北韓総覧（1945～1982年）』

北韓研究所（1996）『北韓新年辞分析1945～1995』

徐東晩（1996）「50年代北韓の穀物生産量統計に関する研究」『月刊統一経済』1996年2月号　現代経済社会研究院

ソ連科学アカデミ世界社会主義経済研究所（1985）『朝鮮民主主義人民共和国』（国土統一院訳『北韓の政治経済』1988）

ソ連科学院国際経済政治研究所（1991）『1889—90年北韓経済概観』（韓国開発研究院訳）

申志鎬（1996a）「北韓—朝総連合営事業10年決算：市場経済門外漢とのほろ苦い愛」『新東亜』1996年4月号

延河清（1986）『北韓の経済政策と運用』韓国開発研究院

延河清・盧龍換（1994）『90年代北韓の対外経済関係と南北経協の政策課題』韓国開発研究院

[参考文献]

オ・ガンチ(1990)「経済計画の展開過程と成果」李泰旭編『北韓の経済』ウルユ文化社

オ・スンリョル(1996)「北韓の経済的生存戦略：非公式部門の機能と限界」『統一研究論叢』第5巻第2号

呉源哲(1995)『北韓の経済政策』起亜経済研究所

李達熙(1990)「北韓経済と軍事費」慶南大学校極東問題研究所編『北韓経済の展開過程』

李秉熙(1990)「北韓の産業管理体系に関する研究―大安事業体系を中心に」慶熙大学校博士学位論文

李奉錫(1993)「北韓建設期の国民所得と工業成長」『北韓社会主義建設の政治経済』慶南大学校極東問題研究所

イ・サンジクほか(1996)『北韓の企業：鉱工業部門企業便覧』産業研究院

李錫基(1998)『北韓の地方工業現況と発展展望』産業研究院

李聖鳳(1990)「北韓の経済管理体系研究―党、国家、企業所の役割関係変化を中心に」高麗大学校修士学位論文

イ・ゾンソク(1995a)『現代北韓の理解：思想、体制、指導者』歴史批評社。

イ・ゾンソク(1995b)『朝鮮労働党研究』歴史批評社

李賛度(1994)「北韓の対外貿易結合度に関する実証的研究」『1994年北韓及び統一研究論文集』統一院

李賛度(1995)「北韓の対外貿易構造に関する研究」東国大学校博士学位論文

李泰旭(1990)「北韓経済と社会主義経済体制」李泰旭編『北韓の経済』ウルユ文化社

李浩(1996)「北韓経済の基礎条件」北韓経済FORUM編『北韓経済論―理論と実際』法文社

李洪洛(1997)「内在的発展論批判に対する反批判」『歴史批評』第39号1997年冬

林源赫(1998)『社会主義国家の体制転換事例研究：ルーマニア』韓国開発研究院

ザン・サンハン(1990)「北韓農業の展開過程」慶南大学校極東問題研究所編『北韓経済の展開過程』

張栄植(1994)『北韓のエネルギー経済』韓国開発研究院

全洪澤(1995)「転換期に立つ北韓経済」『北韓の対外開放展望と経済的波及効果』（第5回北韓経済国際学術会議論文集　韓国開発研究院

全洪澤（1997）「北韓第2経済の性格と機能」『統一経済』1997年2月号　現代経済社会研究院

鄭相勲（1986）「北韓の対外貿易」李洪九・スカラピノ編『北韓と今日の世界―80年代の対外適応』法文社

鄭相勲（1990）「北韓経済研究：一連の方法論的考察」慶南大学校極東問題研究所編『北韓経済の展開過程』

鄭盛植（1996）「南北経協の現況と問題点」『北韓経済動向：1995年度』韓国開発研究院

丁宇鎮（1996）「北韓の体制とエネルギー難」『北韓経済の今日と明日』現代経済社会研究院

曹東昊(1993)「北韓の労働生産性と適正賃金：北韓労働力の質に関する研究」『韓国開発研究』第15券第4号　韓国開発研究院

趙明哲（1996）「企業」北韓経済FORUM編『北韓経済論―理論と実際』法文社

ジョ・ヒョンシク（1996）「北韓の各種大規模建設工事が経済に与える影響分析」『北韓』1996年10月号　北韓研究所

池海明（1994）「緩衝期（1994～96年）北韓の経済戦略分析」『1994年度上半期北韓経済動向』韓国開発研究院

崔寿永（1998）『北韓の第2経済』民族統一研究院

崔信林（1991）『北韓の貿易構造』産業研究院

崔信林・李錫基（1998）『北韓の産業管理体系と企業管理制度』産業研究院。

統計庁（1995）『南北韓経済社会象比較』

統一問題研究所（1989）『北韓経済資料集』図書出版民族統一

統一院（1990）『分断45年南北韓経済の総合的比較研究』

統一院（1993）『北韓経済綜合評価（1990～92年)』

統一院（1994）『北韓の「第3次7ヶ年計画」総合評価』

統一院（1995）『南北韓経済指標』

統一院（1996）『北韓経済統計集』

統一院南北会談事務局（1994）『北韓経済用語集』統一院
韓国銀行『北韓GNP推定結果』各年度
韓国開発研究院『北韓経済国際学術会議資料集』各年度（1991〜1995）
韓国開発研究院（1996）『北韓経済指標集』
韓国比較経済学会編（1997）『比較経済体制論』博英社
韓国歴史研究会（1992）『韓国歴史』歴史批評社
韓永愚（1997a）『取り戻すわが歴史』経世院
韓永愚（1997b）『朝鮮時代身分史研究』集文堂
ハム・テクヨン（1993）「経済・国防建設並進路線の問題点」『北韓社会主義建設の政治経済』慶南大学校極東問題研究所
玄勝一（1985）「北韓の産業経営体系の展開―解放以後今日まで」『統一論叢』1985年5巻1号
ファン・イガク（1992）『北韓経済論』図書出版ナナム

　(2)　北朝鮮側文献・資料

『経済辞典 1、2』（1970年版）社会科学出版社
『経済辞典 1、2』（1985年版）社会科学出版社
『金日成著作集』労働党出版社　各巻
『労働新聞』各号
バン・ワンズウ（1988）『朝鮮概観』ピョンヤン百科辞典出版社
『社会主義経済管理問題について』労働党出版社　各巻
『政治用語辞典』（1970年）社会科学出版社
朝鮮民主主義人民共和国国家計画委員会中央統計局(1961)『1946〜1960朝鮮民主主義人民共和国人民経済発展統計集』
朝鮮中央通信社『朝鮮中央年鑑』各年度
チェ・ズングク（1992）『偉大な祖国解放戦争と戦時経済』社会科学出版社

2　日本語文献・資料

アジア経済研究所ほか編（1997）『テキストブック開発経済学』有斐閣
安秉直・金洛年（1997）「韓国における経済成長とその歴史的条件」『鹿児島経大

論集』第38巻第2号1997・7
李健泳（1994）「企業経営と社会文化構造の日韓比較」牧戸考郎編『岐路に立つ韓国企業経営』名古屋大学出版会
石南国（1972）『韓国の人口増加の分析』勁草書房
石川滋（1960）『中国における資本蓄積機構』岩波書店
石川滋（1989）「中国の経済発展：経済開発理論からの考察」山内一男編、『中国経済の転換』岩波書店
石川滋（1990）『開発経済学の基本問題』岩波書店
石原享一（1990）「1970年代までの中国経済管理―システムと実態」毛里和子編『毛沢東時代の中国』日本国際問題研究所
石原享一（1991）「中国経済構造の多重化」石原享一編『中国経済の多重構造』アジア経済研究所
犬飼欽也（1983）「東ドイツ―正統のひかりとかげ」岩田昌征編『ソ連・東欧経済事情―多様な社会主義』有斐閣
岩田昌征（1971）『比較社会主義経済論』日本評論社
上原一慶（1973）「大躍進期における大衆運動」『歴史学研究』1973年11月。
上原一慶（1978）『中国社会主義の研究』日中出版
上原一慶（1987）『中国の経済改革と開放政策：開放体制下の社会主義』青木書店
Ａ．エクスタイン（1980）『中国の経済革命』（石川滋監訳）東京大学出版会
絵所秀紀（1991）『開発経済学―形成と展開』法政大学出版局
Ｍ．エルマン（1982）『社会主義計画経済』（佐藤経明、中兼和津次訳）岩波書店
大川一司・小浜裕久（1993）『経済発展論：日本の経験と発展途上国』東洋経済新報社
小此木政夫編（1997）『北朝鮮ハンドブック』講談社
大野健一（1996）『市場移行戦略』有斐閣
梶村秀樹（1990）「1910年代朝鮮の経済循環と小農経営」中村哲他編『朝鮮近代の経済構造』日本評論社
加藤弘之（1994）「市場経済化の進展と経済発展戦略」上原一慶編『現代中国の変革：社会主義システムの形成と変容』世界思想社

B．カミングス（1989）『朝鮮戦争の起源　第1巻』（鄭敬謨・林哲訳）シアレヒム社

河合弘子（1997）『中国と朝鮮半島の経済関係』アジア政経学会

河地重蔵（1972）『毛沢東と現代中国』ミネルヴァ書房

姜日天(1986)「朝鮮社会主義経済建設の現段階における独立採算制の強化について（上）」『月間朝鮮資料』1986年9月号

姜日天（1987a）「朝鮮社会主義経済建設の現段階における独立採算制の強化について（中）」『月間朝鮮資料』1987年2月号

姜日天（1987b）「朝鮮社会主義経済建設の現段階における独立採算制の強化について（下）」『月間朝鮮資料』1987年7月号

環太平洋問題研究所編（1987）『韓国・北朝鮮総覧1987』原書房

木崎翠（1995）『現代中国の国有企業―内部構造からの試論』アジア政経学会

金日坤（1985）『韓国、その文化と経済活力』第三出版

金日坤（1992）『東アジアの経済発展と儒教文化』大修館書店

金己大ほか（1983）「朝鮮民主主義人民共和国の農業」『農業構造問題研究』1983年2号

木村光彦（1990）「定期市」中村哲他編『朝鮮近代の経済構造』日本評論社

木村光彦（1996）『帝国の連続と断絶―北朝鮮の場合』（DISCUSSION PAPER J-086）帝塚山大学経済学部

木村光彦(1997a)「北朝鮮の経済危機の構造的原因」『アジア長期経済統計データベースプロジェクト・ニュースレター』6号　一橋大学経済研究所

木村光彦（1997b）「近代朝鮮の初等教育」板谷茂他『アジア発展のカオス』勁草書房

木村光彦(1998)『北朝鮮経済の分析方法：文献と統計』（DISCUSSION PAPER D97-15）一橋大学経済研究所

D．グラニック（1961）『ソ連の経営者』（菊池敏夫・藤井寿夫訳）論争社

グルシコフ＆モーイェフ（1976）『コンピュータと社会主義』（田中雄三訳）岩波書店。

グレゴリー＆スチュアート（1987）『ソ連経済：構造と展望』（吉田靖彦訳）教育

社

五井一雄（1981）「ソ連・東欧の経済―計画改善型改革と産業管理機構の再編成について」五井一雄・野尻武敏編『ソ連・東欧の経済―計画と市場』中央大学出版部

国際連合（United Nations）『貿易統計年鑑』（Yearbook of International Trade Statistics）各年度

小島麗逸編（1988）『中国の経済改革』勁草書房

小島麗逸編（1989）『中国経済統計・経済法解説』アジア経済研究所

小島麗逸（1997）『現代中国の経済』岩波書店

高昇孝（1989）『現代朝鮮経済入門』新泉社

後藤富士男（1981）『北朝鮮の鉱工業―生産指数の推計とその分析』国際関係共同研究所

後藤富士男（1992）「計画経済諸国の「体制転換」と朝鮮半島」中央大学経済研究所編『体制転換―市場経済への道』中央大学出版部

後藤富士男（1996）「1960年代北朝鮮の農業政策―金日成「農村テーゼ」の解釈への疑問」『経済学論纂（中央大学）』第36巻第5・6号

後藤富士男（1998）「市場経済化をためらう北朝鮮経済の現状と今後」中央大学経済研究所編『市場経済移行政策と経済発展―現状と課題』中央大学出版部

小牧輝夫（1977a）「解放後の共和国の経済」『朝鮮研究』第165号　1977・4

小牧輝夫（1977b）「産業開発の現状と問題点」日本貿易振興会『北朝鮮の産業と貿易』

小牧輝夫（1984）「北朝鮮経済の実像―工業部門を中心に」『アジアトレンド』1984春　アジア経済研究所

小牧輝夫（1986）「社会主義中進国・北朝鮮」小牧輝夫編『朝鮮半島　開放化する東アジアと南北対話』アジア経済研究所

小牧輝夫（1988）「北朝鮮経済の現状と展望」小此木政夫編『岐路に立つ北朝鮮』日本国際問題研究所

小牧輝夫（1993）「朝鮮民主主義人民共和国の経済動向と対外経済関係拡大政策」『アジアトレンド』1993―Ⅳ

小牧輝夫（1996）『北朝鮮経済の現状と今後の展望』関西経済研究センター

小牧輝夫（1997）「北朝鮮経済の開放・改革への模索」『アジ研ワールド・トレンド』第19号、1997年1月

M.I. ゴールドマン(1988)『ゴルバチョフの挑戦：ハイテク時代の経済改革』（大脇人一訳）岩波書店

コルナイ（1984）『「不足」の政治経済学』（盛田常夫編訳）岩波書店

コルナイ（1983）『反均衡と不足の経済学』（盛田常夫・門脇延行編訳）日本評論社

坂井隆（1993）「北朝鮮の社会主義路線（1984〜92年）―保守と改革の狭間で」環太平洋問題研究所編『韓国・北朝鮮総覧1993』第3号

佐々木信彰他編訳（1991）『中国産業連関表―資料と解説』晃洋書房

佐藤経明（1975）「ソ連の経済制度」野々村一雄編『社会主義経済論講義』青林書院新社

塩川伸明（1986）『「社会主義国家」と労働者階級：ソヴェト企業における労働者統轄1929―1933年』岩波書店

申志鎬（1996b）「北朝鮮の経済開放：合弁事業から経済特区へ」慶応義塾大学大学院修士論文

鐸木昌之（1992）『北朝鮮　社会主義と伝統の共鳴』東京大学出版会

全鎮植（1994）「祖国との合弁は在日の糧」（インタビュー）『世界』1994年10月

田島俊雄（解説・記録）（1980）「黒龍江省元県営工場期技師との面談記録」『中国研究月報』1980年3月号

田島俊雄（1990）「中国の経済変動―大躍進・小躍進と経済改革」『アジア経済』1990年4月

田島俊雄（1991）「中国の投資・産業構造」石原享一編『中国経済の多重構造』アジア経済研究所

田島俊雄（1995）『中国的産業組織の形成と変容―小型トラック産業の事例分析』(DISCUSSION PAPER SERIES J-43）東京大学社会科学研究所

田中良和（1997）「羅津・先鋒自由経済貿易地帯と北朝鮮の経済開発戦略（上）」『朝日総研リポート』1997・2

谷浦孝雄（1975）『朝鮮民主主義人民共和国の社会主義企業』アジア経済研究所
谷浦孝雄編（1991）『アジア工業化の軌跡』アジア経済研究所
玉城素（1983）「北朝鮮経済の現状と問題点」三谷静夫編『朝鮮半島の政治経済構造』日本国際問題研究所
玉城素（1993）「破綻する経済計画」玉城素・渡辺利夫編『北朝鮮―崩落かサバイバルか』サイマル出版会
玉城素（1996）『北朝鮮　破局への道：チュチェ型社会主義の病理』読売新聞社
Ａ．タン（1979）「農業生産とその実施」市村真一監訳『中国の経済発展』創文社
中兼和津次（1976）「中国型経済発展モデルについて」中国資本蓄積研究会編『中国の経済発展と制度』アジア経済研究所
中兼和津次（1977）『人民公社制度研究の視覚と方法：試論』アジア経済研究所
中兼和津次（1979）「中国　社会主義経済制度の構造と展開」岩田昌征編『経済体制論　第Ⅳ巻　現代社会主義』東洋経済新報社
中兼和津次（1986）「中国経済のパフォーマンス：ソ連・インドとの比較」岡部達味・佐藤経明・毛里和子編『中国社会主義の再検討』日本国際問題研究所
中兼和津次（1988）「社会主義企業の理論と現実」（未発表論文）
中兼和津次（1989）「中国の工業化とそのメカニズム」山内一男編『中国経済の転換』岩波書店
中兼和津次（1992a）「経済体制改革の推移と課題」関口尚志ほか編『中国の経済体制改革―その成果と課題』東京大学出版会
中兼和津次（1992b）『中国経済論　農工関係の政治経済学』東京大学出版会
中兼和津次（1993）「社会主義経済の崩壊と経済体制論」『経済学論集』第58巻4号
中兼和津次（1997）『社会主義市場経済論にかんする一考察：唯物史観の黄昏』（DISCUSSION PAPER SERIES 97-J-12）東京大学大学院経済学研究科
中兼和津次（1999）『中国経済発展論』有斐閣
中村靖（1992）『計画経済のミクロ分析』日本評論社
中山弘正（1993）「経済改革―ソ連」近藤邦康・和田春樹編『ペレストロイカと改革・開放』東京大学出版会

[参考文献]

西村可明（1976）「ソ連・東欧の経済改革と企業連合」『経済研究』（一橋大学）第27巻第1号

西村可明（1995）『社会主義から資本主義へ―ソ連・東欧における市場化政策の展開』日本評論社

日本朝鮮研究所(1965)『朝鮮民主主義人民共和国国民経済発展統計集1946～1963』

日本貿易振興会（1981）『中国の工場と農村：帰国者との面談記録』

日本貿易振興会『北朝鮮の経済と貿易の展望』各年度（1986～1995）

野崎幸雄（1973）『中国工業管理論』ミネルヴァ書房

Ａ．ノーブ（1971）『ソ連経済（改訂版）』（公文俊平訳）日本評論社

Ａ．ノーブ（1986）『ソ連の経済システム』（大野喜久輔他訳）晃洋書房

朴永根（1989）「共和国の工業管理制度と連合企業所（上）」『月間朝鮮資料』1989年4月号

原覚天編（1968）『外国援助の経済効果』アジア経済研究所

平泉公雄（1979）『社会主義的工業化と資本蓄積構造：ハンガリーの歴史的経験』アジア経済研究所

福田敏浩（1996）『体制転換の経済政策―社会主義から資本主義へ』晃洋書房

Ｗ．ブルス（1971）『社会主義経済の機能モデル』（鶴岡重成訳）合同出版

Ｗ．ブルス＆Ｋ．ラスキ(1995)『マルクスから市場へ』（佐藤経明、西村可明訳）岩波書店

堀和生（1990）「1930年代朝鮮工業化の再生産条件」中村哲ほか編『朝鮮近代の経済構造』日本評論社

堀和生（1995）『朝鮮工業化の史的分析』有斐閣

松井謙（1979）『開発援助の経済学』新評論

溝口敏行・梅村又次編（1988）『旧日本植民地経済統計―推計と分析』東洋経済新報社

溝端佐登史（1998）「経済政策の変遷」小野堅・岡本武・溝端佐登史編『ロシア経済』世界思想社

Ｖ．ミヘーエフ（1989）「朝鮮民主主義人民共和国の地域経済交流」『極東の諸問題』（日本語版）1989年6月号

宮塚利雄（1991）「北朝鮮の合弁事業と経済特区」日本貿易振興会『北朝鮮の経済と貿易の展望1991年版』
宮塚利雄（1993）「合弁事業の新たな展開」玉城素・渡辺利夫編『北朝鮮―崩落かサバイバルか』サイマル出版会
宮鍋幟（1975）「計画と市場」野々村一雄編『社会主義経済論講義』青林書院新社
宮鍋幟（1976）「経済改革の現状」岡稔・宮鍋幟・山内一男・竹浪祥一郎『社会主義経済論』筑摩書房
室岡鉄夫（1991）「北朝鮮の対外貿易」日本貿易振興会『北朝鮮の経済と貿易の展望 1991年版』
室岡鉄夫（1992）「北朝鮮とソ連との貿易関係」ソ連東欧貿易会『旧ソ連・東欧諸国とアジア社会主義諸国の経済関係』
室岡鉄夫（1993）「対外経済政策の緩慢な転換」玉城素・渡辺利夫編『北朝鮮―崩落かサバイバルか』サイマル出版会
室岡鉄夫（1997）「北朝鮮経済をどうとらえるか」『東亜』1997・6
盛田常夫（1990）『ハンガリー改革史』日本評論社
盛田常夫（1994）『体制転換の経済学』新世社
森田芳夫（1964）『朝鮮終戦の記録』巌南堂書店
山内一男（1976）「中国の社会主義経済」岡稔・宮鍋幟・山内一男・竹浪祥一郎『社会主義経済論』筑摩書房
山内一男（1988）『現代中国の経済改革』学陽書房
山本恒人（1983）「企業の労働管理制度とその問題点」『中国の企業管理制度とその改革の課題』日中経済協会
尹健次（1998）「韓国に『修正主義』はあるのか」『歴史学研究』No.713、1998・8．
梁文秀（1997）「北朝鮮の工業化の構造：経済開発論的視点による検討」『アジア経済』1997年12月
梁文秀（1999）「北朝鮮の企業の行動様式：旧ソ連・東欧の企業との比較の視点から」『アジア経済』1999年7月
ランコフ（1992）『平壌の我慢強い庶民たち』（李ビョンズウ訳）三一書房
劉進慶（1990）「対外開放と開発戦略」山内一男・菊池道樹編『中国経済の新局面：

改革の軌跡と展望』法政大学出版局
林毅夫ほか(1997)『中国の経済発展』(杜進訳)日本評論社
和田春樹(1998)『北朝鮮―遊撃隊国家の現在』岩波書店

3 英語文献・資料

Balassa, B. (1965), "Trade Liberalisation and "Revealed" Comparative Advantage", *The Manchester School of Economic and Social Studies*, Vol. 33, No. 2, May, 1965.

Balassa, B. and Bauwens, L. (1988), *Changing Trade Patterns in Manufactured Goods*, North-Holland.

Berliner, J.S. (1957), *Factory and Management in the USSR*, Cambridge, Mass: Harvard University Press.

Berliner, J.S. (1962), "Managerial Incentives and Decision-making: A Comparison of the United States and the Soviet Union," in M. Bornstein and D. Fusfeld, eds., *The Soviet Economy*, Homewood, Illinois: Irwin.

Buck, T. (1982) *Comparative Industrial System—Industry under Capitalism, Central Planning and Self-Management*, London: Macmillan Press.

Cassen, R. (1986), *Does Aid Work?*, Oxford University Press(日本語訳:開発援助研究会訳『援助は役立っているか?』国際協力出版会 1993年)

Choi, Soo-young (1991), *Foreign Trade of North Korea, 1946~1988: Structure and Performance*, Northeastern University.

Chow, C.Y. (1987), "Causality between Export Growth and Industrial Development," *Journal of Development Economics* 26.

Chung, Joseph Sang-hoon (1974), *The North Korea Economy: Structure and Development*, Stanford: Hoover Institution Press.

Eberstadt, N. (1991), "Population and Labor Force in North Korea: Trends and Implications"、『北韓経済の現況と展望』(国際学術会議資料集)韓国開発研究院

Eberstadt, N. and Banister, J. (1990), *North Korea: Population Trends and Prospects*, U.S. Bureau of the Census.

Eberstadt, N. and Banister, J. (1992), *The Population of North Korea*, University of California.

E.I.U (The Economist Intelligence Unit), *Country Report—South Korea, North Korea*, 4th quarter 1993.

Goto, Fujio (1990), *Estimates of the North Korean Gross Domestic Product: 1956-1959*, Kyoto Sangyo University Press.

Granger, C.W.J. (1969), "Investigating Causal Relations by Econometric Models and Cross-Spectral Methods," *Econometrica*, Vol. 37, No. 3.

Granick, D. (1954) *Management of the Industrial Firm in the USSR: A Study in Soviet Economic Planning*, New York: Columbia University Press.

Granick, D. (1983) "Institutional Innovation and Economic Management: The Soviet Incentive System, 1921 to the Present" in G. Guroff and F. V. Carstensen eds., *Entrepreneurship in Imperial Russia and the Soviet Union*, Princeton,: Princeton University Press.

Granick, D. (1990) *Chinese State Enterprises*, Chicago and London: The University of Chicago Press.

Grossman, G. (1977), "The "Second Economy" of the USSR", *Problems of Communism*, vol 26., Sep-Oct 1977.

Gregory, Paul R. and Stuart, Robert C. (1980), *Comparative Economic Systems*, Boston, Houghton Mifflin.

IEA (International Energy Agency), *Energy Statistics and Balances of non-OECD countries 1991-1992*, 1994

IISS (International Institute for Strategic Studies), *The Military Balance*、各年度

IMF, *Direction of Trade Statistics Yearbook*、各年度

Jung, W.S. and Marshall, P.J. (1985), "Export, Growth and Causality in Developing Countries," *Journal of Development Economics* 18.

Kang, Myoung-kyu and Lee, Keun (1992) Industrial Systems and Reforms in North Korea: A Comparison with China, *World Development*, Vol. 20, No. 7.

Kimura, Mitsuhiko (1994) "A Planned Economy Without Planning: Su-ryong's North Korea," Discussion Paper F-081, Faculty of Economics, Tezukayama University.

Kimura, Mitsuhiko (1997) "From Fascism to Communism: Continuity and Development of Collectivist Economic Policy in North Korea," Discussion Paper F-137, Faculty of Economics, Tezukayama University.

Koopmans, T.C. and Montias, J.M. (1971), "On the Description and Comparison of Economic Systems", in A. Eckstein (ed), *Comparison of Economic Systems*, University of California Press.

Kornai, J. (1980), *Economics of Shortage*, Amsterdam, North-Holland.

Kornai, J. (1992), *The Socialist System: The Political Economy of Communism*, Princeton University Press.

Kravis, I.B. (1970), "Trade as a Handmaiden of Growth: Similarities between the Nineteenth and Twentieth Centuries," *The Economic Journal*, Vol. 80, No. 320.

Lavigne, M (1999) *The Economics of Transition: From Socialist Economy To Market Economy*, New York, St. Martin's Press.

Lee, Doowon (1996), "North Korean Economic Reform: Past Efforts and Future Prospects" in J. McMillan and B. Naughton (ed), *Reforming Asian Socialism: The Growth of Market Institutions*, The University of Michigan Press.

Lee, Hy-Sang (1990), "The August Third Program of North Korea: A Partial Rollback of Central Panning", *Korea Observer*, Vol. 21, No 4.

Lee, Hy-Sang (1992), "The Economic Reform of North Korea: The Strategy of Hidden and Assimilable Reforms", *Korea Observer*, Vol. 23, No 1.

Lewis, W.A. (1980), "The Slowing Down of the Engine of Growth," *The*

American Economic Review, Vol. 70, No. 4.

Linder, S.B. (1967), *Trade and Trade Policy for Development*, New York : Praeger (日本語訳:藤井茂監訳『発展途上国の貿易と貿易政策』日本評論社 1968年)

Meier, G.M. (1995), *Leading Issues in Economic Development*, 6*th edition*, New York : Oxford University Press

Moiseyev, V.I. (1991), "USSR-North Korea Economic Cooperation"、『北韓経済の現況と展望』(国際学術会議資料集) 韓国開発研究院

Murrel, P. and Olson, M. (1991), "The Devolution of Centrally Planned Economies", *Journal of Comparative Economics*, vol. 15, No 2.

Niwa, Haruki and Goto, Fujio (1989), "Estimates of the North Korean Gross Domestic Product Account: 1956-1959," *Asian Economic Journal*, Vol. 3, No. 1.

Nurkse, R. (1961), *Equilibrium and Growth in the World Economy*, G. Haberler and R.M. Stern, eds., Massachusetts : Harvard University Press (日本語訳:河村鎰男他訳『世界経済の均衡と成長』ダイヤモンド社、1967年)

OECD, *Financing and External Debt of Developing Countries*, 1991, 1992.

Parish, W.L. and Whyte, M.K. (1978) *Village and Family in Contemporary China*, Chicago and London: The University of Chicago Press.

Richman, B. (1969) *Industrial Society in Communist China*, New York: Random House.

Riedel, J. (1984), "Trade as the Engine of Growth in Developing Countries, Revisited," *The Economic Journal*, Vol. 94

Riedel, J. (1988), "Trade as an Engine of Growth: Theory and Evidence," in D. Greenaway (ed.), *Economic Development and International Trade*, Macmillan Education Ltd.

Sims, C.A. (1972), "Money, Income, and Causality," *The American Economic Review* 62.

350　[参考文献]

State Statistical Bureau of the People's Republic of China and Institute of Economic Research Hitotsubashi University (1997), *The Historical National Accounts of the People's Republic of China:* 1952-1995.

Todaro, M.P. (1994), *Economic Development*, 5th edition, New York & London, Longman.

United Nations Development Programme (UNDP), *Thematic Roundtable Meeting On Agricultural Recovery and Environmental Protection For The Democratic People's Republic of Korea*, 1998

USCIA, *Handbook of Economic Statistics*, 各年度

Wilczynski, J. (1972), *Socialist Economic Development and Reform: From Extensive to Intensive Growth under Central Pannning in the USSR, Eastern Europe and Yugoslavia*, London: MacMillan.

4　中国語文献・資料

薄一波 (1993)、『若干重大決定与事件的回顧 (下巻)』中共中央党校出版社

《当代中国》叢書編輯部編 (1984)、『当代中国的経済体制改革』中国社会科学出版社

国家統計局編『中国統計年鑑』(1981、1987、1993年版) 中国統計出版社

国家統計局国民経済平衡統計司全国投入産出調査弁公室 (1991)、『1987年度中国投入産出表』中国統計出版社

汪海波主編 (1986)、『新中国工業経済史』経済管理出版社

中国海関総署編『中国海関統計年鑑』(1992、1993年版)

〈著者紹介〉

梁　文　秀（ヤン　ムン　スウ）

1963年生まれ
ソウル大学校経済学科卒業
東京大学大学院経済学研究科卒業、経済学博士
現在、韓国のLG経済研究院副研究委員

〈主要論文〉

「北朝鮮の工業化の構造：経済開発論的視点による検討」『アジア経済』
　第38巻12号（1997年）
「北朝鮮の企業の行動様式：旧ソ連・東欧の企業との比較の視点から」
　『アジア経済』第40巻7号（1999年）

北朝鮮経済論
——経済低迷のメカニズム——

2000年(平成12年) 6月30日　第1版第1印発行

著　者　　梁　　文　　秀
発行者　　今　井　　貴
発行所　　信山社出版株式会社
〒113-0033　東京都文京区本郷6-2-9-102
電　話 03 (3818) 1019
FAX　03 (3818) 0344

Printed in Japan
http://www.shinzansha.co.jp

Ⓒ梁文秀、2000．印刷・製本／勝美印刷・大三製本
ISBN4-7972 1905-X C3333
1905-012-050-010
NDC分類-600.001

― 信 山 社 ―

梁 文秀 著
北朝鮮経済論　6,000円

陳 晋 著
中国乗用車企業の成長戦略　6,000円

張 紀南 著
戦後日本の産業発展構造　5,000円

李 春利 著
現代中国の自動車産業　5,000円

坂本秀夫 著
現代日本の中小商業問題　3,429円

坂本秀夫 著
現代マーケティング概論　3,600円

寺岡 寛 著
アメリカ中小企業論　2,800円

寺岡 寛 著
アメリカ中小企業政策　4,800円

山崎 怜 著
〈安価な政府〉の基本構造　4,635円

山本秀雄 著
イギリス企業集中の研究　5,150円

R. ヒュディック 著　小森光夫他 訳
ガットと途上国　3,605円

大野正道 著
企業承継法の研究　16,000円

菅原菊志 著
企業法発展論　20,000円

多田道太郎・武者小路公秀・赤木須留喜著
共同研究の知恵　1,545円

吉川恵章 著
金属資源を世界に求めて　2,369円

吉尾匡三 著
金融論　5,980円

中村静治 著
経済学者の任務　3,500円

中村静治 著
現代の技術革命　8,500円

千葉芳雄 著
交通要論　2,060円

佐藤 忍 著
国際労働力移動研究序説　3,080円

宮川知法 著
債務者更正法構想・総論　15,000円

宮川知法 著
消費者更生の法理論　6,800円

宮川知法 著
破産法論集　10,000円

小石原尉郎 著
障害差別禁止の法理論　10,000円

辻 唯之 著
戦後香川の農業と漁業　4,635円

山口博幸 著
戦略的人間資源管理の組織論的
　研究　6,180円

西村将晃 著
即答工学簿記　3,980円

西村将晃 著
即答簿記会計（上・下）　9,940円

K. マルクス 著　牧野紀之 訳
対訳・初版資本論第1章及び附録
　　　6,180円

牧瀬義博 著
通貨の法律原理　49,440円

山岡茂樹 著
ディーゼル技術史の曲がりかど
　　　3,700円

李 圭洙 著
近代朝鮮における植民地地主制と
　農民運動　12,000円

李 圭洙 著
米ソの朝鮮占領政策と南北分断
　体制の形成過程　12,000円